鹿島茂

大読書日記

青土社

大読書日記　目次

2003年

2007年　285

2008年　329

2009年　375

2012年　507

大読書日記

まえがきにかえて　理由は聞くな、本を読め

すこし前のことだが、地方都市の図書館から「なぜ本を読まなければならないのか?」という演題で講演を依頼されたことがある。「なぜ人を殺してはいけないのか?」という問いかけが流行していた頃のことだと思う。

私はこの演題を与えられたとき、ふーむと考えこんだ。なぜなら、「なぜ人を殺してはいけないのか?」という問いと異なって、これに功利的な理由の答えを与えることはむずかしいからである。

たとえば、「なぜ人を殺してはいけないのか?」には「もし自分が人を殺してもよいことになったら、人が自分を殺してもよいことになってしまう。殺されたくないなら、殺してはいけないのだ」と功利的な(その方が得だという)理由をあげてこれに答えることができる。

ところが、「なぜ本を読まなければならないのか?」に対しては「本を読んだ方が得だから」という理由を用意するのは、少なくとも表面的には困難である。

だってそうでしょう。もし、本を読んだ方が得ならば、社会の全員が一生懸命になって本を読むはずなのに、現実はその逆の方向にむかっている。ますます本が読まれなくなっているということは、本など読

まない方が得だと判断する人がますます増えていることを意味している。現実はかならず功利的な動機に従うのである。

だから、読書人口を増やそうとして、読書の功利的な理由をあげる議論をしてもそれはすべて無駄である。というわけで、わたしたちは「本を読んだとしてもなんの役にも立たない」と正直に告白し、その地点から議論を改めて組み立てていかなければならない。そう、問いは正しくは「本など読んでもなんの役にも立たないのがわかっているのに、なぜ、わたしたちは本など読むのだろう?」というかたちで立てられなければならないのだ。

実際、いまから百年ほど前までは、「本などなんの役にも立たない」というのは社会の常識、それも健全な常識であった。

私の家は代々、横浜の外れで酒屋を営む商人であったが、「商人に学問はいらない」が家訓であり、大正三(一九一四)年生まれの父も中学校に入れてもらえなかった。本を読んでいたりすると祖父に殴られたという。下層中産階級では本はおろか学問でさえ厄介物扱いされていたのだ。

子供はすべからく親の職業を継ぐべしという社会通念がまかりとおり、あらかじめ定められた階級を離脱することなど考えられなかった時代には、この「健全な常識」が社会を支配していたのだ。

ではいったい、いつごろからこの「健全な常識」が崩れ、「本を読むことはよいことだ」という「新しい常識」が社会に誕生したのだろうか?

学歴を身につけたことで階級離脱の可能性を得た都市中産階級の成立以後だろう。

この新しい階層の特徴は均質性にあった。都市と地方の差はあるものの、親の年収、親の学歴、家庭環境などみなよく似ていた。この均質性をもった集団が旧制中学、旧制高校、旧制大学と学歴の駒を進めてくると、ただ勉強ができるとか成績がよいなどということだけでは集団の中で差異を示すことができなくなる。集団の中で一目おかれるようになる（私の用語でいえば「ドーダ。まいったか、おれはすごいだろう」というドーダ競争に勝つ）には、勉強や成績以外のところで差異を示すことができなければならない。

ここにおいて、いわゆる、デカンショ（デカルト、カント、ショーペンハウエル）の大正教養主義が成立したのである。

つまり、学歴の獲得や就職といった直接的な功利目的には役に立たないが、しかし、均質集団の中でのドーダ競争には有効な武器となりうるものとして読書は登場したのである。デカンショの片言半句を自在に引用できることはドーダには役だったのである。

この点を忘れてはならない。社会学的に読書はかならずしも「純なるもの」ではないのである。

だが、動機は不純でも結果が不純ではなくなるといったことはいくらでも起こる。旧制高校のデカンショ・ドーダはその当初の目的がなくなり、直接的な功利性が失われたあとも読書を経験した元旧制高校生になんらかの影響を及ぼしたのである。そう。それはなんらかのとしか言いようのない漠然とした微弱な影響であったかもしれない。だが、影響であったことはたしかなのである。なぜなら、社会に出たあと、彼らは異口同音に旧制高校時代の読書が今日の自分を築いてくれたと感謝することはあっても、無駄なことをしたと後悔することは少なかったからだ。この事実から推測できるのは、読書には速効性の効能はないが、遅効性のサプリメント的な効能はありそうだということだ。そして、実際、この考えは、やがて広く受け入れられていった。大正教養主義の勝利である。大正教養主義の洗礼を受けた人々は自分たちの子供にも絵本や児童文学を買い与え、文学全集が出れば予約購読を申し込んだ。

だが、その覇権は長くは続かなかった。

富裕の民主化が進み、大正教養主義を担ったのよりも少し下の階層、さきほど私が「健全な常識」と呼んだ通念が支配的だった下層中産階級が中等教育や高等教育にアクセスするようになると、学生たちにも、読書で得た教養を武器にドーダをするようなまだるっこい競争を続けていく余裕がなくなってきたのだ。同じドーダでももっと単純で分かりやすいドーダでなければ面倒くさいと感じる人たちが増えてくるのである。


たとえばファッション、たとえばスポーツやレジャー、たとえば時計や自動車といったモノ。要するに、高等教育にアクセスする階層のドーダ・アイテムが変わったのだ。

そしてこの現象は戦前の昭和十年代と戦後の昭和四十年代に二度起こっている。

このうち、後者は私自身が体験したからよくわかる。明らかにドーダ・アイテムの交代、というよりも同時併存が観察されたのだ。片方に旧制高校生的な教養ドーダ、読書ドーダをする学生がいるかと思えば、もう片方にはそうした旧来的ドーダにはまったく反応を示さず、ファッション、車、スポーツのことしか頭にない学生もいた。またその両方という学生さえ存在していた。

私はというと、この第三のタイプの学生で学生運動にシンパシーを感じたり、万巻の書を読んでやろうというファウスト的情熱に駆られる一方、ファッションや車にも心ひかれていたのだ。

おそらくこうした中間的ポジションは酒屋の息子という出身階層と昭和四十年代に思春期を送ったという時代環境がたぶんに関係している。家庭のメンタリティーとしては、高学歴を得るのはいいが、読書などという役に立たないことはすべきではないという「健全なる常識」の中で育った関係で、読書や教養といったものに対する信仰が薄い。

しかし、反面、神奈川県のエリート高校（当時）から東大に進学したことで教養ドーダ、読書ドーダの洗礼を受けている。ひとことで言えば、階層的にも時代的にも過渡期的、中間的存在であったわけだが、このポジションのおかげで、読書というものの本質に敏感であることができたのだ。

すなわち、片方では読書は現実生活でなんの役にも立たないと考える人たちの主張を率直に認めることができる。なぜなら、読書などしなくてもたくましく生きていける人々をたくさん知っているからだ。彼らは彼らなりに充実した人生を全うしている。私ももし出身階層を離脱することがなかったら、彼らと同じように読書などせずに無事に一生を終えていたはずである。だから読書しない人々に向かって読書の効能を説いても無駄なことは自明なのだ。

だが、その一方で、青春時代に読書をする習慣を身につけたことが自分の人生にとって計り知れない効能をもたらしたとはっきりと認めることができる。読書なしの人生と読書ありの人生のどちらを選ぶかと問われたら、躊躇することなく後者を選ぶと答えるだろう。

つまり、ここまでの人生を振り返って総括すると、読書は少なくとも私には役に立ったということができるのだが、問題は実はこの結論の出し方自体にあるといえる。

なんのことかといえば、読書の効能とは「今になって振り返ってみれば」というかたちで「事後的」にしか確認できないことにある。言い換えると、事後的であるからこれから人生を始めようとする若者に向かって「読書するとこれこれの得があるから読書したほうがいいよ」と事前的にはいえないということだ。

ところで、事後的には効能は明らかだが、事前的には効能を明示できないものというのは、読書に限らず、たくさんある。

教育などというものはその典型である。就職や結婚に有利といった実利的目的を除いて教育はなんの役に立つのかと考えると、これもまた「受けないよりも受けた方がよかった」と事後的にしか効能を答えられない。恋愛もまたしかり。しないよりもしたほうがいいのだ。

では、事後的には効能は明らかだが事前的には効能を明示できないものを若い人たちにどのように勧めたらいいのか？

読書しかないというのが私の結論である。

そうなのである。読書こそは「大切なものはみな事後的である」という矛盾を克服できる唯一の方法なのである。

なぜなら、本というのは多かれ少なかれ、この事後性を自覚した人によって書かれているからだ。そのため、読書をすることによって、本来は事後的にしか知り得ないことを事前的に知ることができる。ただし、読書のこの最大の効能は事後的にしか知ることができないという矛盾にさらされているのである。

というわけで、私の最終的な結論は次のようなことになる。

読書の効能が事後的である以上、それを事前的に説明することはやめて、「理由は聞かずにとにかく読書しろ」と強制的・制度的に読書に導くこと、これしかないのである。

（岩波文庫編集部編『読書のとびら』（岩波文庫）岩波書店　二〇一一年）

2001年

1月 6日　中央省庁再編。従来の1府22省庁が、1府12省庁に再編
1月15日　ウィキペディア英語版が開設
1月20日　ジョージ・W・ブッシュがアメリカ合衆国大統領に就任
2月 9日　えひめ丸事故
3月24日　平成13年芸予地震
3月31日　ユニバーサル・スタジオ・ジャパン（USJ）が開園
4月26日　小泉純一郎が第87代内閣総理大臣に就任（第1次小泉内閣）
5月 4日　金正日の長男・金正男と見られる男性を国外退去処分
6月 1日　ネパール王族殺害事件
6月 8日　大阪教育大付属池田小学校児童殺傷事件
7月21日　明石花火大会歩道橋事故
7月29日　第19回参議院議員通常選挙
8月13日　小泉総理が靖国神社に参拝
9月 1日　歌舞伎町ビル火災事件
9月 4日　東京ディズニーシーが開園
9月10日　日本初のBSE感染の疑いのある乳牛が発見される
9月11日　アメリカ同時多発テロ事件
9—10月　アメリカ炭疽菌事件
10月 7日　アメリカ軍によるアフガニスタン侵攻
10月10日　野依良治がノーベル化学賞を受賞
10月23日　アップル社、iPodを発表
10月29日　「テロ対策特別措置法」が成立
11月13日　アフガニスタン・タリバン政権が崩壊
12月 1日　愛子内親王が誕生
12月22日　アフガニスタン暫定行政機構が発足
12月23日　アルゼンチン政府が公的対外債務の一時支払い停止を宣言

パラノイドとエロと前衛と

×月×日

明日の朝までに五枚の書評を書かなければと思いつつ、夜中にテレビをつけたら、そのとたん、ニューヨークの世界貿易センタービルに旅客機が突っ込んだ瞬間の映像が映し出された。これはえらいことになったと、ザッピングでチャンネルを変えているうちにどんどん時間がたってしまったので、意を決して机の前に座り、書評を書きあげる。どんなときでも、たとえ世界が崩壊しそうなときでも、〆切は守らなければならない。物書きはつらいよ。

テロの黒幕と目されているビン・ラディンをパラノイアだとは決めつけることはできないが、パラノイア的思考の人物（これをパラノイドという）が世界史を変えるとてつもない事件を引き起こしたことは、ヒトラー、スターリンを始めとして枚挙に暇がない。なぜなら、パラノイドは、自分こそ世界を変革しうる崇高で全能な予言者であると強く信じているため、ときには一つの国や文明までがその強靭な論理に引きずられるからである。さらに、そうしたパラノイドは、他者は全員、自分に敵意を持ち、陰謀を企てていると確信しているから、パラノイア思考が高まると、敵の組織を全滅させるために攻撃に出ることがある。この先制攻撃が多くの悲劇を生むのだ。

ロナルド・シーゲル『**パラノイアに憑かれた人々（上）　ヒトラーの脳との対話**』『**パラノイアに憑かれた人々（下）　蟲の群れが襲ってくる**』（小林等訳　草思社　上　1600円＋税、下　1800円＋税）は、UCLAの精神医学行動科学科准教授がパラノイドに密着取材し、そのパラノイア的思考の内側にまで入り込んで、その因って来たるところを解き明かそうと試みた興味深いレポートである。

著者によれば、あらゆるパラノイドの思考に共通しているのは、強い猜疑心である。

「パラノイドは疑惑の正体を確認する手がかりを得ようとして、あらゆるものを調べる。（中略）つまらないことに飛びつき、過大評価し、独自の論理体系のパターンに組みこむのだ」

パラノイドの第二の特徴は敵対心。世界は悪意に満ちていると思い込む。その結果、周囲の人々の反感を買うことになり、本当に迫害される。これがよけいに確信を強める。

そして、そこから第三の特徴である投影が生まれる。「私が彼らを憎んでいるのではなく、彼らが私を憎み、殺したいと思っているのだ」

この投影が強くなると、それは妄想を作り出し、最後には先制攻撃に出るというわけだ。

取り上げられている症例で興味深いのは、航空宇宙企業に勤める科学者で、個人監視用人工衛星の妄想に憑かれたエド・トールマンのケースである。

トールマンは通勤時や就寝時にまずブザーのような音が聞こえ、次に地獄から送られてきたような図像の「はがき」が見えると言い張る。そして、それは敵対企業が個人監視用人工衛星（POSSE）から送ってくる電磁波だと断定する。これだけなら、典型的なパラノイドだが、トールマンがすごいのは、その断定をすべて「科学的」に証明して見せることである。すなわち、あらゆる科学論文に根拠を求め、個人監視用人工衛星を実証的に「解明」する。それどころか人工衛星の設計図まで描いてしまう。

「彼は自分で体験したことに意味と秩序を与えるため、解答を求め、最終的に、人工衛星が自分を追跡し悩ませているというPOSSE理論を構築した」

著者は、トールマンと行動を共にし、ついに、入眠時のノイズは歯軋《はぎし》りの音、通勤時のブザー音はトンネルのノイズ、また「はがき」はかつてエドが観た『エル・トポ』という不気味な映画の場面だったと突き止めるが、エドはそんなことはまったく信ぜず、より強固なパラノイアの陣地に立てこもってしまう。

これを読んで思い出すのは、私の知っているパラノイドのケースだ。そのパラノイドはこちらの指摘に常にこう答えた。「それはわかっています。だから、不思議なんです」。これに対抗できる論理は正常の側にはない。

×月×日

残暑厳しいある夜、ふと、物書き業界の中だけで通じるジョークを考えついた。

良心的出版社として知られるX社の社長がある作家についてこんなことを言った。「あいつはなんだ。金のことしかいわない。俺を見ろ、金のことなんか一度だって口にしたことがない」

このジョークは、およそ契約という概念がない日本の出版界でのみ通じるものと思っていたが、どうやらそうでもないらしい。ジョン・ディ・セイント・ジョア『**オリンピア・プレス物語　ある出版社のエロティックな旅**』（青木日出夫訳　河出書房新社　3400円＋税）を読むと、可能性を秘めた無名作家の前代未聞の作品を出版する勇気ある出版社として二十世紀の文学史にその名を刻むオベリスク・プレスとその後身であるオリンピア・プレスが、印税をなかなか支払わず、作家の怨嗟《えんさ》の的になっていた事実があきらかになる。

第一次世界大戦で英米からパリにやってきたロスト・ジェネレーションの一人にジャック・カハンというイギリス人青年がいた。青年はフランス娘のマルセル・ジロディアスと結婚、四人の子供をもうける。カハンは自らエロ小説を書いた後、出版に手を染めた。エロ本を英米人相手にパリで英語で出版し、それで儲けた金で知られざる天才の大胆な傑作を出版するという野心を抱いたのである。

後者の路線の最初の本がジョイスの『フィネガンズ・ウェイク』の一部「ハヴス・チルダーズ・エヴリウェア」で、以後、ラドクリフ・ホール『孤独の泉』、フランク・ハリスの『わが生と愛』と続いて、ついにヘンリー・ミラーの『北回帰線』で当て、さらにアナイス・ニン『近親相姦の家』、ロレンス・ダレル『黒い本』を出す。このラインナップはまことに壮観で、二十世紀のエロスの前衛文学は確かにオベリスク・プレスから生まれたといえる。しかし、その内実はというと、これが案外みみっちいもので、カハンは絶対に損をしないように印刷費を作家やその友人たちに払わせていた。たとえば、『北回帰線』と『黒い本』はアナイス・ニンに、『近親相姦の家』はダレルに印刷代を負担させたのだ。

「彼は、その奔放で魅惑的な自伝が伝えているほど、勇敢でもなければ鋭くもなかったのである」

ジャック・カハンはドイツがポーランドに侵入した翌日に死んでしまう。

息子のモーリス・ジロディアスは父の唐突な死の後、エディシオン・デュ・シェーヌという高級挿絵本の出版社を興《おこ》した。父の名前を名乗らなかったのはナチ占領下だったためである。ジロディアスはユダヤの血がまじっているにもかかわらず、うまく立ち回って戦中を生き延びるが、戦後、事業に失敗し、父の築いたエロと前衛という二本立て路線を継承することを決意する。これがオリンピア・プレスである。

ジロディアスはヘンリー・ミラーの『プレクサス』とベケットの『ワット』それにサドの『閨房哲学』でオリンピア・プレスをスタートさせるが、サドの翻訳者として加わったオーストリン・ウェインハウスらの雑誌『マーリン』同人に目をつけ、彼らにエロ小説を大量に書かせ、これをトラヴェラーズ・カンパニオン・シリーズと称して経営の安定を図る。この伝記の優れたところは、これまでオリンピア・プレスの研究では無視されていたこれらのエロ本の作者を突き止め、彼らの功績にも光を当てたことである。オリンピア・プレスは、前衛文学だけではなく、エロ文学のほうでも一流であったのだ。

やがて、ジロディアスの前に父にとってのヘンリー・ミラーのような存在が現れる。イギリス在住のアメリカ人作家J・P・ドンレヴィーである。ドンレヴィーはすべての出版社で『赤毛の男』を拒否され、ジロディアスの扉をたたく。『赤毛の男』はオリンピア・プレスから一九五五年に出版されるが、ドンレヴィーはそれがトラヴェラーズ・カンパニオン・シリーズの一冊として世に出たことに仰天し、ジロディアスとの長い闘争に入る。これに英米での出版契約という厄介な問題が加わる。どちらも、版権は自分にあると主張したのである。この戦いは最後にドンレヴィーに軍配があがる。オリンピア・プレスが破産したとき、ドンレヴィーは株を競売で買い取って復讐を遂げたのだ。

ナボコフの『ロリータ』の場合もほぼ同じだった。『ロリータ』を出す勇気のある出版社はオリンピア・

プレスしかなかったが、ナボコフは後に自作がオリンピア・プレスから出たことを恥じるようになり、英米での版権をオリンピア・プレスから奪おうと画策する。

その後、オリンピア・プレスは『キャンディ』『O嬢の物語』『裸のランチ』と文学史に残るエロスの前衛文学を次々に出版するが、そのたびに著者と悶着をおこす。その理由はほとんどが金だった。

「ジロディアスの金払いは最悪だった。意図的か偶発的かの差はあるものの、作家たちへの支払いは常に遅れるか、少ないかであり、忍耐強いウィリアム・バロウズがアメリカの印税を待ち続けた時のように、まったく払わないことも頻繁にあった。『個人的なレベルでは、彼はとても魅力的な人物だったよ』とディック・シーヴァーは語る。『だが彼は、まったく恥知らずの男だった。印税を払わないんだからな』」

性の前衛出版社を巡る「栄光と悲惨」あるいは壮絶な「人間喜劇」。『O嬢の物語』のポーリーヌ・レアージュがジャン・ポーランの秘書で愛人だったドミニク・オーリであることが証明される部分も興味深い。

(『週刊文春』2001年10月11日号)

目下の関心は韓国、そしてノスタルジア

×月×日

神田神保町の古本まつりは、一時かなり寂れた様子だったが、ここ数年、盛り返しの傾向にあるらしく人出も多い。出店が増えたのか、会場がさくら通りにも広がり、屋台店も並んでいる。女性の姿もずいぶ

んと見かける。なにはともあれ、めでたいことだ。

それとは別に、古書会館が改築のために閉館になったのに伴い、週末の古書市の会場が共立女子大学文芸学部の目と鼻の先の教育会館に移った。おかげで、金曜の夕方に授業を終えたあとに気軽に立ち寄ることができるようになった。和書の場合、私は完全な雑本主義者だから、そう値は張らないが、買う量は確実に増えた。これは警戒すべき兆候である。

新刊書店には同時テロ以来、イスラム関係書が並んでいるが、私の目下の関心は夏休みの終わりに二泊三日のパックツアーで出掛けた韓国に向けられている。日本と似ているようで異なり、異なっているようで似ているこの国の実態が知りたくなったのである。

二十一年ぶりにソウルを訪れ長期滞在した四方田犬彦の『ソウルの風景　記憶と変貌』（岩波新書　700円＋税）によると、韓国社会はソウル・オリンピック後に出現した大衆消費社会で大きな断絶を抱えるようになったらしい。

「七〇年代の韓国に存在していたのは『民衆』であり、それはたとえ貧しくとも、北朝鮮の『人民』とは似て非なるものだった。二〇〇〇年の韓国にはもはや民衆の影を見つけることができない。誰もが個人主義的ではあるが平板で区別のつかない『大衆』と化してしまった。江南の繁華街とその背後に広がる住宅地、高層マンションの群は、この大衆の出現を証言しているのである」

江南というのはソウルを横切る漢江の南岸で、著者が二十一年前に住んだときには近くの農村から黒い山羊を連れた農民がやってくるほどの田園地帯だったが、ソウル・オリンピック以後、世界中のブランドを集めた巨大なショッピングビルやホテルが立ち並ぶ無国籍な空間へと変化したのだ。ようするに、日本が東京オリンピックのあと三十五年でやったことを韓国は十数年に短縮して行ったわけだが、その歪みが「変化」の側にも「伝統」の側にも出ている。つまり、「伝統」までが「変化」の変形たるノスタルジアとして現れてきていることだ。その典型は、私も訪れた骨董街仁寺洞《インサドン》に見ることができる。地味な骨董街が演出されたキッチュな「伝統」の民芸横丁へと変貌していたのだ。

その仁寺洞の中の「伝統茶」を売りにした喫茶店（ご多分にもれず、私もここに行った）に足を踏み入れた著者は仰天する。韓国には冷えた麦こがしの茶以外には茶を喫《の》む習慣がなかったはずなのに、ユズをマーマレードにして湯で割ったものや生姜の煎じ茶などが「伝統茶」として供されていて、喫茶店の壁に七〇年代の映画ポスターやLPジャケットが貼られている。

「わたしは一瞬自分の軀が宙に浮いたような、ひどく不思議な気持ちに襲われた。かつて自分が知っていたソウルという巷《まち》全体が、いつの間にかノスタルジアの対象と化していたのである。そしてそれを享受している客はというと、朴正熙政権をまったく知らずに、もの心ついた頃にオリンピックを体験した男の子や女の子だった」

その一方で、あるいはそれと軌を一にするかのように、街には日本のマスカルチャーがあふれ、村上春樹が日本の作家だという意識もなしに読まれている。

「日本文化はもはやけっして表層のブームであるのではなく、現代韓国文化の内側に構造化されて根付き、興味深い混合文化を作り上げようとしている」

著者は二十一年の間に生じたこの急激な変化にとまどいながらも、それを否定も肯定もせず、異なった世代の韓国人自身の意識の中で、それがどう受け止められているかを探る「時間旅行」に旅立つ。光州事件にかかわった世代の知人の声に耳を傾け、戦前生まれの老作家にインタビューする。なかで最も興味深いのは、朴政権下で何度も投獄の憂き目にあった作家李浩哲《イホチョル》の次のような言葉だ。

「わたしは虚心にいって、彼（朴正熙）が経済興隆に成果をあげたことを認めますよ。とにかくやるべきことをやった人間だ。北と比較して韓国を豊かな国に発展させたことは事実です。わたしは彼を理解できると思うのですよ。そう、わたしはわたしなりに民主主義のために戦ったし、朴正熙は朴正熙なりに彼の務めというものを果たしたのだとね。そりゃあ、殺されたと聞いたときは、心底から驚いた。何かから解きほぐされるような気持ちを抱いたが、それは悦びというものではなかった」

この作家の言葉は、冷戦構造の世界からいきなり大衆消費世界に放り出されたため、かつて否定の対象だった枠組みそのものに己のアイデンティティーを求めざるをえない韓国旧世代の現在の感情をかなり代弁しているのではないか。こうした微妙な感情の揺れ動きを掬いとっただけでも、本書は凡百の韓国論に優る。

×月×日

『ソウルの風景　記憶と変貌』には、化粧法一つでナチュラル・メイクの日本風女子大生にも、こってりメイクの韓国アガシ（お嬢さん）にも化けてみせる在日韓国人留学生の話が出てくるが、確かに、現在の韓国では、厚目のくっきりメイクをしなければ女として扱ってもらえないし、ゴミ捨てにも出られないようだ。さらには、美容整形が大はやりで四人に一人は整形顔という事実もある。これらはすべて韓国独特の美人至上主義のなせるわざではないか？　川島淳子『**韓国美人事情**』（洋泉社　７００円＋税）は、この仮説から出発して韓国の家庭の社会的構造にまでメスを入れた異色の韓国論である。

著者によれば、韓国では美人に生まれるのではなく、美人は「なる」ものなのだという。その根底には、女はすべからく結婚して子供を産むべしという儒教的家族観がある。そして、その結婚＝出産に至るには、美人のほうが断然得であるゆえ、全員が美人を目指すというわけだ。その美人至上主義の行き着いたところが美容整形の大流行だが、韓国のおもしろいところは、美容整形したことを他人に隠さず、タレントでもこれを堂々と公言することである。また、しろうと整形美女が登場し、整形前の写真を当てさせるクイズ番組もある。親は娘を美しくすることに熱心だから、高校卒業と同時に、あるいはその前に整形を受けさせる。しかし、そんなくらいで驚いてはいけないようだ。

「娘のためにオモニ（母親）が整形する、というケースも多いのだとか。娘が結婚するにあたって、当然お互いの両親が会うことになる。ところが、両親と娘の顔があまりにも違うと整形の事実がわかってしまうから、オモニは愛する娘の幸せのため自らも手術を受ける、という話だったのだが……。娘思いでそこまでするか、と呆れていたら、『そうかしら、自分もこの機会にきれいになれるのだから一石二鳥なんじゃない？』テヨンさんの話では、最近は結婚とは関係なく、オモニに綺麗になってもらおうと整形手術をプレゼントする子どももいるという。称して『孝道整形』。さすがは〝儒教の国〟である」

×月×日

高度成長と大衆化社会の到来は世界的に均一化された街並みを生み出すが、そうなると、古い街並みは記憶からきれいさっぱり消えてしまい、以前にはそこになにがあったかということすらもわからなくなる私はある雑誌で盛り場盛衰史のようなものを連載しているのだが（後記。『平成ジャングル探検』として講談社から上梓。→ 講談社文庫 571円+税）、過去の街並みの再現には毎度、ひどく苦労する。この要請に応えるように生まれたのが、中林啓治『**記憶のなかの街 渋谷**』（河出書房新社 1400円+税）である。

昭和三十年代の日活撮影所で、東京の盛り場のオープンセットを作った経験を持つ著者は、四十年ぶりに開かれた同窓会で渋谷の街をビルの上から見下ろしながら、イラストで幻の街並みを再現しようと思い立つ。なぜなら、写真や映像などの資料は「再現という目的で観察すると、不明なところが多々ある」からである。そのため他のさまざまな情報を頭の中で総合して「絵」にする必要がある。こうして、明治の渋谷駅や道玄坂・宮益坂《みやますざか》に始まり、大正三年ころの渋谷駅周辺の鳥瞰図、関東大震災後の百軒店《ひゃっけんだな》、昭和十年ころの渋谷駅、それと対照をなす戦災後の渋谷駅前の闇市、ワシントンハイツ、恋文横丁、東横デパート屋上のロープウェイひばり号、昭和三十年代の百軒店裏（このあたりからは私の記憶の中の街と重なる）などがビジュアルに復元されてゆく。

他の盛り場も、こうしたかたちで再現してほしいものである。

×月×日

神田神保町の古本屋でここのところ、にわかに数が増えているのがグラフィックな雑誌のバックナンバーを揃えた店だが、そうした古本屋で、昭和三十年代の少年雑誌に出会うと、わけもなくうれしくなって買ってしまう。たぶん、こうした店が増えたのは、同じような重度のノスタルジア患者がほかにもたくさんいるからなのだろう。少年画報社がみずから編纂した『**少年画報大全 20世紀冒険活劇の少年世界**

昭和23年▼昭和46年』（2762円＋税）は、私のようなノスタルジア患者のための貴重な資料集。『冒険活劇文庫』の時代から『赤胴鈴之助』『ビリーパック』『まぼろし探偵』の黄金時代へ、そして末期の日野日出志『ショッキング・ワールド』までが再現されている。幻の福井英一版『赤胴鈴之助』が完全復刻されているのは版元出版ならではの好企画。巻末の他のライバル誌との比較年表もありがたい。

（『週刊文春』2001年11月15日号）

「日本人の致命的欠陥」を読む

×月×日

出張で大阪に出掛けたついでに、ユニバーサル・スタジオ・ジャパン（USJ）に寄ってみる。印象を一言でいえば、巨大な東映太秦《うずまさ》映画村といったところだが、金は存分にかけているからアトラクションはなかなかおもしろい（のちに金をかけたばかりでなく、法律も無視していたことがわかったが）。火事と戦う消防士の映画セットを再現し実際に炎が飛び交うようにしている「バックドラフト」、無人の小型殺人飛行機が登場する3D版「ターミネーター2」が人気で長蛇の列ができている。ただ、同時多発テロとアフガン空爆の後だから、世界貿易センタービル崩壊とトマホークを連想してしまうのはいたしかたない。映画やアトラクションを作った人たちもよもや「現実」に凌駕されようとは思わなかっただろう。

帰りの新幹線で、ヒュー・バイアス『敵国日本　太平洋戦争時、アメリカは日本をどう見たか？』（内山秀夫・増田修代訳　刀水書房　2000円＋税）を読む。発行日は二〇〇一年九月二十日。同時多発テロで「真珠湾以来」という言葉が使われる前に企画された本であるが、それにしても良いタイミングで出たものだ。

バイアスはスコットランド生まれのジャーナリストで『ニューヨーク・タイムズ』の特派員として一九四一年まで東京に滞在。開戦直後に、日本と日本人の真の姿をアメリカ人読者に知らせるべく執筆したのがこの本である。

「私は日本が所有する艦船や飛行機の数を知らない。〔中略〕しかし、日本人がどのように考え、こういった問題に対していかにして結論を出すのか、ということならば分かっている」

実際、バイアスの日本理解は驚くべき深さに達している。たとえば、天皇について。

「日本の天皇は絶対権力を与えられてはいるが、それを行使することは禁じられている。つまり、天皇は統治しないのである。天皇は、他人がつくった法令に署名をするだけの、独裁のできない独裁者なのである」

バイアスの明治憲法解釈はきわめて正しい。しかも、バイアスは明治憲法の欠陥がどこにあるかも正確に見抜いている。すなわち、日本には天皇の権力を代行する総理大臣のほかにもう一つ権力があり、これがガンになっているというのである。

「陸海軍の長も天皇の権力の別の部分〔統帥権〕を行使するが、それは総理大臣とは独立して行使するのだ。総理大臣は名目上は日本政府の首班である。しかし、防衛に関わることがらについてはいささかも介入できない。この制度は明らかに欠陥がある」

この欠陥をついて独裁的権力を握ったのが軍部であるが、ではその最高権力者である東條英機がヒトラーやムッソリーニのような独裁者であるかといえば、これがまったくそうではないという。

「日本陸軍には傑出した人物はほとんどいない。ヒエラルヒーによってその地位についた独裁者には、卓越した人物は必要ではない」

バイアスさん、あんた、なにもかもお見通しじゃないですか。で、その独裁的な陸軍の思想的グラウンドはどこにあったのかというと、この分析もまた正確である。

「日本陸軍にある不穏な革命志向の雰囲気については、ここで語るには長すぎる。これは軍国主義にマルキシズムの衝撃が加わって生まれた奇妙な東洋的混血児だといえる。青年将校たちは、共産主義を民主主義的なものとして忌みきらっていたが、その財産国有化論には魅せられていた。彼らは国有化論に、資本家の影響力に対抗する手段と、彼らの夢見る広大な帝国の使命を実現するための無尽蔵の軍備をもつ『国防国家』を形成する手段とを見出したのだった」

バイアスはすでに一九四一年の時点で、軍部の国防国家は、軍国主義とスターリニズムの合成カクテルであると断定しているのである。しからば、この国防国家の最大の弱点はどこにあるのかというと「敵を知り、己を知らば、百戦してあやうからず」という兵法の第一原理に対する無知、これである。

「いかなる状況であろうとも、勝敗を分ける大失敗は心理的なことで引き起こされる。今の日本を支配している軍人はアメリカ人の精神を理解していない。(中略)戦略的近視眼よりも心理的な視野の狭さが、日本人の致命的欠陥である。過去二十年間、日本の軍人は徹底的に中国研究をしてきたが、結局のところ彼らは中国人を理解していない」

こうした敵に対する無知の上に戦争学の誤りが加わる。日本のそれはクラウゼヴィッツ理論にタンネンベルクの戦いに勝ったドイツ軍のルーデンドルフの戦術・戦略を組み合わせたものだが、これが失敗のもとだったのだ。

「彼らは奇襲攻撃に最大の重要性をおく。それは周到に準備され、秘密は完全に保たれる。日露戦争とこれまでの中国との戦争の記録では、日本は最初の奇襲攻撃の後では、何ら目新しい戦術をもたないことが分かる。彼らは突然開戦するが、その後は正統的攻撃法を続けるだけである」

これに対して、アメリカの持つ力は「発明と技術力である」。ゆえに忍耐をもって戦っていけば、最終的勝利は間違いなくアメリカのものとなる。これがバイアスが開戦直後に下した結論である。お見事というほかない。もちろん、開戦時にアメリカの当局者がバイアスほどの透徹した認識を持っていたとは限らないだろうが、少なくとも開戦後はバイアスの本で日本を徹底的に理解していたことになる。

×月×日

ことほどさように、アメリカ人の一部は開戦の段階で日本人の行動・思想様式を知り抜いていたわけだが、翻って日本人は果たして、戦後五十年以上たった後も、敗戦の真の原因を理解しているのだろうかと考えると、はなはだ心もとないといわざるを得ない。それは昨今流行のうすっぺらな戦争論を一瞥すれば明らかである。「戦略的近視眼よりも心理的な視野の狭さが、日本人の致命的欠陥である」というバイアスの指摘は残念ながらいまでも有効なのだ。

福田和也『**地ひらく　石原莞爾と昭和の夢**』（文藝春秋　3714円+税　↓　文春文庫　二〇〇四年　上下巻各724円+税）はこの重い課題に渾身の力でこたえた文字通りの力作である。

この本の柱となっているのは、副題にあるごとく、満州事変の首謀者にして、世界最終戦論を唱えた天才的戦略家。日蓮宗を信奉し、アジアの解放、五族協和を信じたユートピア主義者にして、世界史の未来を予言した幻視者などの多面的側面を持つ石原莞爾だが、評伝とするにはあまりにも広大な分野をカバーしているので、むしろ、「昭和の日本」を世界史的な枠組みで捉えたミクロにしてマクロな総合史の試みといったほうがいい。

「昭和の歴史を書こうと思う。昭和の核心にかかわるものすべてを、自分のものとして抱き、感じ、味わいたい。『聖戦』として合理化するのでもなく、『侵略』として切りすてるのでもなく、大きな失敗と遠い理想の全体を、直接に、自分にかかわるものとして考えて、引き受けたいのだ」

この「昭和の歴史」の方法論となっているのは案外単純なものである。すなわち、どのような具体的な歴史の断片であろうとも、それを常に全体的、巨視的な観点に照らして評価するという姿勢である。たとえば、石原莞爾が生み出した満州国をどう見なすかという最大の問題だが、日本にとっては、軍の独断専行の風潮を生み出し、それが敗戦の直接的原因となったという否定的側面がある反面、中国からすると、満州事変をきっかけに「国民的なコンセンサスの醸成がなされた」という肯定的側面があることを見落としてはならない。つまり、「愛国的であるために、自らのナショナルな要素を否定するという、日本人が半世紀以上前から体験してきた苦渋の逆説を、部分的なものであれ、中国人も体験することになったのである」。

もう一つある。

「それ（満州）はただ開拓されるべき土地としてそこにあるのではなくて、そこに住み着き、拓き、そして建設していく途上で、日本人が自分たちを発見し、そして新しい日本を作ってゆくような、自己創造の場所であった。そして実際に日本人は、敗戦により結局新国家の建設には挫折したとしても、そこで得た経験から新しい自分を発見し、あるいは創造したのである」

もちろん、だから、満州事変が良かったといっているのではない。歴史の糸の絡まりがほどけたところに立って、絡まりの真の原因を見直さなければならないということである。そのためには、部分的な失敗（成功）の中に最終的な成功（失敗）の萌芽を探り、それらを縒《よ》りあわせ、最後に総体的に関係づけるという根気強い作業が必要であるが、その作業の基礎的な枠組みを提供するのが石原莞爾の生涯、とりわけ彼が欧米や統制派の「覇道」に対して主張した「王道」という理念なのである。これは現在の価値観に照らして過去を断罪するイデオロギー史観、すなわち「自虐史観」とも、その反対の「自尊史観」とも相いれない、まっとうな史観である。

「『東京裁判史観』という言葉がある。（中略）日本の戦争における役割をきわめて分かり易い『悪』の側にあると捉え、戦前の政治と軍をひとしなみに暗黒とするような見方、歴史観を指す。繰り返し、こうした見方の不当さが指摘され、繰り返し検証が試みられているにもかかわらず、私たちが『東京裁判史観』なるものを払拭できていないのは何故なのだろうか。それは、石原の言葉を借りれば、『道義』の一言に尽きるだろう。たしかに、極東軍事裁判は、あまりに不当であるとともに、お粗末なものであった、だが、それを笑うためには、日本人自身が、自らの道義によって、その過去を顧み、誤りを糺《ただ》し、罪を濯ぎ、再び過失を犯さないように努めなければなるまい」

（『週刊文春』２００１年12月20日号）

その他のおもな書評（2001年）

『毎日新聞』「今週の本棚」

2001年1月7日 渡辺房男『ゲルマン紙幣一億円』講談社 1800円＋税（↓ 日経ビジネス人文庫 743円＋税）

2001年2月4日 松島利行『日活ロマンポルノ全史』講談社 2800円＋税

2001年3月4日 佐野眞一『だれが「本」を殺すのか』プレジデント社 1800円＋税（↓ 新潮文庫 上667円＋税 下 667円＋税）

2001年4月1日 坪内祐三『慶応三年生まれ 七人の旋毛曲り 漱石・外骨・熊楠・露伴・子規・紅葉・緑雨とその時代』マガジンハウス 2900円＋税（↓ 新潮文庫 895円＋税）

2001年4月29日 マルセル・プルースト『失われた時を求めて 全13巻』鈴木道彦訳 集英社 各4571−4800円＋税

2001年5月27日 三宅徳嘉、六鹿豊監修『ラルース 仏和辞典』白水社 4200円＋税

2001年6月24日 ポール・ウォーレス『人口ピラミッドがひっくり返るとき』高橋健次訳 草思社 1900円＋税

2001年7月22日 ジョナサン・ビーチャー『シャルル・フーリエ伝 幻視者とその世界』福島知己訳 作品社 6800円＋税

2001年8月19日 菅野覚明『神道の逆襲』講談社現代新書 720円＋税（↓ 講談社 Kindle版）

2001年9月16日 マルク・ボナール、ミシェル・シューマン『ペニスの文化史』藤田真利子訳 作品社 2800円＋税

2001年10月21日 アルフレッド・フランクラン編著『18世紀パリ市民の私生活 名高くも面白おかしい訴訟事件』北澤真木訳 東京書籍 2400円＋税

2001年11月18日 三浦雅士『青春の終焉』講談社 2800円＋税（↓ 講談社学術文庫 1500円

＋税）

２００１年12月16日　福本博文『ワンダーゾーン』文藝春秋　１６１９円＋税

２００１年12月23日　２００１年「この３冊」

ジャン＝イヴ・タディエ『評伝プルースト　上下』吉川一義訳　筑摩書房　上　９８００円＋税・下　１万１０００円＋税

イジドール・デュカス『ロートレアモン全集　全1巻』石井洋二郎訳　筑摩書房　９５００円＋税（↓　ちくま文庫　１３００円＋税）

ジョナサン・ビーチャー『シャルル・フーリエ伝　幻視者とその世界』福島知己訳　作品社　６８００円＋税

『東京人』「本」

２００１年２月号　西澤泰彦『図説満鉄「満洲」の巨人』河出書房新社　１８００円＋税

２００１年４月号　プルターク『プルターク英雄伝』鶴見祐輔訳　潮出版社　１４２９円＋税

２００１年６月号　荒俣宏『プロレタリア文学はものすごい』平凡社新書　６８０円＋税

２００１年９月号　レヴィ・ストロース『悲しき熱帯　Ⅰ・Ⅱ』川田順造訳　中公クラシックス　Ⅰ　１３００円＋税　Ⅱ　１４００円＋税

２００１年11月号　中村うさぎ『人生張ってます　無頼な女たちと語る』小学館文庫　５５２円＋税

2002年

1月1日	ユーロ通貨の流通開始
1月23日	雪印牛肉偽装事件
1月29日	ブッシュ大統領が「悪の枢軸」発言
2月8日	ソルトレークシティ冬季オリンピックが開幕（—24日）
3月7日	ソルトレークシティ冬季パラリンピックが開幕（—16日）
3月	北九州市監禁殺人事件が発覚
4月1日	新学習指導要領の実施。「ゆとり教育」が開始
5月8日	中国瀋陽・日本総領事館北朝鮮人亡命者駆け込み事件
5月20日	東ティモールが独立。21世紀初の独立国誕生
5月31日	2002 FIFA ワールドカップが開幕（—6月30日）
8月5日	住民基本台帳ネットワーク開始
8月	多摩川にアゴヒゲアザラシ（「タマちゃん」）が出現
9月17日	小泉首相が北朝鮮を訪問。日朝首脳会談で金正日総書記が日本人の拉致を認める
10月8日	小柴昌俊がノーベル物理学賞を受賞
10月9日	田中耕一がノーベル化学賞を受賞
10月12日	2002年バリ島爆弾テロ事件
10月15日	北朝鮮の拉致被害者5名が帰国
10月23日	モスクワ劇場占拠事件
12月1日	東北新幹線盛岡駅—八戸駅間開業

ユーロとケルトと夜のパリ

×月×日

航空運賃の過激な安さ（パリ往復五万八千円　スイス航空）につられて、一年と三カ月ぶりでパリへ。おりから、ユーロ（フランスの発音ではウロ）切り替えの現場に遭遇する。といっても、EU当局がたっぷりとユーロを用意していたこともあって、思ったほどの社会的混乱はなかったようだが、八種類もあるコインの価値がつかめないので、タクシーやカフェでチップを渡すときが一番困る。うっかり、一フランの感覚で一ユーロを渡してしまうことがあるからだ。同じことはチップを受け取る側にもいえて、かつての一フランよりも価値のある二〇サンチーム硬貨（ユーロの下の単位はサンチームで変わらず）を受け取っても、なんだサンチームか、ということになる。また、二カ月間はフランと併用だから、一〇〇フラン＝一五・二四ユーロと端数が表示されているが、これがユーロだけになったら、まちがいなく端数は繰り上げられて一六ユーロとなるだろう。デノミ・インフレと同じ効果である。いずれにしても、フラン換算で思考することに慣れてしまった頭には、当分、混乱が続きそうだ。

ユーロの登場で、にわかに脚光を浴びてきたのが、ユーロ使用圏にかつて定住していたケルト民族。つまり、ローマ人、ゲルマン民族、ノルマン人、そしてキリスト教によって次々に征服され、無意識の底に沈んでいたケルト文化という「ヨーロッパの古層」が、ユーロ共同体の成立で、二〇〇〇年ぶりに蘇るのではないかという仮説が成り立つわけだ。

ケルト民族の最も多かったガリア＝フランスを、こうした古層から読み直そうというのが篠沢秀夫『フランス三昧』（中公新書　740円＋税）である。

篠沢教授曰く。ケルトを介してフランスを眺めると「日本とフランスは似ている！」第一点、フランスに先住民であるケルト人が自然崇拝のドルイド教を信じて暮らしていた数千年の期間は、同じく自然崇拝の日本の縄文人のそれに匹敵する。「自然の中に神々を感じる多神教（ドルイド教）の心は残る」

第二点、ケルト人はゲルマン民族に追い立てられてブルターニュなどの辺境に逃げ込んだのではなく、その地に残って征服民と混血したのだが、これは弥生人と縄文人との関係と同じ。「フランク族もほかのゲルマン人も、女性を大勢連れて移動して来たわけではない。ケルト人の血の中に飲み込まれたのが現実である」

第三点、征服民であるフランク族が王朝を建て、これがキリスト教と結びついてイル・ド・フランスの地にフランス王国（カペー王朝）が九八七年に誕生したが、この王国が征服、結婚、遺贈で領土を拡大していったのが今日のフランス。この点も、大和朝廷による「国引き」的な領土の拡大と似ている。

第四点、そのカペー王朝がサリック（サリカ）法という男系相続のゲルマン法によって断絶しかかったことから起こったのが英仏百年戦争と宗教戦争だが、これをきっかけに、国王という存在が一躍クローズアップされる。「もともとフランスというクニの成長の台風の目は王家であった。国王は国土統一の機運の中で、貴族たちに対して超絶的存在になっていく。〔アンリ四世の〕息子ルイ一三世を経て孫ルイ一四世で頂点に達する。その契機がこの『ナントの勅令』である。そして日本ではナントの勅令の二年後の一六〇〇年、関が原の戦いで徳川家康が勝利を収め、国土統一の機運が生じる。日本とフランスは似ている。そのことの一つの要因がここにある」

第五点、やがてブルボン王朝がうまくいかなくなって大革命が起きるが、それは国家的統一を損ねるのではなく、逆に「国民」という新しい国家意識を誕生させる。「フランス王国─国王＝国民　国民＝愛国者（パトリオット）」。これがいわゆる国民国家であり、この基礎となったのが徴兵制と「良きフランス語という人工的な言語」である。つまり、「一にして不可分なる共和国」の統一・統合（文明化）を国王という求心力なしにやるために、偏差の大きい地方言語をすべてたたき潰し、軍隊という統一体に国民を吸収して、これを核にして国民国家を作り出したのである。この過程は、明治維新における日本のそれと同じである。それもそのはず、「士農工商の階級区別の廃止から明治四年の『廃藩置県』まで、実に日本の近代化モデルはフランスであった」。日本は人工語と徴兵制で国民国家を作ったという点では、フランスに次いで世界で二番目である。

第六点、ところが、この後、フランスと日本の軌道は大きく離れる。普仏戦争でフランスが負けたため、日本は近代化のモデルをプロシャに切り替えたからである。その結果、「日本人の心理の中でドイツは拡大鏡にかかり、フランスは縮小して歪む鏡に映される（おサボなのがステキ、シック、ぐうたら、恋愛好き、熱しやすく冷めやすい、等々）」。いわゆる「おフランス」のイメージが日本人の心に形成され、その一方ではフランス革命と自由・平等・友愛の理念を理想化する進歩派が生まれる。この傾向は戦後とくに著しい。

第七点、しかし、それにもかかわらず、日本人の心の中にある「神さびたもの」を何でもかんでもありがたがる一種のチャランポラン主義は、フランス人のケルト的古層のおおらかさと一脈通じるものがあり、それこそが、国民国家、世俗性、民主主義、個人尊重の「近代」の硬直化を乗り越えるカギである。「ノランス人にとってはケルト文明のおおらかさを。日本人にとっては日本的なものを『田舎くさい』と卑下する劣等感の払拭を」

篠沢教授のすべての本と同じく、脱線に次ぐ脱線のように見えながら、その実、強固な論理に支えられたケルト（地方）的フランス顕揚の書である。

×月×日

日本のどことも異なる品揃えをしているのが成田空港の書店。出発間際にそこで平積みを眺めていたら、他では見かけない本を見つけた。『**パリ　夜の歩き方**』（データハウス　1300円＋税）。ようするに、日本人の男性がパリでどうすればエロチックな体験（売春、視覚的エロティシズム）を積むことができるかの案内書で、これまでありそうでなかった本である。パリの毒にどっぷりとつかっている私のような人間にとって情報的には特に目新しいものはないのだが、著者たちが実際に身銭を切ってサン・ドニやピガール、ブローニュの森などで娼婦を買ってきた率直なレポートは社会学的ドキュメンとしてきわめて貴重である。たとえば、フランス語もまったく話せない日本人青年がサン・ドニでキャメロン・ディアスによく似た美女を四百フランで「買い」、アイロン台やミシンなどが置かれた作業場のわきの雑居ビルの中に彼女たちが共同で借りている小さなアパルトマンで行為に及ぶ描写は、日本の風俗レポートのようなウソと自慢がないのがいい。

「ボクがその細身の身体を抱きしめようとすると、彼女は〝早く洋服を脱ぐのよ〟と、先ほどよりも、強い表情で、睨みつけてきた。（中略）彼女は、おざなりな吐息を繰り返すだけで、終わると、テーブルに置かれているペーパー・ホルダーから2、3枚、キッチン・ペーパーを乱雑に引っ張り、ボクの股間に置いた。自分で出したモノは、自分で拭くのよ、とでもいうように」

このほか、ピガールのナイトクラブやシャン・ゼリゼの連れ出しクラブで身をもって経験したボッタクリの実態は、日本人の鼻下長族にとっては、おおいに参考になるだろう。次の数字は連れ出しクラブで要した費用の内訳。「思い出したくもないが、総額を出してみると、店で、チャージ320F、シャンパン代3300F、サービス料（チップ含め）2000F、クッキー代200F。女性へのサービス代900F。ホテル代580F。……日本円にして約14万円。これはあまりにも見事なカモです」

×月×日

『パリ　夜の歩き方』にはあまり触れられていないが、実はパリでいま一番の流行の風俗はスワッピング・クラブである。「パリ・スコープ」の最後のページはこの手の風俗広告で一杯だ。その事実を如実に示しているのが、カトリーヌ・ミエ**『カトリーヌ・Mの正直な告白』**（髙橋利絵子訳　早川書房　1600円＋税　→　ハヤカワ文庫NF　2008年　700円＋税）。フランスの現代美術雑誌「アート・プレス」の創始者で編集長である著者の自伝だが、特徴的なのは、女性特有のファンタスムの一つ「複数男性との同時セックス」の遍歴が赤裸々に語られていることだ。すなわち、著者は初めから乱交志向で、若くしてそのファンタスムを果敢に実行してきたのである。といっても、著者は自ら社会的には臆病なほうだという。「自分から男性に声をかけたことは一度もない。ところが、わたしはどんな状況でも何のためらいもなく、素直に自分から体を開くことができる。また、どんなときにもパートナーに対して誠意を尽くす。プルースト的な考え方をすれば、わたしは他人によって描かれたイメージを通して、自分のパーソナリティを見つめているということになる。（中略）『きみは、いやだと言ったことが一度もないね。拒絶することも絶対にない。自分のやり方もないんだね』」

この通り、複数セックスであれば、秘密クラブでも、ブローニュの森でも、夜の町中でも、著者は喜んで男たちに体を開く。しかし、不思議なことになぜそうした行為に没頭するに至ったのかという精神分析的なトラウマの探求はなく、反対に、複数セックスから始まる新しい関係にのみ関心が向けられている。「わたしは、性欲やそれに関わることを自由意志からあるがままに受け入れてきた。（中略）わたしが自分の思うとおりに行動したのは、それとは逆に自分では自由にできないもの、つまり人との出会いの定めと戦うためだった」。もし、カルメンが現代に生きていたらこうなるというような、ある種の「雄々しさ」を持った記録である。

（『週刊文春』２００２年２月14日号）

日本一のモラリストは誰か？

×月×日

昨年一年間、合計六百五十枚近い大長編小説をある雑誌に連載し、五月には本になろうかというのに〔後記。『妖人白山伯《モンブラン》』として講談社から上梓。→講談社文庫　743円＋税〕、まだ「小説ってどう書けばいいんだ？」という疑問が抜け切らない。駆け出しの小説家にもわかっているはずのルールを知らずに小説を書き始めてしまったのではないか。野球でいえば、打ったあとに一塁にではなく三塁に走ったかもしれないという脅えが払拭できないのである。そこで、本末転倒とは承知しつつも、書店の「小説技法指南書」のコーナーに出掛けて、何冊かを立ち読みする。私が書きたいと思っているのは、純文学ではなく、ストーリー性のある娯楽小説なので、一番ほしいのはプロットの立て方の指導書である。果たして、おあつらえ向きの本が見つかった。G・ガルシア＝マルケス**『物語の作り方　ガルシア＝マルケスのシナリオ教室』**（木村榮一訳　岩波書店　2700円＋税）である。

ガルシア＝マルケスはあるとき、テレビ局から中南米を舞台とした三十分もののラブ・ストーリーを十三本書くように依頼された。メキシコに自分のシナリオ教室をもっていたので、生徒たちにこの話を語ったところ、すぐに皆がアイディアを出し合い、活発な議論のすえに物語ができあがった。これに味をしめたガルシア＝マルケスは同じ方法をキューバの映画テレビ国際学園でも試してみた。そのワークショップのシナリオ作りの過程をそのまま活字にしたのが本書である。

討論の原則はだれか一人がアイディアを語ると、参加者が率直に意見を述べ、新しいプロットを付け加えていくというもの。もちろんガルシア＝マルケスも対等の立場で討論に参加し、シナリオを練り上げてゆく。この集団的な試行錯誤のプロセスが面白い。

たとえば、マルコスという生徒が『密林の叫び声』と題されたプロットを披露する。五十代のアルゼンチン人のお堅い女性心理学者が患者の情熱的体験談を聞いて羨ましく思い、カリブ海のホテルにバカンスを過ごしにやってくる。そこで彼女は二人の男性を愛し始める。一人はホテル専属のオーケストラのマラカス奏者の黒人。もう一人は、ホテルにヘリコプターで乗りつけた白人。冒頭のシーンはホテルのテラスで日光浴をしている女性の前に轟音とともにヘリコプターが着陸するショットから始まる。ただし、マルコスの頭にあるのはそこまでなので、ガルシア＝マルケス（討論の中では愛称のガボと表記）は「君が言っているのはストーリーじゃなくて、アイデアだ。そこからストーリーをひねり出せるかみんなでやってみよう」と言い、議論を開始する。

ストーリーは、各人の介入によって次々に変容を重ね、黒人のマラカス奏者は女性の夢を壊すだけの二次的役割になり、白人の男性が前面に出る。というのも、アバンチュールのためにカリブに来てもアルゼンチンに付きまとわれるというテーマが現れてきたからだ。男性はブエノスアイレスの同じ通りに住む男性へと変わり、さらに「カリブでアルゼンチンに囲まれる」というテーマから、ホテルはサッカーの試合のためにやってきた選手団とサポーターであふれるというシチュエーションへと変化する。このとき、ガルシア＝マルケスが、ヘリコプターで男性が運ばれてくるというアイディアはどうなったのか、それを大切にしなければと指摘したことで、ストーリーは新たな展開を見せる。『甘い生活』の冒頭場面が話題にな

り、そこから別のアイディアが出てくる。

「**ロベルト**　ロープで縛ってありましたね。われわれもヘリコプターで縛った雄牛を運ばせてもいいですね。なかなか暗示的でしょう？

マルコス　いい考えだ。あの女性が目を開けると、雄牛が空を飛んでいる。

ロベルト　空から落下する雄牛だ。

ガボ　アルゼンチンの雄牛だな。その夜食べることになる生きた雄牛」

こうして「雄牛」の介入でストーリーにはもう一ひねりが加えられる。すなわち、女性は昼間ホテルの調理場に迷い込んでその雄牛の解体現場を目撃してしまったため、部屋に引きこもるが、最後は好意を寄せてくれたアルゼンチン人の男性に誘われて、パーティーに出てタンゴを踊り「悪いのは自分であって、祖国ではない」と悟るというかたちになるのである。

プロット作成の作業の終わりに、ガルシア＝マルケスはヘリコプターの場面についてこういっている。「最初のイメージがどのようなものであっても、何か語りかけているから、大切にすることだ。たいていの場合、それが何かを語りかけるのは、イメージの中にその何かが内包されているからなんだ」

なるほど、どれほど複雑なプロットであろうとも、原初にイメージありきということか。これはシナリオだけではなく、小説にも当てはまる。さっそく役だてよう。

×月×日

書評家稼業を開業してからはや十年の月日が流れたが、困るのは、純粋に自分の楽しみのためにだけ読

む本が少なくなったことだ。そんな数少ない私的読書の対象となっているのが、たれあろう「ショッピングの女王」中村うさぎである。本誌（『週刊文春』）の読者は誤解しているかもしれないが、中村うさぎは、現代の日本にはまことに少ない真のモラリスト（人性観察者）である。その片鱗がいかんなく発揮されたのが『ダメな女と呼んでくれ』（角川書店　1000円＋税　↓　角川文庫　二〇〇三年　438円　↓　ゴマブックス二〇一四年　Kindle版）。初出がティーンエイジャー向けの雑誌だったせいかモラリストうさぎの側面が強く出た好著となっている。

たとえば「うさぎ、人殺しについて考える」というエッセイは例の「なぜ、人を殺してはいけないのか」という問いに、ある文化人が「君は本気で人を殺したいと思ってるのかな？　自分の心に、よく問いかけてごらん」と答えたことに逆上して書かれたものである。

「この質問はもちろん、神戸の酒鬼薔薇《さかきばら》事件を念頭に置いたモノである。（中略）酒鬼薔薇少年は、もちろん、人殺しをしたかったのだ。殺したいから、ホントに殺したのである。『自分の心によく問いかけてごらん』なんて言って、彼が『問いかけたんだけど、やっぱり殺したいっス』などと答えたら、あんた、どーするんだね？」

では中村うさぎが、なんと答えたのか？

「人間は、法律やモラルで無理やり社会化されるコトによって、かろうじて他者を殺さずに生きている。ひと皮剝けば、皆、殺人者さ。その証拠に、ひとたび殺意や憎悪が正当化されるや、人々は嬉々《きき》として殺戮《さつりく》を始める。戦争が、そのいい例だよ。

すべての『禁忌』は、『欲望』の裏返しなのである。『人を殺してはいけない』というタブーが存在する

のは、『人を殺したい欲望』が存在するからだ。『人のウンコを食ってはならん』という法律が存在しないのは、『べつに食っていいじゃん』と皆が思ってるからではなく（だいいち、身体によくねーぞ）、『人のウンコ食いたい』という欲望が存在しない（一部のマニアは除外します）からなのだ。

このように、どうしようもなく攻撃的な生き物である我々が、まがりなりにも存続するためには、『人殺しの欲望』を法律で縛る以外に道はない。これは『善悪』ではなく、『公共の利益』の問題だ。だから君も、人類の一員として生まれた以上、人殺しを我慢するしかないんですよ。どーしてもしたいんなら、次はライオンか熊に生まれ変わってくださいね」

正解はやはりこれしかないだろう。中村うさぎは道学者先生が百人束になってかかってもかなわない日本一のモラリストなのである。

×月×日

十数年前の血友病エイズ禍といい、昨今の狂牛病騒ぎといい、被害が大きく拡大した原因は企業モラルの低下と業界利益を代弁する役所の無策だが、その最も悲惨な例として記憶に新しいのは、新薬サリドマイドによるアザラシ肢症の先天異常児の悲劇だろう。ところが、この事件から四十年たった今日、悪魔の薬サリドマイドは、世界の医学界で俄然、注目を集めるようになった。ハンセン氏病、骨髄腫、エイズによるカポジ肉腫、ベーチェット病、それに各種の癌や自己免疫症、これらの難病の特効薬としてサリドマイドが再浮上して来たからである。トレント・ステフェン＆ロック・ブリンナー『**神と悪魔の薬　サリドマイド**』（本間徳子訳　日経ＢＰ社　１８００円＋税）は、解剖学と発生学の教授であるステフェンと歴史研究家

ブリンナーが協力して、サリドマイドの誕生から被害の拡大、そして奇跡の復活までの軌跡を跡付けたものである。

まだ戦後の傷痕が残る一九五四年、ナチスの医師だったムクター博士率いる製薬会社グリュネンタールの研究チームは「副作用が皆無の」鎮静剤サリドマイドを開発する。動物実験で無害が証明されたというだけで、人体実験をなおざりにし、「モニタリングや追跡調査も行わず、なけなしの証拠から判断を下そうとした」ばかりか、副作用が報告されてもそれを握りつぶし、営業を最優先させた。その結果、悲劇は世界中に広がったのである。唯一の例外はアメリカで、ＦＤＡ（米国食品医薬品局）の担当者が認可を与えなかったのが幸いした。

ところが、まだサリドマイド禍が猛威をふるっていた一九六四年、マルセイユ大学病院の医師が死の淵にあるハンセン氏病の結節性紅斑の患者に鎮静剤としてサリドマイドを処方したところ、劇的な効果が観察されたのである。以後、サリドマイドはこの用途のために生き延びたが、一九八〇年代にエイズが蔓延すると、この悪魔の薬はカポジ肉腫の治療にも効果を発揮することが判明する。著者のステフェンの解明したところでは、胎児の血管新生を阻害するサリドマイドの働きが悪性の腫瘍の血管新生を阻止するのである。「サリドマイドは命を破壊する。サリドマイドは命を救う」。まさに毒をもって毒を制すの典型というほかない。

（『週刊文春』２００２年３月21日号）

ジャコバン原理主義と日本男色史考

×月×日

雑誌『東京人』のデパート特集で対談をすることになり、都内のデパートをいくつか集中的に歩いた。いま、デパートはどこも大改造を施して、生き残りに必死だという話だったが、その大改造というのは、結局のところ、一階の一番良いコーナーにヴィトン、エルメス、グッチ、プラダ、カルティエといった「デフレ下の一人勝ち」ブランドを誘致することに尽きる。その結果、どこのデパートもハワイやグアムのDFS（デューティ・フリー・ショップ）とそっくりになってしまった。男性用のネクタイ売り場は三階に追放され、一階は仏・伊ブランド連合軍の租界と化した。「デフレ下の一人勝ち」ならぬ、「デフレ下の画一化」ここに極まれり、と言った状況である。これを「デフレといったってたいしたことないじゃないか」と取るか、それとも「いよいよ外資の東京占領でデフレも最終局面に入った」と見るべきなのか？いずれにしても上等舶来のモノが身近にあふれればあふれるだけ、パリやローマへの憧れが減じてくることは否めない。

和田博文・真銅正宏・竹松良明・宮内淳子・和田桂子『言語都市・パリ　1862―1945』（藤原書店　3800円＋税）は、これと正反対の状況、つまり、モノはなくただ憧れだけが強かった幕末から戦前までの時代に日本人がパリに対して抱いていたイメージを、文学者・芸術家・ジャーナリストなどのパリ体験記の解読を通して明らかにしようという試みである。「言語都市」とは言語で描かれた都市という意味で、それ自体は別段珍しいものではないし、「日本が近代のパリを憧憬したのに対して、パリは近代以前の日本を憧憬した」というテーゼも新味はないが、古書収集の規模が、これまでの同種の試みとは比較にならないくらい徹底したものなので、思いもかけない人物のパリ体験談が拾われていて、興味がつきない。

たとえば、劇作家長田秋濤の『世界の魔公園　巴里』という本はなんと、明治三十七年に出た「夜のパリガイド」で、娼婦の棲息場所、娼館、分類、呼び名、ヒモの実態、風俗警察などの情報が詳しく書き込まれているという。この分野では、ロミという好事家が第一人者だが、それに先立つこと五十年、日本のパリ通が「偉業」を成し遂げていたのである。

「其の一定の区域は。バスチーユの辻より。レピユブリックの辻に至る内外。次はセバストポール街等にあり。（中略）之を外にしてはパレー、ロアイヤルの古宮殿。其庭園を徘徊して神聖を汚すものあり。株式所辺を起点として。ヴヰヴ井エンヌ街リシエリユー街畔。扨は巴里の銀座とも目すべき人ブールワールの辺」

私の知る限り、この当時の娼婦の棲息場所として、秋濤の知識はかなり正確である。ちなみに、長田秋濤は、幕末の仏学者長田銈太郎の長男で、法学を学びにパリに留学したが、演劇や文学にも関心を抱いて帰国、フランス演劇紹介の草分けとなった人物である。

永井荷風、高村光太郎、島崎藤村、横光利一などの比較文学の常連のほか、一般の研究書では取り上げられない芹沢光治良、松尾邦之助、石黒敬七、岡田三郎、西條八十、柳沢健などに光が当てられているのも大きな成果である。

一九三四年に西條八十が遠くパリで病に伏せる詩王ポール・フォールを励ますために催した「ポール・

フォール祭」で、小唄勝太郎が歌ったという「巴里音頭」が収録されているが、これがなかなかいい。

「ハー、
巴里
巴里恋しや、リラの花、
　ララ、リラの花、
旅の一夜に、逢うて別れた青い眼の娘《こ》のうすなさけ。
　サセ、ジヨリイ、サ、ネスパ、セッサ」

×月×日

ここ十年ほど、フランスに長期滞在していない。パリに出掛けるといっても一週間か十日の駆け足旅行。いきおい、その視点は旅行者のものになり、定住者のみに許される包括的な見方ができなくなっている。とりわけ、フランスの政治に対する関心は日々薄らぎ、こんなことでフランス屋を名乗っていていいのだろうかという気持ちにもなる。

こうした進行性政治音痴にカツを入れてくれるのが、三浦信孝『**現代フランスを読む　共和国・多文化主義・クレオール**』（大修館書店　2600円＋税）。シンポジウムでの発言を中心にして、きわめて明晰な言葉でまとめられているので、欧州統合で揺れるフランス共和国が抱えた問題点を理解するのには最適の参考書となっている。

冷戦構造の崩壊から十年たち、統合的理念としてのマルクス主義が破産した現在、フランスが直面している最大のジレンマは「一にして不可分」で「非宗教的」であることをドクトリンとするジャコバン原理主義すなわち共和国原理が、外に向かっては、差異性の要求として働くのに、内に向かっては抑圧機構として機能することの矛盾である。

外に向かっての差異性の要求とは、主としてアメリカ的グローバルスタンダードと欧州連合に対するもので、ＥＵの英語共通語化にはフランス語を始めとする多言語主義を、アングロサクソン的経済自由主義には社会的市場主義を、アメリカ的な多文化主義（サラダボール型分離共存）やドイツ型連邦主義にはジャコバン的統合原理を、それぞれ対置し、差異性と個別主義を主張することを指す。

いっぽう、内に向かっての抑圧というのは、「一にして不可分」で「非宗教的」な共和国というドクトリンから、ブルトン語やプロヴァンス語を始めとする地域言語やクレオールなどの植民地言語を抑える単一言語政策、および、「イスラム・スカーフ事件」に典型的に現れていたように、一切の宗教的要素を公的な場に持ち込むことを禁止する政教分離（ライシテ）を意味する。

一言でいえば、法の前には、出身、民族、宗教などすべての要素に関係なく平等であるとするジャコバン原理主義が、自分の国だけを対象にしている場合には統合原理として働いたが、欧州統合やグローバルスタンダードの出現で、今度は、非統合原理として機能するようになってしまったのだ。

「フランスは欧州連合内部では『多言語主義』を唱えているが、国内では十分多言語主義的であるとは言えず、また共和国が『一にして不可分』(une et indivisible) なネーションであるために、アメリカ型あるいはアングロサクソン型の『多文化主義』(multiculturalisme) を原理的に拒否している。『多文化主義』がフランスで評判が悪いのは、それが宗教や民族の相違にもとづく『中間集団』の存在を容認することによって、共和国を分裂させるゲットー化の危険を孕んでいるからである」

では、フランスの共和国原理は、ＥＵの中で通用するものなのか？

「ジャコバン共和国の普遍主義的な統合原理は、中央集権的な国家統一には適しているが、欧州統合における分権型連邦主義のアプローチには不適切ではないか。ＥＵ諸国における移民の統合でも、ライシテ原理にもとづくジャコバン的統合モデルではなく、アングロサクソン的多文化主義による分離共存が優勢になっていくのではないか。その意味で、少なくとも理論的、概念的なレヴェルでは、新しい拡大ヨーロッパを形成していく上で、フランスの指導力と影響力は弱まっていくのではないか。残念ながら、私はそう予測する」

×月×日

大革命でライシテ原理が出てきた背景には、「教会の長女」であるフランスにおけるカトリックの強大な権力への反発があったが、いま、このカトリックが世界中で揺れている。少年信徒にホモ行為を強いる神父がいたるところで摘発されて大問題となっているのである。

岩田準一**『本朝男色考　男色文献書志　合本』**（原書房　4800円＋税）は、江戸川乱歩が脱帽したという市井の好事家の日本男色史研究の復刊だが、これを読むと、日本においてもまた、男色は、女犯を禁じられた仏僧によって広まったことが理解できる。

著者によれば、奈良時代の万葉集の大伴家持、平安時代の在原業平などの歌にも男色と思えないものはないが、それがはっきりとした形を取って現れてくるのは、平安中期の『拾遺和歌集』で、僧侶の恋がかなり露骨に詠まれている。次いで、白河法皇と鳥羽法皇の時代になると、天台、真言の両宗の僧侶の中に「殿上童の寵」を誇るものが多くなり、「宮中と顕密僧との交渉は益々濃厚となり複雑になった」。中でも後白河法皇は藤原信頼と藤原成親という寵臣に入れあげたため、平治の乱と鹿ケ谷事件を引き起こした。鎌倉時代になると、男色はおさまるどころかますます盛んになる。

「武家に迎えられた男色は、時代を通過して行く中に、戦場武士の稚児扈従《こしょう》、大名の小姓などという形で盛んにもてはやされ、最初には、僧侶特有の風俗らしく思われていたものが、ついには武士によってほとんど奪われてしまったごとき奇観を呈するに至るのである」

しかし、なんといっても男色が大流行したのは室町時代で、足利義満は藤若丸といった十二歳の少年を愛し、その猿楽を保護したが、この藤若丸とはたれあろう、後の能楽の人成者世阿弥宗全である。六代将軍義教に至っては男色の痴情沙汰の末に殺されてしまった。また、この時代には、禅林の僧侶の多くが喝食《かっしき》と呼ばれる男色少年を囲っていたので、その需要に応えるために、美少年の誘拐・売買が横行した。謡曲「隅田川」の梅若丸は、こうして誘拐・売買された少年の哀話で、森鷗外の『山椒太夫』の厨子王もおそらくはそうした少年の一人だったという。

まったく、上から下まで、こんなことをやっていて、よく日本民族は血脈が絶えなかったものである。やはり、日本は、今も昔も、世界に冠たる男色王国なのである。

(『週刊文春』2002年4月25日号)

酒と匂いと男と女と廃墟

×月×日

ここのところ、かなりの頻度で、ワイン、日本酒、ビール、ウィスキー、焼酎と、あらゆるジャンルの酒の酒場に通っている。大酒飲みでもないのに酒に関する入門書を引き受けてしまったからだが〔後記。結局これは出版に至らなかった〕、ブッキッシュな知識だけで酒の本を書くことはできず、かといって家では数をこなせないので、いきおい酒場通いの機会が増えることになった。ところで、この多種多品目の酒の「飲破」という無謀な試みにチャレンジしてみてわかったのは、酒の味や匂いの微差を言葉であらわすことは相当にむずかしいが、その微差に分類の網をかぶせて体系づけるのはもっと困難だということである。

なかでも日本酒はやっかいだ。吟醸、大吟醸、生酛《きもと》、山廃《やまはい》など多様化が著しいのに、入門書は醸造学者の技術的な薀蓄《うんちく》本か、日本酒オタクの独断的な感想文に限られ、カオスの大海は妙に神聖視されるか、さもなければ敬して遠ざけられているかのいずれかだからである。体系化という勇気ある試みにチャレンジした本が出ないものか？　そう思っていたところに現れたのが田崎真也『**日本酒を味わう　田崎真也の仕事**』（朝日選書　1000円+税）。ご存じソムリエ・コンクール世界チャンピオンの田崎真也氏が日本酒のテイスティングにチャレンジした本である。正直言って、マスコミのイメージでかなり誤解していた部分があったのだが、今回、これを読んで俄然、氏に対する評価を高くした。なぜなら、氏が、おのれの経験に頼るだけでなく、実験と観察、分析と総合、分類と体系化という「科学する志」をもった人物であることがよく理解できたからである。

「テイスティングはできれば比較テイスティングをすることでより理解が深まるわけですが、同時にその味わいの違いは何からくるのかを探っていくことも大事なことです。

その違いの要因は、酵母の違いなのか、米の品種の違いからくるのか、あるいは杜氏の出身地の違いのせいなのか。その答えを求めながらテイスティングを繰り返していけば、その違いが何から生まれるのか、必ず自分なりにわかるはずです」

では、比較テイスティングをするさいのコードとして何をもってくるべきか？ 意外にも、ワインと違って、産地は日本酒のコードにはなり得ないというのだ。工場の温度コントロールは自由自在だし、原料米も酵母も、杜氏さえも輸送可能だからである。むしろコードとなり得るのは、原料米（山田錦／雄町《おまち》／松山三井《まつやまみい》）、精米歩合（吟醸／大吟醸　50％／40％／30％）。速醸系と生酛・山廃、酵母（協会6号〜15号）、普通酒・本醸造・純米酒、酸度、アルコール度、杜氏、酒の温度、長期熟成度などである。

このコード化による比較テイスティングの結果、田崎氏が導き出した結論は、なるほどと納得させられるものが多い。たとえば、最近大流行の大吟醸のように、精米歩合を極端にした酒が良い酒という思い込みは誤りだという。「米を限りなく削った酒、つまり値段が高い酒＝おいしい酒ではありません」。たしかに、大吟醸は米を半分以下に削って、ピュアなデンプンだけで酒をつくるから淡麗に（そして高価に）はなるが、その分、米の脂質やタンパクなどは消失するから、純米酒のような複雑な味わいは消えてしまう。フルーティーで淡麗というのであればボジョレ・ヌーヴォーでいいわけである。

しかも、大吟醸＝高級酒という思い込みは、大きな誤りをもたらす。食事のときには安い酒から高い酒という原則を適用すると、安価な純米酒を先に、高価な大吟醸を後にということになるが、これはワインでいうと安いボルドーを先に高いブルゴーニュを後にということになり、いかにもおかしい。「Q——そうなると、日本酒の場合、値段の高い大吟醸を先に飲むということになりますよね。**田崎**——その通り！　精米歩合70％の酒より、30％のほうが値段は高くなりますが、ボリューム感の少ないものから多いものへという順序で選んでいくと、精米歩合30％の酒を先に飲むことになります。（中略）飲む順番を味わいで考えていくと、値段の安いほうを後に飲むということになります」

また大吟醸は冷やで、純米酒は常温で、本醸造はお燗でという常識も誤りであるという。

「大吟醸でもタイプによっては、温めて飲んでも心地よく、非常に甘味が豊かです」

しかし、最もビックリしたのは、現代の進化した日本酒には、カズノコや塩辛という珍味類は合いにくいという指摘だ。むしろ、山廃や純米酒などのコクのある日本酒はチーズやクリーム・ソースの料理のほうが合うという。「クラシックなクリーム煮の料理には、山廃のようなコクのある日本酒がワインよりも合いますね」「チーズのミルキーさ、旨み、塩味を生かすには、これは、山廃のような旨みとチーズのような香り、そして塩味に対抗できる味わいのボリュームのある日本酒が合うと思います」

ワインで養ったテイスティングの経験の論理性をバネにして日本酒の体系化という壮大な試みに着手した意欲作。今夜はブルーチーズに山廃という組み合せで行ってみるか。

×月×日

『日本酒を味わう　田崎真也の仕事』には、カッテージチーズやバタークリームなどの香りという表現がしばしば出てくる。これは米のタンパクに含まれるアミノ酸から来るものだが、このチーズの匂いで思い出すのは、就眠中のナポレオンのところに副官がチーズをもって行ったら「ジョゼフィーヌ、余は疲れている。明日にしよう」と言ったという小話である。ナポレオンはジョゼフィーヌの体臭が大好きで、遠征から戻るときには「三日間、風呂に入らない」ようにと伝令を飛ばしたと伝えられる。

鈴木隆『匂いのエロティシズム』（集英社新書　680円＋税）は、体臭とエロティシズムという、わかっているようで謎の多い関係を、香料会社勤務の著者が、これまた厳密な論理性を駆使して徹底的に考察したもので、とくに第二章『エロスの進化論』と第三章『フェロモンからエロスへ』は興味深い。

著者は、まず、ストッダートという学者の腋臭《わきが》進化論（人類はフェロモンを抑圧し、生殖行動のきっかけを嗅覚から視覚に移したが、フェロモン時代の名残が腋の下の匂いとして残ったという説）を援用して、人類のオスが嗅覚を鈍化させ、メスの排卵期の匂いをかぎわけられなくなったとき、そうでないオスよりも不利な立場に立つはずなのに、実際には、そのことで大きな利益を引き出し、進化競争に勝利したのはなぜかと問いを立てる。「嗅覚を鈍化させることにどんなボーナスが隠されていたのか」

仮説はこうだ。「メスの匂いによって無意識的に発情することはなくなった代わりに、メスの発情と匂いとの関係に気づいたり、発情したメスのしぐさや表情のようなものからその『意味』を了解して半ば意図的に発情するオスが現われたと考えてみてはどうだろうか。（中略）つまり、さまざまな情報を統合して自家発情することができるようになったオスは、その同じ能力を社会行動にも適用して、他の者の顔色を読み、社会行動をタイミングよく行う結果、他のオスとの関係で有利になることが予想されるのだ」

つまり、嗅覚の鈍化には、発情の察知でのデメリットを補ってあまりある社会行動的メリットがあったのである。同じ匂いに対する反応でも、オスの脳の反応部位が無意識から意識へと変った「脳内革命」によって、オスは生殖以外のところでも他のオスよりも優位に立ったのだ。

しかし、セックスにおいて果たす匂いがいきなり無意味になったのではない。重要なのは「その匂いに気づき、その匂いの意味を了解し、匂いに結びついた快楽の記憶をよみがえらせることによって欲情が起こるという流れが生まれたということだ。この一連の流れがいったんできてしまえば、最初の『匂い』を、たとえば『裸体』に置き換えて同じ結果を導きだすことが可能になる。この、新たな意味を帯びた性的な匂いのことを、私はエロモンと呼んでみたい。フェロモンが本能に訴える匂いであったとすれば、エロモンはエロスに訴える匂いであり、人間的な意識なくしてはあり得ないものと考えるわけである」

したがって、フェロモン的な物質を含めて香水にしたフェロモン香水というのは無意味であり、調香師たるもの、エロモン香水をこそ目指さなければならないということになる。

この「エロモン」という言葉、いただき！

×月×日

過日、十八世紀のフランス絵画の画集を眺める機会があり、ユベール・ロベールに代表される廃墟画に強く惹かれた。私も廃墟があると思わず入って中をのぞいてみたくなるたちだからだ。この密かなる欲望をもつ人のために編まれたのが栗原亨監修『**廃墟の歩き方　探索篇**』（イースト・プレス　1500円＋税　↓イースト・プレス　2014年　Kindle版）。全国に点在する鉱山、工場、病院、ホテル、レジャーランドなどの廃墟を写真付きで解説し、これに「探索時の危機管理」「探索のテクニック」などのハウ・ツー的情報を加えた廃墟のガイドブックだが、たしかにその壮絶な美しさの廃墟写真を眺めていると、みずから探索の旅に出掛けたくなる。とりわけ、神戸の山中に残された摩耶観光ホテルはユベール・ロベールに描かせてみたくなるほどみごとな廃墟だ。

「急勾配の山道を二時間近く登り、心身ともに疲労のピークに達したころにようやく姿を現したのが『摩耶観光ホテル』であった。その廃墟を目の当たりにすると、まるで金縛りにもあ《原文ママ》ったように体は硬直し、疲れていることすら忘れ去ってしまった……。それほどの美しさを持つ廃墟であり、その特異な外観から『軍艦ホテル』とも呼ばれた」

バブルの崩壊で廃墟も増え、マニアにはこたえられない時代が訪れたようである。

（『週刊文春』2002年6月13日号）

絶望的な戦いの中の救い

×月×日

ワールド・カップの日本とチュニジア戦の日、授業のあと、テレビ放映している教育会館のレストランに入ろうとしたら、階段まで人が並んでいて入れない。しかたなく、観戦を諦めて、七階の古書市に足を運ぶ。驚いたことに、ここも人影はまばらである。第一、出展している業者が少ない。それでも、古書ファンというのは変人が多いのか。ワールド・カップどこ吹く風で、古本の山を漁っている剛の者がいる。これは感動的。

ついでに新刊本屋ものぞくが、ここはもっと閑散として人っ子一人いない。ワールド・カップ期間中は売上三割減だというが、六月中に二冊も新刊を出した身としては他人事ではない。うち一冊は初の長編小説〔後記。『妖人白山伯《モンブラン》』〕、もう一冊は明治大正の実業家の列伝〔後記。『破天荒に生きる』ＰＨＰ研究所　１６００円＋税〕、いずれも古本屋でそうとうに資料集めをやって書いたものである。そのとき気づいたのだが、明治大正期には、どの分野でも実にたくさんの人物列伝や人物評論が書かれている。あれを片端から読んでいったらさぞかし面白いだろうと思っていたら、そのエッセンスを凝縮したような本が出た。谷沢永一**『えらい人はみな変わってはる』**（新潮社　１４００円＋税）である。

著者が長年収集した明治・大正・昭和の人物評論から、文士、大学人、実業・出版人などの奇矯なエピソードを抜き出したものだが、昔の人は、あけすけで残酷だったのか、作家や有名人の癖を露骨に暴露している。たとえば、福澤諭吉の癖は鼻糞ほじりと横睨み、どちらも上品とはいえぬ癖だが、弟子たちはこんな癖さえも真似をしていた。中江兆民は奇行をもって知られたが、あるとき某楼で痛飲したあげくとんでもないことを始めた。

「兆民おもむろに起ち、両手でぐいと己れの陰嚢をひろげ、これを杯として温酒を盛り、妓を呼んでさあ飲めと強うる。妓もまたさるものうやうやしく一気に飲み干し、謹しんで返杯してよろしいかと問う。兆民もとより諾して微笑、双手で嚢を張って待つ。妓はすなわち楼婢を呼んで熱燗を取り寄せ、これを嚢杯になみなみと注ぐ。さすがの兆民も熱さに堪えず、大声喚叫これ久しうしたと伝えられる」

『路傍の石』で知られる山本有三の逸話は、できるものなら私もやってみたいものである。ある雑誌のインタビュー作家が山本有三を訪ねた。山本は真面目に受け答えしてじっくりと語った。出来上がった原稿を代理の記者が持参すると、山本はいかにも不愉快そうな顔をして、この原稿をあなたはいくらで買うのかと聞いた。「答えにくいところ、その見幕に押されて、これこれですと正直に答えると、山本有三はその金額を持ち出して作家に与えるよう指示し、その場で原稿を引き裂いた」

古書から拾った逸話だけでなく、著者自身が体験した作家会見記もある。著者は、昭和二十五年十月のある日、開高健と一緒に、新進作家の島尾敏雄を訪問した。「ぶしつけではないかとためらいながら私が、島尾の文学にやしないとなった先行作品には、どういうものがあったと回顧されるかと聞いたところ、とくに思いあたるあれこれはないけれども、強いて言うなら『大菩薩峠』かな、という応答である。思いもかけない作品が出て来たものだから、私たちは鼻白んだような気分で絶句した。島尾は素知らぬ顔で黙っている。

それから暫く間を置いて、ゆっくりとした口調で、注釈のようにこう呟いた。こう思うんだがね、一流の作品ばっかり読んでたら、駄目になりますよ。自分でも、なんか書ける、そんな気持にしてくれるものを、読んだ方がいいんじゃないですか。初めて聞いた心構えである。のち、かなりの時間が経ってから、われわれはこの言葉の効用を漸く悟った」

×月×日

ワールド・カップで日本も敗け、さて、これから仕事だと思っていたら、不順な気候で風邪を引いたのか、腰痛がひどい。おまけに、並行連載しているナポレオン一世の伝記〔後記。『情念戦争』集英社インターナショナル　→『ナポレオン　フーシェ　タレーラン　情念戦争1789―1815』講談社学術文庫〕とナポレオン三世〔後記。『怪帝ナポレオン三世　第二帝政全史』講談社　→　講談社学術文庫〕のそれの締め切りが完全に重なって、ロシア戦役のフランス兵のような絶望的な戦いが続く。

しかし、そんなときには、なぜか、決まって分厚い大著を買って読みたくなる。信山社で求めたW・マクニール『**戦争の世界史　技術と軍隊と社会**』〔高橋均訳　刀水書房　7500円＋税　→　中公文庫　二〇一四年上下巻各1333円＋税〕は、古代から現代に至る戦争の歴史を、武器と人口と経済という観点から見直すことを狙った本だが、ナポレオン一世にも三世にもかかわる戦争を扱っているので、連載にも直接役立つ部分が少なくない。

マクニールは、フランスの革命軍があれほどに強かった原因を、革命の理想や国民皆兵の徴兵制度に求めるよりも、十八世紀後半のフランスにおける人口爆発に求める。なぜなら、人口爆発で農村部から都市部に流れこんだ無職の若者たちは、直接的な革命の引き金となったばかりか、同時にフランス軍の主要な供給源ともなったからだ。

「失業がひろがっていたために、若者たちが陸軍の兵籍に入るように召集されたとき、かれらのうち最も貧しい階層の者はむしろ進んで徴兵に応じたのである」

つまり、徴兵制度は、人口爆発による若年失業者に受け皿となったのだが、革命軍は彼らに十分な食料と必需品を与えることができないので、国内にいるときには、社会や経済にとっての危険要因となった。ところが、ひとたび外国に出ると、いわば、危機を輸出するかたちになり、国内からはマイナス要因が取り除かれる。

「革命は国外の敵に対して、数のうえで優勢な兵力を集中することができるようになった。そして最初のいくつかの勝利をかちとると、革命軍はフランス国内から外国へ移動していった。そしてその後は、革命軍を維持するコストは、主としてフランスの国境外に住む人々の肩にかかることになった。こうしてフランス国内では経済が回復し、諸都市に食糧を供給する手段を、配給から市場メカニズムに戻すことが可能となったのである」

いって見れば、徴兵制による革命軍とは、人口爆発によって生まれた若年失業者の救済事業であり、しかも、その維持費は、占領した外国が払ってくれたから、フランスの経済は持ち直したのである。

ナポレオンの連戦連勝を支えたのも、フランス軍のこうした構造だったが、さすがにロシア遠征の大敗以後は、軍隊への新兵の補給も途絶えはじめた。

「徴兵制が戦争に勝つという本来の目的を達するためには、毎年毎年軍隊の必要兵員数をみたし、かつ銃後での欠くべからざる業務を絶やさないだけの数の若者が、毎年その年齢に達することが前提であった。一八一四年にはすでにそういう若者が底をついていたために、ナポレオンは敗北することになった」

このように本書のおもしろいところは、戦争を、作戦とか戦術などではなく、武器の技術的効果、兵員を供給する一国の人口、そして、大量の将兵を支えるための兵站《へいたん》（武器・食糧の供給）という面から見ていることである。そのため、スペイン戦役とロシア戦役でのフランス軍の敗北もこの面から考察される。

「ナポレオンの軍事力がスペインとロシアで破局的失敗にみまわれたことは、ひとつの事実から説明される。すなわち、どちらの戦場においても敵方はその軍隊を維持するために水上の運送手段を利用できたのに対し、フランス軍は、行軍途上の農村地帯の掠奪からは得られないあらゆるものの補給を、陸上輸送に頼らなければならなかったのである」

おまけに、ロシアとスペインの農村地帯は、ドイツやオーストリアのそれとは異なり、肥沃ではなかったから、現地徴発も思うに任せなかったのである。

このほか、地中海の覇権を巡って戦ったスペインとトルコを比較し、トルコのような戦略物資の強制調達のほうが戦争には適しているように見えながら、じつは、スペインのように市場に任せた調達方法のほうが戦争にも有利に働いたという指摘も興味深い。すなわち、市場に任せた調達のおかげで、業者が競争原理によって技術力を高めると同時に、資本の蓄積を進めた結果、政府にとって徴税規模は拡大し、戦時の資金調達も容易になったのである。ようするに、戦争もまた商業の一分野であり、その国が資本と技術の拡大再生産のシステムを有していないと戦争にも敗れるということを意味しているのである。マクニールはこれを「商業化された戦争」と呼び、そこに「軍産複合体」の萌芽を見ているが、この「商業化された戦争」を二十世紀に率先実行したアメリカが、統制経済の日本とソヴィエトに勝ったことは、戦争と経済の本質を暗示している。どこをとっても刺激的な議論に満ちている本。

×月×日

東京堂書店の店長の佐野さんに頼まれて、新刊の自著にサインをする。二冊合計で百三十部。刷っているのはどちらもわずかに数千部。「こんなにサインしてしまって、平気なんですか」と、尋ねるが、佐野さんは「平気です」と断言する。本当に平気かなあ、心配になる。

ついでに店内を巡ると、毎日ムック・アミューズ編『**書店の大活用術　知を鍛える　二〇〇二年版**』（毎日新聞社　1429円＋税）というムックが並んでいる。「アミューズ」お得意の写真入り古書店案内の新刊書店版なのだが、たしかに、いまや新刊が普通の大型書店に置かれている期間はわずかに一カ月だから、自分のほしいジャンルの新刊を確実に置いている新刊書店の案内本が必要になっているのである。福田和也氏のインタビューや本屋さんのオモテ仕事ウラ仕事と題した、書店業務のルポなど、記事もなかなか充実しているが、私がご贔屓にしている神保町の日本特価書籍長島書店が紹介されていないのが難点といえば難点。

（『週刊文春』２００２年7月18日号）

BC級戦犯と節米料理

×月×日

八月も二十日を過ぎると、学生でもないくせに妙な焦りを感じはじめる。書き下ろしを約束している本の仕事がまったく進んでおらず、学生たちが宿題を出した先生の顔を思い浮かべるように、催促してくる担当編集者の声が耳元で聞こえてくるからだ。といっても、書き下ろしに着手する前にとりあえず連載を片付けなければならない。なかでも頭痛のタネは四つ抱えているレギュラー書評。まずは本探しから始めねば。

というわけで、新装なった横浜そごうの紀伊國屋書店に出掛けてみる。七階の一角を占めるワン・フロアー型書店だが、そごう自体の面積が大きいので収容能力は相当ある。とくに文庫・新書の品揃えは抜群だ。最近は出版社が低価格本にシノトして、文庫・新書が山ほど出ているにもかかわらず、それらを完全網羅しているところは少ないので、これはありがたい。既存店よりも平積スペースを広く取っているのもよろしい。二、三カ月前に出た文庫・新書も平積みできるからだ。

おかげで何冊か興味深い新書が見つかった。

そのうちの一冊が田中宏巳『BC級戦犯』（ちくま新書　700円+税　↓　筑摩書房　二〇一四年　Kindle版）。平和に対する罪で裁かれたA級戦犯に対し、BC級戦犯とは捕虜虐待や住民虐待などの罪で裁かれた将校（B級）および下士官・兵士（C級）のことを指す。A級裁判が公開だったのに対し、BC級裁判の多くは非公開で、しかも外地で通訳も証拠調べもなく行われたため、A級戦犯が死刑七人（起訴二八名）にとどまったのに対し、BC級戦犯は死刑九三四名（起訴五六四四名）を数え、相当数の無実の人々が処刑された。著者は最近解禁された外務省の戦犯関係資料などの一次資料を使い、なぜこれほどまでに多くのBC級戦犯がつくりだされたか、その背景を解明してゆく。

まずBC級戦犯が多く出た地域を調べると、それが激戦地とは重なっていない事実が判明する。日本軍は大別して①満州地域②中国地域（ビルマを含む）③南方資源地域（蘭印、仏印）④西太平洋地域の四つの地域で戦ったが、このうち激戦地だったのは②と④で、①と③では戦闘は少なかった。ところが不思議なことにBC級戦犯は後者の③南方資源地域（蘭印、仏印）で大量に発生したのである。

それは、裁判主権国別の死刑者数にはっきり現れている。一位がオランダ（二二六名）で、二位がイギリス（二二三名）、三位がオーストラリア（一五三名）。直接の交戦相手である中国とアメリカは一四九名と一四〇名でそれほどでもない。反対に戦争末期にわずか数日しか戦火を交えていないフランスが二六名の処刑者を出している。

ではなぜ、戦闘行為のない地域でBC級戦犯が大量に出たのか？　一つには連合軍が放った諜報員が前線よりも軍政下の地域でのほうが活動しやすかったことがある。もう一つは軍政下のほうが捕虜虐待・住民虐殺の機会が多かったことである。命令者・実行者の同定は生き残りの捕虜や住民の証言で行われたが、その証拠調べはずさんかつ一方的だった。

「住民の中にはおぼろげに日本兵の名前を覚えていて、名前だけで逮捕されたものもいた。スズキ、ナカムラ、タナカのようなポピュラーな名前であれば、どこの部隊にも一人や二人はおり、同姓というだけで身に覚えのない罪状で逮捕される不運な兵士も少なくなかった」

また習慣のちがいによる誤解も少なくなかった。ラバウルでは日本軍に参加した自由インド兵に日本式の鉄拳が飛んだが、それは捕虜虐待と認定された。

「オーストラリア側は、彼らの希望で来ていたインド兵を日本軍の捕虜と解釈し、インド兵の訴えをことごとく取り上げ、八七人もに絞首刑を言い渡した」

石垣島で撃墜されたアメリカ艦上攻撃機の搭乗員三名が処刑された事件での判決は犯人が特定されないため、裁判長は共同謀議という法理論を持ち出して、なんと起訴四六人のうち四二人に死刑判決を下した（後、七人にまで減る）。

しかし、一番の問題だったのは、特定の裁判主権国の激しい復讐心である。とくに物凄かったのは植民地を奪われたオランダとイギリスで、収容所内で判決を受ける前にリンチで殺された容疑者も少なくなかった。「九八％を越えるイギリスの死刑執行率が何を意味しているか。おそらくこの中に、私刑による死亡が入っているのではないか。判決を受ける前の容疑者に私刑死を与え、もしこれを公式の死刑執行数に入れているとすれば、イギリス政府も私刑を暗に認めていたことになってしまう。（中略）容疑者に対する嫌がらせ、いじめはどこでもあったが、死亡するまで暴行を加えたのは、イギリスとオランダの二国が管理した収容所に顕著であった。この二国は、終戦時まで捕虜収容所で収容されていた自国兵を、そのまま日本兵収容所の警備兵に採用したり、戦犯裁判の検察官等に任用した。つまり復讐による私刑が行われてもおかしくない状況を作っていたのである」

前半の戦史部分が多すぎて、肝心の戦犯の部分が少ないのは残念だが、問題提起としては貴重。より本格的な研究が望まれる。

×月×日

『BC級戦犯』も指摘しているように、日本の戦域の異常な広さがBC級戦犯を多く生む原因の一つとなっていたが、では、なぜ、日本はこれだけの広大な戦域で無謀な戦争に突入せざるを得なかったのか、その根本原因はわかっていない。これに対して、レヴィ＝ストロースの『野生の思考』のように、外部からは非合理に見える思考でも内部に入り込めばそれなりに合理的な推論が行われていたはずだから、それをこそ突き止めるべきだとするのが加藤陽子『**戦争の日本近現代史　東大式レッスン！　征韓論から太平洋戦争まで**』（講談社現代新書　720円＋税　↓　講談社　二〇一三年　Kindle版）。すなわち、国民がこの戦争はやむをえないと信ずるに至る認識の劇的な変化、およびその変化を生み出す深部の力を描き出さなければ意味はないということである。

では、著者が明らかにした内部的思考による戦争の「合理性」とはなにか？　それは日本は国際ルールを守っている文明国なのに、相手はこれを守らぬ非文明国であるという論理だ。たとえば、日清戦争は朝鮮の内部改革を推進する開化の国（日本）と拒絶する保守の国（清）との戦争であると合理化される。同じく日露戦争は自由を抑圧する専制国家ロシアとの戦いとされる。しからば満州事変から太平洋戦争までの十五年戦争はいかなる思考によって合理化されるようになったのか？　石原莞爾の世界最終戦争論からくる論理、つまり将来におけるアメリカとの最終戦争に勝つために、資源地帯の満州を支配下に置かねばならないという考え方だが、このプランでいきなり戦争を始めたわけではない。石原たちは、中国の領土保全を謳う九カ国条約にも、国策としての戦争を禁じた不戦条約にも違反しない方法で満州を取ることが可能だと考えたのである。すなわち、前者には満州民族の民族自決の原理を、後者に対しては張学良一派の攻撃からの自衛という論拠を持ち出して、条約違反の非難をかわすことができると思った。それどころかボイコットを取り締まらない中国政府こそ不戦条約違反であるとした。つまり、ここでも条約を守る国・日本と条約を守らない国・中国という対比が戦争のバネとなったのだ。「日本側が展開していた論理は、満鉄併行線問題にしろ、商租権問題にしろ、ボイコット問題にしろ、徹頭徹尾、条約で規定された守られるべき日本の権利が蹂躙された以上、それを実力で守ってどこが悪いのかというものでした。日本を正とし、中国を悪とする、二分法の論理です」。この単純な黒白二分法から生まれる怒りのエネルギーが戦争を支えてゆく。

「戦争をおこなうためのエネルギーの供給源は、まさに国際法にのっとって正しく行動してきた者が不当な扱いを受けたという、きわめて強い怒りの感情でした」

なるほど、どんな戦争も、その内的論理においては、正義の戦争、怒りの戦争となりうる。着眼点といい論理展開といい申し分ないが、副題の「東大式レッスン！」はいただけない。こんな恥知らずなタイトルをつけたがる編集者はＢＣ級戦犯の次のＤ級戦犯だ！

×月×日

斎藤美奈子はここのところ絶好調でおもしろい本を連発しているが**『戦下のレシピ　太平洋戦争下の食を知る』**（岩波アクティブ新書　７６０円＋税）は戦争中の婦人雑誌から料理の作り方（レシピ）を拾いあげ、それを通して食生活の実態を知ろうとする試みである。なによりも怖いもの見たさからスタートする道徳心抜きの好奇心がこのましい。

日中戦争が始まると、婦人雑誌は米の節約を呼びかけるが、初期の節米料理（代用食）は意外にも「パン、ホットケーキ、お好み焼き、肉まんじゅう、ワンタン」などかなり贅沢な「趣味の代用食」だった。ところが開戦で台湾や朝鮮からの移入米が途絶え、配給が始まると米は「つき減り」防止と栄養価の観点から玄米になり、節米法は「国策炊き」「楠公飯」それに雑炊といった見た目だけの増量法に変わる。次には玄米も消え、サツマイモとカボチャだけになり、ついにすいとんが登場する。「これは節米という以上に、手に入った豆や穀類をなんでもかんでも粉にする『戦時下の文化』から生まれた食だったといえそうだ」。そして戦争末期にはタンパクは魚粉、ビタミンは野草、炭水化物は「鳥の餌」のような雑穀類から摂取せよとレシピは説く。しかし、そんな中でも「婦人雑誌の料理記事は平時に養われた『栄養』と『愛情』という二つのおきてを最後まで死守し続けるのである」。レシピは詳細に書かれている。ダイエット志願者は一度お試しあれ。効果は抜群のはず。

中年向きの「生き方」考

（『週刊文春』２００２年９月５日号）

×月×日

二作目〔後記。『パリでひとりぼっち』講談社〕と三作目の小説のロケハンの必要が生まれてパリに飛ぶ。直行便が確保できず、無局、ＢＡ便のロンドン経由となる。旅行代理店で往復エコノミー十六万八〇〇〇円に三万円を追加すれば片道ビジネスになると言われ、飛びつくが、受付カウンターに行ったら、これはビジネスではなく、エコノミーが少しよくなったプラスの席とのこと。「ビジネスと聞いていたのに」と食い下がったら、「五、六十万円払われましたか？」と男の職員にせせら笑われる。機中で恨めしげにビジネス席をのぞいてみると、完全に横になって寝られる席である。対するに、プラスの席は脚が少しは伸ばせるくらい。しかし、それでもエコノミーよりはましか。追加の三万円というのはかなり考えられた金額である。

機中の読書は、ロンドン経由だからというわけでもないが、ボズウェル『**ジョンソン博士の言葉**』（中野好之編訳　みすず書房　２４００円＋税）。いうまでもなく、同著者による『サミュエル・ジョンソン伝』の抜粋版。ジョンソン博士については、語録の断片は知っていたが、まとまったかたちで読むのは、恥ずかしながらこれが最初である。

いや、おもしろい。英語辞典の編纂者にして詩人・文芸評論家、というよりも十八世紀ロンドンの知的エリート社会の名物男、コーヒー・ハウスの人気者として知られるジョンソン博士。そのジョンソンに密着して、言行を克明に記録したのが若い友人のボズウェル。このボズウェルのおかげでジョンソン博士は世紀を超えて生きのびた。訳者によると、ボズウェルがジョンソン博士の人となりや言葉を歪曲しているという非難があるそうだが、もしボズウェルがいなかったらジョンソン博士なる人物は、人名事典にわずか記載がある程度でほぼ完全に忘れられていただろう。

では、ジョンソン博士とはどのような人物であったか？　まず大読書人としてのジョンソン。「君、僕が若い頃は猛烈に読書をした。僕の今の知識量が十八歳の時のそれとほとんど変らないということは、辛い限りだが本当のことだ。（中略）僕はオクスフォードにいた時に年取った紳士から言われた言葉を非常によく憶えている。『若い人よ、今のうちに本をしっかり読んで知識を充分貯え給え。年取ってくると、本を読むのが退屈な仕事に思われてくるよ。』」

次は美食家ジョンソンの横顔。「彼の食欲もまたその食べる勢いも非常に猛烈であったから、食事中は彼の前額の血管は膨れ上り、大抵の場合には大粒の汗が表面に浮んだ」

非平等主義者（反ルソー主義者）としてのジョンソン。人間はみな平等だと主張する貴婦人に向かって、ジョンソンは、自分もたしかにその通りだと思う、ゆえに、ここにいるあなたの従僕に一緒に会食してくれるように頼みたいと言って怒らせた。そして、ボズウェルに向かってこう語った。「君、世の平等主義者は他人を自分の水準まで引き下げようと懸命だが、他人をその水準まで引き上げることに我慢ならない」。同じく「人間は生まれつき平等だなどというのは真赤な嘘だ。二人の男がものの三十分も一緒にいれば、必ずや一方が他方に対して明確な優越を示す」。

英才教育反対論者としてのジョンソン。

「子供を早熟に育てる努力は無駄な苦労だ。仮りに五つか六つの子供が他人よりも多少物知りであったとしても、一体その能力はどう活用されるのか？　それは活用される以前の段階で失われ、教師が費やした無数の時間と労力は決して報いられることがない。天才教育は大きい期待を生んだ挙句、極めて貧弱な結果に終る」

愛国心に反対するジョンソン。「愛国心は悪漢の最後の逃げ場だ」。この言葉はスタンリー・クーブリックの『突撃』でカーク・ダグラスが将軍に向かって言っていたはず。

世間知を伝授するジョンソン。「君は六ペンスの価値の品物に、一シリング相当の媚を売ってはならない。しかし逆に君が六ペンス分の媚で一シリング相当が入手できる場合には、君が媚を売らないのは馬鹿だ」

×月×日

ある雑誌で「社長のためのマキアヴェリズム」という連載をしている関係で（後記。同名で中央公論社。→『社長のためのマキアヴェリ入門』中公文庫　648円＋税）、ビジネス本を読む機会が多くなったが、ビジネスの本質にまで迫った本は意外に少ない。そんな中で断トツに優れていると感じたのが、板倉雄一郎『**失敗から学べ！　「社長失格」の復活学**』（日経BP社　1400円＋税）。

ネット・ベンチャーで破産し、多額の負債を負った著者は「失敗には必ず原因がある。だから、失敗に学ぶことは、成功への最大の近道だ」として、徹底した帰納的思考を働かせ、失敗体験から法則を導きだし、応用可能な教訓をベンチャー志願者に披露する。

著者が割り出した失敗の根本原因は、ベンチャーの本質をよく理解せずに事業に乗り出したことである。ベンチャー企業とは、画期的アイディアを持った起業家が、ハイリスク・ハイリターンの投資資金を集めて、新しい市場に参画し、一攫千金を狙うために作られた会社であり、会社の存続を最高の目的と考えるオーディナリー企業とは経営資源も経営スタイルも根本的に異なる。にもかかわらず、著者はその差異を深く意識することなく、いきなり会社経営に飛び込んだ。

第一の原因は、投資に頼らずベンチャーには不向きなはずの銀行融資を受け入れてしまったこと。「最大の理由は、これまで記したような、『カネの性質に対する理解』がぼく自身になかったことにある。それゆえ、自らの身の丈を超えた融資を銀行から受けるようになったとき、（銀行融資がいま引き上げられたらどうなるか）というリスクを勘案せずに、事業拡大に走り、文字通りはしごを外されたかたちになってしまったのだ」

失敗の第二は設備（システム）の選択を誤ったことだ。ハイパーシステムの事業展開に必要なコンピューターシステムの採用に当たって、著者は安定性と安全性を第一とする大型サーバー会社を使ったが、「この高価なシステムに、我々の利用目的からすると致命的な欠陥があった。処理スピードがあまりに遅かったのである」

失敗の第三原因は、ベンチャーには不向きの人材採用方法に拠ったこと。カネと環境に限りがあるベンチャーでは、家庭の冷蔵庫からでも創意工夫で「売り物」になる料理の作れるシェフが必要なのに、最高の環境の一流レストランのシェフのような人材、つまりＭＢＡや大企業出身者などの「ブランド人材」を

集めたこと。

第四の失敗は、他人に出し抜かれないかと焦りすぎ、「ヒトもカネもモノも、ぜんぶおざなりに選んでしまった」ため、「タイミングをスピードととりちがえ、文字通り拙速にビジネスを展開した」ことである。

しかし、著者は最後に、自分には四つ以外にもう一つ根本的な原因があったと考える。それはベンチャーを起こす「夢」が明確に意識されていなかったことである。

「あえて言うならば、ベンチャーにとって成功の十分条件は、この、起業家の『夢』なのである。夢なきベンチャー、夢なき経営はない。いや、あってはならない。いま、ぼくはそう信じている」

こころに響く、いい本である。

×月×日

ここのところ、中年向け男性誌から「生き方」インタビューを受ける機会が多くなった。ただ、その時々の思いつきだけで生きて来た私のような人間の生き方に興味を持つ人が増えてきたのは不思議でならないが、つらつら考えてみるに、私はいまだに成熟せず、「書生」をやっている。その「書生気質」が他人様にはおもしろいのかもしれない。

ところで、この「書生気質」という言葉、これを、みうらじゅん風に言い換えるとこうなる。「肉体の童貞は失ったけど精神はまだ童貞だぞっていうのを、まず『D．T．』って呼んでみようと思うんだ」

みうらじゅん／伊集院光『D．T．』（メディアファクトリー　１４００円＋税　↓　角川文庫　二〇一三年

560円＋税）はオビにもある如く、失われた黄金時代（童貞時代）を精神的に回復しようとする試みである」

「**伊集院**　もう一人の自分に『いまのおまえ、かっこ悪いぞ』って囁かれるような気持ちになることってあるじゃないですか。あれは調子に乗れなかった童貞期を忘れられないD．T．の性質ですよね。

みうら　だから、ここが肝心なんだけど、童貞って盲腸みたいに思われがちで、『早く捨てたほうがいいよ』って言われるでしょう。でも、そうじゃないんだ。

伊集院　そう。あれは切らないで熟成させて、いい感じで自分の中に収まるようにしたほうがいいですよね。問題はその、自分の中のD．T．との正しいつきあい方。

みうら　『童貞もと暗し』なんだよ（笑）。童貞のときは自分の面白さに気づかないんだけど、大人になったら自分の故郷をもう一回見るように、D．T．となった自分の目線で童貞期の自分を振り返ってみる。そこには面白いネタが詰まってるんだ」

「童貞／D．T．」の対概念は、「ヤリチン／ガハハ」だというのも面白い。太宰治の悲劇名詞・喜劇名詞にならったのか、「ヤリチン名詞」「童貞名詞」が列挙されている。

「ヤリチン名詞　テレビディレクター・青姦・ナンパした女が黒い下着・カブトムシ・フジテレビ・中谷彰宏・クルマ……

童貞名詞　映画監督・SM・彼女に黒の下着をプレゼント・クワガタ・テレビ東京・西川りゅうじん・バイク……」

（『週刊文春』2002年10月10日号）

プルースト、バルザック、大佛次郎

×月×日

秋学期が始まってから一カ月。声帯のほうはだいぶ大声に慣れてきたが、またもや広沢虎造のようなダミ声に戻ってしまったのは情けない。

金曜日の五時に授業を終えてから神保町を一時間ほどぶらつく。専大通りから靖国通りの古書店街に折れる瞬間が、日々の生活の中で一番解放感を感じる時間だ。

新刊書店を何軒か歩くが、デフレの影響か、単行本にこれはと思うようなものがないのが気にかかる。特に、人文・歴史関係はここのところ旱魃がつづいている。それを端的に示すのが、日本特価書籍長島書店の棚だ。本好きなら、新刊の人文・歴史書を一割引きで売ってくれるこの本屋を知らないものはないが、ここでも最近は単行本にろくなものがないせいか、棚はだいぶ文庫にシフトしている。文庫の質が二極分化して、ほう、こんなインテリ本までが文庫にというようなものが出てきているからだ。

一時、サブ・カルに色目を使いすぎて識者たちを嘆かせた「ちくま文庫」が、ここのところ本来の路線を取り戻して教養主義に戻ってきたのは大歓迎だ。とくに、十月のラインナップに『尾崎翠集成』『マンスフィールド短篇集』『眠れる森の美女』が入っているのは趣味の良さを感じさせる選択である。

中で一番の「買い」は『**プルースト評論選Ｉ　文学篇**』（保苅瑞穂編　１４００円＋税）だろう。というのも、この中に収められた「サント＝ブーヴに反論する」は評論集でありながら、『失われた時を求めて』の萌芽となった「前小説」でもあるからだ。プルーストはサント＝ブーヴに対する反発からこの評論を書くう

ちに、鋭敏な批評意識をさらに尖らせたあげく、やむにやまれず『失われた時を求めて』を生み出したのである。この意味で、「サント゠ブーヴに反論する」は二十世紀の優れた小説はすべて批評意識から生まれたことを端的に示す見本である。今回あらためて読み直してみて、そのことを痛感した。

プルーストが取り上げている作家・詩人は、ネルヴァル、ボードレール、バルザック、フローベール。選択の理由は、彼らがサント゠ブーヴによって貶されたり、無視された詩人・作家であること、これに尽きる。つまり、サント゠ブーヴが否定したものにこそ「文学」があるというわけだ。「昔から認められ評価の決った作家について正しい判断を下すのはやさしいが、困難なことは、批評家の本来の機能、真に批評家の名に価する仕事、それは同時代の作家たちを正当な地位につけることだと、彼はたえず主張していたからだ。ところがサント゠ブーヴ自身は、はっきり言わねばならないが、ただの一度もこの仕事をしたことがなく、それだけでも彼に先導者の肩書を拒否する十分な理由になるのである」

では、「サント゠ブーヴに反論する」がどこから「小説」に転化するかというと、母親との対話という形式で書かれたこの評論が、ゲルマント伯爵夫妻、ゲルマント侯爵、それにヴィルパリジ侯爵夫人らがバルザックについて議論を戦わせる「場面」へと変調していく次のような箇所。

「ときどき侯爵が兄に会いにやってきました。そうしたとき、二人は好んでバルザックに『身を入れる』のでした。というのも、バルザックこそは二人の青春の書で、彼らはまさに、いまは家督を継いだ伯爵のものになっている父親の書庫で、この文豪の本を読んだのです。バルザックに対する二人の嗜好は、初読のときの純朴さそのままに、当時の、つまりバルザックがまだ大作家にならないころの読者の好みをとどめていて、文学上の嗜好のさまざまな変遷にも、素直に従ってきていませんでした」

『失われた時を求めて』の語り手マルセルこそは、『人間喜劇』の大悪党ヴォートランの嫡子だったのかもしれない。

×月×日

ゲルマント伯爵と侯爵の兄弟にとって「バルザックこそは二人の青春の書」だったが、いまどきの日本にこんな若者はいるのだろうか？　バルザック・コレクションの編者でありながら、どうにも自信がない。しかし、考えてみれば、毎日、本が山のように出版されている日本の現状のほうが異常なのである。本当に本が必要な人間は百人のうちせいぜい一人。後の九九人は本などなくてもやっていける人たちなのだ。なのに、今の日本ではこの九九人に向けてせっせと本を作っている。本というのは本来一パーセントの圧倒的少数者のためのものなのに。

文革世代の中国人映画監督ダイ・シージエが初めてフランス語で書いた小説**『バルザックと小さな中国のお針子』**（新島進訳　早川書房　1700円＋税　→　ハヤカワepi文庫　二〇〇七年　660円＋税）は、今の日本と正反対の状況、つまり毛沢東語録を除くほとんどの本が禁書となっていた文革中の山村で、反革命分子の子として下放に出されていた二人の少年が、偶然バルザックの本と出会うことで人生が一八〇度ひっくり返るような経験をする物語である。

語り手の僕と羅《ルオ》は別の村に下放されているメガネという友人に会いにいく途中、不思議な仕立て屋と出会い興味を引かれる。仕立て屋には小裁縫《シャオツァイフォン》という可愛い娘がいた。二人は同時に恋をしてしまう。一歩先んじたのは積極的な羅だった。羅は見てきた映画を物語るという才能を生かして小裁縫のところに通い、心をつかむ。やがて、語るべき物語に飢えた二人はメガネのもっている旅行鞄に目をつける。両親が文学者であるメガネはきっと小説をその中に隠しているとにらんだのだ。読みは当たった。二人はメガネの苦境を救ってやった報酬として本を一冊手に入れる。

「戻るとメガネが、薄い、すり切れた本を差しだした。バルザックの本だった。（中略）小さな本は、題を『ユルシュール・ミルエ』といった。羅はさっそく、メガネから渡されたその日の晩に読んだ。明け方に読みおえると、石油ランプを消し、僕を起こして本を差しだした。僕は暗くなるまで寝台にいて、フランスを舞台にした愛と奇跡の物語に没頭した。ほかには何もせず、食事さえとらなかった。

女を知らない十九の若者を想像してみてほしい。いまだ青春の混沌のなかにまどろんでいて、知っていることといったら、愛国心、共産主義、政治思想、プロパガンダについてのつまらない革命のお話だけ。そんな僕にいきなり、闖入者ともいうべきその小さな本は、欲望の目覚め、感情の高まりや衝動、愛、つまり世の中がそれまで僕に対して黙してきたことを残らず語りかけてきたのだ」

興奮さめやらぬ「僕」は『ユルシュール・ミルエ』の気にいったところを上着の羊皮に直接写す。羅はその上着を借りていって小裁縫に一語一語読んで聞かせた。

「このバルザックってやつは本物の魔法使いだよ。あの子の頭に、目に見えない手を置いたんだ。彼女はすっかり様子が変わっちまって、ぼんやりと夢でも見ているようで、しばらくしてやっと我に返って地に足がついた。最後にそのボロい上着を着て、それもなかなか似合ってたんだが、俺に言ったんだ。バルザックの言葉が肌に触れると、幸せと知恵をもらえそうって……」

僕と羅は、メガネの旅行鞄を奪うことを計画する。機会は訪れ、二人はついに宝の山を手にいれる。バルザック、ユゴー、デュマ、フロベール、ロマン・ロラン……。

「目がくらみそうだった！　心は酔いしれて朦朧となり、気を失うかと思った。僕は本を一冊ずつ旅行鞄から取り出し、開いては作者の肖像を眺め、羅に渡していった。指先が本に触れると、青白く照らしだされた手が、人の命に接している感じがした。

『なんか映画の場面を思い出すなあ。盗賊が、札束でいっぱいの鞄を開けてさ……』　羅が言った。『うれし涙がわき出るって感じかい？』『いや、感じるのは憎しみだけだな』『僕もだよ。こういう本を禁止したやつらが本当に憎いよ』」

そうだろうか？　二人の少年が置かれた環境こそが、逆説的な「読書のユートピア」だったのではなかろうか？　本に触れたがために人生が終わってしまうのが、二人の少年だけではなかったという、結末の皮肉も効いている。

×月×日

本に触れる。それでも十分に人生は変わり得る。しかし、それが洋書だった場合、人生はもっと不思議なかたちで変わることがあるようだ。大佛次郎『**旅の誘い　大佛次郎随筆集**』（講談社文芸文庫　1200円＋税）は旅のエッセイと横浜に関する思い出、それに物故した先輩文学者への追想を中心にしてまとめた上質の随想集だが、白眉なのは「丸善の私」というエッセイ。中学時代、神田錦町（正確には表神保町。後に小川町）にあった中西屋書店に英語の本を求めに入り、洋書の魅力に取り付かれた著者はやがてフランス語を覚えると、片端からフランスの本を買い込むようになる。

「勘定が晦日《みそか》払いだったので、欲しい本を見ると、誘惑を抑えられなくなった。もちろん、未払いの勘定が山と積って、おとなしい彦坂君と出会うのが心苦しかったから、毎月二十五日の月給日から晦日までは、役所に行かなかった。売れる原稿を乱暴に書くようになったのは、買った本の支払いの為であった。丸善の本が私を濫作する大衆作家にして了い、苦しまぎれに『鞍馬天狗』を書かせ、入った金で、また本を買込むように使役した」

本に出会わぬ者こそ幸いなるかな、である。


(『週刊文春』2002年11月14日号)

ゾラ、三島、綺堂

×月×日

雑誌『東京人』の赤坂ルポがきっかけで「プライドの怪人」百瀬博教さんと知り合ったのは昨年の秋。以来、Dynamite! とPRIDEに誘われリングサイドで観戦するという特権を得た。十一月二十四日のPRIDE23では、青コーナーの前から三番目の席で、吉田vs.ドン・フライ戦を見て、吉田の強さに驚く。その二日後、百瀬さんがホストをつとめるテレビ番組で対談。拙著ばかりか、「バルザック『人間喜劇』セレクション」の拙訳『ペール・ゴリオ』まで読んでいただいているということで恐縮する〔後記。百瀬博教さんは、二〇〇八年一月二十七日に急逝された。合掌〕。

その「バルザック『人間喜劇』セレクション」は目出度く完結したが、同じ版元の藤原書店から、今度は「ゾラ・セレクション」（責任編集＝宮下志朗・小倉孝誠　全十一巻・別巻一）が出始めた。今年がゾラ没後百年であることを記念した選集である。ゾラといえば、日本では『居酒屋』『ナナ』のみが有名で、まともな選集さえ刊行されたことはないから、これはまさに画期的な翻訳である。かつて無想庵や三上於菟吉、飯田旗軒の訳で出たことはあるものの、現在では入手不可能になってしまっていた『パリの胃袋』『ボヌール・デ・ダム百貨店』『金』などのルーゴン・マッカール叢書の名作がいよいよ新しい訳で読めるのである。古めかしい自然主義作家と思われていたゾラがまったく相貌を変えて、日本に登場する日も遠くはない。

その「ゾラ・セレクション」の第一弾は意外にも第十巻の『時代を読む　1870―1900』（小倉孝誠・菅野賢治編訳　3200円＋税）。ゾラが雑誌や新聞に発表した時事評論を女性・教育・ジャーナリズム・文学・宗教・パリ・風俗と社会・ユダヤ人問題とドレフュス事件などトピック別に編集したものである。一読した印象は、さすがルポルタージュ文学の鼻祖だけあって、後に小説に使われる細部がよく調べ上げられているということである。たとえば、「いかにして娼婦は生まれるか」や、「ロンシャンの競馬」は『ナナ』にそっくりそのまま役立てられている。また「オスマン時代のパリの浄化」や「フランスの新聞・雑誌」は、私にも親しい題材なので、ゾラの観察眼の鋭さがよくわかる。しかし、一番興味深かったのは、政治状況に関する共和主義者ゾラのリアルな認識である。

「第二帝政を考えてみよう。今だから本当のことをはっきり言える。第二帝政が存在しえたのは、共和国［一八四八―五一年の第二共和制］がフランスを疲弊させたからである。共和国は事実と関係のないところに樹立され、国民の欲求に応えようとせずに、空疎な宣言や、うんざりする論争や、もっとも曖昧で非現実的な理論ばかりを弄んでいた。（中略）この世でもっとも善意にあふれ、きわめて立派で善良なひとが何も知らない国、何も知ろうとしない国にたどり着いて、奇妙な考えからその国にもっぱら理論的な政体を適用すると想像してほしい。その国は日常生活を掻き乱され、ついには実験そのものを拒否してしまうだろうことは疑いない。そして、その先に待っているのは独裁制にほかならない」

その後、二十世紀に、ロシア、中国、ベトナム、それにアフリカなどで、ここでゾラが非難する空疎な革命が何度も繰り返され、同じ末路をたどったことはあらためて指摘するまでもない。二十世紀を読み直すには、十九世紀の観察家ゾラを読み直すことから始めなければならないようである〔後記。その後、日本も民主党政権→安倍内閣で同じ道をたどりつつある〕。

×月×日

PRIDE観戦の翌日十一月二十五日は、三島由紀夫が自刃した命日。十一月三十日が私の誕生日なので、十一月が終わりに近づき、陽の落ちるのが早くなると、どうしても、あの時の夕闇の濃さを思い出してしまう。

出口裕弘『三島由紀夫・昭和の迷宮』（新潮社　１８００円＋税）は、「三島より四年遅れで同時代を生きてきた」著者が渾身の力をこめて論じた傑作評論である。

著者は、十五歳のときの詩「わたくしは夕な夕な窓に立ち椿事を待つた、凶変のだう悪な砂塵が　夜の虹のやうに町並の　むかうからおしよせてくるのを」に始まった三島の体内時計の歩みを追いながら、三島由紀夫の究極の謎「なぜ自刃したか？」にあたうる限りの正攻法、つまり、その作品解釈から迫っていこうとする。

著者によれば、三島の悲劇の第一は『鏡子の家』の中で清一郎が口にする世界滅亡の願望、あるいは埴谷雄高らとの鼎談で語った「暗示者＝芸術家は死ぬ必要がある」という確信が掛け値なしに本物だということをだれにも信じてもらえなかったことにあるという。

「三島由紀夫はついに最後まで、文芸界にも広大な読者層にも、幼年期以来の抑えようのない自己破壊衝動を信じてもらえなかった、ということになる。その一点にごく少数であれ眼を向ける者が出はじめたとき、彼はすでにしてこの世の者ではなかった」

自己破壊衝動の告白に他ならない『鏡子の家』の不評はひどくこたえた。とならば、信じさせるための手段はただ一つ、自己破壊衝動の実行しかない。

「死を怖れないのではない。考えただけで絶叫しかねないほど死を怖れていながら、この世界的名声を持つ小説家は、一刻も早くおのが肉に刃を突き立て血の海に伏すがいい、それ以外に君がこの世での存在感を満喫する手立てはないよ、というエクスタシスの魔の誘いを、どうしても斥《しりぞ》けることができなかった」

しかし、ただ自刃しただけでは、それは、凶変願望と分かち難く結び付いていた同性愛嗜好という「私」の出来事にすぎない。これは、「公」の作家たる三島由紀夫には我慢ならないことだ。そこで、「私」の死を「公」の死へと反転させる道を模索しているうちに『葉隠』と出会う。なぜなら、葉隠の思想こそは、ホモセクシュアルな自己破壊衝動を殿様への忠誠心という「公」へと昇華する唯一の方法論だったからである。かくして、葉隠の殿様の代わりに天皇がかつぎ出される。三島由紀夫は天皇が存在していなかったら、天皇を発明していたにちがいない。

「彼には幼年期にまで根差した凶変願望があった。他者破壊と見分けのつかない強烈な自己破壊衝動もあった。同性愛の特殊形態としての流血愛好は骨がらみのものだった。

最後はいずれ血の海だ。その血を、憂国の自決で浄めたい。流血の死を性的な変事に終わらせては末代までの名折れだ。家名にも取り返しのつかない傷がつく。男同士の情死を、『共に起つて義のために共に死ぬ』『日本を日本の真姿に戻して、そこで死ぬ』という栄誉の旗で包みたい。三島由紀夫は、四十歳を過ぎたある日ある時、そう決心したのだと思う」

著者はついで、自決の翌々日に執り行われた葬儀に白薔薇を持って訪れた弔問者に向かって母の倭文重《しずえ》が次のように言い放ったというジョン・ネイスンの証言を拾っている。「お祝いには赤い薔薇を持って来て下さればようございましたのに。公威がいつもしたかったことをしましたのは、これが初めてなんでございますよ。喜んであげて下さいませな」

著者の評論の多くと同じく、対象に真っ正面から挑んだ真剣勝負。その著者が、それでもあえて最後にこう言っているのが感動的だ。

「文体のすみずみにまで刻苦して西洋を溶け込ませた作家が、声高に攘夷を言った、その心の闇はこれ以上覗かないほうがよさそうだ。覗いても闇なのだから何も見えはしない。死者にはむしろ死者の平和を。二十代で死んだある同窓生の詩の一節だが、今でもときどき脳裡を走る。死者にはむしろ死者の平和を。これが、生き残った者の礼節ということになろうか」

×月×日

「山本夏彦氏のお別れの会」に出席するために青山斎場に。山本さんと最後にお会いしたのはちょうど一年前の菊池寛賞の授賞式である。山本さんは、私が赤坂や大塚の芸者の過去と現在を取材しているというと、「それは結構だ。いまのうちに生き証人から話を聞いておかないと、あとで悔やむことになりますよ」と例の小声でささやかれていた。そんな山本さんこそ、明治・大正・昭和の生き証人だった。もっと話を聞いておけばよかったと悔やまれる。その代わりというわけではないが、ここのところ、岡本綺堂の随筆に熱中している。英語の読めた綺堂の文章には欧文脈の明晰さがあるので、今読んでもいささかも古びた感じはしないのだ。特に、最近再刊された『**綺堂随筆　江戸の思い出**』(河出文庫　820円+税)は素晴らしい。中でも「西郷星」という随筆は短編小説の味わいのある佳品である。ブリキ職人の留さんはあるとき頭がおかしくなって自分は西郷さんだと思いこむ。困った女房は留さんを高尾山に送りこみ、滝に打たせて正気に戻るのを待つが、留さんは九月の二十四日に滝に打たれながら死ぬ。奇しくも西郷隆盛が自刃した日だった。それから三年目、夜空に彗星が現れた、「誰が云い出したともなく、それを西郷星と呼んで、日の暮れるのを待兼ねて東京の人々は東の空を仰いだ」。ある晩、ひときわ赤く光る西郷星を見た留さんの娘は「西郷さんが来た。お父さんが西郷さんになって来た」とうわ言をいい、暁方に死んでしまった。

どんな回想よりも明治が身近に感じられる本である。

(『週刊文春』2002年12月19日号)

その他のおもな書評（2002年）

『毎日新聞』「今週の本棚」

2002年1月27日 山本武利『日本兵捕虜は何をしゃべったか』文春新書 680円＋税

2002年2月24日 ファビエンヌ・カスタ＝ローザ『「恋《フラート》」の世紀 男と女のタブーの変遷』吉田春美訳 原書房 2800円＋税

2002年3月31日 平野千果子『フランス植民地主義の歴史』人文書院 2800円＋税

2002年4月28日 野坂昭如『文壇』文藝春秋 1476円＋税（↓ 文春文庫 524円＋税）

2002年5月26日 ヴェロニック・ヴァスール『パリ・サンテ刑務所 主任女医7年間の記録』青木広親訳 集英社 1700円＋税

2002年7月7日 小川了『奴隷商人ソニエ 18世紀フランスの奴隷交易とアフリカ社会』山川出版社 1900円＋税

2002年8月11日 清瀬一郎『秘録 東京裁判』中公文庫 857円＋税

2002年9月1日 井上荒野『ひどい感じ 父・井上光晴』講談社 1600円＋税（↓ 講談社文庫 495円＋税）

2002年10月6日 デイヴィッド・ナソー『新聞王ウィリアム・ランドルフ・ハーストの生涯』井上廣美訳 日経BP社 5800円＋税

2002年11月3日 岡本太郎『芸術と青春』光文社知恵の森文庫 514円＋税（↓ 光文社 Kindle版）

2002年11月24日 岩井保『旬の魚はなぜうまい』岩波新書 700円＋税（↓ 岩波書店 Kindle版）

2002年12月1日 向井敏『背たけにあわせて本を読む』文藝春秋 2268円＋税

2002年12月8日 勝見洋一『勝見洋一の美食講座』海竜社 1500円＋税

2002年12月22日 **2002年「この3冊」**
鈴木隆『匂いのエロティシズム』集英社新書 680円＋税

田崎真也『日本酒を味わう　田崎真也の仕事』朝日選書　1000円+税
大崎裕史『無敵のラーメン論』講談社現代新書　680円+税

『東京人』「本」

2002年1月号　ロジェ・グルニエ『シネロマン』塩瀬宏訳　白水社　2800円+税
2002年4月号　内田百閒『百閒随筆Ⅰ・Ⅱ』池内紀編　講談社文芸文庫　各1100円+税
2002年6月号　大崎正二『遙かなる人間風景』弘隆社　1800円+税
2002年8月号　谷沢永一・渡部昇一『いま大人に読ませたい本』致知出版社　1400円+税
2002年10月号　林望『恋の歌、恋の物語　日本古典を読む楽しみ』岩波ジュニア新書　740円+税
2002年12月号　クセノポン『アナバシス　敵中横断6000キロ』松平千秋訳　岩波文庫　800円+税

2003年

1月10日　北朝鮮が核拡散防止条約脱退を宣言
1月29日　朝青龍がモンゴル人初の横綱として第68代横綱に昇進
2月 1日　スペースシャトル・コロンビア号空中分解事故
2月 5日　ユーゴスラビア連邦共和国がセルビア・モンテネグロに改称
2月18日　韓国・大邱地下鉄放火事件
2月25日　盧武鉉が韓国大統領に就任
3月15日　胡錦濤が中国国家主席に就任
3月20日　イラク戦争が開戦
3月24日　宮崎駿監督『千と千尋の神隠し』が第75回アカデミー賞長編アニメ映画賞を受賞
4月 1日　日本郵政公社が誕生
4月14日　ヒトゲノム解読の全作業が完了
4月25日　六本木ヒルズがオープン
4月下旬　パナウェーブ研究所が岐阜県の林道を占拠
5月 9日　小惑星探査機「はやぶさ」打ち上げ
6月 6日　有事関連三法が成立
7月 1日　長崎男児誘拐殺人事件が発生
7月 5日　WHOにおいてSARS（重症急性呼吸器症候群）流行の終息宣言
7月26日　イラク復興支援特別措置法が成立
　　　　　宮城県北部連続地震
8月14日　北アメリカ大停電
8月　　　フランスで記録的な猛暑
9月15日　阪神タイガースが18年ぶりにセ・リーグ優勝
10月10日　日本産最後のトキ「キン」が死亡
11月 9日　第43回衆議院総選挙
11月29日　イラク日本人外交官射殺事件
12月 1日　東京・大阪・名古屋で地上デジタルテレビ放送が開始
12月13日　アメリカ軍がフセイン元イラク大統領を拘束

日本の貧乏時代の日常

×月×日

年末のパリは思いのほか暖かく、オーバーを着ていると汗ばむほどだ。新フランス国立図書館のゾラ展を見にラ・ガール河岸まで足を運ぶ。聞きしにまさる殺風景なところだが、開いた本を四隅に立てたような形の建物はたしかにユニーク。展覧会自体はたいしたことはなく、これならオレの持っている資料の勝ちだなと思わせる程度の展示品である。ただ、カタログはしっかりしたもので、書籍部であれこれと関連書を買い込んだら大変な重さになってしまった。例によって日曜には蚤の市の古書店を漁るがここでも遭遇したのは超弩級に重い「フィガロ・イリュストレ」の一年分の合本。一冊当たり七キロ。これを三冊買う。帰りの飛行機が思いやられる。

夜中に目が覚めたので、ロイ・キヨオカ**『カナダに渡った侍の娘　ある日系一世の回想』**（増谷松樹訳　草思社　1600円＋税）を読み始める。土佐藩で山内家の剣術師範だった侍の娘メリー・キヨシ・キヨオカ（一八九六年生まれ。百歳で没）は、海外で一旗揚げようとする同郷の青年と見合い結婚し、カナダに渡って、歴史の荒波に翻弄されながら、極貧のうちに子供を育てる。夫は英語で読み書きもできるインテリだが、その知識を生かすことのできぬ異郷で肉体労働を続けていくうちに心がすさみ、酒に走る。おまけに子供が七人も生まれ、その日暮らしから抜け出せない。ようやく生活が安定してきた頃に日米開戦。それでも侍の娘という矜持を支えに移民一世としての人生を生き抜く。日本ではとっくに失われた明治の女の心意気はカナダの地で、化石のように残っていたのだ。

こうした移民一家の艱難辛苦の生活史も十分おもしろいが、私としては当時の移民の実態が詳しく語られている部分に興味がわく。

たとえば、カナダに向かう船には写真交換だけでカナダ移民の男と結婚した「写真花嫁」が乗っていたが、男の方は若い頃の写真や美男の友人の写真を送ったりするから、いざ御対面という段になると花嫁は「こんな年寄りではなかったはず」と仰天しトラブルとなる。

「あたしが知っていた女の人はね、波止場であんたは俺のものだと言ってきた無頼な男を拒絶した。その男は荒っぽい男で、ノーと言っても聞き入れるようなタイプの男じゃなかったから、米俵でも抱えるようにしてその女の人を連れていった。（中略）こんな男と関わりになるのはごめんだからと、すきを見て逃げ出してあたしの家に来た。（中略）苦労して稼いだ金で女を来させたのだから、男は火のように怒っていた。もう気違いみたいになって、俺の言うことを聞かなければ女は殺すって息まいていた。（中略）なんでも男は女を家の中に縛っておいたらしい。男は必死だった。女の方も必死だったから、すきを見て逃げ出して女の保護施設に駆け込んだ」

「その頃の一世の男たちはいっしょに寝る女もいないし、一日の労働の後は、酒を飲み、博打をうち、商売人の女のところに行くぐらいしかすることもなかった。たいていの男たちは、汚らしい部屋でひとり暮らし、酒を飲んで緩慢な自殺をとげるのが関の山だった。（中略）それに、一世の女たちのなかには、男と寝て生活費を稼ぐ人もいた。たいていの場合、ハズバンドも承知していながら見て見ないふりをしていた」

このマザートーク（これが原題）の聞き手は、著名な彫刻家・画家となった次男のロイ・キヨオカだが、母の英語もロイの日本語もどちらも初級程度なので、コミュニケーションが取れない。そこでロイの友人の訳者がテープに取られた土佐弁の日本語を英語に直訳し、それをロイが書き直したものを訳者がまた日本語に訳すという複雑な過程を経て活字になったのがこの本。それでもマザートークの不思議な息遣いは失われていない。ロイは母の語る言語についてこう語っている。

「母の乳房を吸いながら習ったあの言語は、時とともに、ぼろぼろになっていった。（中略）母を訪ねて家に帰ると、僕は必ず日本語を話す。そして、それだけではない、そのときだけ、僕はほとんど日本人になることができるのだ。そしてそれが、僕の全生涯でもっとも深い『絆』の一つであることを悟る」

×月×日

子供は貧乏の上で黴《かび》のように増えてゆくと言ったのはゾラだが、つい一昔前まで、ことは日本でもまったく同じだった。スターリンが死に、民放テレビがスタートした昭和二十八年、東京は下町の堀切で、自転車屋を営む子沢山（九人）の家庭に育った平凡な文学青年（後に、自筆原稿や日記を専門とする古書店主となる）

が、玩具工場の同僚の少女たちに憧れながら下宿で性欲にもだえる青春の日々を克明に日記にした青木正美『二十歳の日記　昭和28年／東京下町』（東京堂出版　２５００円＋税）は、まさに、その平凡さゆえに、この日本の貧乏時代の日常の貴重なドキュメントとなっている。

「自分」は正月元日の夜、「ふと、女でも買いに行こうか」と思い立ち、童貞を捨てに千住に向かう。

「女はちょっと布団をはいで自分のものにゴムをかぶせた。そしてこれの上に乗るように言った。自分が女の体にかぶさって行くと、女は脚を開いて自分の部分を持って女の部分へ当てがった。自分はいつの間にか自分のものが女の部分の中にあるのを知覚した。それはかつて空想し、大いなる期待を持った感覚とは全く違っていた。何かにふさがれている、そんな感じ以外の何ものでもなかった」

そのせいか、いつまでたっても終わらない。女に「あんた、ふだん指でやっているんでしょ」「女には指でするほど刺激がないでしょ」「自分でやってごらんなさい」と言われ、結局、自分でしごいて、女のあてがってくれた紙に出す。

女に見抜かれた通り、「自分」はオナニーの常習者で、しかも、そのことに激しい罪悪感を抱いている。「今日からは真面目にやりたい、と書いたその昨夜又悪習。自分にとって、手淫をすることと、真面目さは両立しないのだ。駄目だと思う、こんなでは」

女のほかに、もう一つの関心は文学で「金がたまったら、ガリ版でもいい本を出したい。小説は『日曜の憂鬱』『紙芝居』等七つほど保存してある」。しかし、とうてい見込みがないように思えるのでせめて古本屋でも開きたいと思う。

「父はパチンコ。自分は悪習。そのあと、自転車で千住の古本屋を歩く。（中略）場所的には自分んちの方が駅にも近くよい場所かも知れない。しかし資本はなし、どうすればあの商売が出来るのか？」

やがて一念発起して、墨田区の玩具工場に勤めるようになり、そこで、夜学の商業学校に通う百合江と知り合い、淡い恋心を感じるが、その一方では、毎日のように夢や想像の中で百合江を犯す。「性的な夢を見た。工場の百合江という少女を無理に抱いて乱暴してしまう」。夢から覚めると、今度はオナニー。「悪習しながら、さっき夢に見た百合江のことを思いうかべた。（中略）笑くぼの可愛いい、そのほほえみが、それはそれは魅力的なのであった。その彼女を、悪習しながら頭で犯した」。

しかし、実際には自分で思い込んでいるほどモテないわけではなく、もう一人、民子という少女からも思いを寄せられ、下宿でいいところまで行く。

「タミちゃんと会い堀切へ。借家。幸運にも斎藤さん留守。空気が緊迫し、彼女は帰ると云い出した。タミちゃん、と小声で云って接吻。歯ががち合って……が彼女もたしかに気があった。電気を消し、乳房をもんだり接吻したり。ホックをはずし、もものところをさすったり。しまいに、ぬるぬるしたものが彼女の口から自分の口へ。彼女は自分の方からはやめようとしなかった」

だが、当時の性道徳ではここまでが限界で、結局、民子とは結ばれず、百合江にも逃げられる。自転車屋の間口を一間だけ割いて古本屋「一間堂」を開業するが、鬱屈した青春は続き、映画館での痴漢でうさを晴らす毎日。

高度成長以前の貧乏で暗くてダサい青春を赤裸々に記録した下町版「ピープス氏の日記」。倫理感が強くで向上心がありながら内気で性欲モンモンの男こそが日本の文学を底辺から支えていたという社会的事実を証明する一冊である。

×月×日

二十歳前後には、私も簡単ながら映画日記をつけていた。それをいま読み返してみると、驚くほどハマー・プロの怪奇映画が多い。同世代の物書きでは私が一番ハマー・プロの映画を多く見ているのではないか。どれも、血と暴力とエロスの泥絵具だったが、CGを使った最近のスプラッターにはない、一種懐かしい美学があったことは確かだ。梶原和男編著**『ハマーフィルム　ホラー&ファンタスティック映画大全』**（洋泉社　3200円＋税）は、ハマー・プロの生み出した全作品のフィルモグラフィーとともに、このゲテモノ映画専門のイギリスの会社の歴史を紹介した本。ハマーという名称は創業者の一人ウィリアム・ハインズがアマチュア芸人のとき使っていたウィリアム・ハマーから来ている。五五年にBBCの人気テレビ番組クォーターマス教授シリーズの映画版『原子人間』が大ヒットして経営が軌道に乗り、五八年公開のテレンス・フィッシャー監督の『フランケンシュタインの復讐』と『吸血鬼ドラキュラ』でホラー映画名門の地位を不動にする。社史の部分はいささか物足りないがフィルモグラフィーは写真入りでなかなか充実している。クリストファー・リーに血を吸われる美女のうちのナンバー・ワン、ヴェロニカ・カールソンに再会できたのが収穫である。

（『週刊文春』2003年2月13日号）

極めるということ

×月×日

日本文藝家協会主催のシンポジウム「書籍流通の理想をめざして」にパネラーの一人として参加する。長年弊害を指摘されてきた新刊書籍の流通と販売が、このデフレ下で完全に機能不全を起こし、もはや、構造的崩壊は時間の問題とまで言われるようになった状況のせいか、会場となった紀伊國屋ホールの客席は満員札止め、立ち見まで出る盛況である。

出版社から目の敵とされる新古書店ブックオフ、少ない予算をベストセラーの大量購入に当てると非難される図書館、流通不全の元凶と目される大手取次、再販制度と委託制度に寄りかかる大手出版社など、それぞれ問題とされる業界から代表者がパネラーとして出席し侃々諤々《かんかんがくがく》の討論がくり広げられたが、全体の印象を言えば、沈没寸前のタイタニックの操舵室といったところか。船長と機関士と一等航海士と客室責任者がそれぞれ責任のなすりあいをしているうちに。タイタニックは確実に沈んでいく。

で、私はというと、パネラー資格が「読者代表」だったのをいいことに、構造不況の原因は需要の落ち込みに対して生産調整がなされていないこと、つまり、本の「出し過ぎ」にあると無責任な発言をする。年に五冊も本を出している者が「出し過ぎなんだよ」というのはいかにもおこがましいが、しかし、問題点は煮詰めていくと、最終的にはそこに行き着くのは明らかだ。つまり、再販制度と委託販売が足かせとなって、生産調整がきかないのが最大原因なのである。書店側で新刊が減って店頭に並べる本がないというなら、旧刊を仕入れて売れればいいのではないか。だれも知らないうちに店頭から消えて裁断されてしまう本があまりにも多いのだから。

とはいえ、いまのような再販制度と委託販売がなくなると、一部の人間には絶対に不可欠だが大衆性がないために高価格・少部数にならざるをえない良書が駆逐される恐れがある。沓掛良彦『**エロスの祭司評伝ピエール・ルイス**』（水声社　6000円＋税）はそうした良書の典型である。

ピエール・ルイスといえば散文詩の絶品『ビリチスの歌』で知られる世紀末の詩人・小説家だが、文学史でもジッドとヴァレリーを結びつけた仲介者として有名である。すなわち、アルザス学院でジッドの親友となったピエール・ルイスは一八九〇年の五月、ジッドの代理として出席したモンペリエ大学創立六〇〇年祭で法学部学生ポール・ヴァレリーと知り合って一目でその才能を見抜き、ジッドに紹介したり、マラルメの火曜会に連れていったりして無理やり彼を文学の世界に連れ込んだのである。『もしルイスが彼の詩才を見抜き、詩人としてのヴァレリーを発見していなかったら、モンペリエの田舎青年は、アマチュアとして時折詩を書く、その土地の小役人として、一生を終わってしまった可能性は十分にある。それを許さなかったのが、ルイスの炯眼であった」

しかし、本書の眼目は、こうした文学史的なエピソードの記述にあるのではない。焦点は、むしろ、生涯に二五〇〇人の女と交わり、「妻よりも古書が大事と思いたい」とばかりに家庭を顧みずに借金で二万冊の稀覯本を買いまくったあげくに、最後は書かざる（正確には出版せざる）作家となって、文壇からも完全に忘れられ、貧窮のうちに死んだこの「知られざる」詩人・作家の心の暗部に向けられている。

ルイスは十七歳の日記に「ぼくが求めるもの、それは女たちと栄光だ」と大書しているが、これはまさしく自らの人生を予感する言葉だった。すなわち、十九歳で童貞を捨てたルイスはたちまちにして社会のあらゆる階層の無数の女たちと関係を持ち、そこで得た性の快楽を創作のエネルギーとして作品へと結実させてゆく。これが他の詩人・作家とはまったく異なるルイスの特質である。「二十一歳の頃には純粋な芸術詩を書くかたわら、女性の肉体の宝を題材にしたエロティックな詩もたくさん書いている。性の快楽を、またそれを与えてくれる女性の肉体を、言語化せずにはいられなかったエロスの祭司が、早くも貌を覗かせている」

ルイスの漁色には不思議な傾向があった。第一はルイスが一種の性的な呪力を持った美青年であったため、「みずから女たちを口説き求愛せずとも、女たちが進んで彼の前に身を投げ出し」たこと。第二は、女性を精神的に崇めることはせず、常にその肉体を即物的に愛でたこと。第三に永遠の女性を求めるのではなく、同時に何人もの女性と関係を持ち、ひたすら数をこなしていったこと。「性の求道者、エロスの魔としてのルイスは、その生涯を通じて一人の女をではなく女たちを求め、その美をきわめることを冀《こいねが》ったのである」

思うに、ルイスの性愛はドン・ファン型であるよりも、カサノヴァ型であった。いいかえれば、コレクターとしての情熱に突き動かされて多くの女性を「収集」していたのである。ルイスが愛人たちのあられもない姿をコダックで記録していたところなどはまさにこうしたコレクター的情熱の現れだろう。

しかし、そんなルイスにも思わぬ落とし穴があった。それは、高踏派詩人のエレディアの次女マリーとの灼熱の不倫愛が妙な形にねじれて、三女のルイーズと結婚せざるをえないはめに追い込まれたことである。これが原因となり、ルイスは性的コレクションの情熱を失って稀覯本のコレクションにのめり込む。

その結果、情熱が「美の化身としての女性をきわめて」それを作品化するという方向から、稀覯本を集めて文献学の集成をつくるという方向へと逸脱し、ルイスは女を追わない代わりに作品も書かず、誰にも会わずに本だけを相手にする孤独な文献学者になってしまったのである。ここが、稀代の「美」のコレクター、ピエール・ルイスの逆説であった。私は漁色家ではまったくないが、コレクターとして見た場合、他山の石とすべき多くの教訓に満ちた一冊といえる。

×月×日

ピエール・ルイスはエロスの祭司として女のコレクションに心血を注いだが、セックスというのは直接の行為以外のところでも男の情熱を不思議にかきたてるらしい。つまり、セックス関連の器具や施設、雑誌などで、常人ではとうていかなわぬような業績を打ち立て、人類に多大な貢献をした男たちが数多くいるのだ。たとえば、極薄コンドームの開発者、不能男性への福音である性機能回復器具の発明者、世界に冠たるラブホテルの改良家、ホモ雑誌の創刊者などだが、こうしたパイオニアたちは、その偉大なる貢献にもかかわらずNHKのプロジェクトXには決して取り上げられることはない。そこで、これに対抗してプロジェクトSEXを企画したのが西本頑司『栄光なき挑戦者たち』（KKベストセラーズ　1400円＋税）。

たとえば、極薄コンドーム「スキンレススキン」の開発物語はプロジェクトXに勝るとも劣らない、男たちの熱い挑戦のドラマとなっている。コンドーム業界の最大手「オカモト」の創業者岡本巳之助は尋常小学校を出ただけでコンドーム工場のゴム職人となるが、自社の製品を吉原の娼婦にけなされて一念発起、脱脂粉乳に比べて生乳が格段においしいことにヒントを得て、生ゴムブロックではないゴム樹液（ラテックス）から直接コンドームをつくることに成功、岡本ゴム工業を設立する。これで従来一ミリだった厚さが〇・一ミリになる。戦後は、なおも限界に挑戦して、ついに壁といわれた〇・〇四ミリを突破して〇・〇二ミリの超極薄コンドームをつくりだす。このときの開発秘話が面白い。ゴムの粒子は球体なので、〇・〇二ミリまで薄くするとゴム粒子のあいだにすき間が開いてピンホールができてしまう。これではコンドームとして失格だ。アイディアは開発部員が気分転換にゴルフに出掛け、カップにボールがチップインしたときにひらめいた。

「『〇・〇二ミリにすれば、ピンホールができる。だったら、こうして……』グリーン上にあった自分のボールをパットした。ボールが転がり、カップに落ちた。先に入っていた湯浅のボールがあったため、ボールはカップのすき間を埋めていた。『ほら、こうしてやればいいんじゃないのか』湯浅と中代は顔を見合せ、『アッ』と呻《うめ》いた。ゴム粒子は、薄くすると間隙《かんげき》ができる。そのすき間を埋めるゴム粒子より小さい分子で補強してやれば、〇・〇四ミリより薄くしてもピンホールはできないのではないか。そう、ゴルフボールで埋まったカップのように……。『おい、研究室に戻ろう』加藤が声をかけたとき、すでに二人はゴルフバッグを担いで走っていた」

×月×日

一月に出した『勝つための論文の書き方』（文春新書）で、資料集めには専門図書館に当たることが不可欠と書いたが、では、どんな種類の専門図書館があるのかについては、いっこうに詳《つまび》らかにしなかった。第一、それを知る手掛かりもなさそうだと思っていたら、格好のムックが現れた。毎日ムック・アミューズ編『おもしろ図書館であそぶ　専門図書館１４２館完全ガイドブック』（毎日新聞社　１４２９円＋税）。いや、身近な所におもしろそうな専門図書館があるもんですね。寺子屋時代から現在までの教科書を集めた東書文庫（東京・王子）、同じく平安後期から明治までの庶民のための教科書である往来物を収集した謙堂文庫（東京・池袋）、日本の水産・乾物・漬物などの流通経済史関連の書物を収集した大阪市中央卸売市場本場市場協会資料室（大阪・野田）、博文館の大橋佐平・新太郎親子の設立した大橋図書館から収蔵品を受け継いだ㈶三康文化研究所附属三康図書館（東京・芝公園）など、研究者や物書きには涎の出そうな専門図書館が紹介されている。

（『週刊文春』２００３年3月20日号）

懐かしい仏作家の新翻訳と新作

×月×日

三月末で、連載が二つ同時に終了。四月に最終回を迎えるものを含めれば、連載が一挙に三本減る。やれやれというところだが、過去の体験から、今では、こういうときこそ要注意であることを知っている。つまり、人間、なにかを達成すると、無意識のうちに心と体がガックリときて、以前の緊張状態に戻れないばかりか、下手をすると鬱状態に落ち込んでしまうのである。

では、どうすればいいかというと、当分は、書評で「仕事筋肉」の弛緩を防ぐほかない。書評は、物書きにとっての筋トレ、ないしはジョギングに相当するのである。

いうわけで、例によって学校帰りに東京堂に寄ると、平積みの棚に珍しくフランス系の小説が何冊かまとまって置かれている。見ると、どれも、昔好きだった作家や興味を持った作家の新作や旧作の新翻訳だ。レーモン・クノー『オディール』（宮川明子訳　月曜社　2200円+税）は、『地下鉄のザジ』や『文体練習』で知られるクノーの若書きの「私小説」で、クノーがアンドレ・ブルトンらのシュルレアリストと親しくつきあっていた時代のシュトルム・ウント・ドランクを描いた作品、シュルレアリストたちの相関関係やゴシップに関心のあるむきには必読の一冊である。

一人称で語られる「僕」は、モロッコで兵役を終えたあと、数学者たらんとして果たさず、競馬の予想屋やコミュニストなどとカフェで会っては、無為な日々を送っている二十一歳の若者である。予想屋の大物の兄の情婦のオディールと付き合っているが果たして彼女を愛しているのか否か自分でも判然としない。愛しているか否かという問題は「僕」にとってはどうでもいいことなのだ。このあたりの心理は、カミュの『異邦人』を思わせるものがある。

しかし、小説としての興味は、この疑似恋愛ドラマなどよりも、やはり、アングラレスという名前で登場するブルトンとその配下のシュルレアリストたち、すなわち、サクセル（アラゴン）、ヴァショル（バンジャマン・ペレ）、シェーヌヴィ（エリュアール）、サルトン（ツァラ）たちが織り成す「大きな子供」のような、真摯にしてかつ滑稽な共感と確執のドラマのほうだ。

「僕」はコミュニストの集会で知り合ったサクセルという詩人からアングラレスのグループのたむろするレピュブリック広場のカフェに誘われる。

「彼の友人たちの出している小冊子も読ませてくれたが、僕は最初、それを接神術の刊行物だと思った。

（中略）それらの刊行物が提唱しているのは、《下意識、下心理の基盤》の上に心霊現象、弁証法的唯物論および《原始的心性》をミックスしたものだった。僕がもっと驚いたのは、彼らのグループのリーダーであるアングラレスとかいう人物に寄せられている圧倒的な賛辞だった。彼はあるめざましい歴史的な使命を帯びていると、暗に語られていた」

「僕」はアングラレスの屋敷で開かれる大晩餐会に招かれ、数学的現実の世界の探険について語る。すると、アングラレスは「数学的無意識のようなものがあるらしい」と勝手に結論して、強い共感を示す。「君の理論は、僕には大変興味がある。ずっと前から、僕は君のような人を待っていたのだ。数学の下意識的性質を発見するような人をね」

「僕」は「そんなものは発見したことはない」と内心では逆らうが、アングラレスはかまわず「君がわれわれの一員であることは、ある暗号、ねえ君、偉大な暗号なんだ」と断定する。こうして、「僕」は、心ならずもアングラレスの有力な同志の一人に加えられてしまったのである。

『オディール』の優れている点は、青春にありがちなこうした集団ドラマを、共感でも反発でもない不思議な距離感のリアリズムで描き出している点にある。そして、それは、われわれが自分たちの青春を振り返るときの、なんとも取り留めのない漠としたイメージを的確に捕らえているのだ。

「僕は、今でも時折、彼らとともにテーブルについている自分の姿を見ることがある。（中略）これらの最初の出会いに続くものは、ぼんやりした一時期を形づくっている。その細部はもはや僕にとって時の流れに沿って整理できるものではなく、人物のかたまりとして、あるいはその誕生や生成が僕には再構成することのできない多少なりとも奇妙ないくつもの出来事として、僕の前に現れるのである」

『オディール』は目鼻立ちのくっきりとした青春小説ではないが、そこには紛れもなく、二十世紀最大の芸術運動だったシュルレアリスムの群像のイメージが定着されている。

「解説」で紹介されているように、クノーは、カフェ・フロールでサルトルから「シュルレアリスムはあなたに何を残しましたか」と問われ、「青春をもったという感じです」と答えたという。二十一世紀にこうした青春の芸術運動は成り立ち得るのだろうか？

×月×日

戦後も、フランスの文学者たちは、アンガージュマンの文学やテル・ケル派など、なにかと党派やエコールをつくりたがる傾向にあった。ただ、最近ではこうした流派文学も少なくなってきたかと思っていたら、あにはからんや、われわれの知らないところで、一つの確固としたムーブマンができあがっていたようだ。「セリ・ノワール」という推理小説叢書に拠る、鋭い社会意識を持った作家たちの集団で「ロマン・ノワール」派などと呼ばれる。その代表的な作家ディディエ・デナンクスは、アルジェリア独立運動と対独協力の暗部を暴いた傑作『記憶のための殺人』（草思社）で日本でも知られるが、近作『**カニバル（食人種）**』（高橋啓訳　青土社　1900円＋税）は、フランスのもう一つの負の遺産である植民地主義に取材した小傑作である。

一九三一年、ヴァンセンヌの森ではフランス帝国の威信を賭けた植民地博覧会が開催されていた。パヴィリオンには現地の産物ばかりか、原住民たちが動物園の動物よろしく「展示」され、その野蛮な生活と風習を見物客にさらしていた。

その「展示品」の一人に、ニューカレドニアから訳も説明されずに連行されてきたゴセネというカナック人の若者がいた。ニューカレドニアの副総督は旅の目的は博覧会で「オセアニアに先祖代々伝わる文化を紹介する」ことだと言いくるめて、カナック人の男女三十人ほどを船に乗せたが、会場に着いてみると、野生動物並の扱いで、男たちは柱に登ったり槍を投げたりの「原始生活」、女たちは胸を丸出しにしての踊りを強要される。囲い地の看板には「ニューカレドニアの人喰い人種」と書かれていた。

開会式の当日、ゴセネは、許嫁のミノエたちがどこかに連れ出されるのを目撃する。実は、動物園のワニが全滅するというアクシデントが生じたため、当局が一計を案じ、ニューカレドニアの「未開人種」とワニの交換を条件に、フランクフルトのサーカスからワニを借りることにしたのである。ゴセネは、ミノエのいとこのバディモワンと協力して救出を決意、夜陰に乗じて博覧会場を脱出し、夜のパリに足を踏み入れる。

「われわれは市内に入った。石と金属と騒音と危険に満ちたジャングルだった。電気仕掛けの広告、大燭台型の街灯やレストランの明かり、自動車のヘッドライトが、夜を昼に変えていた。文字どおりの車の川が、なおもわれわれをパリから隔てていて、命を落とさずにどうやってこの川を渡ればいいのか、わからなかった」

ディディエ・デナンクス特有の問題意識とエンターテインメントの職人技が見事に調和した新しいタイプの社会派小説。『カニバル』には、九十歳になったゴセネがパリを再訪するという続編があるということなので、翻訳が楽しみだ。

×月×日

東京堂が仮店舗としていたビルが居抜きで「ふくろうブックステーション」という書店に変わった。最初、なんだ、雑誌と文庫しか置いていない郊外型の書店じゃないかと思ったが、よく見ると、ビジュアル系の特集雑誌のバックナンバーを揃えることに特化しているらしく、エコロジー雑誌の『ソトコト』や、インテリア雑誌『カーサブルータス』などのバックナンバーがズラリと並ぶ。そんな関係か、他の書店では見たこともないインディーズ系の本も置いてある。

シゴレーヌ・プレボワ&カトリーヌ・レヴィ『ツェツェと仲間たちのパリガイド』（ギャップ出版2100円＋税）は、パリの芸術家の卵たちによる「わたしのお気に入りの一角」的なガイドブック。これを読むと、汚い界隈と思われていた東部のパリが「ディスカバー・パリ」的に若者たちに再発見されていることがよく分かる。

こうしたトリビアルなガイドブックは、「今」よりも「明日」のことを考えて、つまり、数十年後に「二十一世紀初頭のパリ」を振り返るときのことを念頭に入れて買うべき「歴史資料」なのである。

しかし、こんなことをしていたのでは、本による家の占領が止まらない。第一、数十年後まで生きて、パリ研究を続けているつもりなのか？　そろそろ、集書に対する歯止めを真剣に考えるべきときが来ているようだ。

〔後記。その後「ふくろうブックステーション」は、文具や身回りグッズを置く店に変ったが、それも閉店。いまは百円ショップ「ダイソー」が入っている。〕

（『週刊文春』2003年4月24日号）

「社交」への欲求

×月×日

新手の古本屋がかなり増えたという話を聞いたので、神保町からお茶の水にかけての一帯を久しぶりに歩いてみる。多くはオタク相手のグラフィックな本屋だが、なかには、中公文庫の絶版本などを集めているところもあって、なかなか頼もしい。

散歩の途中で明大下の路地に迷い込んだら、ヴィレッジヴァンガードの支店があった。ヴィレッジヴァンガードというのは、若者向けの輸入雑貨と一緒に「本も」売っているチェーン書店だが、ではどんな本を揃えているのかというと、「五〇冊以上は出ているはずの私の本が一冊もない」といえば一番わかりやすいだろう。いや、私の本がないばかりか、この「私の読書日記」を担当している他の四人のメンバーの本も一冊もない。といっても、よくあるような雑誌と文庫だけの街の新刊本屋ではなく、その反対、つまり、若者向けのサブカル・ジャンルに特化したアヴァンギャルドな本屋なのである。

で、そのヴィレッジヴァンガードにうずたかく積み上げられていたのが、岡崎京子の新刊三冊。『**ヘルタースケルター**』（祥伝社　1200円＋税　→　祥伝社　Kindle版）、『**恋とはどういうものかしら？**』（マガジンハウス　1143円＋税）、『**うたかたの日々**』（宝島社　1600円＋税）。

岡崎京子は、出ている本は無条件ですべて買う数少ないマンガ家の一人で、九六年五月の交通事故以来、新刊が出るのをいまかいまかと待っていたのだが、リハビリが進んだのか、ここに来て、一気に三冊がほぼ同時に出版された。

まず整形美女のスーパースターが、文字通り崩れてゆく過程を描いた『ヘルタースケルター』だが、これに関しては、私以外の人が詳しく論じるだろうから『リバーズ・エッジ』以来の大傑作とだけ言っておこう。活字ジャンルをすべてひっくるめても、今年のベスト・ワンはこれで決まりである。

『恋とはどういうものかしら？』は八八年の「SLEEPLESS DOG NIGHT」から九六年の「ピンク・ガールズ・ブルース」まで各誌に載った短編を集めたコレクティッド・カトゥーンズ。『ヘルタースケルター』がホームラン王の作品なら、こちらはシングル・ヒット専門のイチローの趣だが、しかし、その打率は異常に高い。とにかく、岡崎京子のどんなコマのどんな絵をとっても、そこに紛れもない天才を感じてしまうのは私だけではないだろう。「なっ、なんてうまいんだ！　なんてかっこいいんだ！」　世界中のマンガ家が岡崎京子の絵を見て、己の才能の無さに絶望している声が聞こえるようだ。

素晴しいのは絵だけではない。バブル最盛期に描かれた「SLEEPLESS DOG NIGHT」の冒頭と真ん中と最後に置かれた言葉（ネーム）もすでに二一世紀の今日を予感している、といったらあまりに平凡すぎるだろうか。

「夜になると見えるものがある　それが見たくて鼻をくんくんさせながら夜の街をうろつくの」「うらはらにあいまいな夜明け　うんざりする朝　たいくつしごくのひるま」「そして朝がきて　何も変わらずひるまになる　痛いのはこころだけだし　それもすぐ忘れるだろうし　それでも夜は来る　あの猫背のわんちゃんはあの店に来るんだろうか　あたしは夜の力にひとりでたちうちできるだろうか　わからないそれでも夜は」

『うたかたの日々』はボリス・ヴィアンの同名の原作（伊東守男訳の早川書房版）の岡崎京子バージョン。普通の岡崎ファンには少し敷居が高いかもしれないが、もし、ヴィアンが生き返ってこれを見たら、おそらく大感動するはずである。ヴィアンも岡崎京子も『ヘルタースケルター』的な問題を抱えていたから、同じゴールへと向かって突っ走ろうとしたのではないか、そう思わせるような、二卵性双生児ぶりである。

×月×日

岡崎京子の全作品を貫くテーマは、永遠に来ないことのわかっている「いつか」をそれでも心待ちにしながら、凡庸な日常をなんとかやりすごそうとしている現代の若者の焦燥と倦怠だが、そうなるとなによりも大切になってくるのは、効率的な仕事の時空間でも、特権的な趣味の時空間でもない、その中間に茫漠として広がる時空間、つまり「公」と「私」の間を満たす「社交」のそれではなかろうか？

山崎正和『**社交する人間　ホモ・ソシアビリス**』（中央公論新社　2200円＋税　↓　中公文庫　二〇〇六年　1000円＋税）は、話を聞いてくれる人間がほしいがために見知らぬ男の手にナイフを握らせてその刃先に体当たりして死んでしまうホモの若者ジェリーを描いたエドワード・オルビーの『動物園物語』を冒頭に配して、現代の社会では、「友達がほしい」「誰かとむしょうに話がしたい」という「社交の欲望」こそが、最も先鋭的な欲望として浮上してきていると問題設定した画期的な論稿である。

「一見、奇怪な解釈だが、ジェリーはひょっとすると無意識のうちに社交の理念に殉じ、それが軽視されることに抗議して死んだのかもしれない。たかが社交のためになぜ死ぬのかという疑問にたいして、まさにその疑問の通俗性を憎んで死んだのかもしれない。一方に都市の無関心の砂漠が広がり、他方に無数の小市民の排他的な家庭が貝のように閉じているのが、現代である。かたや砂粒に似た孤独な個人が散らばり、かたや鉄の組織が生きた人間の絆をおし潰すような時代が長く続いた。両者の中間に社交というもう一つの関わりかたがあり、それは命を賭するに値するものだということを人びとが忘れ去って久しい。互いに口もきかず顔も見ない茅屋の隣人を憎み、同時に中産階級の暖かい家庭を蔑む放浪者は、それと知らずにその中間にあるはずのものを求めていたのではないだろうか」

すなわち、著者によれば、人間は、そうと信じられているのとは逆に、原始から近代まで、「社交」にそれこそ命を賭けていた時代を多くもっていて、その時代における「社交」の価値は、労働と芸術などのそれと比べてもひけをとらないほど高いものであった。では、いったい何が「社交」の価値を低くしていったかといえば、それは「真面目さ」と「誠実」を価値とする近代的自我が、「社交」の遊戯性、演劇性といったゲーム感覚を嫌ったからである。つまり「真面目な近代」が社交を追放したのである。

しかし、いま、その「真面目な近代」が作り出したグローバルな組織社会とシングル・セルの合間で、第三の道として「社交」が浮上してきているのである。

では、著者が定義する社交的個人とはなにか？

「社交的な個人はけっしていわゆる『近代的自我』ではなく、他人を自己の手段とする支配者ではない。（中略）自己が認知されるには他人が不可欠であり、その認知が意味あるものであるためには、彼ら自身がその他人を認知していなければならない。だとすれば、まさにこの認知の循環、贈与と見返りの連鎖が社交的な人間を結びつけ、彼らに確実な身許証明の感覚を与えることになるだろう。組織集団の評価と違って、ここでは評価する者とされる者が平等だから、得られる満足もより純粋であることが期待できるのである」

ネット社会に向かうのも、「社交」への欲求のなせるわざだったのである。

×月×日

社交の本質が、「他人と付かず離れずの距離を保ち、しかも他人にたいして寛容である」とすれば、互いに相手を拘束しあうセックスは、その反対のように思えるが、じつは、そうではなくセックスもまた、最も洗練された「社交」の一つであることを教えてくれるのが、なんと道教の房中術。

土屋英明『**道教の房中術　古代中国人の性愛秘法**』（文春新書　680円＋税）は、紀元前三〇〇年の昔、不老不死になる神仙の長生術の一部として生まれたセックス技法が、後漢の時代に陰陽五行説に基づいた道教の思想と融合し、そこから「セックスで健康になる」という世にも不思議なハウ・ツー・セックスの教本が誕生した軌跡を追いながら、房中術とはなにかを教えてくれる。

「房中術は、本来、性の交わりを手段にした長寿の法だった。ところが中国、日本でも、快楽だけを追求する性の技巧だと、長い間誤解されていた」

では、その房中術の本質とは何かというと、性交中にかならず女性にオルガスムを与え、オルガスムに達したときに女性が漏らす「津液《しんえき》」をペニスの先から吸い上げることに尽きる。なぜなら、「いくときに出す津液に最も多く陽（精気）が含まれている」からだ。もちろん、その逆に、男の精気を膣から吸収する女の若返りの方法もある。

いずれにしても、肝要なのは、いきなりことを始めてすぐに発射して終わりというのではなく、十分に相手が燃えてくるまで前技に励み、ゆっくりと交わるということらしい。

「風ガ冷タクナイ、ノドカナ日ヲ選ンデ交ワル。呼吸ヲ整エ、不泄法《モラサナイ》デイドム。女ガ燃エテキタラ、舌ノ下ニ津《ツバ》ガタマリ、舌ガ冷タクナル。ソシテ陰液ガタクサン出テクル。コノ時、女ハ体内カラ薬ヲ出ス。舌ヲキツク吸イ、左手デ右脇腹ノ下ヲグット押ス。刺激サレテ、精気ガドット出テクル。女ノ気ヲ吸イ、液ヲ飲ム。マタ玉茎デ水ヲ吸イ上ゲルヨウニシテ、陰精ヲ吸イ込ム。コレガ極意ダ。（中略）以上ノ方法デ三度採ル。モシ陰精ガ出ナカッタラ、興奮スルノヲ待ッテ舌ヲ吸イ、亀ヲ少シ抜イテ便ヲコラエルヨウニスルト、陰精ハヒトリデニ泄《モ》レテクル」

どうです、これぞ自他ともに益する「社交」としてのセックスではありませんか。もっと詳しい方法も書かれていますから、一度、お試しあれ。

（『週刊文春』２００３年6月12日号）

カラスと地中生命とドーダ学派

×月×日

ついに、本の洪水によって完全に居住空間を奪われたので、本を収容するための第二書庫兼仕事部屋を設けることにした。横浜の家の近くか、それとも勤め先の神保町か、どちらかに安い賃貸物件はないかと探したところ、二〇〇三年問題（巨大ビルの完成で事務所用ビルの空室が玉突き現象的に発生すること）の直撃を受けて、家賃が大幅に下がっている神保町の雑居ビルに格安物件が見つかったので、そこにダンボール八〇箱分（推定、全体の十分の一弱）を運び込む。格安だけあってエレベーターなしの五階という悪条件に引越屋は泣いていた。

というわけで、半分神保町の住人になったわけだが、いまさらながら気がつくのは、都心には緑がないという事実。横浜に帰ると、空気に緑の匂いがするのには驚く。

もう一つ驚いたのは、横浜にも、神保町にも同じくらいにカラスの多いこと。カラス密度は都心も郊外も変わらない。

そのカラスを観察していて、これほどに頭のいい動物はいないのではないかと感心していたが、唐沢孝一『**カラスはどれほど賢いか　都市鳥の適応戦略**』（中公文庫　743円＋税）を読んで、いくつかの驚嘆すべき実態を知った。

まず、都心のカラス（ほとんどがハシブトガラス）は夜になると数千羽もの大群で眠りにつくが、その主な集団塒《ねぐら》は、予想していたのとは異なって、皇居でも東大本郷キャンパスでも日比谷公園でも上野の森でもなく、明治神宮と目黒の自然教育園であるという事実。なぜ、この二カ所なのか？

「カラスの集団塒の場所は大緑地内ではあるが、緑地であればどこでもよいというわけではないらしい。自然教育園や明治神宮といった集団塒に共通した特徴としては、鬱蒼とした森林が存在し、なおかつ夜間の立入りが禁止されている点にある。上野の森や日比谷公園では緑地はあっても、昼夜にわたり樹木の下を人々が自由に歩くことが出来る。カラスは、自分の寝ている木の下をヒトという動物が徘徊するのを極端に警戒し、嫌うのである。実に用心深い鳥といえよう」

なるほど、ホームレスだろうとアベックだろうと学生だろうと、夜にも人のいる本郷や上野や日比谷公園は集団塒とはなりにくいようだ。では、夜間立ち入りが禁止されている皇居にはなぜ集団塒がないのか？　それは皇居は二四時間警備態勢が敷かれ、皇宮警察が巡回しているからである。カラスは、昼間は人がいても平気だが、夜寝るときには安眠妨害者を極端に嫌うのである。

しかし、それならいっそ田舎の森に住めばいいのにと思うが、田舎にはエサがない。対するに都心には人間が大量に出すゴミが街にあふれているし、エサ場についての情報を交換できる。もう一つの利点は都心は夜間でも明るいためフクロウなどの天敵を発見しやすい。さらにヒートアイランド現象で都心は暖かいので厳しい冬も越せる。

「繁華街に残飯が溢れ、夜間も温かい都心こそ野鳥の恰好のすみかといえよう」

この本にはまたタイトル通り、カラスの賢さについての情報が満載されている。いわく、カラスは針金ハンガーを集めて巣を作ることが多いが、ハンガーには女性の下着がついたままのものがある。下着ドロの犯人はカラスだったのだ。同じく巣を作るのに、ウマの背中に乗りたてがみを引き抜く。カラスは火を恐れないのでロウソクやタバコの燃えかすを拾い集め、そのために火事が起こる。カラスは雑食性で何でも食べる。正月で残飯が出ないときにはネズミ、ネコなどの小動物を襲う。「マンションの部屋の中から小ネコをくわえて飛び去った事例が都内で観察されたという」。動物園ではヤギ、ウマなどの乳児がカラスの餌食となる。天敵であるオオタカの卵さえ盗んで食べてしまう。

カラスはサルよりも知能が高い。クルミを車に割らせて中の実を食べるのは有名だが、針金を曲げて道具を作り食べ物の入っている容器を筒から取り出す芸当までする。さらに都心のカラスの中にはブランコや滑り台で遊ぶばかりか、ゴルフ、テニスを楽しむものまで現れている。

「テニスやゴルフを楽しみ、雪の斜面を滑り、どこにでもある都会の公園の滑り台で遊ぶカラスたちは、いったい何者なのだろうか。カラスのことを知れば知るほど、カラスへの謎は深まるばかりである」

×月×日

カラスの適応能力は驚くべきものがあるが、全生命体の中での適応チャンピオンとなると、これはなんといっても微生物にとどめを刺す。とりわけ、地中の微生物の環境適応能力に関しては、近年、分子生物学と特殊な掘削装置の発達によって新たな事実が次々に明らかになった。おかげで、生命は海ではなく大地から誕生したのではないかという仮説さえ有力になってきた。デヴィッド・W・ウォルフ『**地中生命の驚異　秘められた自然誌**』（長野敬・赤松眞紀訳　青土社　２４００円＋税）は、裏庭の雑草の根のあたりを二本の指でつまみあげてみると、そこには一〇億に近い生物個体、一万種の微生物がいるという枕から始めて、「隠れた地下の生命界が、地上の生命の壮大な規模よりもさらに膨大だという可能性」について縦横に論じた科学啓蒙書で、まさに目から鱗が落ちるような発見に満ちている。

「地球における生命の起源を探し求める我々は、最近一連の魅力的な発見をした。地中何千フィートという深さで酸素も光もない高温高圧の場所に繁栄する微生物の社会があったのだ。こうした『極限環境微生物』は、水分は岩や粘土から入手できるとしても、そこには我々が必須と考えるその他のものはほとんど何もない。多くの微生物は何億年間もずっと太陽光から遮断されたまま、それでも埋蔵石油や他の有機炭素資源でなんとか生計を立てている。（中略）こうした地下の社会が明らかに独立したものであることは、地表その他の場所における生命に関する考えを根底から一変させた。それは、あらゆる生命が最終的には太陽エネルギーに依存するという我々が高校で学んできた教えと矛盾していた。今では『暗黒の食物連鎖』の根底で不思議な代謝を行う微生物こそ、地球最初の生命形態の直系の子孫かもしれないと考える科学者もいる」

こうした観点に立つと、地球に初めて生活するようになった生物はすべて好熱性で嫌気性のものだったと解釈できる。そうした生物から見れば、光合成生物が造りだした酸素は最初の「汚染物質」の一つであり、人間を初めとする好気性生命は、そうした汚染に適応することのできた恐るべきサバイバル生命ということになる。地中微生物ではなく、人間こそが、カラスのようにサバイバル能力抜群だったのである。

この発見は、地球と宇宙の生命に関する考え方を逆転させた。

「今では宇宙のかなりの部分が居住可能で、生命の進化、少なくとも地球初期の生命に似た微生物の進化に必要なすべての材料が備わっていることがわかってきた（中略）宇宙全体のなかでの生命を考えるとき、太陽エネルギーを利用する地球の表面は中心的な舞台でなく、取るに足りない一部分にすぎないかもしれないのだ」

他に、ダーウィンが熱中し、最後の著書を書いたミミズの有機土壌形成能力に関する最新の科学的成果など、地中生命についての興味深い話が満載されている。

×月×日

カラスや地中生命についての観察や考察もおもしろいが、しかし、意外に研究がなされていないのが、人間の会話とボディ・ランゲージの秘められた意味の解読法ではなかろうか？

この問題について画期的な研究を発表し、世間の耳目を引き付けているのが東海林さだお先生率いる「西荻学派」によるドーダ学（ドーダ、このようにオレはエライんだぞ、ドーダという言外ランゲージの研究）である。東海林さだお『もっとコロッケな日本語を』（文藝春秋　1095円＋税　→　文春文庫　二〇〇六年　476円＋税）はこのドーダ学の画期的「論文集」だ。

ドーダ学の最高の観察フィールドは、功なり名を遂げて自慢したくてたまらない人ばかりが集まる銀座の高級クラブである。客の一人が自慢してドーダと胸をそらせると、ホステスがダイヤの指輪を突き出し「ドーダ」と割り込み、そこに別のホステスが胸の割れ目を見せて「ドーダ」と応じる。するとそこに有名な小説家が「ドーダ」と入ってくる。ママが「アーラ、先生、お久しぶり」と対応するのも、ウチにはこんな有名人も来るのよという「ドーダ」である。

「高名なセンセイは、熱いおしぼりでおでこを拭きつつ、『寝てないんだ』と、憮然としてつぶやく。（中略）『せめて今夜はゆっくりしてらしてね』と、ママが言うと、『それが、これから帰って四十枚書かなきゃならないんだ』と天を仰ぐ。ここで西荻学派として、これがドーダの中の『忙し自慢ドーダ』であることを指摘しておきたい」

ヤバイ、この手の「忙し自慢ドーダ」は、私もしばしばこの読書日記などでもかませてしまっている。以後、気をつけなければ。

西荻学派の考察は相当な深度にまで達していて、一見、「優位性誇示型」には見えない行動にもドーダを発見する。例えば原宿や歌舞伎町あたりで見かける鼻ピアス、唇ピアスのにいちゃんは、世間一般からはただのバカとしか見えず、ドーダ学会が唱える「ドーダ→やらせてもらえる学説」に矛盾するようだが、これもまた立派なドーダなのだ。

「彼らは勇気をドーダしているのだ。痛いのを我慢したオレ、突拍子もないことをしてしまう勇気あるオレ、時代の先端を行くオレ、というドーダに対し、そのことをそのとおりに評価してくれるバカねえちゃんがいて、ちゃんとやらせてくれるのである」

恐るべし、ドーダ学派は、ラ・ロッシュフーコーの『箴言集』を超えている。ちなみに、ここでラ・ロッシュフーコーなどを持ち出すのもドーダの一つにほかならないのである。


（『週刊文春』２００３年７月17日号）

オス　男　男色

×月×日

南方系のせいか、夏はカーッと暑いほうが好きだ。なのに、夏はついに来なかった。

「あまりにも短かった夏の眩い輝き」どころか、「一度も輝かなかった今年の夏」である。

そんななかで、最高の興奮と熱狂を与えてくれたのが、さいたまスーパーアリーナで開かれた総合格闘技PRIDE。「プライドの怪人」たる百瀬博教氏の招待で、なんと、本来なら猪木が座るべき席で観戦。猪木到着後もリングサイド最前列。あとで人から聞いたところでは、テレビに映りまくっていたという話である。それはさておき、ファイターの血と汗が飛び散るこの席で観ると、PRIDEとは、人類のオスが文字通り、おれが世界で一番強いんだというプライドを賭けて「殺し合う」超真剣勝負ということが手に取るようにわかる。レフェリーがタイミングよく割って入らなければ、勝ったほうは負けたほうを確実に殺している。ヒョードル、ミルコ・クロコップ、吉田。それに桜庭をノック・アウトしたシウバ。いずれもオスの暴力性を慄然とするようなかたちで体現したファイターたちである。

ここまで直接的なオスの暴力性を目にし、そして、それに四万人の観衆（そのほとんどは男だ）が大興奮しているのを見ると、オスというのは先天的に暴力性をインプットされた動物かと思えてくるが、この疑問に「その通り」と答えるのが野生チンパンジー学者マイケル・P・ギグリエリの『**男はなぜ暴力をふるうのか　進化から見たレイプ・殺人・戦争**』（松浦俊輔訳　朝日新聞社　２３００円＋税）。チンパンジーやゴリラの生態をアフリカで研究していた著者は、レイプや殺害や戦争は人間だけのものとする社会科学者の主張がすべて誤りであることを知る。チンパンジーやゴリラはおのれの繁殖戦略のために、レイプはおろか、子殺し、仲間殺しそれに徒党を組んでの「殺猿」つまり戦争も行っている。なぜ、こうしたことが起きるのかといえば、それは、より多くの子孫を残すためには、より暴力的に行動して他のオスを絶滅させ、より多くのメスを確保したほうが勝ちであるという「マッチョ型淘汰」の原理が働くからである。「殺人は人間の心根にコードされている。殺人を犯す人間は、根本的な自己の利益に立った個人的決断に基づいて、意図的にそうするのである。彼らは、自分が混乱した社会の不幸な犠牲者であるという理由で殺人を犯すわけではない」

しからば、いったいどのような理由から人間のオスは殺人を犯すのか？「面目を保ちたいという願望は、そのためによく殺人が起きるほど重要なのだろうか。人類学は驚くべき答えを提示している。すべての大陸の『未開の』人々に関するどの研究からも、女の獲得についての面目を保つことは、男を殺人に至らせる最も有力な動機であることが明らかになっている」。そう、まさに男は女を賭けたプライドの戦いにおいては、最も容易に殺人に走るのである。しかし、なぜ、プライドのためにそこまでするのか？「面目のための殺人試合《ゲーム》に勝つ男は、単に一つの勝利をものにするだけにとどまらないからだ。一度人を殺すことによって、男は凶暴であるという評判を獲得したり高めたりし、それは後々、闘うことなく他の男から資源をもぎ取るのに役立つ。これは男としての人間の本性で最も深層にある一面であり、他のほとんどの霊長類や哺乳類全般の雄と共通している」。例のドーダ理論でいえば殺人ドーダである。

では、こうした身も蓋もない性悪説的認識から著者はどのような一般的結論を引き出すのだろうか？「殺人は、その根源が生物学的なものであるため、すべての文化で常にその可能性がある。殺人は、われわれと近縁の霊長類の遺伝子にコード化されているように、われわれのＤＮＡにコード化されている。このことを認め、そして殺人の『温床』（中略）を理解して初めて、われわれは暴力へのこの遺伝的傾向を克服する期待を持つことができる」。ようするに、暴力と戦うには、まず人間のオスは遺伝子的に暴力的なのだという事実を認めることが必要だということなのである。

したがって、この一般論から出る各論は以下の通り。まずレイプ。犯人は憎しみや征服欲から犯行に及ぶのではなく、セックスのためにレイプする。レイプもまた繁殖競争の手段なのだ。だから、レイプされたくなければ、女性は「叫び、争い、思いつく限りのあらゆる防御戦術」を用いるべきである。ケガをさせられるのを第一に恐れたら、確実にレイプされる。次に殺人。殺人も同様。殺人犯の意図をくじけさせるだけの対抗暴力（銃器）や警察・司法の力がなければ、男はすぐにでも殺人に至る。戦争もまたしかり。「戦争——毒矢で戦おうと、核爆弾を使おうと——の唯一の抗体は抑止力であることで意見が一致している。抑止力においては、相手方が先に攻撃してくるなら、どんな犠牲を払っても大規模に報復するという意思を知らしめることが肝要である」。まことにもって、単純にして、マッチョむきだしの論理だが、マッチョを遺伝子的にインプットされたオスが人類の半分を占めているかぎり、これが真実を衝いているのは残念ながら確かなのである。

×月×日

PRIDEを会場で観るのはこれで五回目だが、そのたびに顔を合わせるのがお笑い界の「ルポライター芸人」を自称する浅草キッドのお二人（水道橋博士＆玉袋筋太郎）。かねてより彼らの笑いのセンスのよさに感心していたが、『お笑い男の星座2　私情最強編』（文藝春秋　1429円＋税　→　文春文庫　二〇〇五年543円＋税）はまた一段とパワー・アップしたおもしろさだ。彼らの本質は「美白の女王」鈴木その子をバラエティ番組「未来ナース」に引っ張りだし、マスコミの「人気者」にしてしまったエピソード、「白色彗星・鈴木その子」によく現れている。つまり自らの露悪趣味を露悪趣味と認識していながら、そのままニヒリズムに落ちることのできない弱さが彼らの真骨頂なのだが、同時に彼らは、その弱さを売り物にすれば、それがただちにグロテスクに転ずることも知っている。ひとことでいえば恥じらいを持ってお笑いをやっているのだ。

では、そのお笑いの対象となるのはどんな人物かといえば、そんな彼らのインテリ性をぶっ飛ばしてくれるような、常軌を逸した怪物である。童女性と企業性を共存させるという奇跡を演じた鈴木その子、常住坐臥これ戦いを実践し、ヒクソンと「長期戦で戦う」ことを念頭に入れて日々のサバイバル訓練を怠らないダチョウ倶楽部の「自称最強」寺門ジモン、オウム真理教の修行者を軽く一蹴するほどの肉体鍛練を実践し、ついにプールに四分十三秒も潜りつづけた愚かにして感動的な「グラン・ブルー」江頭2：50。

いずれも抱腹絶倒だが、意外にいいのが「癒しの女王・飯島直子」のエピソード。「スーパージョッキー」で共演しながら、一度も飯島直子と会話する機会のなかった水道橋博士は、新年会で彼女から自宅の電話番号を奇跡的に聞き出すことに成功する。ある晩、ついに意を決して「頭はいっぱいいっぱい、心臓はバクバク」の状態で番号をコールする。が、留守電になっていたので、安堵しつつも思い切ってメッセージを残すと、なんとその晩彼女から「博士ですかぁ？　飯島です」と本当に電話がかかってきた。「博士は全身が硬直し、慌てた。『……。あああぁぁぁ……』長い沈黙。『あれ？　水道橋さんですよね？』の声に思わず、『ちッ、ち、ちがいますぅう！！！』と怒号で答え、電話をガチャンッと叩き切ったのであった。完全に取り乱した、制御不能の行動」。この気持ち、男ならだれでもよく解る。しかし、エピソードはここの「チョットいい話」では終わらない。おのれの心の深部も相対化せざるを得ない「お笑いの魔」に取り付かれた博士は、これをギャグのネタにして、大変な迷惑を飯島直子にかけてしまう結果になる。

羞恥心ゆえに恥じらいを超越した人間に憧れるキッドの面目躍如たる一冊。

×月×日

プライドのために殺人まで犯すオスの集団といったら、その筆頭にあげられるのが日本の武士団であるが、その武士団のセクシュアリティーを男色の面から追求して次々に歴史の真実をあきらかにしているのが江戸の研究者氏家幹人。最新作『江戸の性談』（講談社　1600円＋税）は、男色ばかりか、それ以外のセックスでも、日本人が世界でも珍しいほどに無タブーの国民であることを証明している。

とはいえ、やはり、驚きの的は日本人の男色への寛容である。江戸時代、少年、それも美少年たちは恐るべき危険にさらされていた。美少年のケツを狙うレイプ犯があとをたたなかったからだ。和姦・強姦・輪姦。どんなものもアリだが驚くべきは、世論がこれに肯定的なこと。土佐藩の記録には森岡定馬という少年が大勢の若者に襲われ輪姦された記事が残っているが、その少年の親類である佐々木高行（明治にも政治家として活躍）はこんな意見を吐く。

「若者たちが定馬をレイプしたのはたしかに悪業に違いありませんが、男色は（当地の）若者の数百年来の慣習であり、同様の例はすくなくありません。（中略）したがってわざわざ事を荒立てるような行動は、定馬にとって不利になるばかりでなく、藩にとっても好ましくない」。水戸黄門こと水戸光圀は『玄桐筆記』に年貢の徴収についてこんな教訓を残した。「あるとき、光圀公は、年貢の徴収は女性と交わるように行うべきで、少年を愛するようにすべきではないとおっしゃられた。すなわち男女の交わりはどちらも快楽を享受できるが、男色の場合は、挿入される側に痛みが伴う。だから年貢の徴収は男女の交わりのように、領主と百姓の双方が喜ぶものでなければならない、というのである」

江戸時代、それは男色にやさしい時代だったのである。

（『週刊文春』2003年9月4日号）

蘇峰とポンパドゥール夫人と

×月×日

原稿が終わらず、パリ出発の日時が確定できないでいたら、どの航空会社にも空席がなくなってしまった。よんどころなく、旅費＋ホテル代のみという格安パックツアーに申し込む。驚いたことに、飛行機は同じ全日空なのにホテル五泊付きのこのパックのほうが、往復航空運賃（十七万五千円）より二万円安い。どういう仕組みになっているんだろう？

機中で読むには小説がいいという人、軽いエッセイに限るという人、いろいろあるが、私は伝記の類いを好む。新書なら往復の飛行機で、四人くらいの人物と知り合いになることができる。

というわけで、今回は米原謙**『徳富蘇峰　日本ナショナリズムの軌跡』**（中公新書　７８０円＋税　→　中央公論新社　二〇一四年　Kindle版）を持っていく。徳富蘇峰というと、戦前は位人臣を極めたが、戦後はＡ級戦犯扱いで忘却のうちに死んだという程度の知識しかなかったが、渋沢栄一の伝記を書くうちに、蘇峰株が急上昇。マイ蘇峰ブームの機運が高まっていただけにタイムリーな本である。

思うに、蘇峰が同時代で一頭地を抜くことができたのは、熊本洋学校と同志社で学んだおかげで原書が自由に読めたからではないか？　出世作『将来の日本』で、将来の日本の取るべきは、武備主義（軍事型社会）ではなく生産主義（産業型社会）であると喝破したのもスペンサーの『社会学原理』を読んだおかげである。これによって、蘇峰は自由党的な悲憤慷慨主義を免れることができた。『国民の友』『国民新聞』

の論調も政治的には英国議会主義、社会的には産業立国主義で、議会では大隈重信の改進党支持だった。問題は、蘇峰がどんなときにも是々非々の立場から、原理主義を取らなかった点にある。

「みずからの原則に忠実で現実と妥協することが少なかったという意味で、羯南が原理主義的だったのに対して、蘇峰は便宜主義的で、必要と判断すれば妥協を辞さなかった。この便宜主義《オポチュニズム》が蘇峰の生涯にわたる長所であり短所でもあった。ここで便宜主義と形容するのは、所与の状況でベターなものを選択するという態度をさす。この態度は政治的判断の不可避な一面であるが、長い視野でみれば状況に流されやすいという致命的な欠点がある。短期的な利害判断ではベターでも、長期的には無原則の妥協に終わってしまうことが多いからである」

蘇峰がそのときどきに書いた政論を読むと、なかなかいいことを言っているじゃないかと思うが、それはこの「ベストよりもベター」の便宜主義による。しかし、そのことが逆に思想家としてのパワーを減じる結果になった。蘇峰はむしろ政治家に向いていたかもしれない。しかし、政治と言論は別物である。そこで日清戦争以後、蘇峰は政界の大物を背後から指導するという道を取り、桂太郎内閣のブレーンとなる。いいかえれば、蘇峰は便宜主義的であったがゆえに明治日本の進路と一体化してしまったのだ。

しかし、蘇峰を時局便乗主義者と取ると大きく誤る。英語が自在に読めた蘇峰は、日露戦争後、黄禍論やアメリカの反日的膨張主義の危険をだれよりも早く察知していたからだ。蘇峰はこの危機意識からナショナリズムへと反転し、亜細亜モンロー主義へと向かう。「世界大戦によって列国が疲弊するなかで、米国のみがその『甘汁』を吸収して国力を発展させ、『頭首をもたげ』てくるだろう。戦後世界は日本にとって『一転機』となるにちがいない。日本の命運は米国との関係によって決せられる可能性がある。米国は平和国だというが、その歴史は初代大統領のワシントン以来、戦争の歴史だった。現在の米国の仮想敵国は日本である。それを単なる『仮想敵』に終わらせるには、太平洋をはさんだ両国の軍備の均衡が必要である」

蘇峰のパラドックスは、世界情勢の正確な認識から生まれたそのナショナリズムが、回り回って、無知からくる夜郎自大のナショナリズムと共振してしまった点にある。結果の同一によって、認識の経路までを同一視してはならないという格好の例だろう。

×月×日

パリに着いたら送迎係の方に「名簿にカシマ・シゲルとあったけれど、よもや鹿島さんがパリのパックツアーに参加されるとは信じられなかったんです。でも、本当にあの鹿島さんだったんですね。今回は、ナンシーのグランヴィル展が目的ですか?」と尋ねられた。なんでも御尊父がJ・J・グランヴィルのコレクターで、ご家庭で私の名前がよく口にのぼったとのこと。しかし、ナンシーで回顧展をやっているとは知らなかった。ナンシーはガレなどのアール・ヌーヴォーの町として知られるが、グランヴィルの生地でもある。まだ一度も訪れたことがないので、これを機会に一度足を運んでみるか。

かくして、帰国の一日前に日帰りでナンシーへ。十八世紀までロレーヌ公国の首都だっただけに、清潔で感じのいい町である。回顧展をやっているナンシー市立美術館は中心地のスタニスラス広場にある。広場中央には「我らが善良なるスタニスラス王に」という市民からの献辞入りの銅像が見える。

はて、この名前、どこかで聞いたことがあるぞ? なんだ、さっきまで電車で読んでいたナンシー・

ミットフォード『ポンパドゥール侯爵夫人』（柴田都志子訳　東京書籍　３５００円＋税）に出てきた名前じゃないか。スタニスラス王とは、王位を追われて亡命中の元ポーランド王スタニスラス・レクザンスキで、娘マリーがルイ十五世の王妃となったことから、ロレーヌ公国を与えられ、この地で善政を敷いたのである。それはさておき、『ポンパドゥール侯爵夫人』でおもしろいのは、最初ルイ十五世がこの王妃に夢中になり、「二十七歳になるまでに十人の子どもが生まれた」ことだろう。国王は内気で「女性を口説くのが苦手」、そのうえ「大事なのは自分の家族」というマイホーム・パパの性質を持っていたから、もし王妃が「もっと個性のある女性で、妻と同時に愛人としての役割も果たせていたら」、ポンパドゥール夫人の登場する幕はなかったのである。しかし、王妃は信心深く退屈な女だった。かくして、国王は愛妾へと走る。

ポンパドゥール夫人は大富豪の銀行家パリス兄弟の手代フランソワ・ポワソンの娘で、裕福な環境の中で、芝居、舞踏、歌唱、楽器演奏を仕込まれ、造園、博物学を学んだ。これが後々、おおいに役立つことになる。ポワソン嬢は総括徴税請負人の甥エティオールと結婚し一児をもうけた後、自由思想家が集うサロンを始める。国王に見初められたのは仮装舞踏会の席だった。しかし、この段階ではただの愛人にすぎない。その地位から抜け出せたのは、国王が戦争に出陣している間に、宮廷作法の繁文縟礼《はんぶんじょくれい》を完璧にマスターしたためである。これで、彼女は最大の難関「紹介の儀」をクリアーし、王妃にさえ認められて、晴れてポンパドゥール侯爵夫人となる（ポンパドゥールは国王から与えられた所領の名だから、正確にはポンパドゥール女侯爵）。

では、ポンパドゥール夫人はなにゆえに、二十年間も国王の気持ちを引き留めておくことができたのか？　巧みな話術と類い稀な芸能の才ゆえである。「侯爵夫人は、このおしゃべりが上手だった。面白い話をたくさん知っていて、それが国王を楽しませた。（中略）もし国王が一曲聞きたいと思ったら、彼女以上にうまく楽器を演奏し、歌を歌う人はいなかった。彼女は芝居のせりふを全部覚えていて、何時間でも朗誦することができた」。ポンパドゥール夫人の唯一の弱点、それはセックスだった。「ポンパドゥール夫人は体質的に冷感症の女性だった。ひんぱんに愛の営みを交わすには体力がなく、それが彼女を消耗させた」。だが、肉体関係がなくなったあとも、国王は深く彼女を愛した。夫婦生活を持続させるのも、結局は「文化」だという良い証明になる本である。

×月×日

ナンシーへの旅では、グランヴィル展もさることながら、ナンシー市立美術館の常設展示を見ることができたのは大きな収穫だった。というのも、私がひそかに高く評価しているジュール・バスティアン＝ルパージュとエミール・フリアンの作品がロレーヌ出身ということでコレクションされていたからだ。

広場のカフェで食事し、ペピニエール公園を散歩したあと駅に戻ると、パリ行きの次の電車まで二時間あるといわれたので、タクシーでナンシー派美術館に。ここはガレやマジョレルのパトロンだったゴルバンの私邸を改装した美術館。展示されている作品を眺めていると、どうしてもナンシー派と日本とのかかわりが気になってくる。そこで、帰国後、書店の棚を探したら、フィリップ・ティエボー、フランソワ・ル・タコン、山根郁信『**エミール・ガレ　その陶芸とジャポニスム**』（平凡社　２８００円＋税）があった。

とりわけ、アンティーク店経営者山根郁信氏による詳細なジャポニスム研究「エミール・ガレが所蔵していた日本の画帖」は、ガレがジャポニスムに目覚めたのが、通説よりもかなり早く、一八六七年万博以前だった可能性を示唆している点で興味深い。高島北海の影響云々は再考の余地がありそうだ。「影響源と考えられるものに作者が接した事実関係をまず明らかにしたうえで、相互間の類縁性を分析するという実証的なプロセスを伴っていなければ、二者間の因果関係を見極める試みはおよそ根拠のない空疎なものとなってしまうだろう」。いかにも古美術商らしいこの言やよし、である。

（『週刊文春』２００３年10月9日号）

病と手帳と神保町考

×月×日

今月はなんと、小説誌四誌の締め切りが重なってしまった。レギュラーの『オール讀物』十二枚、四カ月に一度の連載の『小説現代』六十枚に加えて、飛び込みの『小説新潮』五十枚、『小説宝石』四枚である。合計約百二十六枚。これを月末分の締め切りを終えたあと、五日ほどの期間にこなすのである。毎度、きつい締め切りにはなれている身とはいえ、今回ばかりは、昔ＮＨＫの子供番組でノッポさんがやっていたように「できるかな、できるかな」と不安が募る。いくらなんでも、これだけの原稿を引き受けるのは無謀ではないか。もし、どれか落としてしまったら、物書き失格となるのはわかっているのだから、受注しなければいいのに。おそらく、「限界に挑戦」という変な色気があるためなのだろう。こういうのは忙し自慢ドーダというよりも、限界値自慢ドーダというのかもしれない。

しかし、これも体が頑健だからできること。ひとたび病を得たら、原稿の受注にも神経を使うにちがいない。

物書き業界で「お嫁さんにしたい作家Ｎｏ．１」の呼び声高い（にもかかわらず独身の）岸本葉子さんががんを宣告されてから手術後の心身のリハビリまでの日々を綴った『がんから始まる』（晶文社　１６００円＋税　→　文春文庫　二〇〇六年　６００円＋税）には、一カ月の入院が決まって、出版社に断りの電話を入れるときの微妙な心理の揺れが、独特のユーモアをまじえてこう描かれている。

「かなりの迷惑をかけるので、ある程度、シリアスな状況が伝わらなければならない。が、何といっても電話をしているのが、本人だ。突然倒れたというような事態でないのはあきらかで、いまひとつ切迫性がない。逆に、相手があまり察しがよすぎ、『あー、この人って、もう終わってるんだ』と思い、以後の仕事が来なくなっても困る」

女性で同世代か上の編集者は婦人科系の疾患を連想するのか、病名は聞かず、こちらはいかような態勢もとれるからといってくれるが、そういう編集者ばかりではない。

「あっさり仕事を打ち切られたところもある。ま、決定権は向こうにあるから否やもないが、こういうタイミングで言うかな？　こういうお付き合いだったと思うほかはない。それはまだマシな対応の方で、出張をともなう仕事では、『手術をするから傷がくっつくまで動けません』とまで言っているのに、受け入れ先から、あからさまに迷惑声を出され、『なんとかなりませんか』とくい下がられたときは、『ほんまの病名、言うたろか！』とすごみたくなった」

と、このように、本書は「がん」本（表紙の書店用分類に『がん・エッセイ』と書いてある！）であるにもかかわらず、なによりもまず、読んで「おもしろい」。これはきわめて珍しいことである。その上、健康のこちら側にいる人間にとっても、そうだ、その通りだと頷くことしきりの文章がいたるところにちりばめられていて、全部引用したくなる。

「がんになる前の、発想、ものごとへの関心の持ち方、感じ方、考え方も、どこまで保てるかわからないけれど、できれば、変わらず、維持したいものだ」「むろん、私も人の子だから、ちょっとした隙に、『がんになった感慨』のようなものが、すっと、胸のうちに入り込んでくる。自分ががんになったことについては、意外の一語に尽きる。（中略）自分としては、『この十年近く、好きな仕事と収入を得る途とが一致して、こんな幸せなことがあろうか』というのが実感だった。この先、仕事がなくなるとしても、好きなことを職業にできた十年間が、人生のどこかにあっただけでも、よしとせねばと」「病気になるのに、生き方は関係ない。でも、なってからは、生き方はおおいに関係ありそうだ」

本書の本当の読み所はまさにこの「がんになってからの生き方」にある。

「どんな経験も、出会う前と、まったく同じ人生に、人を戻すことはない。がんも、そのひとつ。生きる上で遭遇する、あまたの人やできごとのひとつ」「未知なるものは、ときに私を畏れさせるが、投げ出さない。未知なるものがあるからこそ、死ぬまで、人は生きるのだ」

岸本さん、あなたはなんて「雄々しく」て「凛々しい」んでしょうか。あなたの思惟は確実に「人間の条件」に届いていますよ。

×月×日

早いもので、巷の文房具屋には、もう二〇〇四年用の手帳や日記帳が置かれている。去年は、スケジュール帳に使用しているマルマンのマンスリー・ダイアリー〔後記。最近は博文館新社のデスク・ブロック〕をうっかり買いそびれ、あとで探すのに苦労したから、今年は早目に買っておこう。手帳はというと、こちらは文藝春秋発行の文藝手帖を使っている。この寄稿家住所録抄に名前が載れば、プロの物書きとして認められたことになるという説があるが、私も、五、六年くらい前から載るようになった。そのとき、多少の自負心の満足を覚えたのを記憶している。しかし、同時にこんなことで喜ぶようではオレも小物だとも感じたが、山本伊吾『**夏彦の影法師　手帳50冊の置土産**』（新潮社　1600円＋税　→　新潮文庫　二〇〇七年　552円＋税）を読んで、かの故山本夏彦翁もそうだったと知って、なんだか安心した。

御子息の山本伊吾氏が父の残した日記や手帳から、知られざる夏彦の姿を明かしたこの本にはこうある。「昭和四十五年、この年の文藝手帖の『寄稿家住所録抄』に父の名が初めて掲載される。晩年の夏彦からは想像できないが、『これで僕も認められた』と喜んでいたのを、私は鮮明に覚えている」

シャーロック・ホームズ学と同じように「山本夏彦学」というものがあるとすれば、本書は超一級の資料となるものである。すなわち、遺品として残された昭和二十四年から平成十四年までの手帳五十四冊（そのうちの後半はほとんど文藝手帖）、昭和八年から十六年まで飛び飛びにつけられた若き日のノート、それに、最晩年のダンボール一杯分のラブ・レター（！）。これらが惜しげもなく披露されているのだから、夏彦マニアでなくとも興味津々とならないはずがない。

たとえば、激しい性欲と無為に悩む青年がいる。「八月七日〈いったい自分は何をするつもりなのか。

どうして生活するつもりなのか。不能になるまでonanismeにふけつてゐる害を身をもつて痛感しながら、それにも拘らずオナニズムをつゞける。これが恐らく自分一切の不快の原因であらう〉

また、武林無想庵の娘で奔放なイヴォンヌに振り回されながら諦めきれないダメ男。「六月九日〈十五銭を投じてすきや茶郎へ行つた。誰もゐない。二、三十分もたつとイヴォンヌがやつて来た。なぜすつぽかしたときくと忘れたと答へる。忘れるわけはない。さしづめ男に夏彦と絶交しろとでも云はれたんだらう。イヴォンヌを少しいじめ、イヴォンヌさよならといつて帰る〉」

しかしなんといっても驚愕するのは平成十一年から死の二年前まで、わざわざ工作社とは別に山本事務所分室という住所を設け、山本奈津夫という名刺を刷って、M・Tさんという女性と交際し、その後も恋文を交わしていたという事実である。「来週は最もいそがしいがしゃにむに片づけて、思いがけない一日をこしらえてあうつもり　前の日電話する　八日深夜　奈の字」

もう、ほとんど谷崎潤一郎の世界である。やるなあ、爺さん！　人間、こうでなくちゃ。

×月×日

勤務先の共立女子大の公開講座の一環として、「神田の今昔」というようなテーマでシンポジウムの設定を仰せつかる。パネラーをお願いしたのは藤森照信氏、森まゆみ氏、それに大屋書房店主で神田古書店連盟会長の纐纈《こうけつ》公夫氏。司会は私である。神田を語るのに、これ以上はないという最強のパネラーだが、広報活動が不十分だったのか、会場は八分の入り。後方の席は空席が目立つ。もったいない限りだ。

で、トークの内容はというと、司会の私がいうのもなんだが、近ごろにない面白さだった。たとえば、靖国通りの南側にのみ古書店が固まって、北側にはほとんどないのはなぜかという私の質問に対する縦縦氏の回答は目が覚めるものだった。神保町は、由利公正の例の改正計画（都市改造）まで、今のすずらん通りとさくら通りがメインストリートで表神保小路、現靖国通りは細い路地でこちらは裏神保小路と呼ばれていた。ところが改正計画で幅広の靖国通りが貫通することになり、裏と表が逆転する。このとき、裏神保小路にあった古書店は、靖国通りの南側を選んだ。古本には南の陽光は禁物という配慮以上に、地代が安いということが原因していたという。そのほか、藤森氏が披露した中国人留学生の大量出現で神保町が中華街に変貌したエピソードなど、いずれの話も興味が尽きず、パネラーも司会者もおおいに楽しむことができた。

シンポのあと森まゆみさんとランチョンでビールを飲んでしばし閑談。その後、東京堂に回ると、神田古本まつりに合わせてか『古本　神田神保町ガイド』（毎日新聞社　1429円＋税）があったので購入。神田に仕事場があるとはいえ、まだ知らない古書店はたくさんある。しかし、このガイドで役に立つのは、江戸開府四〇〇年記念ということで、幕末明治の神保町のガイドを添えている点だろう。同じ神田でも須田町、鍛冶町などは町屋だったが、神保町や小川町は武家地だった。神保町という町名は元禄年間に神保長治という旗本の屋敷があったことにちなむという。特筆すべきは「江戸、平成重ね地図」が付いている点で、これが縦縦氏の解説の見事な例証になっていた。神田好きの人間なら手元に置いておいていいムックである。

（『週刊文春』2003年11月13日号）

大名、次郎長、そして旅情

×月×日

生まれてこのかた東京・横浜の首都圏住まい。たいていの大学教師は一生の間に何回か大学を替わって、そのうち一度くらいは地方大学というケースが多いのだが、私は二十八の歳から今日まで二十六年間、同じ都心の大学。若いときにはラッキーと思っていたが、この歳になると地方住まいの経験皆無というのは逆にハンディキャップと思えてくる。小説や伝記で地方が舞合のとき、地方住民の心性というものが想像の埒外にあるため、リアリティーを以て地方風俗を思い描けないからだ。とくに戸惑うのは同じ県でも藩が違うとメンタリティーも異なるという事実である。

先日もシンポジウムで佐賀に飛んだのだが、地元の人から、同じ鍋島氏でも石高分与で独立した支藩がいくつかあって、いまでも、旧藩で住民性が微妙に違うという話を聞かされた。

中嶋繁雄『大名の日本地図』（文春新書　940円＋税）は、支藩まで勘定に入れて地域性を知ろうとする人には格好の書物である。というのも、江戸時代に全国に配置された二八〇の大名家（一万石以上）を網羅して、城ないし陣屋が置かれていた場所、石高、人口、家臣の数、公侯伯子の別などが明記されているばかりか、その藩が出来た由来や藩主の系譜、藩政改革の仕方などが書かれているからである。なにしろ、幕藩体制における藩はほぼ完全な自治権を有した小さな政府だったので、「現在の日本人の地方的な特色（気風・行事など土地独特なもの）は、江戸の藩時代につくられたものが多い」のである。

たとえば、佐賀の鍋島家には、三十五万七千石の鍋島本家（佐賀市、侯爵）のほか、五万二千石の蓮池藩

（佐賀市、子爵）、七万三千石の小城藩（小城郡小城町、子爵）、二万石の鹿島藩（鹿島市、子爵）などの支藩があり、その気風も、学問好きとか、見えっ張りとか、いろいろと差異があったようだ。
歴史好きの人が地方に旅するときには必携の一冊。索引がないのが惜しい。

×月×日

雑誌『オブラ』で喜劇映画を巡る鼎談に参加。大笑いした映画を記憶の底から引っ張り出してみると、エノケンにしろ、森繁にしろ、植木等にしろ、シリーズ喜劇には「○○次郎長一家」とか「××清水港」どいった清水次郎長ものが一つはあったことに気づく。昭和三十年代までは、浪曲、講談、映画、ラジオなどで次郎長ものが演じられないときはなく、子供でも、大政、小政、吉良の仁吉、法印大五郎、豚松、それに相撲常などの子分の名前はそらんじていたものだ。つまりは、次郎長物語は民衆的記憶の一部となっていたのだが、それは、天田愚庵による次郎長伝『東海遊俠伝』が存在していたからにほかならない。あまたの次郎長ものはこの『東海遊俠伝』を種本にしてつくられていたのである。しかし、不思議なことに、肝心の『東海遊俠伝』はその後、一度として本格的な翻刻・校訂・再版がなされることがなく今日に至っている。

高橋敏**『清水次郎長と幕末維新　『東海遊俠伝』の世界』**（岩波書店　2800円＋税）は、『東海遊俠伝』を完全翻刻・校訂すると同時に、次郎長一家という博徒集団が生み出された時代的な背景を歴史学的方法で明るみに出したものである。

まず問題にされるのは磐城平藩（坂下門外の変で有名な幕末の老中安藤信正が維新時の当主）藩士で『東海遊俠

伝』の作者天田愚庵と清水次郎長がどうして知りあったかというその接点である。東北列藩同盟に加わり賊軍となったため磐城平城は天田愚庵十五歳のときに落城、父母と妹は行方不明となる。愚庵は彼らの消息を追ううちに、旧幕臣山岡鉄太郎（鉄舟）の知己を得る。ここで、次郎長との接点が生じる。というのも、将軍親衛隊長の山岡鉄舟は江戸城無血開城の交渉で駿河にいた西郷隆盛の元に赴いたさい、駿府潜入で次郎長の世話になり（一説では官軍に攻撃された咸臨丸の乗組員の死体収容時に出合い）、友誼を結んでいたからだ。西南戦争の後も愚庵の腰が落ち着かず、いつ何時暴発するかもしれないことを恐れた鉄舟は、この「尻焼猿」を次郎長に預けることにする。愚庵にとって、この食客身分は利点があった。次郎長は愚庵のために裏のネットワークを最大限に活用して肉親捜しに協力してくれたからである。愚庵は意気に感じて次郎長の養子山本五郎となる。

この両者の接触から生まれたのが『次郎長一代記』だが、それが五年たった明治十七年に『東海遊侠伝』として世に出るには、もう一つの時代の要因がからんでいた。明治十七年の賭博犯処分規則の公布で次郎長が逮捕されたことがそれである。当時愚庵は次郎長との養子縁組を解消し、有栖川宮家に勤める話が進んでいたが、そこに降って湧いたのが次郎長の逮捕。義理と人情の板挟みになった愚庵は窮余の一策として、以前に書いたまま鉄舟宅に預けていた『次郎長一代記』の出版を思い立つ。『東海遊侠伝』はこうして世に出たのである。

では、この『東海遊侠伝』を歴史学の史料分析によって検討した結果、どんなものが出てくるかというと、駿府の外湊として繁栄していた清水湊が「伝統的な株仲間の諸問屋に対抗する新興の商人や全国津々浦々から入津する船乗りたちで賑わ」い、必然的に遊女と博打というアウトロー発生の二大要因を有していたという事実、及び、駿河湾、伊勢湾、三河湾を結ぶ海運・陸運ネットワークの存在である。次郎長は「一宿一飯と草鞋銭の博徒間の相互扶助の社会保障システム」に助けられて移動していったが、そのさい重要なのは、三河・伊勢といった土地では警察力が弱く、徒党を組みやすかったことである。「子分は地元調達にあらずして次郎長が徘徊・跋扈した博徒ネットワークから広汎に集められていた」。この次郎長の子分調達で興味深いのは、相撲くずれが意外に多いという事実だろう。「相撲常」に典型的にあらわれているように、相撲取りは博徒の予備軍だったのである。

「角界と博徒アウトローの切っても切れないつながりは何よりも関取のヒンターランド、力士を生み出す若者の草相撲と飯の種、地方巡業興行の裏方に博徒が欠くべからざる役割を果たしていたからであろう。それにしても角界は、百姓町人の子弟が身分制度の枠を越えて立身できる実力が幅をきかせる別世界であった。江戸相撲の関取ともなれば御大名の召抱えとなって苗字帯刀免許の栄華も夢ではなかったのである。それ故にこそ挫折・廃業ともなれば元の暮らしに戻ることは難しく、無宿・博徒に身を持ち崩す若者も少なくなかった。この意味で角界は博徒・侠客のアンダーランドと『公』的世界を共有する、一種中間媒介の機能を果たしていたのである」

『東海遊侠伝』の全文が注釈付きで読めるのがありがたい。巻末の『東海遊侠伝』関連年譜も貴重。

×月×日

年末進行で息の抜ける日が一日もないときには、パックツアーのパンフレットをかえって熟読してしまうことがある。身動きとれないもどかしさこそが旅情の母であることを痛感する。書店でも自然に旅のコーナーに足が向かう。外山ひとみ『ヴェトナム颱風』（新潮社　１９００円＋税）は、写真家である著者がスーパー・カブで駆け抜けたヴェトナム各地で撮りためた十年間の写真を集めたフォト・エッセイ。一九九三年に初めて訪れたホーチミンで「日本の戦後と現在が、ごちゃまぜになっているように見えた」その混沌に魅了された著者は、「過渡期のヴェトナムの今をもっと見たい」と、日本人商社マンから生還確率二割と断言されたヴェトナム縦走を無謀にも敢行する。最初に面食らったのは、カブで通り抜ける国道が庶民の生活空間となっていること。

「天気のいい日は、国道は絶好の物干し場や作業場になる。路肩で脱穀をしているのはもちろん、道の上にも米や魚、ヤシの葉、コーヒー、胡椒と、とにかく何でもかんでも堂々と干してあった。（中略）『あのさ、ここはとりあえず国道1号線なんだぜ』と、いいたくなることもしばしばだったが、水牛がゆったりと歩き、犬が昼寝し、子どもたちが遊び、そして結婚式や葬式の行列が行き過ぎていった。ヴェトナムの道は生きていた」

国道一号線を行くと、あちこちにドライブインがある。メコンデルタの店でトイレに入ると、沼の上に板が渡してあるだけ。排泄物がポチャーンと落ちた瞬間、あんぐり口を開いて待っていた魚がそれを食べる。

「それ以来わたしはヴェトナムで川魚が食べられなくなった。煮ても焼いてもスープにしても、あのポチャーンという光景が、鮮やかに蘇ってくるのだった」

ヴェトナムは、戦後すぐの日本のように、姉や兄が小さな妹や弟の面倒をみる社会。頭の大きな弟をオンブして裸足で野原をいく白い帽子の少女の写真を見ていると、われわれが失ってしまった心性を思い出す。

「地方の村へ行くと、電気も水道もないところで、ボロ布のような服を着て、見ているだけでも目が痛くなるような貧しさなのに、大人も子どもも、はにかみながら、目に沁みるような笑顔を見せてくれた。思わずつられて微笑みながら、なぜか涙が出てきてファインダーが見えなくなった」

よし、来年こそはなんとか時間をつくって、またヴェトナムに行ってみよう。

（『週刊文春』２００３年12月18日号）

その他のおもな書評（2003年）

『毎日新聞』「今週の本棚」

2003年1月19日 シャルル・ソレル『フランシヨン滑稽物語』渡辺明正訳 国書刊行会 7200円＋税

2003年2月16日 菅野覚明『よみがえる武士道』PHP研究所 1600円＋税

2003年2月23日 上原弘『純米酒を極める』光文社新書 750円＋税（↓ 光文社知恵の森文庫 648円＋税 ↓ 光文社 Kindle版）

2003年3月16日 山本夏彦『一寸さきはヤミがいい』新潮社 1600円＋税 ／ 山本夏彦『最後の波の音』文藝春秋 1600円＋税（↓ 文春文庫 686円＋税）

2003年3月30日 森まゆみ『昭和ジュークボックス』旬報社 1600円＋税（↓ ちくま文庫 720円＋税）

2003年4月13日 リュセット・デトゥーシュ、ヴェロニック・ロベール『セリーヌ 私の愛した男』高坂和彦訳 河出書房新社 2000円＋税

2003年5月11日 ミシェル・パストゥロー『王を殺した豚 王が愛した象 歴史に名高い動物たち』松村恵理・松村剛訳 筑摩書房 2400円＋税

2003年6月15日 中村善和ほか『異郷に生きる 来日ロシア人の足跡 II』成文社 2800円＋税

2003年7月20日 笠原和夫『映画はやくざなり』新潮社 1500円＋税

2003年8月17日 竹内洋『教養主義の没落 変わりゆくエリート学生文化』中公新書 780円＋税（↓ 中央公論新社 Kindle版）

2003年9月28日 みうらじゅん『LOVE miura jun rare tracks 1990－2003』世界文化社 1300円＋税（↓ 角川文庫 667円＋税）／ みうらじゅん『PEACE miura jun rare tracks 1990－2003』世界文化社 1300円＋税（↓ 角川文庫 667円＋税）

2003年10月19日 小倉昌男『福祉を変える経営 障害者の月給1万円からの脱出』日経BP社 1300円＋税（↓ 日経BP社 Kindle版）

２００３年11月23日　原武史『鉄道ひとつばなし』講談社現代新書　740円＋税（↓　講談社　Kindle版）

２００３年12月21日　２００３年「今年の３冊」

クロード・ピショワ、ジャン・ジーグレール『シャルル・ボードレール』渡辺邦彦訳　作品社　6800円＋税

ピエール＝ジョゼフ・プルードン『革命家の告白　二月革命史のために』山本光久訳　作品社　7800円＋税

ノエル・アルノー『アルフレッド・ジャリ　『ユビュ王』から『フォーストロール博士言行録』まで』相磯佳正訳　水声社　6000円＋税

『東京人』「本」

２００３年３月号　氏家幹人『大江戸残酷物語』洋泉社新書　720円＋税

２００３年７月号　ポール・ジョンソン『ナポレオン』富山芳子訳　岩波書店　2400円＋税

２００３年10月号　小坂井敏晶『異邦人のまなざし　在パリ社会心理学者の遊学記』現代書館　1800円＋税

２００３年12月号　ロバート・D・エルドリッヂ『沖縄問題の起源　戦後日米関係における沖縄1945―1952』名古屋大学出版会　6800円＋税

2004年

1月12日　山口県の養鶏場で鳥インフルエンザ発生
1月19日　自衛隊イラク派遣。陸上自衛隊先遣隊がイラクに到着
2月29日　ハイチのアリスティド大統領が反乱で辞任・出国
3月11日　スペイン列車爆破事件
3月13日　九州新幹線（新八代駅・鹿児島中央駅間）開業
4月7日　イラク日本人人質事件が発生
4月28日　年金改革関連法案可決
5月20日　有事関連7法案可決
5月22日　小泉首相が北朝鮮を再訪問。拉致被害者の家族5人が帰国
5月27日　イラク・バグダッド近郊で日本人フリージャーナリスト2人が銃撃を受けて死亡
6月1日　佐世保小6女児同級生殺害事件
6月2日　イラク暫定政権が発足
6月13日　大阪近鉄バファローズとオリックス・ブルーウェーブの合併計画発表（プロ野球再編問題）
7月11日　第20回参議院議員通常選挙。民主党が躍進
8月13日　アテネ夏季オリンピックが開幕（—29日）
　沖国大米軍ヘリ墜落事件
9月17日　アテネ夏季パラリンピックが開幕（—28日）
9月19日　胡錦濤が中国・中央軍事委員会主席に就任。党・政府・軍の3権を掌握
10月23日　新潟県中越地震
10月26日　イラク日本人青年殺害事件
11月1日　千円札・五千円札・一万円札の新紙幣発行
11月2日　米大統領選、ジョージ・W・ブッシュが勝利
　東北楽天ゴールデンイーグルスが誕生
11月11日　ヤセル・アラファトが死去
11月22日　ウクライナ・オレンジ革命
12月26日　スマトラ島沖地震

娘義太夫、超文明中国、本棚考

×月×日

大晦日にさいたまスーパーアリーナでPRIDEを観戦してから、翌々日にはパリへ。一年前には、どの観光スポットにもロシア人が大挙しておしかけていたが、今年は中国人の番のようだ。ある国が繁栄して中産階級が現れると、その国の観光客でパリがごった返すという現象が観察されるのはおもしろい。

機内で水野悠子『江戸東京　娘義太夫の歴史』（法政大学出版局　7500円+税）を読む。明治に青春を送った人たちの回想にかならず現れるのがこの娘義太夫（女義太夫）で、前から気になっていたからだ。

義太夫節とは人形浄瑠璃の竹本義太夫に由来し、その音声部門（三味線と語り）が独立した素浄瑠璃の別名である。宝暦年間には女で義太夫を語るものが現れ、幕府の度重なる禁令にもかかわらず、庶民の人気を博したが、天保の改革の大弾圧で一時さた止みになる。大きく復活するのは、明治になってからのことである。とりわけ明治二、三十年代には裃をつけた男装の十代娘が演ずる娘義太夫が大ブレイクし、綾之助、小土佐、昇之助、呂昇といったスター太夫が続出。大学生の追っかけ集団「ドースル連」まで現れる。彼らはサワリのところに来ると「ヨウヨウ、ドースルドースル、トルルー」と絶叫して手拍子を打つのでこう呼ばれたのである。文学者長田秀雄のルポによると「『どうする連』と称する青年情痴の徒輩は熱狂して楽屋口へ殺到する。さうして今や俥に乗つて帰らうとする太夫を車夫から梶棒を奪つて彼等が曳いてゆく」というから、アイドル歌手に熱狂する追っかけたちと同じである。高浜虚子などは、自らがストーカーまがいに小土佐の家まで押しかけた体験を『俳諧師』という小説に仕立てている。

では、明治になってなぜ突然、娘義太夫がブームになり、大正に入ると衰退していったのか？　著者は、資料に基づいて通説を検討し、次のような結論を下す。

すなわち、通説の元になった天野兼二郎の説では、明治十年の寄席取締規則によって女芸人が公認され、娘義太夫が隆盛を迎えたとなっているが、これはおかしい。なぜなら寄席取締規則には女芸人への言及はないからだ。娘義太夫の解禁は、むしろ、明治九年の「俳優諸藝師結社例規」による鑑札交付にある。天野説は両方の規則の時期的な近接ゆえの誤認であった。いっぽう、衰退の原因はというと、ドースル連の過熱による美形重視、業界の分裂、スターの不在、関東大震災による寄席の全滅、映画の登場など複数の原因がからみあったものだが、ようするに、時代の進化に取り残されたということだろう。

娘義太夫は廃れたが、それはいまも女流義太夫と名前を替えて、国立劇場などで上演されている。仕事場からも遠くないので、今度一度のぞいてみることにしようか。

×月×日

パリから帰って数日後、雑誌『オブラ』の取材で北京へ。胡同《フートン》を巡って、ガラクタ骨董を漁るのがテーマだということで、一も二もなくOK。編集者氏、カメラマン氏、それに現地のコーディネーターの原口純子さんと老北京を徘徊する。いや、たのしかったね。二年ぶりの北京はSARS流行でマイカー通勤者が激増し、交通渋滞がひどくなっていたが、私のお気に入りの胡同は健在で一安心。ガラクタ骨董の収集にも熱が入る。

帰国時に原口純子さんから『**踊る中国人**』（講談社文庫　695円＋税）を献呈される。機内で読み出すととまらない。過激な変貌ゆえの仰天エピソードが満載されている。たとえば、あの恐怖の中国トイレがオリンピックを控えて大変身、「未開から文明へ」どころか「超文明へ」で、各所に未来生活風スーパートイレが誕生。「一歩足を踏み入れると、床に四角いスペースがあって、足を乗せると体重がピピッ、と表示される。トイレの壁には小さなスクリーンが埋め込まれ、集中管理室から送られる映画の映像が楽しめる。（中略）『いやあ、ホントに凄いですね～』と集中管理室にいた中年男性に話しかけてみると、『それはそうなんだけど、近くの工事現場の労働者たちがね、ここが一番気持ちがいいって言って、特に夜なんか入ったまま出てこないから、困ってるんだ』」。パリでも中国人団体客の記念写真好きが話題になっていたが、記念好きはなんと自分の体の一部を型に取り、樹脂で固める「客隆芸術《カロンイシュ》」まで誕生させた。客隆とは「クローン」のこと。売り場の壁には手足や顔を型にした芸術記念作品が並ぶ。中にはオッパイもあるので仰天して尋ねてみると、「奥さんの型をとって、寝室にかけておく新婚夫婦が多いよ」との答え。いやー、中国人の発想っておもしろいですね。

×月×日

仕事場でも本の急増で収拾がつかなくなってきた。能率的に本を収納できる本棚はないかと夢想する。そんなときに見つけたのがヘンリー・ペトロスキー『本棚の歴史』（池田栄一訳　白水社　３０００円＋税）。本棚なんかに歴史があるのかと思うと、これがあるのだ。

まず古代にはパピルスの巻物が主体だったので、仕切り棚に並べられていた。やがて、写本に変わると、長持ちのような保管箱（チェスト）が使われるようになる。写本は貴重なので、盗まれないように三人の修道士が三つの鍵を別々に保管した。しかし、チェストは取り出しに不向きである。そこで、アルマリウムと呼ばれる扉つき保管用戸棚が使われるが、写本の増加で図書室がアルマリウムで一杯になると、その扉を取り外すほかなくなる。しかし、今度は盗難の恐れが出てきた。こうして誕生したのが、写本を書見台の上に並べておき、これに鎖をつけて盗まれないようにするというシステムだった。次いで、書見台の下や上に棚を取り付け、ここに使用頻度の少ない本を保管するようになる。これがプレスと呼ばれる書棚の始まりである。

ところで、このプレスには、今日の書棚にはない二つの特徴があった。一つは採光の問題から生じる構造で、どのプレスも窓に対して直角に配置されていた。これをストール・システムと呼ぶ。イギリスではこれが図書館の構造を規定した。ただし、中世やルネッサンスの頃までは、本は平置きされて積み重ねられていた。「過密状態でストール・システムに負担がかかりすぎるようになるまで、本の縦置き収納は始まらなかった」。もう一つは、本が背を奥にして収納されていたことである。本の前小口に鎖がついていたためである。背を手前に置くシステムは、本から鎖がはずれ、背に表題が記されるようになるまで出現しない。

書棚にとっての革命は、十六世紀後半に縦方向の仕切りが考案されたことと、壁面に書棚を取り付けるウォール・システムが発明されたことだろう。後者は十六世紀末にスペインのエル・エスコリアル宮で採用され、イタリア、フランスに伝わった。オックスフォード大学の中央図書館を調べると、最古の部分はストール・システムで作られ、増築部分はウォール・システムになっているという。しかし、結局のところ、どちらのシステムによるのであれ、本棚を置くスペースが尽きれば、収納は限界に達し、増築を繰り返すほかなくなる。この問題はオックスフォード大学では、すでに十七世紀に起こっていたのである！わが書斎で、策の施しようがないのもむべなるかなである。

（『週刊文春』２００４年2月12日号）

ヘンリー・ミラーと岡崎京子

×月×日

ＶＩＳＡカードとＪＣＢカードの請求書が届いたので、恐る恐る開けてみる。ガーン、しめて百三十万円。正月初めにパリに十日間ほど滞在して、少し贅沢（といっても、古書を買う以外はたいしたことはないのだが）をしてきた報いがこれだ。ユーロのレートが一三八円近くになっていたのを勘定に入れなかったのが原因である。二年前のユーロ切り替え時には一ユーロ一〇六円位だったから、三割近くユーロ高になった計算になる。つまり、二年前には百万円で済んだ支払いが百三十万円になったということだ。オー、なんてこった！　これじゃあ、原稿の受注を増やすほかない。

しかし、それでも、いまではカードで「ツケ払い」が可能だから、短期間なら安心して外国を旅行できるが、飛行機もなかった戦前に外国で文無し生活を送ることはさぞやつらかったにちがいない。

メアリー・V・ディアボーン『この世で一番幸せな男　ヘンリー・ミラーの生涯と作品』（室岡博訳　水声社　4500円＋税）は、おのれのすべてを赤裸々に語ったはずのミラーの生活を実証的な方法で検証し、そのウソや誤りを修正して実物大のミラー像を提示した画期的伝記である。完全なる生活無能力者でセミ・プロ娼婦のヒモにすぎなかった男が、パリでルンペン生活を送る過程で、どのようにして「作家」へと変身していったかが克明に描かれる。

ドイツ移民の仕立屋の家庭に生まれたミラーは、出身階層のプロテスタント的なモラルを馬鹿にしていたにもかかわらず、無意識のうちにそれに捉えられ、成長するに及んで、強烈な性欲の処理に苦しむようになる。その葛藤を切り抜けるために、ミラーがすがったのが、当時流行していたマクファデンのフィジカル・カルチャー運動、すなわち、性行為を活力と雄々しさの根源として賛美するが、性欲はあくまで一夫一妻制度の維持のためにあるとする健康理論である。ディアボーンはこの運動からの影響が、性差別主義者であるミラーの文学の根底にあるとして、こう主張する。

「フィジカル・カルチャー運動とその理想を受け入れたことで、『回帰線』に見られるように、ミラーを、性的に反対感情併存という人間に作り上げもした。間違いなく性は検閲されるべきものではない——この点で、マクファデンの見解と同じである——しかし、それは美しいものでもなければ、実際すてきなものに近い」

でも全然ない。それは雄々しさと健康のしるし、生命の一部であって――食うことよりもむしろ排便行為

ミラーは、ファムファタルを絵にかいたような二度目の妻ジューン・マンスフィールド（ジェーンではない。念のため）と激しい感情的なもつれを繰り返し、ヒモになったり、ジーンと呼ばれる女性との同性愛を見せつけられたりして、男としてのアイデンティティをずたずたに引き裂かれていたが、パリで孤独な極貧生活を送り、アナイス・ニンと知り合うことで、完全なる自己変革を遂げ、『北回帰線』に着手する。そのときの「回心」がまさに、フィジカル・カルチャー的なそれなのである。

「原稿によって正に明らかになったのは、彼女の夫がすっかり変わったということだった。主人公はたくましい男になっていた。ジューンが『自分のそばで』守ってやろうと決心した、あの傷つきやすい、だまされやすい男とはかなり違った人間になっていた。実際に、彼は彼女のもとを永遠に立ち去っていた。そのうえ、芸術家になっていた――しかも彼女の力を借りずにしてである」

しかし、この二人の関係でおもしろいのは、ヘンリー・ミラーの天才を確信し、偉大な作家になりたかったら単身パリに行くべしと説いたばかりか、彼の生活を支えるために売春まがいのことをして仕送りを続けたのは、ジューンだという事実である。つまり、ミラーはジューンの目論見通りに、パリで「作家」へと変身したわけだが、皮肉にも、それはミラーがジューンを必要としなくなることを意味していた。『北回帰線』ではモナ、『南回帰線』以下ではマーラとして描かれることになるこの複雑極まるバイセクシュアルな女性は、ミラーのパトロンとなったアナイス・ニンまで魅惑してレズビアンの関係を結ぶが、もはや、それによっても変身したミラーを再征服することはできない。

『北回帰線』の冒頭近くに置かれた次の言葉（これがタイトルになっている）はミラーという骨太の作家がジューン体験とパリ体験から生まれたことを見事に物語っている。

「ぼくは金もなく、資力もなく、希望もないが、ぼくはこの世で一番幸福な人間だ」

この本の版元からは、新訳のヘンリー・ミラー・コレクションが同時刊行され始めた。新しい世代にミラーがどう読まれるか興味深いところである。

×月×日

綿矢りさ・金原ひとみという十九歳・二十歳コンビの受賞が話題の芥川賞・直木賞の授賞パーティに出掛ける。じつは、両賞のパーティに出るのはこれが初めてなのだ。理由は単純、招待状をもらったのが今回が最初だったからで、別にオジサン的スケベ心を働かせたわけではない。会場はテレビ・カメラの放列が十五台も並ぶ空前の賑わい。後ろから見ると、ハゲと白髪のオジン壁ができあがっている。その壁から携帯を握った手が伸びて、フラッシュが焚かれているのは異様な光景であった。

それはさておき、こうした若い女性の文学進出の原点を探っていくと、八〇年代の頭に、従来の少女マンガとは異なるまったく新しい領域を開拓した岡崎京子のマンガに行き着くことが多いが、その岡崎京子が一九九六年の交通事故の直前にPR誌に発表していた連作短編小説が、今回ようやく『**ぼくたちは何だかすべて忘れてしまうね**』（平凡社　１２００円＋税）として上梓された。

正直いって、この短編集の特異な美しさを論じることは私の手にある。任意のページを開いただけで飛び込んでくる言葉と言葉の衝突は、岡崎京子が文学の領域でも日本の、いや世界の最前線にいることを教えてくれる、とだけ言っておこう。

「《タイガー・リリィの奇妙な冒険》

彼女はすらりとした細身の長身のティーンエイジャーで、だからといってぽきん、と折れそうに華奢ではなく、しっかりとした骨の上にきちんと必要十分な筋肉と脂肪がのっかっていることとする。彼女は美貌の若き犯罪者でありメディア及び視聴者たちは彼女をタイガー・リリィと呼ぶこととする。彼女のしたある逸脱は報道によって拡大されその負荷は逆転し彼女はある秋のセレブリティとして君臨することとなる。彼女の行った愚行は数種考えられるがここでは限定しない。崇高さと浅はかさと愚かさが同時に感じられる行為が望ましい」（「終わらない」）

「シグマとサファイヤ。呪われし恋人たち。お互いが災厄の塊だった二人。へどが出るほど愛し合ってて最後には無残なぐらい憎み合ってた。変な話、シグマって『聖処女』みたいな男のコだったのよ。レンアイとかの技術とか発想が全くないとこに突然『愛そのもの』がたちあらわれちゃったもんだから彼はびっくりしちゃったのね」（「がちゃがちゃ狂い」）

私が審査委員だったら、断然、岡崎京子に芥川賞をあげるのだが。

（『週刊文春』２００４年3月18日号）

パリ小説、戸川秋骨、珍世界紀行

×月×日

去年、一ツ橋に借りた八坪の書庫兼仕事部屋が一年もたたないうちに手狭になり、床にも本が積まれ始めたので、手頃な物件はないかと探していたところ、神保町一丁目に十四坪のオフィスが見つかり、引っ越しを敢行。十五架ある本棚に加えて、あらたに十三架を買い足し、窓もつぶして全壁面に並べてから、段ボール百箱分を運び込んだ。今度もまた「築四十年、エレベーターなし、三階」の格安物件である。どうせ、また、すぐに手狭になるのだろうが、当分、「本棚にまだ空いた空間がある」と確認すると気持ちが落ち着く。

というようなわけで、予定していたパリ旅行は取りやめに。パリ中毒の禁断症状が現れたので、パリ小説の佳品がないかと東京堂書店を探す。パトリック・モディアノ『さびしい宝石』（白井成雄訳　作品社　1800円＋税）は、こちらのそんな気分にはぴったりの小説だ。

ストーリーは、女優をしていた（らしい）母親に愛されぬまま育ち、やがて見捨てられて孤独な思春期を送ったテレーズが、あるとき地下鉄の中で死んだはずの母親そっくりの「黄色いコートの女性」に出会い、あとをつけながらパリの街をさまようというものだが、じつはそれ自体はあまり重要ではない。モディアノの小説は、ストーリーよりむしろ、固有名詞があげられているパリのそれぞれの通り、それぞれの駅、それぞれの街区の「匂い、光り、空気」が、一気に蘇ってくるような「パリ感覚喚起的」な文体に特徴があるからだ。

たとえば、冒頭のシャトレ駅（東京なら大手町に当たる乗り換え駅）の描写。

「《かわいい宝石《ラ・プチット・ビジュー》》と呼ばれなくなってから、もう十二年ほどが過ぎてしまっていた。わたしは、ちょうど、ラッシュアワーの地下鉄シャトレ駅にいた。（中略）黄色いコートの女性が目に入った。そのコートの色に目を惹かれ、動く歩道に乗ったまま、後ろ姿を眺めていた。やがて、その女《ひと》は『シャトー・ド・ヴァンセンヌ方面』と案内のある通路にそって歩いていった。（中略）ふとその顔を見た。面影がママンにそっくりだった。ママンにちがいない、とわたしは思った」

あるいは、ベビー・シッターをするためにブローニュの森近くの一軒家を訪ねて、昔、母親とすんだときの記憶が戻ってくる場面。

「ブランシュ広場で地下鉄に乗ったとき、雨はもうやんでいた。ポルト・マイヨ駅で降りると、漠然とした不安におそわれた。わたしはこのあたりを知っている。（中略）地下鉄に乗り、あの人たちの家まで歩いてゆく、きっとその夢が、いま、現実になっているんだわ。だから、もう見たことがある感じがするんだ。モーリス＝パレス大通りは、ブーローニュの森にそって走っていた」

パリという特殊なラビラントで繰り広げられる「自分さがし」の永遠の旅。モディアノの小説は、記憶の中のパリを味わうための小説である。

×月×日

パリといえば、昨年、大学の「日仏文化交流史」の授業で、昭和三十四年に修道社から出た『世界紀行文学全集』の「フランス編ⅠⅡ」をテキストに使ったが、そのとき、これはおもしろいと思ったのが戸川秋骨「欧羅巴飛脚紀行」。ホテルで電話をかけるため、ペイジ・ボーイに呼び出しを頼むと、「その呼び出しの音調が何とも言えぬ心持の良い響きを持って居た」ので、秋骨は恍惚となる。「子供のやさしい声で、少し怒気を含んで、マドモアセイユ！　と言い放った、その音調は、全く音楽よりも嬉しく感じた」。鋭い観察眼と押しつけがましくないユーモア感覚。これぞ天性のエッセイストと感じ入ったが、戸川秋骨なんて、一葉や透谷・藤村の関係で文学史にその名前は出てきても、古本でさえ手に入らない。だれか、手軽に読めるアンソロジーでも編んでくれないかと思っていたら、その密かな願いを見透かしたように坪内祐三編『**戸川秋骨　人物肖像集**』（みすず書房　2400円＋税）が出た。

これはお買い得。ケーベル先生、樋口一葉、漱石、透谷、小泉八雲、斎藤緑雨、内田魯庵、岩野泡鳴についてのポルトレ（人物肖像）がぎっしり詰まっているばかりか、そのどれもが粒よりの傑作。洋行送別会ではだんまりを決め込んでいた漱石だが、私的な交わりでは驚くほどの饒舌さを発揮して秋骨を驚かせる。とりわけ、戸山ノ原で偶然出会って立ち話を始めたときのエピソードは秀逸。秋骨が家が近くだからと誘っても、漱石は運動に出たのだからと立ち話をやめない。若い男と一緒の盛装の美人が足を取られて赤土の坂を滑り落ちても気にしない。「分れようとした時、前の掛茶屋から先刻滑つて顚んだ若い美人と男とが出て来た。二人はその家に這入つて泥を落し装を整へて、恐らくは茶でも飲んで出て来たのであるらしい。孰れにしても可成な時間はあつたのであるが、それ程私共は長時間立話をしてゐたのであつた」

長話といえば内田魯庵も有名。「何か話が出ると、すぐにその話題を引き取つてそれに就て滔々と話し出して、対手には口をきかせない。私が少し養鶏の経験があるのでその話を試みると、すぐさまそれを問題にして、鶏の説明やら歴史やらを聞かしてくれる」「私が魯庵君を訪問する時は、長時間に亙りはするが、それほどの長さとも思はないが、魯庵君が私の方に来られる時は、可なり長くなる。午後から夜になるのは珍しくないが、或時の如きは午前から夜の十一時に及んだ事があつた」

このように人物肖像も巧みだが、認識を新たにしたのは、その批評眼の確かさ。たとえば、透谷の文学を高く評価しながら、ユーモアの欠如を指摘した次の文章は透谷の本質を衝いている。「只透谷君にはユウモアはなかつた、その人物には可笑味といふものが微塵もなかつた、どこ迄も瞑想しくて、人生の事、死生の事を解決しようとして居た。余裕といふ事は、君の人物にも、生活にも、考へ方にも全く欠けて居た。これはその作物がよく語つて居る処である。私はこのユウモアが人生に甚だ大事なものであると考へて居る。それは決して只可笑しいとか面白いとかいふやうな事に就いての感ではない。それは人生観の一番深くまた高い処に導く感ではないかと思ふ」

×月×日

私は週刊誌はほとんど買わないが、唯一の例外が『週刊SPA!』。都築響一の「珍日本紀行」を読むのが楽しみだったからである。その連載にときどき特別版として登場したヨーロッパものを集めたのが**『珍世界紀行　ヨーロッパ編』**（筑摩書房　5800円＋税　→ちくま文庫　二〇〇九年　1800円＋税）。ようするに、ヨーロッパ各地に点在する、エロ、グロ、拷問、病気（とくに奇形）、殺人、宗教（奇跡）などに関するアイテムを収集した特殊ミュージアムを訪ねたときのフォト・エッセイであるが、たしかに著者が前書きで述べているように、これを眺めていると、いやおうなしに「日本の珍名所との大いなる差」を意識せざるをえなくなる。すなわち、ヨーロッパ人種というのは、キリスト教という釉薬を塗られてはいるが、一皮むけば、そこに、生け贄と偶像崇拝を主とするケルト・ゲルマンのおどろおどろしい血が流れているので、われわれなら、目をそむけたくなるような超グロテスクな拷問や病気でも蠟人形で再現して、恬《てん》として恥じることはないのだ。たぶん、彼らはその展示を恐怖を感じつつ恍惚として眺め、バタイユ的な「左手の神（残酷神）」の体験をせずにはいられないのである。

（『週刊文春』２００４年４月22日号）

バービー人形、エミール・ファゲ

×月×日

事務所を移転して二カ月。ようやく本の整理も終わったが、移転に要した時間のロスはあまりにも大きく、連休前後はいまだかつてないような過重労働となる。旅行にも、展覧会にも行かず、物書くマシーンと化して、締め切りをこなしていく。そんな中で、唯一の楽しみは、ネット連載の一つとして引き受けた『脇役映画館　三本立て上映中』（『甦る昭和脇役名画館』講談社　→『昭和怪優伝　帰ってきた昭和脇役名画館』中公文庫）のために、六、七〇年代の東映・日活などの旧作をビデオで見返すこと。神保町にはレンタル・ビデオ屋はないが、中古ビデオ屋はたくさんあるので、昔見た掘り出し物を探すには最適だ。もっとも、こちらの方面でコレクター熱がぶり返したら大変だが。

このように、人間、五十の声を聞くと、若いときに熱中した事柄に再帰するといわれるが、これは男性ばかりとは限らない。インターネットの普及で、いながらにしてオークションに参加できるようになった現在、思わぬかたちでコレクターとなる女性も増えている。なかでも、目立つのがバービー人形のコレクターたち。

茅野裕城子『**バービーからはじまった**』（新潮社　１６００円＋税）は、類書とは一味違う優れたモノグラフフィーに仕上がっている。ある時パソコンでなにげなくBarbieの文字を検索にかけた著者は、ネットオークションのサイトにぶつかり、バービー・コレクションの世界にはまり込む。ここまではよくあるエピソードだ。

しかし、この本の面白さはその先にある。レアものの説明でmade in Japanの文字が多いことに疑問を感じた著者はもちまえの取材力を発揮して独自の調査を続け、初期のバービー人形はアメリカのマテル社から委託をうけた日本の国際貿易が製作を担当したことを突き止める。一九五七年、マテル社のエリオット&ルース・ハンドラー夫妻が娘のバーバラ(バービーの名はこの娘に由来する)が遊んでいるペーパー・ドールとドイツの大人向きファッション・ドールを融合したようなアメリカ向けの人形をつくりたいと考え、これを工賃の安い日本の町工場に作らせることにした。衣装デザイン担当のシャーロット・ジョンソンは日本に一年以上滞在し、生地を選び、縫製をチェックする。著者は小説家という特権を生かして、帝国ホテルに滞在していたシャーロット女史の内面に入り込む。

「あの男のひと、人形とわたしが似ている、と言った。不思議だけど、実はこの頃、この人形が、心に重なってくる。(中略)わたしは、これから大人になる少女たちに、予感させたい。綺麗で、身が軽く、視線を集め、美を機能させながら時を過ごすことの刹那的な楽しさを。いつまでも続くわけではないけれど、だからこそ、女と生まれたからには、そういう瞬間も、人生の捨てがたい醍醐味だということを」

こうして日米合作で誕生したバービー人形は、戦後世代の世界中の女の子のファンタスムを糧として華麗に変身していく。すなわち、あるときはチア・リーダーに、あるときはジャクリーヌ・ケネディに、またあるときはパンナムのスチュワーデスに。その変身を支えたのは日本の内職の女性たちだった。この内職女性たちに関しては、泣かせるエピソードがある。初期のバービーには裏地のほつれ止めにナイロン・チュールが使われていたが、マテル社は省ける部分は省いていいという提言をする。

「下請けの内職婦人たちに、マテルの方針で、これからはチュールのほつれ止めを使わないことになりましたよ、と告げると、彼女らは、猛反対した。そして、そういうことなら、その分の工賃はもらわなくてもいいから、今まで通り、裏地には、チュールのほつれ止めを使いたい、と申し出た。（中略）自分の携わっているものは、なにか素敵で、きれいで、いいもので、大好きなもので、それからチュールのほつれ止めがなくなったら、だめなのだと、内職婦人たちは、ほかの誰よりもよく知っていた」

バービー・コレクションを通した女の子たちの夢と憧れの心象史。男性が読んでも十分におもしろい。

×月×日

ＰＲ誌は当然ながら自社の本しか載せていない。その点、便利なのが取次の出している「新刊展望」（日販）、「新刊ニュース」（トーハン）。その月に出る文庫が全部並んでいるからだ。今月のリストで、一瞬、目を疑ったのがエミール・ファゲ『読書術』（石川湧訳　中条省平校注　中公文庫　６８６円＋税）。なんでいまどき、ファゲが文庫に！　といっても、ファゲの誰かを知る人は少ないだろうから、まずは驚きの理由から。

エミール・ファゲはランソンと並ぶフランス講壇批評の雄で、戦前には翻訳も出たが戦後は嘲笑の対象にしかならなかった。私がたまたま知っていたのは、大学の教養部の仏語の教科書に本書の第一章「ゆっくり読むこと」を含む文章が使われていたからである。ただ、その時には、ほとんど感銘を受けなかった。しごく当たり前のことを道学者風に言っているにすぎないと感じたからだ。ところが、今回、復刊された本書を読んで仰天した。いいこといってるじゃないの、ファゲさん！

たとえば難解な作家を好む読者を論じた章。ファゲ曰く。難解な作家が好きな読者には、その作家を理解していると称する崇拝者と、理解していないけれど「虚栄のために、群集から自分が優れた知性だと思われたいために、このように振舞う」偽の崇拝者の二つができる。後者はさして問題ない。厄介なのは前者だ。ファゲはこの難解好きな読者のポルトレをこう描きだす。

「明快なテクストは彼らを押し止め、制限し、定着させ、そして彼らをではなく唯そのテクストをしか理解させない。（中略）晦渋なテクストは、誰でもが自分の持っていると夢想している顔を眺めるところの曇った鏡である。それ故に、不可解なテクストの中に何物かを、即ち自分がそこに与えたところのものを、理解する人々がある。彼らは、読書において決して受動的でないために、黙従しないために、部下の役割に引下げられないために、そして多かれ少かれ意識的に、多かれ少かれ無意識的に、自分自身にしか左袒《さたん》しないために、不可解なテクストを必要とするのである」

また、「読書の敵」という章もおもしろい。ファゲ曰く。もの書きはよき読書人ではない。自尊心・自己愛・嫉妬が読書の敵となるからだ。「著者たちは、彼らの同業者たちの著作を賞讃しないところの、また味わいさえしないところの、あらゆる種類の動機を持っている」「自尊心は、著者の自尊心である場合には恐るべき、誰の自尊心である時でも依然として最も目立つところの、読書の敵である」

なるほど、これで、芥川賞や直木賞の受賞作にロクなものがないのがよくわかる。選者であるところの作家は、傑作には自尊心を傷つけられ、嫉妬を抱くからだ。

もう一つの読書の敵は臆病さだ。

「自分の見解を述べる勇気の若干の欠乏は、それ故に、良書がそれに値するだけの成功を直ちに得ない一つの原因である。(中略) ある読者たちは一種の臆病さから、何時でも遅ればせな読者となっている。彼らは、賞讃するためばかりでなく、読むためにもまた、一般の同意が発表されるのを待っている。単に書物に対してばかりではない。著者に対してもである」

これは読者ばかりか、書評家に対する辛辣な批評ではないだろうか。


(『週刊文春』2004年6月10日号)

唐十郎、シュペルヴィエル、丹波哲郎

×月×日

娘が学校の帰り道、捨てられている子猫を発見。電話してくる。うちにはすでに内ネコ二匹、外ネコ二匹がいるから無理だと返事するが、結局、連れてきてしまった。どうやらアメリカン・ショートヘアーらしいが、青木るえかさんが書いていたように、ネコには、人口密度と同様適切な「猫口密度」というのがあり、さらに一匹増えたらどうしようもなくなる。だれか貰い手はいないかと探したところ、画家のGさんのことを思いだした。さっそく電話してみると、同じアメ・ショーのネコを最近亡くしたところなので見るだけ見てみたいとの返事。これは脈ありと連れていったところ、即、気に入られG家のネコに。

そのGさんから唐十郎の新作『津波』の招待券をいただいたので、実に三十年ぶりに新宿・花園神社の紅テント公演に出掛ける。坪内祐三氏から最近の唐組は絶好調だと聞いていたこともある。紅テントは東

京公演最終日とあってイワシのオイル漬けの如き超々満員。おまけに台風接近でテント内はサウナ状態。そうした悪コンディションにもかかわらず、『津波』は『ベンガルの虎』の頃の状況劇場の熱気を彷彿とさせる素晴らしさで、久しぶりに劇的カタルシスを味わった。帰宅後、唐十郎『泥人魚』(新潮社 1600円+税)を読み出す。帯に読売文学賞、紀伊國屋演劇賞、鶴屋南北戯曲賞をトリプル受賞とある。戯曲というのは読みにくいものだが『津波』を見てきたばかりなので、この役はあの役者だというように顔と声をイメージすると、すんなりと芝居の中に入り込むことができた。

『泥人魚』のイメージの原点にあるのは「あとがき」にあるように長崎県諫早市の通称ギロチン堤防。その泥海《しゃっぱ漁港》で漁師をしていた「浦上蛍一」は干拓で海を去り、今は都会の一隅にあるブリキ加工店(湯タンポが主たる商品。これが小道具の一つ)で働く。店主はまだらボケの詩人「伊藤静雄(伊東静雄ではない)」。これに、伊藤静雄の元弟子でしゃっぱ漁港で蛍一と一緒に働いた漁師「しらない二郎」と、蛍一を捜して上京した娘「やすみ」、それに月の裏側を熟知しているという「月影小夜子」といった、いかにも唐らしいキャラクターがからむ。唐ワールドを彩るのに欠かせないモノたちも盛り沢山で、湯タンポのほか、潜水具、人間魚雷、義眼など。義眼というのは、最後になるまで舞台には登場しない「ガンさん」という漁師のもので、これを月影小夜子が蛍一のもとに持ってくる。いっぽう「やすみ」はというと、こちらは「浦上の天主堂が見たくて、海底から泳いできた」ところをガンさんに助けられた養女。飲み屋で働いているやすみにガンさんは説教する。「やすみ、ここは下半身だけの世界だ。ボロボロになるだけで、ここにはぬらりぬたくる魚の鱗一枚落ちちゃいないよ。ガタだ。貝を殺すガタばかりがここにある／抜けてこい。安い魚でもいいじゃないか。たとえそんなふうに呼ばれても、ぬるりとガタ抜けつややかに光る鱗を見せてやんなよ。見えるよ、このガンには……今、腰の辺りで光ったお前の鱗一枚が」。やすみは泥海の中から拾われた人魚だったのだ。

俗なる「現在」と戦慄と郷愁に満ちた「過去」との往還に「神話」をかぶせて「詩」を創り出す唐の作劇術が抜群の効果をあげている。唐は第二の黄金期を迎えつつあるようだ。

×月×日

唐十郎の舞台を見ていていつも思うのは、この人の想像力の質は、ミシンとコウモリ傘のロートレアモンよりも、ジュール・シュペルヴィエルのそれに近いのではないかということだ。

普通の人が見ればなんでもない風景の中に強烈なポエジーを発見して、そのポエジーを核に聖と俗、愛と憎しみ、現在と過去などが交錯する宇宙をつくりあげてしまう技法は両者に共通している。シュペルヴィエル**『海の上の少女』**（綱島寿秀訳　みすず書房　２４００円＋税）は、かつて澁澤龍彥や嶋岡晨などの訳で親しまれたファンタスティックな短編のアンソロジーだが、センスのいい若い女の子に読ませてあげたい作品がそろっている。冒頭部分を掲げてみよう。

「水に浮かんでいるこの道はどのようにしてできたのだろう？　いったいどんな水夫たちが、どのような建築技師の助力を得て、大西洋の沖合、六千メートルもの深さの海面に、こんなものを作ったのだろう？（中略）そして木靴をはいた、この一人ぼっちの十二歳の少女。彼女は、まるで堅い地面の上を歩くように、しっかりとした足どりで、水の道の上を歩いている」（「海の上の少女」）

「（ずっと底のほうに沈んだまま行くのかと思っていたのに、また浮かびあがっていくわ）と、溺死した十九歳の娘は混乱した頭で考えた」（「セーヌから来た名なし嬢」）

×月×日

ここのところ神保町の古本屋をまわって、古い映画人の回想の類いをこまめに拾っているが、ありそうでなかったのが丹波哲郎の伝記。丹波哲郎は、我が少年時代、新東宝映画の大ファンだった頃に一番カッコよかった悪役で、かくあらまほしと願った数少ないスターだ。その丹波さんの本は霊界ものは山のようにあるのだが、映画に関する本は一冊もない。丹波哲郎のような偉大なる俳優に伝記がないのはこはいかにと思っていたら、ついに出ました。丹波哲郎・ダーティ工藤『**大俳優　丹波哲郎**』（ワイズ出版　3800円＋税）。これは、映画監督ダーティ工藤が丹波哲郎に文字通りの徹底インタビューを敢行した、映画聞き書きの大傑作である。坂上田村麻呂が先祖という名門の家庭（祖父の丹波敬三は梅毒治療薬タンワルサン〔丹波サルバルサン〕の開発者で『新潮日本人名辞典』に記載あり）に育った丹波哲郎は、高等学校を目指すも全部落ちて中央大予科に入り、学徒出陣で入隊するが、これがとんだダメ兵隊。

「――軍隊でも丹波さんは態度がでかかったんですか。

丹波　だから普通の者は一つか二つ殴られるのに、俺はオーバーに言うと十倍ぐらい殴られた。その理由は態度がでかいからと」

戦後、中央大に復学して英会話部に入部したことからＧＨＱの通訳に。マッカーサーにもエレベーターの中で会った。ＧＨＱをやめた後、「朝寝坊しても出来る仕事」ということで俳優を志願、国際演劇研究所一期生となり、劇団文化座に在籍中『殺人容疑者』（電通）で映画デビュー。一九五三年新東宝に入社。

『戦艦大和』で監督の阿部豊に徹底的に嫌われるが、あるきっかけで今度は徹底的に好かれるようになる。真冬の広いセットの中でガンガラ（一種のストーヴ）があるのは監督の阿部豊のところだけ。そこに女優がベッコウ飴を差し入れる。

「ガンガラは、阿部豊の専用みたいなもんだから、当然誰も近づかないというか近づけない。が、俺だけは『阿部豊ナンボのもんだ』と思ってたから、ひとりでガンガラの傍にしゃがんで暖まっていたら、俺の目の前に阿部豊の尻があるんだ。で、向こうもうしろに誰かいる気配に気づいて、うしろ向きのまま『はいよ』ってベッコウ飴を出しやがる。で、俺の目の前にベッコウ飴が出て来たんだ。手で取るのもバカバカしいから、口で咥えてやった。すると向こうは離さない。離さないからグっと犬みたいに引っ張ったんだな。で、振り返った阿部豊とベッコウ飴を口に咥えた俺の目がバチっと合ったんだ。で、どうやら俺が顔をしかめたのが、笑ったように見えたらしい。それで阿部豊が笑った、それも大声で。それ以来、俺は阿部豊に好かれ抜かれて好かれ抜かれて、彼の作品に悉く出ることになった」

一事が万事この調子で快調にインタビューが進み、大手六社から独立プロに至る戦後日本の全映画史が丹波哲郎という「大俳優」の視点で語られている。巻末のフィルモグラフィーも近来まれに見る労作。

（『週刊文春』２００４年７月15日号）

江戸の料理、招客のマナー、社交ダンス

×月×日

事務所をすずらん通りに移転してからはや五カ月。昼飯時に足を伸ばす範囲が猿楽町、駿河台、小川町にも広がった。この分なら、神保町グルメ地図でも書けそうである。神保町付近は、中華料理屋、蕎麦屋、カレー屋、洋食屋は充実しているが、フレンチ、イタリアン、ラーメン屋、焼き肉屋にろくな店がない。すずらん通りを挟んで真向かいに事務所を構える逢坂剛さんによると、トンカツ屋も弱体だそうだ。

それはさておき、古い街に居住してみると食べ物屋というのはその街の過去を引きずっていることがわかる。中華料理屋が多いのは日清戦争後に中国人留学生のための予備校が出来たからだし、洋食屋・カレー屋は戦後の学生急増期の名残だろう。では蕎麦屋は？

そう思っているときに目についたのが原田信男編『江戸の料理と食生活　日本ビジュアル生活史』（小学館　2800円+税）。副題にある通り、浮世絵等のビジュアル資料を大量に使うと同時に、江戸時代のレシピから再現した料理写真を載せているので、視覚の面から「江戸の料理」が味わえるように工夫されている。もう一つの特徴は社会史の成果を全面的に取り入れたことで、単身者の増加による外食産業の隆盛、流通経路の充実などがビジュアル的に解説されていて分かりやすい。編集の勝利である。

では、神田付近に蕎麦屋が多いのは？　武家町と町人町の接点だった神田は、独身者のための簡単な外食街という性格が強かったので、江戸のファースト・フードである蕎麦屋の、屋台店が発達し、居付き店

に変わったのではないか。

「貞享三年（一六八六）には『饂飩・蕎麦切其他何ニ不寄、火を持あるき商売仕候儀一切無用ニ可仕候』（『御触書寛保集成』）という触れ書きが出されるが、うどん・蕎麦は煮売り屋台の代表的存在であることがわかる。屋台で手軽に、さらに安価であれば庶民が好むのは当然のこと、事実蕎麦の価格は、落語の『時そば』でおなじみの一六文が、延享元年（一七四四）から万延元年（一八六〇）まで一〇〇年以上続いた」

この一六文の蕎麦を売っていた屋台が二八蕎麦で、屋台の復元図も載っている。

カラー図版が豊富なのにこの値段だから、お買い得。

×月×日

料理をビジュアルで見せようとする工夫は洋の東西を問わなかったようで、フランスの料理書専門の古書店カタログは見ているだけで楽しいが、その中に、野鳥を左手のフォークで突き刺し、右手のナイフでさばこうとする奇妙なイラストの本がときたま登場するので、これはいったいなんだと思っていたら、驚いたことに、その本が翻訳された。グリモ・ドゥ・ラ・レニエール『**招客必携**』（伊藤文訳　中央公論新社　3800円＋税）がそれである。

グリモ・ドゥ・ラ・レニエールとは、『味覚の生理学』（邦題『美味礼讃』）のブリヤ・サヴァランに先立つ美食批評の鼻祖としてその道では知られる奇矯な人物。十八世紀の大富豪だった徴税請負人の家に生まれ、弁護士の道に進むが、両親に愛されなかったトラウマから自己表現としての美食道の探求に没頭し、宴会を葬儀に見立てた「とんでもない晩餐会」を開いたりして、家門を汚すのに精を出す。大革命後には、大邸宅の料理人が独立して作ったレストランを対象としたグルメ・ガイド『食通年鑑』を一八〇三年から八巻刊行し、美食批評の第一人者となった。

『招客必携』は、そのグリモが家庭で賓客をもてなす主人ないしは接待役（フランス語ではこれをモリエールの戯曲にちなんでアンフィトリオンと呼ぶ）のために招客の技術や義務を公開した一種のハウ・ツー本であるが、今日のそれを連想してページを開くとかなりとまどうことになる。なぜなら、第一部として延々と記述が続くのは、牛、豚、羊、鶏、それにジビエ（野鳥や野兎）などを丸ごとさばくための技術だからである。フランスでは肉料理は偽物でないことを示すため原則として尾頭付きで（牛などを除く）客に見せてから切り分けることになっていた（この不信を基礎としたもてなし法は中国と似ている）が、その切り分け役は主人がやるものと決まっていた。『福翁自伝』の読者なら、アメリカに渡った諭吉が一番驚いた習慣として、この主人による肉の切り分けをあげているのをご記憶の方も多いにちがいない。

第二部は接待料理の献立が列挙されているだけで、料理史研究家以外は退屈だが、第三部は、今日まで綿々と続くフランス的招客マナーの基本がわかっておもしろい。

「すべての美食に関する招待は、書面によってなされること」「招待された会食者は、二四時間以内に返事を出すこと」「断りの返事を出す場合、それを和らげながら、相手に納得のいく弁明をすること」「沈黙は受諾と判断される。二四時間を超過したら、断わりは認められない」「アンフィトリオンは、自分が出した招待状によって、会食者と同様に、かたく拘束されることとなるので、どんな口実によっても、招待を取り消すことはできない」などは今日でも通用する。反対に「デザートのサーヴィスの折に唄をうたうことが、どれだけ食卓に陽気さと魅力をもたらしてくれるかということ」などの項目は時代の隔たりを感じさせる。いずれにしろ、料理史研究に欠かせない基本文献が翻訳されたことは喜ばしい。ただし、あえて横組みにしたのは何のためか。フランス語は少ないので縦組みの方が読みやすいと思うのだがどうだろう。

×月×日

最近、酒井順子さんのいう「負け犬」大量発生の防止法として、方々で機会あるごとに叫んでいるのがダンス・パーティー、いわゆるダンパの復権である。ダンパは①いきなり接触が許される、②一対一のカップルになれる、③女の子に「盛装」の機会を与える、④男の子に女の子に声をかける機会を均等に与える、などの点で合コンよりも優れたカップリングの手段だと思うが、社交ダンスは中高年のものという思い込みがあるためか、若い人には見向きもされない。この傾向に一矢を報いることになるかもしれないのが浅野素女**『踊りませんか？　社交ダンスの世界』**（集英社新書　６８０円＋税）。

一九六〇年代に社交ダンス教室を営む家庭に育ち、長じてパリでフリーのジャーナリストとなった著者は、パリ郊外の社交ダンス教室に通ったのがきっかけで配偶者と知り合い、社交ダンスにのめり込むこととなる。本書は社交ダンスの正式種目のワルツ、タンゴ、スローフォックス、ルンバなどの歴史を概観したものだが、興味深いのは、著者が社交ダンスに目覚めた契機を語ったくだり。

「中に一組、まるでそこだけスポットライトがさっと当てられたかのように私の目を釘づけにするカップルがいた。お世辞にも容姿がよいとは言い難い。男性は眼鏡にちょび髭。フランスでよく見る肉屋さんかカフェの主人タイプといったところで、恰幅がよく、ジャイブのリズムに合わせておなかのあたりが揺れている。女性もまんまるく、特別な美人でもないし、スタイルがよいわけでもない。だが、リズムは外にあるのではなく、彼らの内部から溢れ出すようだった。（中略）ああ、あれなんだ、と思った。『あれ』が何なのか、その時言葉にして納得したわけではなかったが、街を歩いているだけであったら人目を引くこともないであろうふたりを、あれほど輝かすものの正体に、一瞬、触れた気がした。あんな風に踊れたらなあ、と私は切望した。（中略）その時はまだ、ふたりで踊ることの難しさを知るよしもなかったが、ふたりで踊ることの素晴らしさは直感した」

ふたりで踊ることの快楽、本書はこの社交ダンスの本質をよく衝いている。

（『週刊文春』2004年9月2日号）

日活アクション、キューブリック、愛書狂

×月×日

去年の秋、パリに行こうとしてなかなか席が取れなかったことを反省し、今年は早目に予約したが、出発前に締切をこなすことがどうやっても不可能に思えてきた。パリと締切のどちらかをキャンセルするほかないという状況に追い込まれるが、結局、出発前の三日間ほぼ徹夜で仕事して、締切をこなし、成田へ。

機内では、眠気も忘れて渡辺武信『日活アクションの華麗な世界 1954—1971』（未來社5800円＋税）に読み耽る。七〇年代に『キネマ旬報』に連載されたとき、最も共感を持って読んだ映画論の大傑作で、三分冊で出た大著を「書物復権」の八社共同復刊に際して一冊にまとめたもの。映画好き

を自任する人間はこの機会に、ただちに本屋に走って本書を買うべし。それぐらいに価値のある復刊なのである。あらゆる映画本の中で私が最も影響を受けたものの一つ。

映画評論家としての渡辺武信のすごいところは、映画は時代の観念を無意識に表出したものであるから、一定のブロックとして（つまり、プログラム・ピクチャーとして）まとめて見なければ、一本一本の意味もまた現れてこないとする視点を日本で最初に導入した点にある。しかも、まだビデオがない七〇年代に具体的な作品を網羅的に分析して、このとてつもない偉業を達成しているのだから、今日の映画小僧はすべからく彼の前に拝跪すべきなのである。

「その［日活アクションの］中に、何本かは傑作の名に値するものがあったが、問題にすべきなのは個々の作品ではなく、傑作から最低の駄作に至るまでの無数の作品が互いに重なりあい浸透しあってつくりだす総体の効果なのであり、傑作と言えども無数の凡作からの支えなくしては輝くことができないのだ」

では、渡辺武信が掬いとった日活アクションの観念とはなにか？

「それは『我々には誰にも譲りわたせぬ〝自己〟というものがある』という信念である。いやそれは『あるはずだ』という憧憬だ、と言いかえた方が良いかも知れない」

この日活アクションに固有の観念は、それを東映の任侠映画のそれと比較すれば明らかであるという。東映任侠映画の鶴田浩二や高倉健のようなヒーローが一つの美的秩序を背負った文化防衛論者であるのに対し、日活アクションのヒーローはいまここにある世界から自己を奪還しなければならないと感じるユートピア憧憬者である。

「前者（日活アクション）ではぼくたちはヒーローと共にユートピアに憧れるのであり、後者ではヒーローの生きている、そのユートピアに憧れるのである」
日活アクションのヒーローに憧れたことのある人なら絶対に座右の一冊とすべき文字通りの決定保存版。

×月×日

日曜日、快晴の空を見ているうち、ふと思い立ってロンシャン競馬場に足を運んでみる。外からのぞいたことはあるが、入場したのは初めてだ。いや、じつに気持ちのいいところですね、ロンシャンは。特にスタンド四階のパノラマ・レストランが素晴らしい。左手を見れば風車、真ん前に目をやれば、ブローニュの森のかなたにエッフェル塔。パリでは日曜になると競馬場に足を運んでいたというヘミングウェイの気持ちがよく分かった。競馬場に来た以上は賭けなければ面白くないと、単勝、連勝取りまぜて、六レースの馬券を買ってみる。最初は馬の名前で賭けたが、途中からスポーツ新聞を買って、ガチガチの本命に張ったら単勝で二レース当て、投資額の半分は回収した。

ところで「ふと思い立って」と書いたが、じつはこれ、最近スタンリー・キューブリックの初期の傑作『現金《げんなま》に体を張れ』のビデオを購入したことによる（DVDの普及で大手レンタル・ビデオ屋が大規模な在庫処分をしたらしく、神保町の中古ビデオ屋には掘り出し物が見つかる）。あの競馬場の現金強奪シーンを思いだし、外国の競馬場というものを見てみたくなったのである。

ヴィンセント・ロブロット**『映画監督スタンリー・キューブリック』**（浜野保樹・櫻井英里子訳　晶文社　3800円+税）は、日本で出たキューブリックの初の本格的評伝。キューブリックの狷介な性格から直接的インタビューは出来なかったようだが、関係者への取材はかなり徹底していて、キューブリック伝説の真偽のほどを確かめることができる。

まず、キューブリックは高校時代には完全な落ちこぼれで、『ルック』に写真を売って稼いでいたという伝説だが、これは本当のようだ。ブロンクスのオーストリア系ユダヤ人医師の家庭に育ったキューブリックは、興味のない科目はまったく勉強しなかったので一九四六年にニューヨークのタフト高校を卒業したときには席次は五〇九人中四一四番だったが、在学中から『ルック』に写真が売れ、それで生活していた。チェスの腕前もプロ並で街頭の賭けチェスで生活費を稼いでいた。一九五〇年、『ルック』で貯めた金をもとに、一人何役も兼ねて最初のドキュメンタリー短編『試合の日』を製作・監督してデビュー。フィルム・ノワールの傑作『現金に体を張れ』をジェームズ・B・ハリスと共同で作ったとき早くも完璧主義ぶりを発揮し、広角レンズの使用を巡ってベテラン・カメラマンと対立。「ルシアン、二五ミリレンズを使ってカメラを置くべきところに置くか、このセットから出ていって二度と戻ってくるな」と言って、カメラマンを屈服させる。

以後、完璧主義者ぶりは止まるところを知らず、マーロン・ブランド主演の『片目のジャック』ではついにブランドと衝突。監督を降りる。このとき最初の脚本を書いたのが、サム・ペキンパー。「夢の組み合わせ」が実現していたら、どんな映画になったろう。『2001年宇宙の旅』の構想段階で、我が手塚治虫に協力要請があったというエピソードに言及がないのは残念だが、他人のことはまったく気に掛けない無情な完璧主義者の一面を示す証言は十分に拾われている。マルコム・マクダウェルは『時計じかけのオレンジ』に主演したが、目を閉じさせない器具を使われて、角膜に損傷を受けた。『突撃』『スパルタカス』で主演したカーク・ダグラスがマクダウェルに偶然会ったとき、キューブリックの印象を尋ねると、マクダウェルはキューブリックがこう言ったと語った。「シーンの撮影を続けるぞ。もう片方の目は大事にする」

×月×日

『映画監督スタンリー・キューブリック』の「訳者あとがき」を読んでいたら、キューブリック伝としてジョン・バクスターの『Stanley Kubrick』という評伝もあると出ていた。はて、この名前、どこかで聞いたことがあるぞと思ったら、**『ある愛書狂の告白』**（笙玲子訳　晶文社　２８００円＋税）の著者だった。本というものが一冊もないオーストラリアの片田舎の商家に育った著者が、最初、飛行機マニアからＳＦ雑誌の収集に目覚め、映画狂という迂回路をへてロンドンで古書収集に熱中したあげく、最後は、愛書狂の「夢」を実現すべく、シルヴィア・ビーチとアドリエンヌ・モニエの経営していたシェークスピア書店のあったオデオン通り十二番地の建物に住むという「ある愛書狂の一生」は、途中、グレアム・グリーンのコレクションなどのところを除くと、少なからぬ部分で私自身のそれによく似ているので驚いた。愛書狂になるパターンというのは、どうやら、どの国でも一定のものがあるようだ。

「私にとっての本屋は、漁師にとっての川と同義だ。（中略）蚤の市は品物が無数の水路をゆっくり流れていく三角州であり、駆けずりまわって品物を手に入れるのはコレクターの務めなのだ」

終章にパリの古本屋の悪口が書きつらねられてあるのが愉快。

（『週刊文春』２００４年10月7日号）

カリオストロ伯爵、エリザベス・ボウエン

×月×日

慌ただしいパリ旅行から帰って数日間は、待ち構えていた締切りをこなすので忙殺されるが、それが終わると、私のようなノンシャランな人間でも軽い気塞ぎの状態に陥る。旅行の疲れがすこし間隔をおいて出てくるからなのだろうか。

そんなときには十八世紀フランスに関する本を読むことにしている。晩年のタレーランはインタビューに訪れた若きティエールに「アンシャン・レジームの生活を知らない人は、人生の本当の歓びを知ることはできない」と語ったというが、ロココ絵画を見ていると、たしかに十八世紀こそは「生きる歓び」の時代だったという気がしてくる。

ところで、十八世紀の「生きる歓び」といえば、だれしも一代の蕩児カサノヴァを思い浮かべるだろうが、このカサノヴァが不倶戴天の敵として告発してやまなかったのがカリオストロ伯爵という怪人物。ヨーロッパを股にかけ、あるときはフリーメーソンの至高の導師として絶大な信頼を勝ち得る一方、インチキ魔術師として非難されたいわくつきの怪人である。日本でも、その名は故種村季弘氏の紹介によって人口に膾炙《かいしゃ》しているが、ここにきて、詳細でかつ読みやすい伝記が出た。イアン・マカルマン『**最後の錬金術師　カリオストロ伯爵**』（藤田真利子訳　草思社　2400円＋税）がそれ。

一七四三年、シチリアのパレルモの貧民街に生まれたジュゼッペ・バルサモは修道院で見習い薬剤師として働くうち、化学知識とカバラの秘法、図形筆写などを身につけ、それを手っ取り早く現金化する方法

を模索するが、最初のうちはつまらぬ詐欺を働く小悪党の域を出なかった。開運のきっかけはローマでロレンツァという十四歳の美少女を見初めて妻としたときに訪れる。少女妻の美貌と肉体のうちに二人の人生を切り開く最大の武器を見つけたからだ。「彼は優しく辛抱強くロレンツァに説明した。神は美しさという贈り物をロレンツァに与えた。彼女はそれを二人のために使わなくてはならない」

このロレンツァの誘惑に最初に屈しそうになったのがカサノヴァである。カサノヴァは南仏滞在中、巡礼と称するバルサモ夫妻に会ったとき、妻の方には優しい気持ちを感じたが、珍しく己の欲望をセーヴした。そして、亭主の方はケチなペテン師と判断する。

ところが、カサノヴァのこの予想は見事に外れる。バルサモの能力を過小評価していたのだ。ロンドンでフリーメーソンに入会したことを契機にシチリアの小悪党バルサモは別人カリオストロ伯爵に生まれ変わる。「フリーメイソンは彼の天稟《てんぴん》を金に変える坩堝《るつぼ》となったのだ。神学、儀式、修道会のキリスト教の教義、彼が子どもの頃に吸収したすべてのことが、あらゆる装飾とともに一つの制度のなかに注ぎ込まれていた。芸術家、俳優、振付師としての彼の一部が、メイソン風の壮麗なショーと芝居に興奮を感じた。彼の雄弁は聴衆を得た。そして、ロッジの陽気さが、彼に個性を生かす余地を与え、彼の要求を気にかけてくれる仲間を与えてくれたのである」

カリオストロ伯爵へと変身したバルサモはフリーメーソンというネットワークを最大限に利用して、ヨーロッパ各国の上流階級に近づき、錬金術師、降霊術師、預言者などに変身して、その天性のパフォーマンス能力で人心を収攬したのだ。

ロシアのエカテリーナ女帝のもとでは失敗したが、ポーランドでは大成功した。パリでは例の首飾り事件に巻き込まれて投獄の憂き目にあったが、ロンドンでは偉大な預言者として君臨することができた。

都市間の通信に時間がかかった十八世紀という環境が彼に幸いしたのだ。つまり、ある都市でボロを出し、疑惑を持たれても、別の都市に移動すれば、悪い評判が届くまでの間に、独特の霊力で人々を魅了することができたからだ。だがこの「都市間の時間差」が全域的なジャーナリズムの発達によって短縮されたとき、カリオストロは霊力を失う。ロンドンで悪名高いジャーナリストを敵に回したがために、旧悪を暴かれ、どの都市に移動しても、時間差による猶予期間を持てなくなったのである。もう一つ、相棒として長年連れ添ってきた妻に裏切られたことも大きかった。妻は浮き沈みの激しいアヴァンチュリエの生活に嫌気が差し、ローマに戻ったとき、夫を教皇庁に売ったのである。サン・レオの牢獄に幽閉されたカリオストロはそこで死ぬ。

だが、今度は時間軸での「差」がカリオストロを伝説化する。精神危機の時代が訪れるたびに、カリオストロはニューエイジの霊師たちから「史上最も偉大な神秘主義者」として召喚されることになるからである。

×月×日

パリでは簡単に人をだませたカリオストロもカサノヴァもロンドンでは勝手が違っておおいに苦労していたようだが、たしかに、イギリス人というのは、大陸の人間から見ると一筋縄ではいかない底意地の悪さを持っているらしい。しかし、小説ではその底意地の悪さが逆に利点になる。私もこのイギリス小説の不思議な魅力を愛する一人である。

とくに、戦前の女流小説家のビター・スイートの味わいは格別だ。『日ざかり』『パリの家』で知られるエリザベス・ボウエンの『あの薔薇を見てよ　ボウエン・ミステリー短編集』（太田良子訳　ミネルヴァ書房　2500円+税）は、久々に翻訳されたこの短編の名手の神髄をうかがわせるに足る一編。

冒頭に置かれた表題作を読めば、その魅力が奈辺にあるかがわかる。

倦怠期を迎えたルウとエドワードのカップルが変わり映えしない日常に変化をつけようと、ロンドンから車で週末旅行に出る。見捨てられたような田園地帯を走っていると、突然、色鮮やかな薔薇の花々に囲まれた瀟洒な家が目に入る。ルウは思わず「あの薔薇を見てよ」と声を出し「二人であそこに住めたらいいのに」というが、エドワードは「いざ住んでみればどうだか」と答える。

と、突然、車が故障し、電話を借りに薔薇の屋敷まで戻らざるを得なくなる。二人が薔薇で覆われた庭園に入ると、中からうらぶれた感じの大女が出てくる。電話もなく、村までは三マイルもあるというので、エドワードは屋敷を後にする。お茶でもどうぞという女の勧めでルウが家の奥に入ると、十三歳ほどの少女が身体障害者用の可動式ベッドに寝かされている。

「黒い瞳が、こけた頬骨ごしに見下ろすように、真剣にこちらを見つめている。その顔はあきらめを知らぬ生気にあふれていた」

その寝たきりの少女ジョゼフィーンと言葉をかわしているうちに、ルウはかすかな恐怖を感じはじめる。

「見えたのは、ジョゼフィーンが見ているのと同じ薔薇の花だった。無理やり咲かせた薔薇みたいだ、磁石を使って咲かせているのか。磁力で蕾が開き、磁力で花びらが散るのだ。ルウは昼下がりの夢からやっと覚めてきた。意思が動き出した。ここから出ていきたい。心配だし、こわいし」

それでも、ルウは感情を抑えて、ジョゼフィーンと言葉を交わす。「母親がティー・ポットとやかんを取りにまた出ていくと、ジョゼフィーンはもう一度ルウをじっと見た。『あなたのご主人、きっと遅くなるわよ』彼女は言った。『あなたはこの一年間でわたしが新しく見た初めての人なんだ。きっとご主人、道に迷うと思うな』／『あら、だったら、探しにいかなくては！』／ジョゼフィーンは狂ったような微笑を浮かべた。『でも人は、出ていくと、本当に出ていくときもあるのよ。かならず帰ってくる人なら、うろうろすることないじゃない？』」

どうです、なんとなく怖いでしょ。訳者が解説で指摘するように、少女の悪意と薄気味の悪さを描かせたら、ボウエンの右に出るものはいない。

小説を一行ずつ味わいたいと思う読者にお薦めの短編集である。

（『週刊文春』２００４年11月11日号）

大久保利通、野坂昭如、印象派

×月×日

五十五回目の誕生日。一昔前のサラリーマンなら、今年で定年である。昭和二十四年（一九四九年）生まれだから、高校卒業から三十七年もたったことになる。まさに一炊の夢の感覚であるが、この三十七年という数字がいかにべらぼうなものかを実感するには、百年前に溯って明治に当てはめてみるのが一番だ。日露戦争が起こった一九〇四年に五十五歳だった一八四九年（嘉永二年）生まれの乃木希典が三十七年前を思い浮かべるとなると、ちょうど明治元年。時代に遅れてはならじと尊王攘夷運動に邁進していた記憶が蘇ったはずだ。こんな感慨に浸ったわけではないが、我が青春の一九六〇年代後半から一九七五年までの時代を振り返って自分なりの証言を残そうという気分になってきた。

同じように、一九〇〇年を境として、速記術の発達とあいまって、維新の回顧物が新聞などに出始めたようであるが、その一つに明治四十三年十月一日から都合九十六回にわたって『報知新聞』に掲載された大久保利通についてのオーラル・ヒストリーがある。大久保の肉親や内務省の部下、薩摩の同郷人、さらには大隈重信などの生き残りの証人に記者松原致遠がインタビューした記事で、明治四十五年に松原致遠編『大久保利通』として出版されたが、この版では『報知新聞』にあった黒田清隆の女房蹴殺し事件についての証言（千坂高雅）などが削除されていた。これらを国立国会図書館所蔵の『報知新聞』から補って一巻としたのが佐々木克監修『**大久保利通**』（講談社学術文庫　１０５０円＋税）である。資料的価値はかなり高い。

証言の核となっているのは西南戦争を巡る西郷との関係。証言が一致しているのは西郷と大久保の関係は兄弟以上のものだったということ。私学校の生徒が蜂起し、西郷立つの電報が来ても大久保は「イヤ西郷は出てはおらぬ」（次男牧野伸顕）と信じようとはしなかった。確報が届いて、京都行幸中の天皇に報告に向かったが、そのとき「公は涙は流されなかった。涙こそ流されなかったが、実に感に堪えぬ面持ちで『実に遺憾なことだ。しかし、こんなことのありようわけがない。私《わし》が今こうして瞑目して西郷のことを考えてみるに、どうしてもこんなことの起こりようがない』と言って目を瞑って仰向いておられた。（中略）その時は西郷のことはあまり話されなかったが、今でも逢えばすぐ分かるのだ、逢えばなんでもない

のだが、逢えぬので困ると言われたが、この時私は全く大久保さんの方が上だと思った」（内務省の部下松平正直）

また、大久保の印象として証人がひとしなみに語っているのは、ものすごい威厳で、ただただ怖かったということ。「大久保さんの所へ行って何か一と議論しようなどと言って押しかけて行くものがあっても、内務卿の室に這入ると議論どころか縮み上がって還って来るという風であった」（内務省の部下河瀬秀治）。

「［記者］貴君《あなた》も大久保公は怖かったですか。［千坂氏］イヤモウ、こわくてこわくて堪らなかった」（内務省の部下千坂高雅）

その反面、家庭では子煩悩で、子供たちは父が帰宅するのを心待ちにしていた。

「私などが寄ってかかって靴を脱がす。一生懸命に引っ張る。すると、わざと足を固くしたり緩くしたり、いろいろと戯談を試みる。ある時私が脱がした靴を再び穿かして、それを力を入れてまた引っ張ると、力があまって後ろにころげるのを見て笑った時の父の顔を、今もなおありありと覚えています」（三男大久保利武）

いずれにしても、幕末・維新史に不可欠な貴重な証言集である。

×月×日

古老の回顧譚といえば、明治十六年生まれで、平成十三年に百十八歳になる死刑確定囚の存在が突如明らかにされ、マスコミが大騒ぎし、政局にまで発展するという事件が起こった。ただし、野坂昭如の短編集『**死刑長寿**』（文藝春秋　1524円＋税　→文春文庫　二〇〇七年　590円＋税）の同名の小説の中の話。囚人の記憶力は抜群なので現代史の教授たちがさっそくオーラル・ヒストリーの作成に出掛ける。『乃木大将に、お妾さんがいた?』『ええ。地味につくっちゃいなすったけど、小柄で姿の良い、ま、芸者上り《ソレシャ》』。東京大空襲前日の昭和二十年三月九日、六十一歳のときに妻、息子の嫁、他に男一名を殺害した容疑で死刑判決を受けた囚人はなぜか処刑されぬまま、刑務所で元気に五十七年を過ごし、平成の世の中で一躍、ときの人となる。この老囚人が乗り移った如くに語る野坂翁の江戸弁が見事。

冒頭の短編「エレクションテスト」でも、野坂ファンにはおなじみの妄想が大爆発し、爆笑を誘う。老人人口の増加と財政赤字に悩む日本国首相は、戦前の壮丁検査時のM検を復活させ、六十五歳に達した男は勃起能力の検査、すなわちエレクションテスト（略してET）を受けるべしというET法案を国会に上程する。不合格（ED）と判定された者は安楽死というので、日本中がテンヤワンヤの大騒ぎとなる。御大が寝たきり老人の「大衆党」と、脂ぎった実質的指導者にエレクションテストを受けさせるわけにはいかない「宗教党」が反対に回るが、すったもんだの末に可決。この荒療治により、瀕死の日本経済は奇跡的に蘇る。

「当初予測では、『ET』による『ED』認定者七百万、これをアフターケアというべきか、最後の晩餐がふさわしいか、ノムウウツツの歓楽を経て、衰弱あるいは安楽死。寝たきり、これに類する病人、自宅療養三週間後の安楽死は八十万、（中略）国、地方の赤字は劇的に減り、年金、高齢者福祉、医療費の減額まず六十兆。ETは二年置きに行われ、四百万人が対象、（中略）高齢者の消費飛躍的な増加は景気を刺戟し、エレクションには心身ともに、お洒落でなければならぬという宣伝で、ヴェルサーチ、アルマーニなんかブランドもん大流行、生半可だった高齢者向け雑誌が、かつての少年漫画誌にとって代り、活字世代が多く残っているから、出版界全般活気づくはず」
いや、傑作でした。野坂昭如健在なり。

×月×日

フランス語の専門誌で、パリのカフェ・レストラン・ダンスホール・劇場などの「読む事典」の連載を始めて早一年近く、十年はかかりそうな気配である（後記。その第一部は『モンマルトル風俗事典』（白水社）として上梓された）。予想した通り、カフェやレストランは文学者と芸術家とジャーナリストの結節点になっているので、パリ関係の本を渉猟するだけでは足りず、芸術流派の歴史も探る必要が出てきたためである。この方面で資料を探していたときに見つけたのがジョン・リウォルド『印象派の歴史』（三浦篤・坂上桂子訳　角川学芸出版　4800円+税）。一九四六年にアメリカで初版が出たというからすでに半世紀以上も前の本だが、運動体としての印象派を扱う場合には外すことのできない大古典で、これまで翻訳がなかったのがおかしいほどである。

さっそく、印象派やそれ以前のレアリスムの画家たちの集まっていたブフッスリー・デ・マルティール、カフェ・ゲルボワ、ヌーヴェル・アテーヌについて当たってみると、この三軒の店では、常連の顔触れにかなり移動があり、新しい流派が形成されるには新しいカフェやブラッスリーが選ばれていることがわかる。

「マルスラン・デブータンはカフェ・ゲルボワの騒々しい隣人たちがとにかく嫌いだったので、より静かなカフェ・ド・ラ・ヌーヴェル・アテーヌの方を好むようになっていた。（中略）一八七六年、ドガは

《アプサント》で、デブータンと女優のエレン・アンドレがヌーヴェル＝アテーヌにいるところを描いている。他の人々も次第にデブータンに倣い、ここに新しく、夕方、人々が集う場が形成されたが、仲間の顔ぶれは、カフェ・ゲルボワの常連とまったく同じというわけではなかった」

画家別並列年表がなかなか役に立つ。訳者による補足文献目録がついているのも便利。

（『週刊文春』２００４年12月16日号）

その他のおもな書評（2004年）

『毎日新聞』「今週の本棚」

2004年1月11日　斎藤美奈子『男性誌探訪』朝日新聞社　1400円＋税（→『麗しき男性誌』文春文庫　638円＋税）

2004年2月15日　高橋敏『博徒の幕末維新』ちくま新書　740円＋税

2004年3月21日　ミシェル・トゥルニエ『イデーの鏡』宮下志朗訳　白水社　2400円＋税

2004年4月18日　丹波康頼撰、槇佐知子全訳精解『医心方　巻二十八　房内編』筑摩書房　2万円＋税

2004年5月23日　ポール・ヴァレリー『ムッシュー・テスト』清水徹訳　岩波文庫　500円＋税

2004年6月20日　古賀令子『コルセットの文化史』青弓社　2000円＋税

2004年8月1日　浅羽通明『アナーキズム　名著でたどる日本思想入門』ちくま新書　900円＋税（→筑摩書房　Kindle版）／浅羽通明『ナショナリズム　名著でたどる日本思想入門』ちくま新書　900円＋税（→筑摩書房　Kindle版　→ちくま文庫　900円＋税）

2004年9月5日　内田樹『街場の現代思想』NTT出版　1400円＋税（→文春文庫　571円＋税）

2004年10月3日　ロバート・O・パクストン『ヴィシー時代のフランス　対独協力と国民革命1940―1944』渡辺和行、剣持久木訳　柏書房　5200円＋税

2004年11月7日　ジャン・アンリ・ファーブル『発明家の仕事　ファーブル博物記6』松原秀一訳　岩波書店　3600円＋税

2004年12月12日　島田紀夫監修『印象派美術館』小学館　8800円＋税

2004年12月19日　2004年「この3冊」

ロバート・O・パクストン『ヴィシー時代のフランス　対独協力と国民革命1940―1944』渡辺和行、剣持久木訳　柏書房　5200円＋税

丹波哲郎、ダーティ工藤『大俳優　丹波哲郎』ワイズ出版　3800円＋税
岡崎京子『ぼくたちは何だかすべて忘れてしまうね』平凡社　1200円＋税

『東京人』「本」

2004年2月号　中村うさぎ『穴があったら、落っこちたい！』角川文庫　438円＋税（↓　ゴマブックス　Kindle版）

2004年5月号　酒井順子『負け犬の遠吠え』講談社　1400円＋税（↓　講談社文庫　571円＋税　↓　講談社　Kindle版）

2004年7月号　四方田犬彦『ハイスクール1968』新潮社　1600円＋税（↓　新潮文庫　514円＋税）

2004年9月号　エミール・ゾラ『獲物の分け前』中井敦子訳　ちくま文庫　1300円＋税

2004年12月号　出口裕弘『太宰治　変身譚』飛鳥新社　1700円＋税

2005年

1月20日	ジョージ・W・ブッシュがアメリカ合衆国大統領（2期目）に就任
1月30日	イラク暫定国民議会選挙
2月16日	京都議定書が発効
2月17日	中部国際空港が開港
3月20日	福岡県西方沖地震
3月25日	「愛・地球博」が開幕（―9月25日）
3月29日	スマトラ島沖地震
4月2日	ローマ教皇ヨハネ・パウロ2世が死去
4月9日	北京で大規模な反日デモ
4月19日	ヨーゼフ・ラッツィンガーが新教皇ベネディクト16世に就任
4月25日	JR 福知山線脱線事故
5月6日	初のセ・パ交流戦が開幕
6月―	アスベストによる深刻な被害が注目される
7月7日	ロンドン同時爆破事件
7月14日	「知床」が世界自然遺産に登録
8月8日	郵政民営化関連法案が参議院で否決。衆議院解散（郵政解散）
8月29日	ハリケーン・カトリーナがルイジアナ州ニューオーリンズに上陸
9月11日	第44回衆議院議員総選挙。自民党が歴史的大勝
10月8日	2005年パキスタン地震
10月14日	郵政民営化関連法案が成立
10月15日	イラク新憲法案をめぐる国民投票
10月27日	パリ郊外の変電所で、警官に追われて逃げ込んだ少年2人が感電死。フランス全土に拡大する暴動の発端に
10月29日	インド・ニューデリーで同時爆弾テロ
11月17日	耐震強度偽装事件が発覚
11月22日	アンゲラ・メルケルがドイツ首相に就任
12月15日	イラク連邦議会選挙
12月22日	日本人の人口が初の自然減となったことが厚生労働省人口動態統計の年間推計で分かる

禁欲主義、売春地帯、谷沢書誌学

×月×日

正月はいつものようにパリで。フランス人の金銭感覚はユーロ導入で明らかにおかしくなっている。一ユーロが一五〇円もするというのに、民衆は「一ユーロ＝一フラン」と錯覚して日常生活を送っている。物乞いでさえ黄色いサンチーム硬貨をもらうと文句をいう。というわけで、パリの物価高に音をあげて、週末はポルトガルで過ごすことにする。リスボンの街は、寂れ方がまだ観光の対象にまでなっていなくてなかなかよろしい。古い民衆街区のアルファマは、洗濯物が翻り、北京の胡同《フートン》に似た雰囲気である。

夜は、修道院を改装したベレン地区のホテルに宿泊。読み始めたのがJ・ル＝ゴフ、A・コルバンほか**『世界で一番美しい愛の歴史』**（小倉孝誠・後平隆・後平澪子訳　藤原書店　2800円＋税）。ジャーナリストのドミニック・シモネが各時代の専門家にインタビューする形で愛とセックスの歴史的変遷を追ったものだが、興味あるのは、中世の修道院で生まれたキリスト教の禁欲主義、すなわち肉欲の行為こそが人間の原罪だとする考え方はローマ社会から受け継いだというポール・ヴェーヌの主張である。西暦二〇〇年の直前、マルクス・アウレリウス皇帝の治世で、抑圧の少なかったローマ社会が急に道徳的になる。「夫婦は貞節でなければならず、過剰な行動を慎み、激しい愛撫を行なってはならない。セックスをするのは子孫繁栄のためにとどめておく。性生活は子供をつくるためにあるのだから、といって。ローマ人は禁欲的な夫婦をつくったのです！　結婚の道徳を発明したのですよ！（中略）キリスト教徒は、マルクス・アウレリウスのストイックな教義、この異教徒の新しい道徳観を喜んで取り入れ、彼ら独自の禁欲主義的な、快楽に対する憎悪をそこに付け加えました」

修道院は「快楽に対する憎悪」という点でローマと直結していたのである。

×月×日

ある雑誌で「閉じられた家」というタイトルで、メゾン・クローズ（娼館）に関する歴史エッセイの連載を始めたので、この方面での資料収集を再開する。意外だったのは、日本人の手になる資料が相当数残されていること。中でも長田秋濤（忠一）の『世界の魔公園　巴里』（明治三十七年　文禄堂書店）は、パリの娼婦や娼館のことを実体験に基づいて語っているという点で出色であった。しかし、そうなると、今度は同時代の日本の花柳界を扱った資料が欲しくなるが、残念ながらこの分野の古本はすでに驚くほど高くなっている。どうにかならないものかと思っていたところにタイミングよく復刊されたのが**『売買春と女性　大正・昭和の風俗批評と社会探訪——村嶋歸之著作選集　第④巻』**（津金澤聰廣・上屋礼子編　柏書房　5800円＋税）。

村嶋歸之は、戦前の大阪毎日新聞の記者。自ら体を張って社会のどん底に降りてゆく果敢さを特徴とした。とくにおもしろいのがこの巻に収録されている『歓楽の墓』という東京・大阪・神戸の売春地帯のルポ。というのも、村嶋は肉体の快楽と同時に知ることの快楽を追求して、学生時代から見聞しえた娼婦や芸妓の実態を書き留め、待合通いを始めたあとは、彼女たちの制度、習慣、隠語などを事細かに観察し、記録しつづけたからだ。

たとえば、芸者と遊ぶ待合に着くと、馴染芸者のいる客は「会ひ状」というものを発したが、これは今日のキャバクラでいうところの「指名」に当たる。すなわち、待合から席（芸妓の取次や玉代の精算を業とする差配所、関東では検番）へと運ばれた「会ひ状」は男衆（妓丁《はこや》）によって芸者のいる屋形（芸者置屋）に配達されるが、その芸者が他の座敷に出ていた場合は、その座敷へと転送される。

「会ひ状を受取つた芸者は、差出人の名を見て、さして行きたくもないと思へば、その儘懐中に突込んで黙殺して了ふのである。之に反し、その会ひ状の主が、現在勤めてゐる座敷の客よりも、より望しい客であると考へる場合には、客及びその茶屋の女将《ぢよしやう》なり、仲居なりに頼んで、会ひ状の差出人の方へ行くのである。此場合、さきの客は妓《こ》が勝手に早く座を立つたのにも拘らず、予め定められた花代は少しも値引されないが、他方、会ひ状を出して他の座敷から妓を奪つた客は、花代の外にその女冥加《めうが》の課税として『貰《もら》ひ花《ばな》』（呼出花《よびだしばな》）といふ一種の歩増《ぶまし》を課せられるのである。つまり妓は二重の花代を取得する訳である。そこに狡猾な花代制度がある」

なんだ、いまの指名制度とまったく同じじゃないか。先客が「内心、野暮で妓を離したくなくても、廓の道徳に従つて、怨みを呑んで妓を他の座敷へやるのを承知しなければならぬ事」も昔と変わらない。かっての「貰ひ花」の伝統が「指名」制度に受け継がれているということなのである。このほか、客が込み合う夜の時間帯は花代が午前中の三倍以上なので、売れっ子はこの時間に「貰ひ花」を多用して荒稼ぎをしたなどといったことも詳しく書き留められている。芸妓というのが今日のキャバクラ嬢、娼妓が風俗嬢に相当したということもわかる。第①巻の『カフェー考現学』も圧巻。

×月×日

村嶋歸之の例でもわかるが、戦前は今日のノンフィクション・ライターの役割を新聞記者が果たしていた。そして、それは社会風俗・政治経済ばかりか文学・学芸においても同じで、新聞記者こそは文筆で生活する人間の大半を占めたが、彼らの残した書物の大半は雑書として扱われ、長らくアカデミックな書誌学の対象からは外されてきた。これに異を唱えたのが谷沢永一で、探訪記者の手になる「〇〇人物評論」、「〇〇評判記」「〇〇奇行伝」の類いの発掘こそ、歴史の中に「人間」を回収する最も有力な方法であると訴えてきた。このほどようやく刊行を見た『**遊星群　時代を語る好書録**』（和泉書院　明治篇　1万5000円＋税　大正篇　1万3000円＋税）は、「文学作品の系譜よりも文士の生態を、出来るだけ実状に即して観察する」ことを目的に、「文壇史に多少とも貢献し得るかと思われる資料」すなわち評判記の類いの雑書をそれこそ絨毯爆撃的に収集し、これに的確なコメントと公正な評価を加えながら、その最も肝要な部分を再録・配列した谷沢書誌学の集大成である。「雑書の効用は総体として時代の雰囲気を感じとる便法である。この時代には如何なる出処進退が好まれたかを知るだけでも興味が湧く。威儀を正した正面からの人物論よりも、雑書の少しひねりのきいた寸描の方が、それとなく何事かを感じさせてくれるのではないか」
そう、過去、人物伝をいくつか書いた経験から割り出しても、「ひねりのきいた寸描」というのが人物を立体的に捉えるのに一番役立つのである。
いずれにしても、本書によって明治大正文学史のかなりの部分に修正がなされることは間違いない。恐るべし雑書パワー。

（『週刊文春』2005年2月10日号）

ヴィクトリア時代、ジュリアン・グラック、師弟関係

×月×日

神保町に仕事場を構えて早二年、すずらん通りに移ってからでも、もうじき一年になる。だんだんと散歩の足が伸び、ついには万世橋を越えて秋葉原まで広がって、メイド・カフェなるものを見学するに至った。ついでに立ち寄った「世界のラジオ会館」の書店で、メイドものなるジャンルの漫画数冊を購入。

そのうちの一冊、十九世紀のロンドンを舞台にした森薫『**エマ**』（全10巻　エンターブレイン　1—6、8—9巻　620円＋税　7・10巻　680円＋税　↓　エンターブレイン　二〇一四年　Kindle版）は、男の子の熱中するメイドものの漫画とは異なって、近年の史学の成果を存分に取り入れた社会史漫画とも呼ぶべき画期的な作品だが、その副読本と謳った森薫・村上リコ『**エマ　ヴィクトリアンガイド**』（エンターブレイン　950円＋税）は、「十九世紀ヴィクトリア時代の女中の日常生活」の趣のある詳細かつ具体的なヴィクトリア

ン・ライフ絵入り事典である。なかでも、ディケンズやオースチンを読むときに役立ちそうなのが、女中や家事使用人を序列化して、それぞれの職務・性格を記述した部分。たとえば、「家政婦」と訳されてしまっているために誤解を招きやすいhousekeeperは、最上位の女性使用人で「家令がいる場合はその下につくが、たいていはトップか執事とほぼ同格。女性の家事使用人の中で究極のポジションだ。敬意の証として、家政婦は既婚未婚を問わずミセス＋姓で呼ばれた」とある。ヒッチコックの『レベッカ』でいえば、マキシム・ド・ウィンターの先妻レベッカ付きのデンヴァー夫人のイメージか。で、その業務内容はというと、「彼女の仕事は会社の経理と人事と総務を兼ねたようなもの。収入・支出の管理から消耗品の補充までこなした。羽振りのよい家では、生活用具も一流で、高価なリネンや陶磁器の盗難を防ぐため、家政婦は食器棚、倉庫などの鍵を常に身につけていた。彼女の腰でじゃらじゃら鳴る鍵束は、家内における権力を表す音だった」そうな。ふーむ、こりゃ、いろいろと勉強になるぞ。事典の項目は、メイド・ライフに限らず、十九世紀のすべての分野を覆っていて、男性ファッションの項には「ヒゲ」もある。「19世紀前半の時点では、ジェントルマンはまだヒゲを剃っていた。それが1856年、クリミア戦争の兵士がみなヒゲを生やして帰国し、芸術家や洒落者からヒゲが流行りだした。かのプリンス・オブ・ウェールズもヒゲもじゃの写真が残っている。世紀末、逆にヒゲ面は俗物の象徴とみなされ、芸術運動家はヒゲを剃り落としたという」。そうか、クリミア戦争がヒゲ流行のキッカケだったのか。これは一度、フランス関係でも確認してみる必要がありそうだ。

×月×日

リスボンに旅して以来、路面電車の走る町が気になりだした。日本でいえば岡山規模の地方中都市にこそ路面電車はよく似合う。つまり、路面電車に揺られながら終点まで行ってもせいぜい二、三十分の距離の町というのが、人間の住む都市としての適正規模のような気がする。どうも、東京は巨大すぎて、町の正しい味わい方ができない。

『アルゴールの城にて』や『シルトの岸辺』で知られるシュルレアリスト作家ジュリアン・グラックの**『ひとつの町のかたち』**（永井敦子訳　書肆心水　３３００円＋税）は、グラックがナントのリセの寄宿舎で過ごしたときの「町のかたち」の記憶を核にして、これに、ボードレール、ランボー、アポリネールなどの詩句が喚起する「通り」「大通り」のイメージを組み込みながら濃密なテクストを織り上げていく試みだが、そこで指摘されているのが路面電車の問題である。グラックは、同じような規模の都市としてナントとアンジェを比べて前者に軍配を上げるが、それは、路面電車に対する評価のちがいからなのだ。

「私の心のなかでは、人口が十万人未満でも路面電車のあるいくつかの町が敗者復活をとげた。しかし路面電車によるアンジェの敗者復活はなかった」。それというのも、華奢で弱々しいアンジェの路面電車に比べてナントのそれは流線形で威風堂々と道をかきわけていたからである。「踏切の警鐘、路面電車のせわしないベル、警笛やクラクションの合奏のなか、大都市のどまんなかをゆくこの列車ののんびりした行列によって、私は猛り狂うおびただしい生きざま、せわしさ、そして激しい歓喜といった感覚に目覚めていった。そうしたものに私はそこではじめて出会っていったのだ」

この路面電車についての記述に見られるように、グラックは、ありきたりのトポスがまるでエピファニーのように突然の明るさを帯びる瞬間に恍惚を感じる。

「もっとも気の滅入る部類の労働によって醜化されているはずの通りが、ほんの少しの太陽の光がもたらす一瞬の幸福で変容するのだ。（中略）そんなとき、私たちはとても素朴な感情に包まれる。ここにいるのは賢いこと、生命はここでその失われたあかしと生来の律動を取り戻し、世界はにこやかな短いめくばせで私たちとの婚姻関係を更新し、強めてくれるという感情」

これぞ、街路のシュルレアリスムである。

×月×日

ジュリアン・グラック流の街路のシュルレアリスムの特徴は、他の人間には「気の滅入る部類の労働によって醜化されている」通りにすぎないものの中に、突然、驚異を見出してしまう点にある。つまり、シュルレアリスムは客体の側にではなく主体の側にあるのだ。いいかえれば、街路のシュルレアリスムとは、ほとんどが誤解、つまり、勝手にこちらがそこに驚異があると思い込むその方法なのである。

このシュルレアリスムの「誤解という方法」を精神分析の分野に応用したのがジャック・ラカンだが、このラカンの人を食った「誤解という方法」こそが学びの正道と主張するのが内田樹『**先生はえらい**』（ちくまプリマー新書　760円＋税　→　筑摩書房　二〇一三年　Kindle版）。

これは名著である。

近年、さかんに教師の質の低下が叫ばれ、師と仰げるような「いい先生」が激減しているとか、ろくでもない教師にしか出会わないとかいわれるが、これらは全部まちがいで、本当は、「あなたが『えらい』

と思った人、それがあなたの先生である」というのがこの本の主張である。先生をえらいと思うのは、恋愛と同じで、「恋愛が誤解に基づくように、師弟関係も本質的には誤解に基づくものです」

「恋に落ちたときのきっかけを、たいていの人は『他の誰も知らないこの人のすばらしいところを私だけは知っている』という文型で語ります。みんなが知っている『よいところ』を私も同じように知っているというだけでは、恋は始まりません。先生も同じです。誰も知らないこの先生のすばらしいところを、私だけは知っている、という『誤解』(と申し上げてよろしいでしょう)からしか師弟関係は始まりません」

では、この麗しき誤解はどこから生まれるのか? 誤解は、学ぶ側が、先生からいったい何を学ぶのか、あるいは、自分は何を知らないかを、師事する前にはわからないからこそ生じるのである。

「ラカン自身がそうであったように、師が師として機能するのは、彼がかたちある知、弟子にも定量できるような種類の知を蔵していて、それを弟子が学ぶことができたからではありません。師が師でありうるのは、師がいかなる機能を果たすものであるかを、師は知っているけれど、自分は知らないと弟子が考えているからです。(中略)学ぶのは学ぶもの自身であり、教えるものではありません。『それが何であるかを言うことができないことを知っている人がここにいる』と『誤解』したことによって、学びは成立するのです」

昨今の大学改革の「学びの主体性」論議に痛撃を与える真の教育論である。

(『週刊文春』2005年3月17日号)

博覧会、レンブラントと和紙、ヨーロッパの名家

×月×日

二十一世紀最初の万博である愛知万博（「愛・地球博」）の見学記を書かないかという申し込みが何件か舞い込む。十年以上昔になるが、『絶景、パリ万国博覧会』というパリ万博の歴史を書いたのが関係しているからだろうが、愛知万博の概要を見る限り、いま一つ食指が動かない。十九世紀の万博がなによりも新発明のモノの展示であったがゆえにセンス・オブ・ワンダーに満ちていたのに対し、近年の万博はバーチャルな要素に頼りすぎ、胸躍るようなモノとの遭遇が少ないからだと思う。しかし、予断は禁物である。予期せぬ驚きがあるかもしれない。

というわけで、書店で万博関連の本を何冊か手に取ってみたが、これは凄いと感じ入ったのが、橋爪紳也監修**『日本の博覧会　寺下勍コレクション　別冊太陽　日本のこころ133』**（平凡社　2700円＋税）。戦前のくろふね装飾社を皮きりに、戦後の日展、丹青社、乃村工藝社と、ディスプレー業界を渡り歩いてきた寺下勍《つよし》氏の博覧会関係大コレクションが乃村工藝社に寄贈されたのを機会に編纂されたムックだが、類書と隔絶しているのは、とにかく日本で開催された博覧会のほとんど、つまり、国や東京都ばかりか、地方自治体や各種団体が主催者となったマイナーな博覧会までも絨毯爆撃的に網羅し、その具体的な証拠品であるポスターその他の万博グッズをカラーで紹介してある点。

たとえば、これまでの研究書では、明治一〇年に内務卿大久保利通の音頭取りで開かれた第一回内国勧業博覧会をもって嚆矢《こうし》として、ここから話を始めることになっていたが、本書では、明治四年に豪商三人が京都の西本願寺大書院で開いた「京都博覧会」が博覧会第一号と認定され、翌年から恒例行事になった京都博の「博覧会品物目録」が添えられている。また、京都博覧会に刺激を受けて翌年東京で開かれた文部省博物局主催の「湯島聖堂博覧会」についても美しいカラー錦絵が掲げられているので、その具体的な様子をしのぶことができる。このときに出品された名古屋城の金鯱が人気を呼び二〇万人近くが見物に訪れたというから、明治の最初から、日本人は博覧会好きだったのである。この金鯱は翌年、海を渡ってウィーン万博に出品される。

以下、大規模な内国博覧会はもちろんのこと、「汽車博覧会」（明治三九年）、「婦人博覧会」（明治四〇年）などに至るまで、そのコレクションの徹底ぶりは見事というほかない。乃村工藝社情報資料室の石川敦子氏の「博覧会資料との出会いと奮闘の記」には、コレクションが寺下邸から運び出される当日の寺下夫妻の様子が記録されているが、これぞコレクターとその妻の心理そのものである。

「雑然とした中で奥様は『乃村さんから電話がかかって来る度、この話はなかった事にして下さい。と断りの電話ではないかとハラハラしてました』と少し晴れ晴れした表情で言われたのが印象的でした。二トントラックで二回、トラックが家を離れていく時、寺下さんは『やっぱり止めるわ』と口から出そうになり、大事に育て上げた娘を嫁に出す思いだったそうです」

×月×日

万博といえば、展示されたモノを介して、新たな文化が誕生する点に醍醐味があり、私のような文化史家にとってはおもしろくてならないのだが、中で、最も興味あるのは、日本が世界に初めて紹介された一八六二年のロンドン博と一八六七年のパリ万博だろう。というのも、このときに万博会場で展示された日本の産品、具体的にいうと、和紙が欧米の芸術家の驚きを誘い、版画と高級挿絵本のルネッサンスを引き起こしたからである。

一方、和紙と版画との出会いは十七世紀オランダのレンブラントが最初だという説がある。ただ、出会いの正確な年代を確定し、芸術にいかなる影響を及ぼしたかを研究したモノグラフィーはなかった。この意味で、貴田庄『**レンブラントと和紙**』（八坂書房　２８００円＋税）は、画期的な労作である。著者はまず、ゲオルグ・ビオルクルンド『レンブラントの銅版画　真作と贋作』で言及されている一六四三年ないしは四四年に出荷の三〇〇〇枚の和紙に注目し、日蘭の古文書の解読とレンブラントの版画の検討でこの記述の裏を取ったあと、レンブラントが和紙を手に入れて使ってみたのは一六四六年以降であると割り出す（このあたりの厳密な例証はまさに探偵小説）。

では、なぜ、この時期にレンブラントは和紙に飛びついたのか？　それはレンブラントがドライポイントに傾斜したためである。

「レンブラントの銅版画にあっては、一六四六年頃から和紙が使用され始め、一六五〇年代の作品の大半に和紙が使われているという事実と、エッチングにドライポイントを併用した作品が一六四〇年半ば頃から目立って多くなり、一六五〇年以降になると、ほとんどの作品にドライポイントを用いているという事実とが、ぴったり符合するのである。和紙の持つ柔らかさやインクの吸収の良さは、ドライポイント技法の銅版画にうってつけであった。レンブラントは、試行錯誤の結果、和紙のメリットを十分承知して、和紙を頻繁に使用したに違いない」

下部構造（素材）が上部構造（芸術）に影響を与える例の発見である。

×月×日

今年の正月にパリに遊んだとき、新刊本屋で堆く積みあげられている大判の厚い本があった。『ゴータ年鑑』の二〇〇五年版だった。そうか、これが噂に聞く『ゴータ年鑑』かとページをめくってみると、現存のあるいは廃絶された世界の王家や皇室（日本の皇室もあった）、さらにはヨーロッパの諸国の公・侯・伯・子・男爵家の家系図が掲げられ、現在の当主や跡継ぎが一目でわかるようになっているのには驚いた。ヨーロッパは現在もなおれっきとした階級社会であり、上流社交界と名家というものがいまだ健在であることを教えてくれたからである。

ことほどさように、ヨーロッパの政治・文化を研究するには、何十代にわたって脈々と受け継がれるブルーブラッドの名家という要素を無視することはできないが、その割に、日本ではこちらの方面への研究はなおざりにされてきた。また、あっても入手しやすい参考書が少なかった。ゆえに、ギリシャ・ローマに始まって、ヨーロッパの王家・皇室・王族・貴族、アメリカを含めた財閥、政治家一族、芸術家一族に至る名家を網羅した樺山紘一編『ヨーロッパ名家101』（新書館　1800円＋税）はまことに待望久しい一冊といえる。

フランスを例に取ると、これまで、ルネッサンスのきっかけとなったシャルル八世のイタリア戦争の原因がアンジュー家領の相続にあると言われてもピンと来なかったが、疑問は「アンジュー家」の項を読んでようやく解けた。

フランス王ルイ八世の五男（ということは、ルイ九世の弟）シャルルに始まるアンジュー伯爵家がイタリアに進出したのは一二六六年のこと。このアンジュー伯シャルルが教皇ウルバヌス四世を助けた見返りにシチリアを含む南イタリアに王位を得たのだ。これがナポリ王国の始まり。このアンジュー王家の末裔シャルル二世が一四八一年に死亡したとき、遺言でナポリ王国の相続権をフランス王ルイ十一世に渡したので、その子シャルル八世が王位継承権を主張して、イタリアに攻め込んだのである。

このほか、ボナパルト家では、ナポレオンの弟リュシアンのひ孫がフロイト派精神分析の大家マリー・ボナパルトであり、現在まで残っているのは末弟ジェロームの系統のシャルル・ナポレオンで、彼がブルボン家の末裔（ただしスペイン系）と結婚しているなどという事実がわかっておもしろい。ヨーロッパ史愛好家には欠かせない一冊。

（『週刊文春』２００５年４月21日号）

吉本隆明の食、ちゅうぎ、人生の特別な一瞬

×月×日

去年の十月から始めて、六カ月で八キロのダイエットに成功した。八十キロを超えていた体重がいまは七十三キロを挟んで、誤差一キロのところまで落ちた。白米、うどん、パスタを抑えることが肝心で、肉、野菜でその分を補う。別に栄養学的根拠があるわけではなく、経験から割り出したものである。二十年ほど前、研修でモンペリエに二カ月いたときに大学食堂のパンが堅くて食べられなかったら自動的に五キロ痩せた。これを応用したのである。名付けて「モンペリエ・ダイエット」。現在は、普通に食べているが

リバウンドはなし。腹の膨満感がなくなって、いたって爽快である。

ダイエットを始めてみて興味が湧いたのはダイエット本ではなく逆に食文化の本。空腹を意識的に抱え込むことで、「食」に対する考え方に鋭敏になったとでもいおうか。

「食」の本の中で圧倒的だったのが『吉本隆明「食」を語る』(聞き手・宇田川悟 朝日新聞社 1600円+税 → 朝日文庫 二〇〇七年 580円+税)。「食」を通じての、知の巨人の自分史である。

まず、オッオーとなったのが、一家の台所を支えて、妻と二人の娘のために食事を作っていた三年間の経験を語った次のくだり。

「――そのころ、料理を作るときは、頭の中でなにかべつのことを考えながらやっていらっしゃったのか、それとも白紙の状態、無心で集中していたんですか。

それは集中していたと思います。ほかのこと、たとえば自分の仕事のことというか商売のことは忘れて、考えもしなくて、だって料理ってそれぐらい大変ですよ。集中させるだけの、重さって言ったらいいのか、それが料理にはありますから、ちょっと油断することができないみたいな、これは息抜きだなんていうわけにはいかないっていうのは感じましたね。不器用なりにまともにやっていました」

料理にはこのまま行ってしまったら泥沼にはまりこむのではと思わせる魔性があるのかと聞き手が尋ねると、こう答える。

「つまり自分の仕事のことで言えば、文学的な作品を読んで、鷗外や漱石クラスの人とそうじゃない人っていうのはちょっと違いますから、そういう違いっていうのはやっぱり料理にもあるんだろうなって思いました。このまま行ったら、そういうことの追求で、文学関係のことはもうやめにして、これだっていうふうにやるぐらい魅力があるというか奥があるというまでは感じたんですね。だから、これは深入りしたらだめだって。べつになにやったっていいんだから、だめでもないんですけど、まあせっかく文学のことをやっているんだからって、そういう感じですね」

ふーむ。もし吉本隆明が文学にUターンしなかったら、『共同幻想論』や『心的現象論』が生まれるかわりに、道場六三郎をもしのぐ偉大なる料理人が日本に誕生していた可能性もあったのだ。老年に至っても食べることへの情熱は一向に衰えず、溺死未遂事件の後の入院生活でも頭に浮かぶのは食べ物のことばかり。締めくくりの言葉はこうである。

「食いしん坊だから、食い物の関心は失せないですよ。(中略)あれがうまかったなあっていうものと、あとは上野、浅草から下町の界隈でよく行っていた店で、『あそこのあれがうまい』とか頭の中にちゃんと入っていますから、それを食えればすこぶる満足っていう感じで。それでもまだ少し遠慮しついるわけだけど。ああ、早く食いてえもんだと思っていますね。そのうちね、野放図に食ってやろう、好きなものどんどん勝手に食ってやろうってね、思ってますけど(笑)」

食に限らず、吉本隆明からここまで率直な言葉を引き出した聞き手の熱情に拍手を。

×月×日

ダイエットをすると、排便のことが気になるもの。たくさん排便すると、その分痩せたような錯覚に陥るからだ。そんなとき、トイレット・ペーパーを手にするたびに、疑問に思うのは、洋紙の大量生産が可能になる以前の日本人は紙の代わりになにを使っていたのかということ。ちゅうぎ(クソべら)といって、木や竹のへらが使われていたのは知ってはいるが、いったいどうやって用いたのか？　この疑問にズバリ答えてくれたのが、斎藤たま『落し紙以前』（論創社　1800円＋税）。日本全国を旅して、紙の前には何で尻を拭いていたのかと古老に尋ねまわった在野民俗学者の労作だが、その聞き書きがそのまま素晴らしいエッセイに仕上がっている。

取り敢えず右のちゅうぎの使い方について。

「これまで私はヘラのおよその使い方を説明してもらっていたけれど、まだよくわからない。ここでも何度もうるさくいい立てるこちらに、とうとう業をにやした葉沢さんはお茶おきの盆に添えてあった箸を一本摑んで、こたつから立ち上り実演に及んでくれた。私ももう一本の箸でそれに従う。

まず、目の前においた箱（これはクワギン箱という）から、筆箱から鉛筆を取るように、一本取ったら、手を持ち変えて、逆手に握る。いうなれば侍が切腹する時の刀の持ちようである。そして身体の前を通って後ろにやり、ヘラの横腹を当てて右から左に掻くようにまわして拭く。一本を使って大抵二回に拭くもので、はじめ、ヘラの先端に近い部分を使い、次にそれより手前のところで同様にする」

ちゅうぎの材料となっていたのは、竹、サワラ、イタドリ、タケニグサ、オオバコ、なんとウルシを使う地方もある。へらではなく、麻がら、茅。楮《こうぞ》・桑、縄、藁、トウモロコシの皮という、いかにも痛そうなものが使われてもいたようだ。これに比べれば、ガクアジサイ、柿、カクマ（シダの一種）、蕗、葛など大きな葉を用いるのはまだ理解できる。もぐ（海草の一種）、えびくさ（川藻の一種）などの使用もあったらしい。

著者は自らも秩父の山奥で暮らし、蕗の葉で用を足しているという。著者ならではの好奇心が見事である。

×月×日

私は詩集や句集が送られて来てもほとんど読まないのだが、そのタイトルに引き付けられ、「あとがき」のページを開いたら止まらなくなったのが長田弘『**人生の特別な一瞬**』（晶文社　１６００円＋税）。これは、いい詩集である。

「人生の特別な一瞬というのは、本当は、ごくありふれた、なにげない、あるときの、ある一瞬の光景にすぎないだろう。そのときはすこしも気づかない。けれども、あるとき、ふっと、あのときがそうだったのだということに気づいて、思わずふりむく。／ほとんど、なにげなく、さりげなく、あたりまえのように、そうと意識されないままに過ぎていったのに、ある一瞬の光景が、そこだけ切りぬかれたかのように、ずっと後になってから、人生の特別な一瞬として、ありありとした記憶となってもどってくる」（「あとがき」）

気に入った一編の冒頭部分を挙げておこう。

「猫が一匹、曲がり角を曲がって、すっと姿を消した。／曲がり角では、いつでもそうだ。曲がり角を曲がっていった猫は、そのまま、どこかにいなくなってしまう。／まるで、曲がり角を曲がると、その先に、姿の見えなくなる秘密の場所があるかのように。／少女が二人、笑い声をたてながら、前を歩いてゆく。／夏がきたのだ。まぶしい日差しが少女たちの肩に、さらにまぶしく注いでいる。／光を束ねるようにして、二人の少女はゆっくりと、次の曲がり角を曲がってゆく。だが、たったいま曲がっていったのに、曲がり角の先の道には、もう誰もいない。」（「ささやかなミステリー」）

（『週刊文春』２００５年６月９日号）

玄月、虚実皮膜の間のロマン、十八世紀の監獄

×月×日

さる新聞で文芸時評を一年担当し、ようやく「刑期」を終えたが、いや大変な「労役」でしたね。その間に、芥川賞の発表が二度あり、私の評価と受賞作の落差に驚いた。芥川賞というのは、バルザックやデュマを落選させ続けたフランスのアカデミー会員の選挙のようなもので、その時代にもっとも先鋭的な作品を残した作家は、凡庸な人間の集まりである日本文壇の嫉妬ゆえ「会員」にはなれないと決まっているようだ。

では、芥川賞落選者でありながら実質的に今の日本の文学界の最先端にいるのはだれかといえば、舞王太郎、絲山秋子、佐川光晴といった新人中堅のほかは、本谷有希子と朝倉祐弥。とくに最後の二人は注目株。いっぽう、芥川賞を既に受賞している中堅で、ここのところメキメキと力をつけてきているのが大道珠貴と玄月。なかで、この一年で文学史に残る作品といったら、玄月の『異物』（講談社）のほかはないだろう。それぐらいに、これは方法的意識に根差した骨太の作品なのである。

しかし、『異物』は文芸時評で評したので、ここでは同じ玄月でも連作短編集『山田太郎と申します』（文藝春秋　１５７１円＋税）を取り上げることにする。というのも、おそらく、この作品は誤読されるだろ

うと予想されるからだ。

まず、有り得る誤読は、コテコテの大阪弁を話す、関西人でありながら、東京は吉祥寺の1DKのアパートに住む「山田太郎」が、この短編集の共通の主人公だと思い込むこと。たしかに、どの短編も、「山田太郎」なる人物とかかわりをもった女の子の視点から描かれているので、同一人物を軸にした連作と読めそうだが、じつは、それぞれの「山田太郎」が同一人物であると作者は一言も言っていないのだ。ここが玄月の小説家としてしたたかなところで、小説の本質への理解の深さがよく現れている。つまり、作者がいったん「山田太郎」という名前を設定したら、同一人物ということになるという小説の約束事を逆手に取って、全然ちがう人物さえ同一人物と思わせ、そこから多重塗りの総合性というものを引き出そうとしているのである。だからこそ、「山田太郎」というアノニム（匿名）に近い名前が選ばれているのだ。

たとえば、あるトラキチの女性が日本シリーズのプラチナ・チケットを二枚手に入れながら雨天順延になったがために見知らぬ男と隣席で阪神・ダイエー戦を見るはめになり、最後は戎橋から道頓堀に一緒に飛び込むところで終わる『虎の習性』と、ソウルで関西系オバチャン軍団のパックツアーに同行する韓国人ガイドのチョンミがマゾの夫との関係をオバチャンたちに話したことから、ツアーに紛れ込んでいた変な男に性癖を知られ、その男からバスの中で異様なセックスの告白を強いられて絶頂に達するという『美しいさなぎ』の二つの短編は、どちらも「山田太郎」という共通項で結びついているが、二つの「山田太郎」が同一の人物とはとうてい思えない。にもかかわらず、「山田太郎」という名前の共通性によってイメージが塗り重ねられていくうちに、摩訶不思議な第三人格というようなものが誕生することになるのである。

どうやら、玄月は、小説を結末から構想していくタイプの、いまどき珍しい小説家らしい。それがために、小説の方法論にこだわるのだろう。文壇がこの短編集と『異物』になにも賞を与えなかったら、日本の文壇もおしまいである。

×月×日

玄月は関西出身の在日二世の小説家らしく、『異物』にはハイブリッド文化の積極的な面が色濃く出ているが、これからはこの混血性ということが日本のあらゆる文化シーンで重要な役割を果たすことになるだろう。

その意味では、「ネッシー探検隊」だの「オリバー君来日」だの「猪木vs.アミン大統領」だのと、純血日本人では絶対思いつかないような破天荒なイベントを次々に考え出して世間をアッと言わせた日中混血の「呼び屋」康芳夫こそは、こうしたハイブリッド的日本文化の魁《さきがけ》となった人物だが、待望久しいその自伝が出た。**『虚人魁人康芳夫　国際暗黒プロデューサーの自伝』**（学研　1700円＋税）。これは今年読んだノンフィクションの中で一二を争うおもしろさだ。

日中戦争が勃発した一九三七年、西神田で中国人医師と日本人の母の間に生を受けた康芳夫は、差別に苦しむ少年時代を送ったあと、東大に入学。「東大新聞」の利権構造に目をつけて「学内問題粛正委員会」なるものをデッチあげ、恐喝した金で高級クラブ豪遊の日々を送る。五月祭イベントで知り合った石原慎太郎の紹介で神彰の「アートフレンド」に入社すると、いきなりソニー・ロリンズの招聘を任されて呼び屋稼業のおもしろさを知る。神彰の破産で独立すると、アリのヘビー級ノンタイトル・マッチやトム・

ジョーンズの招聘に成功するも、普通の呼び屋では満足できなくなり、以後は「虚実皮膜の間のロマン」を求めて、前代未聞・空前絶後・荒唐無稽の企画にのめり込んでいく。

「虚業家・康芳夫はボクシング、音楽のトップスターを『さらって』きてしまった。また誰かにターゲットを絞って仕掛けていけば成功するだろう。しかし、もはやそれは、同じことの繰りかえしなのだ。私は、それまでにないまったく新しい仕事を求めていたのである」

こうして思いついたのがネッシー探検隊であり、オリバー君なのだが、当然、世間からは激しい嘲笑と非難を浴びる。しかし、そこにこそ、人生の退屈に倦《う》んだ夢追い人の生きがいがあるという。文字通り怪人と呼ぶにふさわしい康芳夫をつくったのは「人生の退屈しのぎ」なのである。

×月×日

ここのところ、社会史がおもしろいということで、かなりレベルの低い研究書まで翻訳されるようになったが、一次史料はなかなか翻訳されない。その嘆かわしい現状に逆らって唯一頑張っているのが岩波文庫。ジョン・ハワード『**十八世紀ヨーロッパ監獄事情**』（川北稔・森本真美訳　760円＋税）は、アラン・コルバンが『においの歴史』を書いたときに下敷きにした一冊で、十八世紀社会史には必要不可欠の古典である。

一七二六年、イギリス中部に生まれたハワードが監獄事情に興味を持つようになったのは、ポルトガルに向かう途中、フランスの監獄に閉じ込められて苛酷な経験をしたためである。ベドフォードの執行官に任命されると監獄事情に興味を持ち、やがて、生涯をかけてヨーロッパ中の監獄を視察して回ることになる。そのさいに彼が採用したのは、自分の目で観察したことだけを記述するという方法であった。これが今日、社会史から高く評価されているゆえんである。

とにかく、十八世紀の監獄というのは、今日の目から見ると驚きの連続である。イギリスの監獄の看守は給料を支給されておらず、囚人から取り立てる手数料で生活している。「管理人《キーパー》が金を受け取って食事を請け負っていながら、囚人にはほとんど何も渡らないところもある」。また、湿気がひどく換気も採光も悪い地下牢に多数の囚人が一緒に閉じ込められているので、監獄熱という伝染病が容易に発生する。「監房がそこまでの気密状態になっているひとつの理由は、窓税《ウインドウ・タックス》を看守が支払わねばならないことにある。この税金のために、彼らは窓をふさぎ、囚人を窒息させてしまおうなどという気をおこすのである」。もう一つの弊害は「債務囚と重罪犯、男性囚と女性囚、初犯の若者と常習犯」などが十把一からげで収監されていること。これらによって囚人たちのモラルの紊乱《びんらん》が起こる。外国の調査ではオランダが最高で、ロシアが最低という結果が出ている。フランスの刑務所の具体的な記述もある。西洋史に関心のある読者は必読の一冊。

(『週刊文春』2005年7月14日号)

指紋、ポップ感覚のリラダン、古書店

×月×日

新連載が秋口からいくつかの雑誌でスタートするので、夏休みの旅行は取材を兼ねてのものとなる。滋

賀県豊郷町まで出掛けたのもその一つ〔これは『蕩尽王、パリをゆく　薩摩治郎八伝』（新潮選書）となる〕。インターネット検索で、近江商人を顕彰する「先人を偲ぶ館」が豊郷町にあると知り、新幹線とレンタカーを乗り継いで駆けつける。ところが、通常は四時閉館だが、今日は都合で三時に閉めるといわれ、許された取材は十五分のみ。とりあえずデジカメで展示物を撮影。ついでに強制取り壊し騒動で有名になったヴォーリーズ設計の豊郷小学校を見学しようとするが、ここも夏休みで閉門中。ならばと、ヴォーリーズゆかりの近江八幡まで車を飛ばすが、ヴォーリーズ記念館は秋まで閉館で見学できずじまい。どうも空振りが多い。しかたなく町を散策しているうち、庭先で何匹も猫が遊んでいるお宅を発見。猫についての無駄話から、そのお宅もヴォーリーズの設計だと知り、御好意に甘えて内部を見学させていただく。空振り続きの最後にようやくホームランが出たようなもの。

というわけで、旅行から帰ってから、ヴォーリーズを始めとする外国人宣教師の影響に興味を持ち出したが、そんなときに書店で見つけたのが、コリン・ビーヴァン『**指紋を発見した男　ヘンリー・フォールズと犯罪科学捜査の夜明け**』（茂木健訳　主婦の友社　1600円＋税）。タイトルから察する限り、ヘンリー・フォールズの伝記のようだが、正確には、指紋を犯罪科学捜査に結び付けようとした男たちの先陣争いを描くノンフィクション。

欧米では近代的警察ができあがった後も、犯人同定は長い間、外見的特徴で行われていたが、一八八三年、パリ警視庁の事務員だったベルティヨンは逮捕者の各部位を正確に測定・分類することで累犯者の同定法を開発、科学捜査に先鞭をつけた。

ところが、同じ頃、より完璧な同定法を考え出した男がいた。宣教師として来日していたヘンリー・

フォールズである。彼はモースの大森貝塚の土器を調べているうち「指先の溝のパターンが人によってすべて異なっており、個人識別の基礎になるのではないか」と思いつき、サンプル収集と実験で指紋は一生変化しないことを確認すると、先達と仰ぐダーウィンに成果を知らせる一方、指紋識別法は犯罪捜査に役立つとする論文を『ネイチャー』に投稿した。一八八〇年のことである。フォールズはまた日本人が開発した漢字の部首分類法にヒントを得て、合理的な指紋の分類方法を考え出してもいた。

ところが、期待に反してフォールズ論文は何の反響も呼ばなかった。唯一の例外が、一カ月後に同じ『ネイチャー』に掲載されたウィリアム・ハーシェルの投稿だった。有名な天文学者の孫で、インド行政官だったハーシェルはインド人たちの契約不履行を防ぐため、契約書に手形を押印させたことから、「どの指紋も異なっている」という事実に気づいた。ハーシェルはサンプル採取や分類の努力もしなかったにもかかわらず、犯罪者同定法として指紋に着目したのは自分が最初であると主張した。

しかし、先陣争いが表面化するのはそれから八年後のこと。しかも判定者として登場したのがダーウィンの親戚で優生的交配によって「人類最高の民族集団を創造する」ことを目論む人種主義者のフランシス・ゴールトンだったことから、事態は紛糾する。遺伝的に優生な人間の弁別特徴を探して指紋にたどりついたゴールトンは、両者の研究を比較してフォールズに軍配を上げながら、エリート主義的偏見により、ハーシェルを研究の相棒に選ぶことにした。「かれらが同意した一連の筋書きは、ハーシェルを指紋鑑定の創始者とし、それを発展させたのがゴールトンとするものだった。ヘンリー・フォールズは完全に黙殺された」

学者の世界ではよくあることである。スコットランド・ヤード（ロンドン警視庁）がエドワード・ヘンリーによって実用化された指紋識別法を採用するようになった後も、フォールズは指紋鑑定の創始者の名声をハーシェルと争い続けたが、一九三〇年、ついに報いられることなく世を去った。名誉回復は、五七年後に二人の指紋検査官がフォールズの墓石を発見するまで待たなければならなかった。

なお、本の帯の惹句には、フォールズは「日本人が契約書などに拇印を押したり、重要な書類に血判をしたりする風習に興味を持った」云々とあるが、本文ではこの事実にはまったく触れられていない。訳者解説もないので、惹句は編集者が調べて付けたものらしい。不思議なプレゼンテーションの本だが、内容自体は大変おもしろい。

×月×日

最近、初心に返って、関心をモンマルトルの風俗史に集中している。そうなると、シャ・ノワールなどに集まって悪ふざけを繰り返したイドロパット（恐水病患者ないしは水治療医の意味）派の作家たちに興味を持つことになるが、そのイドロパットの一人、アルフォンス・アレーの短編集が、没後百年ということで改訳・新訳された。『悪戯の愉しみ』（山田稔訳　みすず書房　2400円＋税）がそれである。

アレーを敢えて定義するとすれば、ポップ感覚のリラダンといったところか。隣の因業婆さんの黒猫に蛍光塗料を塗って婆さんをショック死させる「夏の愉しみ」。愛妻が見習い助手に「いつも一緒にいたい。離れたくない。二つの体を一つにしたい！……」というラブ・レターを送ったのに腹を立てた医者が二人の体を外科手術で接合してしまう「コラージュ」などはブルトンが賞賛した「黒いユーセア」の典型だが、「キス男」のようなモーパッサン風の落ちのあるコントもある。

街を歩き回ることが趣味のヴァンサン・デフレムは、あるとき、結婚式に現れては花嫁にキスしてまわるキス男の存在に気づく。そんなヴァンサンが結婚することになった花嫁には大金持ちの叔父さんがいた。「参列者の最後列に、デフレムがみとめたのは誰か？／そんな驚いた顔はしなさんな。わかったでしょう、《キス男》でした！」ヴァンサンは〈キス男〉に飛びかかった。「――ヴァンサンは気が狂ったわ！　新婦がそう叫んで肘掛椅子に倒れこむ」

×月×日

神保町の仕事場も二年半を過ぎ、老舗の古書店主の方々とも知り合いになって昔話をうかがう機会も増えたが、そうしたときに決まって彼らの口をついて出るのは、いまや伝説と化した感のある弘文荘主人反町茂雄のこと。反町の半生は自伝『一古書肆の思い出』に詳しいが、ジョンソン博士に随うボズウェルの伝で晩年の彼に随い、その言葉を一々拾って書き記したのが青木正美**『古書肆・弘文荘訪問記　反町茂雄の晩年』**（日本古書通信社　２５００円＋税）。自筆原稿や書簡・日記などの収集をなりわいとする著者は処女作の『東京下町・古本屋三十年』に序文をもらったことがきっかけとなり、反町茂雄と知り合うと、組合の会合などで交わした言葉を徹底採録することを心掛ける。中で、心にとまったのは、東大法学部を出ながら一小僧として勤めた一誠堂についてのこんな感想。

「とにかくいい店員が集まりました。悠久堂、一心堂、そして私もいましたし、八木、小宮山、山田、崇文荘、三茶さん……。偶然ではないかもしれませんね……。ただ、人を信用して何もかもまかせてしまう度量は大きかった。（中略）又、私が独立したばかりの頃、客が一誠堂のオヤジっていやな奴ですね。反町氏はどこで御商売ですかってきくと、知らないって言うんだ——って私に言いました。いや、独立すればもう商売敵という考え方はこの商売の場合、立派ですね。何しろ、一つの物を争って、買えるのはたった一人という商売ですからね」

まさに古本屋という商売の本質を衝いた言葉である。

(『週刊文春』2005年9月1日号)

ニューオーリンズ、「青」への迫害、でぶ

×月×日

パリで夏休みが完全に明けるのは九月の下旬だとわかっていても、大学の学年暦の関係で、どうしても渡仏は九月上旬になってしまう。宮仕えの悲しさよ。

飛行機の中でハリケーンによるニューオーリンズ大水害のニュースが映し出されている。機内に持ち込んだ本の中にジェームス・M・バーダマン『ミシシッピ=アメリカを生んだ大河』(井出野浩貴訳　講談社選書メチエ　1600円+税)があったので読み出す。現在、これ以上にタイムリーな本もあるまい。

スペイン人が発見し、フランス人の探検家がルイジアナと命名したミシシッピ川下流の地域、とりわけその中心のニューオーリンズは開拓の初期から洪水の危機にさらされていた。堤防の建設は不可欠だったが、川底が海面より低くなっているので、「川底の水は停滞してしまい、水面近くの水だけが滑るがごとく流れていく。その水の流れは、とりわけ洪水時には電動鋸さながらの威力を発揮し、人工の堤防に激し

く襲いかかる」。事態をさらに悪くしているのは、堤防建設で湿原が消滅したことである。

「一世紀前、この町は、メキシコ湾の海岸線までおよそ八〇キロメートル続く湿原によって、ハリケーンから守られていた。湿原がハリケーンと高潮の衝撃の大半を吸収してくれたのである。ところが現在、ニューオーリンズとメキシコ湾とのあいだの湿原の幅は三五キロメートルしかなく、しかもそれが急速に縮小しつつある。もしニューオーリンズがハリケーンの直撃を受けたら、どうなるだろうか。この町から脱出するための大きな橋が三つしかないことを考えると、壊滅的な打撃をこうむるのは避けられないだろう」

バーダマンが憂慮していた「壊滅的な打撃」はまさに不可避だったのである。

また、今回の大洪水で、高地のフレンチ・クォーターは浸水を免れたが、堤防近くの低地帯の黒人たちは大きな被害を被ったという事実も背景説明によってよくわかる。

デルタ地帯（ミシシッピ州北西部）から先住アメリカ人を追い出した白人たちは黒人奴隷を使ってプランテーションを開拓したが、まだ広大な土地が残されていたので、南北戦争後、解放奴隷たちに、収穫をあげれば自分の農地を獲得できるという夢を吹き込んで入植を勧めた。しかし、黒人たちはラバや農具を地主から借りなければならず、収穫の半分は地主に徴収された。さらに綿花の価格が不安定になると借金を清算することもできず、夜逃げして流民となった。デルタは「黒人にとってアメリカ中でもっとも苛酷な場所」と化したのである。ニューオーリンズの低地帯はデルタで食い詰めた黒人たちが流れこんで形成したスラムなのだろう。

このほか、本書では、フランス人植民地の自由黒人のクレオール文化がニューオーリンズ・ジャズやケイジャン料理を生み、さらにそれがデルタ地帯に移動してブルースの元となった過程にページを割いている。セントルイスやハンニバルなどの河岸都市に育ったマーク・トウェインやT・S・エリオットら文化人にミシシッピの与えた影響なども縦横に語られて、興味が尽きない。アメリカ文化の中核を知るのに欠かせない良書である。

×月×日

モンマルトルの高台にあるホテルに宿を取る。別棟のキッチン付きアパルトマンが八十八ユーロというのは格安だが、電話がないので部屋から原稿を送れない。さて困ったぞ。

しかし、騒々しいテルトル広場から少し離れただけで驚くほどの静けさを手に入れられるのはありがたい。夜の八時過ぎまで窓越しに見える空の青さにも感動する。この「空の青」がフランスの、ひいてはラテン民族の色彩感覚の一つとなっているんだなと感じたが、しかし、待てよと思い返した。出発間際に届いたミシェル・パストゥロー『**青の歴史**』（松村恵理・松村剛訳　筑摩書房　４３００円＋税）が気になったからだ。果たせるかな、単純な思い込みとは反対のことが書かれている。

「この青という色は地球が誕生して以来広く自然界に存在していたとはいえ、人間が再現し、作り出し、使いこなすのは困難で時間がかかったのである」。グレコ・ローマンの文化には青を再現するインディゴやラピスラズリなどの顔料が希少だったという形而下的レベルではない。なんと、ラテン語には「青」を直接に示す固有の語彙は存在しないというのである！「このことがあったからこそ、後に青を指す新しいふたつの単語がラテン語の語彙に導入されたのである。すなわちゲルマン語から来た blavus とアラビア語由来のazureusである」。本当かね、と言いたいような説だが、実はこれ、十九世紀の考証学者たちがすでに立証していた事実なのである。

ただ、パストゥローは考証学者たちが主張したようにローマ人には「青が見えていなかった」とは考えない。ローマ人にとって青は蛮族の色、ケルト人とゲルマン人の色だったのである。ローマでは青い目は身体的欠陥のような扱いを受けたし、虹には青がなかった！　この青への迫害は中世初期にも引き継がれた。

「千年以上もの間、すなわち十二世紀前半に青地のステンドグラスが登場するまで、青は聖堂とキリスト教礼拝にはほとんど登場しなかった」。キリスト教の公式色は無垢の象徴である白だったのである。ではなぜ十二世紀前半に、突如、青が劇的に登場し、天と聖母マリアの色と認められ、次いで国王の色となったのか？　パストゥローは、中世神学において、色は物質ではなく、神のために闇を追い払う「光」と認められたからだと考える。

「金色と同じく青は光、神の光、天の光であり、創造されたものすべてがそこに収められる光だからである」

思うに、これはキリスト教の本拠地が、ゴシック期に、ラテン民族のローマから、ケルト・ゲルマン民族のパリに移ったことと関係してはいまいか？　カテドラルがケルト・ゲルマンの蛮族をキリスト教化しようとする装置であったことと合わせて考えると、この仮説、案外、行けそうな感じがするのだが……。

×月×日

パリの街を歩くと、最近はアメリカ的な超デブが増えてきているのが目につく。元来、フランス人というのは、肥満は金満の徴《しるし》と考える民族だった。ところが、近年、アメリカ的ダイエット思想の影響で上流階級がスレンダー化したのに反して、下層中産階級の間にジャンク・フードの食べ過ぎによる超デブが増加してきた。普通のデブが減り、超デブが増えるというアメリカ的グローバル・スタンダードがフランスにも浸透してきたのだろうか？　悪趣味の大家ロミ&ジャン・フェクサスの**『でぶ大全』**（高遠弘美訳　作品社　2800円＋税）は、冒頭に『肥満は野蛮人には見られない。同様に、食べるために働き、生きるためにのみ食べる階級の人間にもありえない』というブリヤ・サヴァランの言葉を掲げているが、別にデブに対する文化史的な考察を持った本ではなく、歴史上に現れた超デブ人間の楽しいエピソード集である。

快楽主義者のラブレーがデブだったのは当然としても、プロテスタンティズムの元祖マルチン・ルターがカトリック攻撃を開始してから「突然のように呑みかつ喰らい」い、急激に太ったのは不思議。王妃は王をしのぐ権力を手に入れると超デブ化するらしい。カトリーヌ・ド・メディシスは「信じがたいほど大食女」だったし、同じメディチ家出身の王妃マリー・ド・メディシスも、ルーヴルのルーベンスの絵で明らかなように五段腹女だった。ルイ十四世の大喰らいと肥満も有名で、解剖したら胃腸が人の二倍もあったという。デブが金満の徴ではなくなった二十一世紀には信じられないような話のオンパレードである。

（『週刊文春』２００５年10月6日号）

フランス料理、モーツァルト、白水社

×月×日

新年号から始まる連載の準備で多忙を極める。取材旅行の間も、飛行機の中で書き、移動の列車の中でも書くという「立っていないとき」は書いている状態。しかし、そんなときに限っておもしろい本にぶつかるものらしい。

イアン・ケリー『**宮廷料理人アントナン・カレーム**』（村上彩訳　ランダムハウス講談社　２４００円＋税）は、料理史に残る名シェフの伝記ながら、フランス料理がどのように世界に伝播していったか、その過程も教えてくれる。

一七八三年にパリの貧困家庭に生まれたカレームは安料理店の見習いとなったのを皮切りに料理世界の出世双六を次々に上っていく。きっかけは、ヴィヴィエンヌ街のパティシエの店に勤めたとき、近くの国立図書館で独学した古典建築の原理を応用して、宴会料理に欠かせないピエスモンテ（ウェディング・ケーキはその末裔）に挑んだこと。この「作品」がタレーラン邸の差配の目にとまり、カレームは外相タレーランが催す大宴会でピエスモンテを担当するようになったのである。他のシェフの技を吸収したカレームは美食家タレーランの信用を得る。「弟子と師匠という、普通ならありえないような関係が、若きアントナンと蛇の目をした政治家とのあいだに培われていった」

ここから一気にキャリアが開ける。とりわけ、外国高官接待用のヴァランセ城のシェフとなったことは

大きなステップとなった。「城では毎朝早く、アントナンはタレーランに呼ばれ、晩餐の相談をすることになっていた」。このタレーランの料理人という名声は外国賓客を通じてヨーロッパ中に広まった。ナポレオンの結婚式やその子供の洗礼式でピエスモンテを製作し、経歴に箔をつけたことで「ナポレオンのシェフ」という伝説も生まれた。また、自分のレシピをまとめた『パリの宮廷菓子職人』を著したことも大きかった。

しかし、なによりもカレームにとって幸いしたのはタレーランという変わり身のうまい人物を師匠に選んだこと、これに尽きる。王政復古となってもブルボン王朝のシェフとして止まることができ、大晩餐会を仕切って、フランス文化に憧れる各国王族の垂涎の的となったからだ。その筆頭は、摂政の英国皇太子ジョージ（後のジョージ四世）。彼はカレームを破格の条件で引き抜き、カールトンハウスとブライトンのシェフとした。以後、カレームは、在ウィーン英国大使スチュアート卿、ロシア皇帝アレクサンドル、ロスチャイルドなどに仕え、位人臣を極めることになる。

このようにヨーロッパの宮廷を渡り歩くことでフランス料理の伝播に貢献したが、その一方で異国料理からの影響もフランスに及ぼす。テーブルに同時に料理を並べるフランス式給仕法に代わって、時間差をおいてロシア式給仕法を導入したのがその典型。カレームのもう一つの遺産はシェフのかぶる帽子。カレームはそれまで一般的だった白いナイトキャップに代えて、糊で固めたトック帽を採用した。流行はたちまち世界に広まった。

今日、カレームの著作を読むものはいないが、カレームが確立したレシピや料理の原則はいまだに通用している。「カレームが集大成したソース類は、プロの厨房の原理原則になった。カレームが指示した軍隊的な規律と厳しい衛生管理も同様である。（中略）しかし一番重要なのは、知識と経験を本というかたちで伝授する偉大なシェフ像を、カレームが確立したことである。その結果、ときにはシェフは有名になり、裕福になる」。一八三三年、カレームは長年厨房で吸い込んだ木炭の一酸化炭素の中毒が原因で世を去った。

×月×日

カザノヴァの『回想録』を今日的な観点から読み込む連載がいよいよスタート（後記。これはまだ単行本化されていない）。十九世紀屋の私にとって、十八世紀というのは新鮮な発見が多い。その一つは、人と人とがじつによく出会っていたこと。驚くべきことに、一介の山師にすぎないカザノヴァが当時のヨーロッパの文化人ばかりではなく王族のほとんどと会見している。外国からやってくる客は、物珍しさから賓客として遇されたのだ。

この意味で、十八世紀研究に欠かせないもう一つの資料がモーツァルトの残した書簡だが、この資料の読みからスタートしてモーツァルトの全オペラを、人はどのように大人になっていくのかというイニシエーションの観点から文化人類学的に再検討したのがアニー・パラディ『**モーツァルト　魔法のオペラ**』（武藤剛史訳　白水社　4200円＋税）。

最初の『バスティアンとバスティエンヌ』から最後の『魔笛』に至るまで、モーツァルトがすべてのオペラで奏でつづけたのは「うら若いカップルが成熟へと歩んでゆく」というモティーフだが、そこにはモーツァルト一流の転倒が見られる。「モーツァルトのオペラはどれも、新しいカップルが出来上がってゆく過程を描くのではなく、いったん危機に陥ったカップルがふたたび結ばれてゆくプロセスを描いているといってよい」

危機に瀕したカップルを救うのは、人生の先達である道案内人だが、オペラにはときとして、その反対の存在も登場する。道化、ビシュップである。「こうした道化たちの役割とは、規範に反することによって、まさに規範を示すということであり、まじめな若者たちは、それを反面教師として、人生の徒弟修業を全うすることができるというわけである」。なるほど、その道化の最たるものが『魔笛』の鳥男パパゲーノというわけか。

アニー・パラディィは、イニシエーションを受けるカップルばかりか、彼らを混乱させるパパゲーノも永遠の幼児性を抱えたモーツァルトその人であり、この二つの要素の相克と止揚が彼のオペラにほかならないと指摘するのだが、そういわれてみれば、たしかに、いろいろと首肯できる点もある。たとえば、『コジ・ファン・トゥッテ』である。『コジ』があれほど馬鹿馬鹿しいストーリーであるにもかかわらず、あれほど素晴らしいのは、こうした弁証法が見事に働いているからである。「ひたすらオペラに奉仕するテクストと音楽との調和に満ちた絶えざる対話は、作品に無二の響きと音調を醸し出している。(中略) すべてのモーツァルトのオペラを組織している構造が、ここではほとんど剝き出しになっている。手段をぎりぎりまで切り詰めることによって、その構造は最大限の効果と明解さを獲得している。二組の若いカップル、ふたりの先導者、欲望と法が競い合うゲーム、人生修業の道のり、それ以外には何もない」

×月×日

モーツァルトと言えば、書簡集を始めとして多くの関連書を出しているのが白水社だが、その白水社が創立八十年ということで、会社の看板雑誌の特別号『ふらんす　80年の回想　1925―2005』（1800円＋税）を出している。私自身も寄稿しているので我田引水のそしりを免れないが、往年のフランス贔屓にはノスタルジーを禁じ得ない紙面になっているので、御容赦のほどを。

『ふらんす』の前身『ラ・スムーズ』の創刊号を飾ったクローデル大使の祝辞に始まり、バックナンバーから、吉江喬松、辰野隆、與謝野晶子、堀口大學、岸田國士、内藤濯、岩田豊雄、市原豊太、河盛好藏といったなつかしい仏文系文化人の記事のほか、広告や後書きまで拾ってある点が編集の妙を感じさせる。幽明界《さかい》を異にしている諸先輩が新進気鋭の研究者として絵画や音楽、風俗などを張り切って紹介しているのも感慨を誘う。

（『週刊文春』2005年11月10日号）

東大闘争、嗜好品生産国の貧困

×月×日

十一月中旬の連載の大波を越えると、いよいよ年末進行の臨戦態勢。印刷所の関係で、十二月末の締切が半月前倒しになり、一カ月で二カ月分の原稿を書くはめになるからだ。年末に、くも膜下出血などで倒れる物書きが続出するのは、こうした過密スケデュールに一因がある。

私はというと、年末進行とは関係なく、この時期、日照時間が日に日に短くなるにつれて憂鬱の度合いが深まってきて、執筆が進まなくなる。

島泰三『**安田講堂　1968―1969**』(中公新書　980円＋税　→　中央公論新社　二〇一四年　Kindle版)は、一九六九年一月十八、十九日の東大安田講堂攻防戦において「本郷学生隊長」として戦い、逮捕された著者による東大闘争の「総括」だが、これを読んで、十一月の鬱の原因が少しわかりかけてきた。つまり、一九六八年十月に一瞬垣間見えたかのように思えた青空が十一月に入ったとたんかき曇って、暗雲に覆われたときの記憶が無意識に蘇ってきて、鬱のスイッチが入るらしい。

『安田講堂　1968―1969』の著者もこうした「十一月鬱」に襲われた一人ではないかと想像する。それは「はじめに」の一節で見当がつく。

「この事件に直接間接に関係した当時の青年たちにとって、この事件について語ることは一種のタブーとされている。そこには、重い意味がある。強い抑圧がある。これほどに強く抑圧される出来事には、人間性の深い本質が隠されている。それを解き明かすことに私が適任だとは、とうてい思えない。だが、安田講堂のなかに覚悟を持って残った者として事実を明らかにすることは、ある種の義務ではないか、と思うようになった。三十六年の後になって、当時おなじ戦線にいた青年たちが当時の風貌のまま、自らの命を縮めるという事件が続き、語り遺すべきことがあると決意した」

かくして著者は、東大全共闘議長山本義隆らが収集して国会図書館に寄贈した『闘争資料』全二十三巻を丹念に読み解く作業に入るわけだが、その著者が闘争のターニング・ポイントとして挙げるのが、十一月十日に『赤旗』に掲載された日本共産党書記長宮本顕治論文。平たくいえば、宮本顕治は東大当局頼むにたらずと判断し、秩序回復のためには暴力辞さずの姿勢を打ち出して、あの宮崎学指揮の「あかつき部隊」を東大に派遣したのだが、その「あかつき部隊」が壁のように立ち塞がったのが十一月十二日の図書館前の激突。

「総合図書館の広い石段に並んだ五百人ほどの日本共産党系部隊の黄色いヘルメットの集団が、角材で殴りかかってくる全共闘諸派連合の攻撃を受け止めていた。その全員がヘルメットを前向きに傾けて顔を守り、体を斜めにして衝撃に耐えていた。（中略）全共闘側は張り合いが抜けそのうち疲れて殴る手を休めるときがくる。攻撃態勢の伸びきったときである。

その瞬間、指揮者の笛が鳴った。〝あかつき部隊〟の黄色いヘルメットは、一斉に細い棒を振り上げて全共闘部隊に襲いかかった。杉の角材に比べると細く見えるが、樫の木刀である。殺傷力さえある。しかも使い手が全都よりすぐりの暴力部隊である。伸びきった態勢の全共闘部隊の最前線は、たちまち崩れ去った。実にみごとな水際だった反撃だった。私は傍らから見ていて、『やるな』と思ったことを後々まで覚えている。彼らは暴力のプロだったのである」

なにを隠そう、私は「たちまち崩れ去った」「全共闘部隊の最前線」にいた一人で、この瞬間の恐怖と絶望を昨日のことのように記憶している。そして、それは結局、未組織の暴力は組織された暴力の前では敵ではないから、こちらも組織された暴力で対抗というニヒルな認識に転化する。後に、誤りの根本原因はここにあったと悟るのだが、その時にはだれも気づかない。事実、全共闘幹部はこの認識に基づいて党派の力を借りることになる。

「どうも全共闘幹部連と各党派幹部連はなにやら考えたようだった。あるいは、十二日の総合図書館の戦いで負けたことがよほど響いたのか」

結局、この方向転換が、天王山たる十一月二十二日の「日大・東大闘争勝利」全国総決起集会の空前の大動員へと通じるわけだが、戦史的に見れば、ここで全共闘幹部が共産党部隊との全面的対決を回避したことが運命の別れ道となった。

「このとき日本共産党系一万人と正面衝突することは無意味だっただろうが、それだけが実力闘争ではなかったのではないか」

私もそう思う。戦うべきときに戦わず、悔恨の埋め合わせをするためにより過激な方針を打ち出して、そのあげく必敗の戦いに突入すること。あらゆる戦いの陥穽はあげてここにある。それは、三年後の一九七二年、連合赤軍事件によって、これ以上はないほど残酷無残なかたちで証明されることになるのである。

×月×日

一九六八年の学生反乱は、圧倒的な物量を誇るアメリカ軍に立ち向かったベトナムの戦いに刺激されるところが多かったはずだが、ベトナム戦争から三十年たったいま、そのベトナムが、ふたたび、世界の攪乱者として歴史の前面に登場してきている。ただし、一次産品の生産国をさらに貧しくする「世界の悪役」として。

ジャン＝ピエール・ボリス『**コーヒー、カカオ、コメ、綿花、コショウの暗黒物語　生産者を死に追いやるグローバル経済**』（林昌宏訳　作品社　1600円＋税）はこの歴史のパラドックスを我々に教えてくれる重要な本である。

新大陸と、コーヒー、ココア、香辛料などの嗜好品の「発見」が世界経済を生み、歴史を変えたといわれるが、いま、そうした嗜好品の一次産品の生産国である発展途上国は、グローバル化の渦の中で極度の貧困にあえいでいる。

一つは、コーヒー、米、コショウなどの生産国としてベトナムがめざましく台頭し、世界の需給関係を破壊したこと。

「一次産品の世界でベトナムは常習犯である。コーヒーやコメで世界の主要生産国にのし上がるだけでは満足できず、コショウ市場にも参入してきた。（中略）数十年来、インド、インドネシア、マレーシア、ブラジルが平和裏に市場を分かちあっていた。ベトナムは、その非常に肥沃な土地をフルに利用して、コショウ市場においても、〝武装強盗〟を行なった」

従来、先進国の企業は一次産品生産国の支配者と協定を結ぶ代償として賄賂を贈り、産品の安定供給を確保してきた。掠めとられた金は発展途上国の支配者の懐に入り、農民たちには回らなかったが、しかし、農民たちが食べられないことはなかった。価格が安定していたからである、ところが、そこにベトナムからの殴り込みがあり、市場は混乱に陥り、コーヒーやコショウの価格は暴落した。

この暴落に付け込んだのが多国籍企業と投機ファンド。これが第二の攪乱要因である。多国籍企業は規制緩和の潮流をうまく使って一次産品を買い叩いたが、そのさい、商品市場には先進国の投機ファンドが流れこみ、激しい価格操作で莫大な利益を挙げた。これによって価格はさらに暴落し、一次産品の生産者は生産コストの半分も回収できなくなる。

「コーヒーを生産することで、農民は破滅しているのだ。コーヒー豆を収穫するごとに破滅と貧困に向けて歩んでいることになる」「コーヒー危機によりコーヒー産業全体の間で利潤分配に大きな変化が生じ、利潤の大半は先進国側の企業が得ることになってしまった」

先進国でわれわれが飲む一杯のコーヒーが三百円だとすると、生産者が手にするのはわずかに一パーセントの三円のみ。グローバル化による経済戦争は、富の偏在を一国から世界規模に拡大し、貧困を「悪」から「最悪」へと変えたのである。

そこで結論。ベトナム戦争の最終勝利者となったのはベトナムとアメリカで、敗者は関係のない第三世界の国々だった。なんという皮肉だろうか！

（『週刊文春』２００５年12月15日号）

その他のおもな書評（2005年）

『毎日新聞』「今週の本棚」

2005年2月6日　フランソワ・ラブレー『ガルガンチュア　ガルガンチュアとパンタグリュエルⅠ』宮下志朗訳　ちくま文庫　1300円＋税

2005年3月20日　バルベー・ドールヴィイ『悪魔のような女たち』中条省平訳　ちくま文庫　1300円＋税

2005年4月24日　曽野綾子『哀歌』上・下　毎日新聞社　各1600円＋税（↓　新潮文庫　上　590円＋税　下　552円＋税）

2005年5月29日　工藤進『日本語はどこから生まれたか「日本語」・「インド－ヨーロッパ語」同一起源説』KKベストセラーズ・ベスト新書　780円＋税

2005年7月3日　ナタリー・アンジェ『Woman　女性のからだの不思議』上・下　中村桂子、桃井緑美子訳　集英社　各1900円＋税

2005年8月14日　西沢淳男『代官の日常生活　江戸の中間管理職』講談社選書メチエ　1600円＋税

2005年9月11日　野村進『日本領サイパン島の一万日』岩波書店　2000円＋税

2005年10月23日　丸谷才一『いろんな色のインクで』マガジンハウス　1900円＋税

2005年11月27日　鴻巣友季子『明治大正　翻訳ワンダーランド』新潮新書　680円＋税

2005年12月18日　2005年「この3冊」

マルジャン・サトラピ『ペルセポリス　Ⅰイランの少女マルジ　Ⅱマルジ、故郷に帰る』園田恵子訳　バジリコ　Ⅰ　1400円＋税　Ⅱ　1500円＋税

山田昌弘『希望格差社会　「負け組」の絶望感が日本を引き裂く』筑摩書房　1900円＋税（↓　ちくま文庫　680円＋税　↓　筑摩書房　Kindle版）

玄月『異物』講談社　1800円＋税（↓　講談社　Kindle版）

『東京人』「本」

2005年3月号　近藤ようこ『後には脱兎の如し』晶文社　1800円＋税

2005年5月号　工藤幸雄『ぼくの翻訳人生』中公新書　820円＋税

2005年8月号　ルイ・シュヴァリエ『三面記事の栄光と悲惨　近代フランスの犯罪・文学・ジャーナリズム』小倉孝誠、岑村傑訳　白水社　2400円＋税

2005年11月号　佐野眞一『阿片王　満州の夜と霧』新潮社　1800円＋税（↓　新潮文庫　781円＋税）

2006年

1月10日	ソウル大学調査委員会による黄禹錫 ES 細胞論文不正事件の最終報告
1月16日	証券取引法違反容疑で、東京地検特捜部がライブドア本社などを強制捜査
1月21日	大学入試センター試験に「英語（リスニング）」を初めて導入
1月23日	日本郵政株式会社が発足
2月上旬	前年の「ユランズ・ポステン」紙のムハンマド風刺画掲載への抗議で、シリア、レバノンのデンマーク大使館で放火事件などが起こる
2月10日	トリノ冬季オリンピックが開幕（—26日）
2月11日	表参道ヒルズがオープン
3月10日	トリノ冬季パラリンピックが開幕（—19日）
5月20日	イラク正式政府が発足
6月3日	モンテネグロがセルビア・モンテネグロから独立宣言
6月9日	2006 FIFA ワールドカップドイツ大会が開幕（—7月9日）
7月11日	ムンバイ列車爆弾テロ事件
7月	平成18年7月豪雨
8月15日	小泉総理が靖国神社に参拝
8月24日	国際天文学連合が、冥王星を惑星から準惑星に再分類
9月6日	悠仁親王が誕生
9月19日	タイ軍事クーデターが勃発
9月26日	安倍晋三が第90代内閣総理大臣に就任（第1次安倍内閣）
10月9日	北朝鮮が地下核実験
11月7日	アメリカ合衆国中間選挙。与党・共和党が敗北
11月16日	教育基本法改正案、衆議院で与党単独採決
11月22日	政府が月例経済報告を発表。景気拡大が「いざなぎ景気」を超えて戦後最長を更新
12月15日	改正教育基本法が参議院で可決・成立
12月30日	フセイン元イラク大統領の死刑執行

印象派の紅一点、文明崩壊、明治時代

×月×日

年初めはパリでというのがここ数年の「習慣」になっていたが、今回は薩摩治郎八伝（『蕩尽王、パリをゆく　薩摩治郎八伝』新潮選書）のために「裏を取る」必要が生まれたため、せっかくパリに着きながら、翌朝には北駅からユーロスターでロンドンに。劇場街やリッチモンドで足跡を追う一方、治郎八が会話を交わしたというイザドラ・ダンカンとタマラ・カルサヴィナの伝記を大型新刊書店で探すが、これといったものがない。そこで、チャリング・クロス街の古書店を当たるも、伝説の老舗はとうになく、小型の雑本屋が数軒あるだけ。それでも何冊かは見つかる。

評伝を書くには、刑事のアリバイ崩しと同じように、自伝に登場する人物の年譜を洗って時代と場所の整合性を調べる必要があるのだ。この意味で、マイナーな作家や画家でも伝記が出たら買っておくに限る。

坂上桂子『**ベルト・モリゾ　ある女性画家の生きた近代**』（小学館　２３００円＋税）は、印象派の紅一点べルト・モリゾの初の本格的評伝。

十九世紀のアカデミー絵画は歴史画重視で、美術学校ではヌード・デッサンが必須とされた。聖書やギリシャ神話の登場人物は「神」だから裸という約束事があったためである。ところが、女性はこのヌード・デッサンから締め出されていたため、歴史画を描くことができず、それゆえ、女性画家というものも職業的に成立しなかった。「過去において歴史に名の残る偉大な女性画家が少ないのは、女性たちの才能の問題ではなく、社会的制度と慣習とによって、女性たちが画家となる道から除外されてきたためである」

しかたなく、ベルト・モリゾはルーヴルの名画を模写してデッサン力を補おうとするが、そこで知り合ったブラックモンやファンタン＝ラトゥールを介して、印象派のサークルに近づく。カノェ・ゲルボワでの討論には加われなかったが、母が自宅の夜会にコローやマネ、ドガらを招いてくれたおかげで、彼らから絵画の新しい思想を貪欲に吸収する。印象派展には第一回から参加し、マネの弟のウージェーヌと結婚した後は、この流派の最も正統的な一人となっていく。

マネの模倣者と見なす向きもあるが、著者によれば構図においても思想においても両者はまったく異なるという。それは、両者の描く化粧している女の視線を比較するとわかる。

「ベルトの女性たちが、誰のためでもない、自分自身のための化粧や身支度をしているのに対し、マネの絵の女性はあからさまに、男性のための化粧と身支度をしている。同じ化粧をテーマにしながら、ベルトとマネでは、その根底にある背景も意味もまったく異なっているのだ」

×月×日

パリに戻ってもあいかわらず資料探し。薩摩治郎八関係でミュージック・ホール資料、カサノヴァ伝関係で十八世紀人の伝記。クリニャンクールの巨大雑本屋で古本を三十キロも買ったほか、新刊本も総計すると百キロを軽く超えそうな気配になったので、大半はヤマト便で送ることにする。しかし、こうした無茶苦茶な本買いによる本の異常増殖は、文明史的に見れば、持続可能な発展というレベルを逸脱した「生態系自死（エコサイド）」に近いかもしれない。本が増えたために書庫を借り、その費用を賄うために仕事を増やし、さらに本が必要になって……。

ジャレド・ダイアモンド『**文明崩壊　滅亡と存続の命運を分けるもの**』（楡井浩一訳　草思社　上下巻各2000円＋税　↓　草思社文庫　二〇一二年　上下巻各1200円＋税　↓　二〇一三年　草思社　Kindle版）は過去に実際に起こった文明崩壊の過程をイースター島、マヤ文明、マンガレヴァ島、ノルウェイ領グリーンランドなどで検討し、これを文明崩壊を免れた社会と比較することで、現実的な教訓を引き出そうとする意欲作。

「特定の社会のどういう面が、脆《もろ》さにつながったのか？　具体的にどういう過程をたどって、生態系が自死するに至ったのか？　過去のいくつかの社会は、なぜ、自分たちの陥りつつある窮地、しかも（振り返ってみれば）明らかであったはずの窮地に目を向けなかったのか？　どういう解決策が、過去に成功を収めてきたのか？」

イースター島の有名なモアイ像は、宇宙人の作品などではなく、他島から移住してきたポリネシア人が採石場からカヌー梯子《はしご》を使って海岸に運んだものである。イースター島もかつては亜熱帯性雨林に覆われていたのだ。食糧も豊富だった。ところが、どこかの時点で部族の首長のだれかが権勢を誇るためにモアイ像の建設を始めたことから、モアイ巨大化競争が始まる。絶海の孤島だったため、首長たちが権力争いに熱中してしまったのだ。その結果、より多くの木材、縄、食糧が浪費された。島の環境が脆弱だったことも災いした。高緯度で降雨量が少ない上に、火山噴火がなくて土壌が痩せていたので、森林破壊と土壌浸食が容易に進んだ。やがて食糧危機が訪れ、飢えた島民は反乱を起こしてモアイ像を倒したが、結局、解決は得られず、最後は、残った一本の木を切り倒し、共食いへと突き進んだ。こうして、イースター文明はもろくも崩壊したのである。跡には倒れたモアイ像だけが残された。

同じような文明崩壊は南東ポリネシアでもマヤでもノルウェイ領グリーンランドでも観察された。それも年月をおいてではない。文明が頂点に達した後、人口爆発に始まる衰退は急激にやってくるのだ。現在でも、イースター島と似たような脆弱な環境にあるオーストラリア大陸、それに猛烈な勢いで森林破壊と土壌浸食が進む中国はかなり危険だという。

では、いったい、一つの社会が、頼みとする樹木を最後の一本まで切り倒すような誤った決断がどのようにして下されたのか？

ダイアモンドは、①危機を予期せずに破滅的な行為を行う、②似たような外見ゆえに誤った類推をして失敗する、③問題が発生しても感知に失敗する、④「わたしの問題ではなく、他人の問題だ」とエゴイズムを働かせる、⑤支配者が古い価値観に執着する、⑥企業の利益最優先論理で動くなどをあげるが、ようするに、森林破壊や土壌浸食へのスイッチを入れてしまうのは、みな人為的な不作為なのだ。つまり、崩壊への道を歩んだ文明があるならば、崩壊を防いだ文明もあるということなのである。

ダイアモンドは、後者の最も輝かしい例として、なんと、江戸幕府の森林政策をあげる。すなわち、日本は平和が訪れたことで人口爆発から森林破壊へというイースター島コースを歩みそうになったが、幕府が早期に手を打って、乱伐を禁じ、河川の沈泥や洪水の危険性を警告したことで、危機は克服されたというのである。日本の降雨量と降灰量の多さも味方した。樹木の再生が早いのである。

ならば、われわれ日本人はおおいに希望が持てるではないか。環境破壊から自滅へと突き進む中国を尻目に、日本がエコ的再生を遂げる可能性は風土的にも大きいのである。

×月×日

神保町に事務所を構えると、和物版画屋までが眼に入ってくる。明治浮世絵はかなり値上がりしているようだが、ユーロの高さに比べると安い気がするので、時事物を中心に何枚か買ってしまう。宮地正人・佐々木隆・木下直之・鈴木淳監修『**ビジュアル・ワイド　明治時代館**』(小学館　定価1万5000円+税)は、こうした明治浮世絵をふんだんに使って、明治という興味深い時代を上部構造から下部構造までそっくり再現しようとした試み。たとえば、第一章「創業の時代」では、「五箇条の誓文」「戊辰戦争」「廃藩置県と華族の創設」といった政治史から、「天皇の乗り物と宮殿」「フロックコートと背広」「居留地発の洋食屋」「牛鍋屋の流行」「都市の飲み物、牛乳」「和本から洋本へ」「急増する写真館」「共葬墓地の開設」などの文化史まで、カラー図版で分かりやすく解説されている。

山田風太郎や司馬遼太郎の明治物の細部を味わうのに欠かせない座右の一冊である。

(『週刊文春』2006年2月9日号)

アルメニア人大虐殺、文化大革命の闇

×月×日

パリの古書店主にはさまざまな人種の人がいるが、意外に多いのがアルメニア系。それもそのはず、フランスにはアルメニア系の人が二〇万人くらいおり、宝飾業界とか骨董業界などでは強固なアルメニア人脈を築いているのだ。芸能人でいえばシャルル・アズナブール。アメリカ文学だと『わが名はアラム』のウィリアム・サローヤンが有名。

これらアルメニア系移民の多くは、第一次世界大戦中にトルコのアナトリアで起こった大虐殺を逃れて各国に散った難民の子孫だが、この一〇〇万人から一五〇万人規模（アナトリアのアルメニア人人口総数二〇〇万人）のジェノサイドの詳細については、日本はもちろんのこと、フランスでさえあまり知られることはなかった。

アントニア・アルスラン『ひばり館』（草皆伸子訳　早川書房　２５００円＋税）は、からくも虐殺を逃れてイタリアに辿りついた親族の物語をアルメニア移民を祖父に持つ孫娘が語るという小説だが、われわれも、これによって初めて生々しいかたちでこの二〇世紀初頭のジェノサイド事件の真相を知ることができる。

イタリアに移民して医者として成功したイェーワントは、豪華な自家用車に乗って故郷アナトリアの小さな町に錦を飾る日を夢みている。いっぽう、町では、これまた薬剤師として成功し、大きな薬局を経営する弟のセンパッドが兄の帰りを待ち侘びて、「ひばり館」と名付けた別荘の飾りつけに余念がない。セ

ンパッドは異母妹のヴェロンとアズニヴ、それに妻シュシャニグとの間にもうけた七人の子供と幸せにくらしていた。

アルメニア人はキリスト教徒である上に、欧米におけるユダヤ人のように金融や商業に長けていたことから、トルコ人民族主義者の反感を買い、一九世紀末にも大量虐殺の被害にあっていた。第一次大戦が始まると、トルコ政府に勢力を築いた《青年トルコ党》の将校団は、これを奇貨として、同盟国ドイツの軍事顧問団の「少なからぬ協力」(「訳者あとがき」)のもと、秘密裏にジェノサイドを用意する。まず軍関係からアルメニア人将兵を外して武装解除した上で、一九一五年四月二四日からアルメニア人男子全員の検挙・処刑を開始したのだ。美女アズニヴに恋したトルコ人将校ジェラルの救出努力も空しく、センパッド一家にもついに運命の日はやってくる。

「兵士たちの剣が閃光を放つや、叫び声が上がり、血飛沫が部屋じゅうに飛び散った。シュシャニグのスカートに花のような赤い染みができた。それは切り落とされ、彼女めがけて投げつけられた夫の首だった」

描写は小説だから誇張されているということはないようだ。実際には、ナチのユダヤ人虐殺に負けず劣らぬ酸鼻きわまりない光景がアナトリア全土で繰り広げられたようである。男たちはほぼ全員処刑、女と子供は「強制移住」という名目で食料も水も与えず街道を歩かされて疲労死した。途中で、少数民族のクルド人がトルコ人憲兵の許可を得た上で彼らから金品や馬車を略奪したこともある。

妻のシュシャニグはそれでも一家を引き連れ、ギリシャ人の泣き女やトルコ人の乞食の手助けを受けて義弟のいるアレッポの町に逃げて海路イタリアに脱出する。「民族浄化」という思想は、一九九〇年代の旧ユーゴ紛争に始まったわけではないのである。

×月×日

とはいえ、アナトリアのアルメニア人大虐殺は、トルコ人と宗教も民族も違うから、これを「説明する」ことは可能である。

いっぽう、普通の理性を以てしては説明不可能なのが、一九六六年から一〇年間中国を吹き荒れた「文化大革命」のすさまじいばかりの大虐殺である。この惨禍については、これまで小説や映画などで断片的に告発されてきたが、これを「歴史」として正面から取り上げたものは少なかった。中国当局による証拠隠滅が徹底していたからである。しかし、ようやく、この二〇世紀最大の歴史の暗部（なにしろ虐殺された人数からいったら、文革の三〇〇万人が世界最大であることはまちがいない）にも光が当てられるようになった。宋永毅編『**毛沢東の文革大虐殺　封印された現代中国の闇を検証**』（松田州二訳　原書房　２８００円＋税）は、文革初期に起こった「北京大紅羅廠南小路二十号惨殺事件」に始まる八つの大虐殺事件を残された公文書や生き残りの証言から再構成したものである。

いや、どれもすごいものですね、虐殺にかける中国人の情熱というのは！　『三国志』なんて文革に比べたら童話でしかない。

「中国大陸では『百花斉放、百家争鳴』がほんとうに実行されたことはないが、それが徹底的に実行されたと言えるのは、責め道具を使う上での『百花斉放』であり、人を無実の罪に陥れることについての『百家争鳴』である。托克托県の政策実行事務所にある保存書類には、『えぐり出し、粛清する』運動のさいに使用した三十六種の拷問のしかたが記されている。真っ赤に焼けた火かき棒を押し当てる『みみずばれ』、真っ赤に焼けたコンロを身体に押し付ける『烙印』、鼻に穴を開ける『魚釣り』（以下、略。とてもじゃないが書き切れない）」

では、いったい、どのような人たちがこうした拷問を受け、虐殺されていったのかといえば、最初は「黒五類分子」（解放前の履歴に基づいて「階級の敵」と見なされた「地主・富農・反革命分子・悪質分子・右派分子」）及び、これに裏切り者とスパイを加えた「黒七類分子」で、彼らは文革前から一切の力を奪われ、「中共という血に飢えた国家機関の政治運動の中で何度も虐殺の対象となってきた」完全に無抵抗な人々である。「『黒五類』たちの顔と頭を赤一色に染めた鮮血が、暴徒たちの獣性をいっそう掻き立てた。彼らは毒を食らわば皿までとでも言わんばかりに『黒五類』たちを、大人から子供まで一人残らず、殴り殺したのである」

しからば、虐殺の主体となったのはというと、初期には、当然、造反派、つまり、あの名高い紅衛兵たちだったが、途中からは彼らは虐殺される側に回った。それは次のようなメカニズムによる。

「毛沢東は一九六七年一月、彼ら〔人民解放軍〕に、『左派を支持すべし』という奇想天外な呼びかけをし、それと同時に、発砲して『反革命を鎮圧する』権利を彼らに与えた。人民解放軍の士官や兵士の目には、共産党や共産主義青年団の中心分子・武装民兵からなる『保守派』が、もちろん彼らが当然支持すべき左派であると映り、一方、向こう見ずにも上の人間に盾突いて謀反を起こす出身階級のよくない造反派や、その造反派とある種の血縁関係のある『黒五類分子』は、当然のことながら、彼らが鎮圧すべき『反革命分子』と映じた。文革中に起こったいくつもの名立たる殺戮事件は、いずれもこのようにしてもたらされたのである」

もちろん、こうした大虐殺のすべてを企画し、それを実行させた張本人は、劉少奇と鄧小平の追い落しを狙った毛沢東という「血に飢えた」独裁者にほかならない（毛沢東その人の怪物的な悪についてはユン・チアン&ジョン・ハリデイ『**マオ　誰も知らなかった毛沢東**』（講談社　土屋京子訳　上下巻各2200円+税）を参照のこと）。

『毛沢東の文革大虐殺』の第二章「北京大興県虐殺事件調査」を担当した遇羅文の「結び」の一句は、良心ある中国人ならだれしも口にせざるをえない言葉ではなかろうか？

「私がいちばん戸惑いを覚えるのは、或る疑問がまとわりついて離れないことである。それは、我々はそれほど醜い民族なのかという疑問である」

（『週刊文春』2006年3月16日号）

世紀末の背徳、社交としての武道

×月×日

フロベールに『感情教育』という小説がある。その意味するところは、性愛を媒介にした「教育」である。つまり、この世にはセックスが介在することで初めて受け渡し可能になる感情的・精神的な「文化資本」というものが確かに存在していて、それは男（女）から女（男）へ、さらには次世代の男女へという具合にバトンタッチされていくはずなのだが、現実の「感情教育」が正面切って語られることはほとんどない。

この意味で、コレット『わたしの修業時代』（工藤庸子訳　ちくま文庫　８６０円＋税）は、いかにもフランス的な「感情教育」についての貴重な資料となっている。

ブルゴーニュの草深い田舎で、母親シドの愛情をいっぱいに受けて育った少女コレットは十四歳年上の作家ウィリーに見染められ、村を去る。ウィリーは世紀末の背徳と矛盾を一身に体現したような人物で、禿げ頭に出腹、皇帝ひげという、およそ女にモテそうもない容姿（コレットはヴィクトリア女王に似ていたと述べている）にもかかわらず、二十歳のコレットを最愛の母親のもとから拉致しさるほどの魔力を及ぼした。この結婚について、コレットはこう回想している。

「若い娘がしばしば毛むくじゃらの前脚にわが手をさしのべ、苛立った唇の貪欲な痙攣にわが唇を差し出し、見知らぬ男の巨大な影が壁に映るのを平然と眺めるとしたら、それは、官能の好奇心が耳元でしきりに忠告をささやいているからだ。（中略）こうしたむこうみずな官能の炎《ほむら》のために、おびただしい数の美少女があせり苛立って、歳のやつれが見えはじめた誘惑者の腕のなかにとびこむことになる」

実際、コレットを誘惑したウィリーは、ありとあらゆる性愛に倦んだ極めつきの変態であった。コレットはウィリーに「調教」されてしまった面も少なくはないのだ。その被調教メカニズムについて、コレットはこんなふうに分析する。

「慎みを知らぬ男が、おぼこ娘を放蕩の天才に、いかなる嫌悪も気にかけぬ女に仕込んでしまうことがある。嫌悪感が、そうしたことの障害にはなったためしはない。貞淑というものと同様に、嫌悪はいつでも遅ればせにやってくる。（中略）娘の同意が、あるいは好奇心が持続するかぎり、自分を仕込んでいる男の本性を見きわめることはむずかしい」

では、調教師ウィリーというのは、どんな人物だったのか？　貧乏なふりをしているくせに、巨万の富を隠し持つ金満家。また、豊かな文才にもかかわらず、ゴーストライターによる代作システムに固執しつづけた不可解な作家。

「この奇妙な著者の場合、印刷物という商品を生みだしたいという願望、あるいは欲求と、じっさいに書くという可能性とのあいだに、なにかの障害が立ちはだかっており（中略）。彼の手紙から読みとれるのは、書くことに対する拒絶のみだった」

やがて、この「書かざる」作家はついに最高のゴーストライターを発見することになる。コレットの娘時代のノート『学校のクロディーヌ』を見つけて、驚愕したのだ。

「彼はノートを開き、ぱらぱらとめくってみた。『わるくないぞ……』一冊目を開くと、もうなにも言わなかった――三冊目、四冊目……。『くそっ！』と彼は口のなかでつぶやいた。『おれとしたことが、なんて間抜けなんだ……』彼は乱暴にノートをかっさらい、シルクハットをむんずとつかんで、出版社に駆けていった……こうしてわたしは、作家になったのである」

×月×日

男女の性愛を媒介とする「教育」が感情教育だとすれば、無骨な男同士が格闘することで「教育」が成就する武道のシステムはなんと呼べばいいのか？　松原隆一郎『**武道を生きる**』（ＮＴＴ出版　２３００円＋税）は社会経済学者であると同時に実戦格闘技「空手道大道塾」の三段の著者が「社交」としての武道の可能性を論じた好著である。

著者は、日本では空前の武道ブームのかたわら、柔道離れが進んでいるのに、海外とくにフランスではますます柔道が盛んになっているのはなぜかという素朴な疑問から出発し、「『正しい柔道』は日本のお家芸であり海外では正しくない柔道が普及している」という神話の起源を求めて、それがGHQによる伝統武道の解体にあることを突きとめる。すなわち、戦前、嘉納治五郎が完成させた「講道館」のほか、古流柔術の流れを汲む「大日本武徳会」、旧制高等専門学校や旧制高校の間で発達した「高専柔道」の三つが三派鼎立の状態にあったのだが、敗戦で、武徳会がGHQから解散命令を受け、また高専柔道も学徒出陣・勤労動員で自然消滅してしまったため、講道館柔道だけが生き残って、日本柔道の主流となったことが、今日の閉塞的な柔道状況の遠因であるというのである。

まず、政治的に見ると、講道館は、武徳会が軍国主義協力を理由に解散させられたことで、段位発行による利益を独占できるようになり、柔道界の権威を掌握するに至った。

いっぽう、技術的観点からは、高専柔道の消滅で、「立ち技八分寝技二分」の講道館柔道が本道となり、寝技が邪道視されたことが大きい。高専柔道は短期間に柔道を習得するという制約のために寝技に相手を引き込んで勝つ傾向が強かったが、戦後、この高専柔道が消えた結果、柔道は立ち技中心の講道館一本になってしまったのである。

では、日本でマーケットを塞がれたこの二つの柔道の流れはどこにいったかというと、これがフランスだった。中でも、武徳会系の川石酒造之助《みきのすけ》と道上伯は、戦後、講道館の支配を潔しとせず、フランスに渡って、生徒の興味を持続させつつ体系的な指導を行う技法を編み出していく。かくして、フランスでスポーツクラブ柔道が隆盛し、これがフランスで柔道修行したへーシンクのオリンピック制覇へと通じるのである。
武道とは「礼節の文化が暴力という反対物をも包み込みながら身体化されたもの」だからこそ、社交に適している。「こうした時代だからこそ、『カネでは左右されない』ような社交の場として、日本武道の伝統があったことを思い起こしたい」

×月×日

巷では昭和三〇年代ブームが続いているらしく、神保町の書店にも昭和の写真集が並んでいる。なかでも、大竹省二の写真集を眺めていると時を忘れるが、その大竹省二が戦後に拠点としていたのが、赤坂・乃木坂のアメリカ風の木造アパート「テキサスハウス」。そこには、住人である大竹省二のコネクションで集まったモデル、女優、プロ野球選手、歌手、作家、作曲家、それにまだ得体の知れない職業とされていた放送作家やテレビ関係者がたむろし、梁山泊の如き様相を呈していた。この乃木坂梁山泊の青春を記録しておこうと思い立った永六輔は『アサヒカメラ』で大竹省二や笈田敏夫らに聞き取りを行う。それが永六輔・大竹省二(写真)『**赤坂檜町テキサスハウス**』(朝日新聞社 1600円+税)。

「写真に残されているテキサスハウスを見ると、安っぽい木造二階建てなのだが、それが夢のような文化生活だった。当時の漫画『ブロンディ』そのままに、憧れのアメリカ文化。テレビ・洗濯機・掃除機が揃っている上に珍しい外車が並んでいたのだ。そしてテキサスハウスの人竹さんの周辺には、日本を代表する美女がゾロゾロいる。笈田さんもキノトールさんも鮎郎さんも美しい夫人。ましてや、コチラは独身。当然のことながら、いつか結婚してテキサスハウスに暮らせるようになりたいと思っていた」

アメリカ文化が輝いていた昭和三〇年代の「失われた時間」がここにある。

（『週刊文春』２００６年４月20日号）

革命家、密偵、航海者の伝記

×月×日

原稿の締め切りがギリギリに迫っても、古書店の前を通るとつい一〇〇円均一本の箱の前で立ち止まってしまう。こんなことを続けてもう四〇年近くになるが、不思議なことに、この間、常に均一本箱に鎮座していて、不動の四番打者ならぬ、不動のゾッキ本として君臨している本がある。筑摩書房が全集全盛時代に出して大赤字を被った「世界ノンフィクション全集」がそれで、いつになっても古本業界からソールドアウトしない。どこかに無尽蔵にストックされているかのようである。ところで、この「世界ノンフィクション全集」には、岩崎徂堂『中江兆民奇行談』や村岡伊平治『人買い伊平治自伝』といった原典入手困難な貴重なノンフィクションが随所に含まれているので、大変お買い得な全集なのである。

私が宮崎滔天『三十三年之夢』を読んだのもこのシリーズでだったが、その宮崎滔天の小説「明治国姓爺」「狂人譚」が『アジア革命奇譚集』というタイトルで書肆心水から出版されたと思ったら、渡辺京二『**評伝　宮崎滔天**』（３５００円＋税）が同じ版元から新版として出た。この書肆心水なる新興出版社、ブランショやグラックなどのフランス関係書と並行して、北一輝、頭山満、杉山茂丸など、大陸浪人系の右翼人脈につらなる人々の本をまとめて出している不思議な本屋だと思っていたが、『評伝　宮崎滔天』を読んでいて、ようやく謎が解けた。どうやら、書肆心水の社主である清藤洋氏は、志士集団「藪の内連」時代からの同志として宮崎滔天と行動をともにし、孫文の辛亥革命を助けた清藤幸七郎の御子孫らしい。清藤洋氏は藤原書店で数々の名著を手掛けられた敏腕編集者で、私もよく存じあげているが、こうした係累の方とはまったく存じあげなかった。シリーズの続刊として宮崎滔天の他の作品や杉山茂丸『百魔』なども予定されている。期待しよう。

それはさておき、『評伝　宮崎滔天』は日本にしか現れないであろうタイプの浪漫主義的革命家宮崎滔天を描き切って間然するところのない傑作評伝である。熊本協同隊を組織して西郷軍に加わった宮崎八郎を兄に持つ滔天は、繊細でアイロニカルな文学的資質にもかかわらず、「最後の幻の協同隊員」として革命に身を捧げようとしたがために悲喜劇を生きざるを得なかったパラドキシカルな人物である。

滔天は、迷い多き青春を送った後、兄彌蔵と計らってタイ植民を企てるが、彌蔵の死で計画が挫折すると、支那秘密結社の調査員として香港に赴き、孫文と肝胆相照らす関係となる。あげく、台湾総督児玉源太郎からの武器援助を取りつけて恵州蜂起を試みるが、オルガナイザーとしての無能さゆえに蜂起が挫折すると、今度は、なんと、桃中軒雲右衛門に弟子入りして浪曲師となり、その道化的半生を『三十三年之夢』として綴ることになるのだが、こうした極端から極端へのブレの底にあるものを作者はこう分析する。

「『三十三年之夢』を読むものは、この半生記を貫く特色が自分というものを茶化してとらえずにはおれない道化的な手法にあることにただちに気づくはずである。この道化的な手法は実は滔天のはにかみであり、また自己解放ないし自己救済の方法でもあったのだが、(中略) いいかえればそれはこれまでの自分の青春を支えて来た志士という自恃の念への徹底した懐疑あるいは嫌悪だといってよい」

私なりに表現するなら、宮崎滔天とは、西郷隆盛になろうとして挫折した太宰治のような存在である。日本には、あらかじめ失墜を予定されたこのイカロス型の革命家がじつに多いのだ。この意味において、宮崎滔天は再検討に値いする思想家なのである。

×月×日

「世界ノンフィクション全集」といえば、忘れてはならないのが『怪盗ヴィドック自伝』(ただし抄訳)である。そう、バルザックに怪人ヴォートランの着想を与え、『レ・ミゼラブル』のジャン・ヴァルジャン／ジャベールのイメージ・ソースとなったあの怪盗ヴィドックのことを知ったのもこの全集だったのである。そのヴィドックの生涯を客観的に調査した新しい伝記がジェイムズ・モートン**『わが名はヴィドック　犯罪者、警察密偵にして世界初の私立探偵の生涯とフランス革命時代』**(栗山節子訳　東洋書林　2800円+税)。犯罪者時代の部分はストーリー・テリングの技術がいま一つの感があり、警察組織についての知識も欠けているようなので、ヴィドックについて多少とも知っている人間としてはかなり不満が残る出来なのだが、後半の警察引退後の人生に関しては、初めて知る事実も少なくない。すなわち、警察を追われたヴィドックがサン・マンデで解放された囚人のために工場を経営したとか、探偵事務所を開いたとか、二月革命の臨時政府スポークスマンをつとめたエッツェルに頼まれ、ルイ・ナポレオン・ボナパルトの動向を探りにロンドンまで出掛けたとか、興味深い事実が並べられている。バルザックやユゴーの愛読者にとっては手元に置いておいていい一冊である。

×月×日

「世界ノンフィクション全集」にはたしかコロンブスの伝記も収録されていたと思うが、クラウス・ブリンクボイマー&クレメンス・ヘーゲスというドイツ人ジャーナリストのコンビによるノンフィクション『**海に眠る船　コロンブス大航海の謎**』（シドラ房子訳　ランダムハウス講談社　2400円+税）は、パナマ沖で発見された難破船がコロンブス四回目の航海のときに沈没したビスカイナ号ではないかという仮説を証明するために、世界各地のコロンブス研究家に取材した伝記的ドキュメンタリーである。

本書で明かされている秘話はいくつかある。その一つは、もしかするとスペインではなく、フランスが新大陸の覇者となっていたかもしれないというもの。黄金の国ジパングの幻影に取りつかれたコロンブスはスペインのイサベル女王の援助を仰いだが、色よい返事がもらえず、諦めてフランスに向かおうとしていた。ところが交渉決裂寸前で王室会計主任のサンタンヘルという男が介入し、航海は「危険がほとんどなく多大な利益をもたらす」と女王に断言したことから形勢が逆転し、コロンブスは呼び戻されて航海に出発した。

「なぜこの男はコロンブスの計画をどうしても実現させたかったのか。仮説は二つある。第一に、クリストファー・コロンブスの祖先はユダヤ人だったこと。第二に、イサベル女王はムーア人を破った後、ユダヤ人をスペインから放逐したかったため、ユダヤ人が永住できる亡命地をさがしていたこと。そのキーパーソンがサンタンヘルだった」

サンタンヘルは異端審問を恐れて改名したユダヤ人だったのであり、コロンブスの航海は旧約聖書にあるユダヤ帝国再建の試みだったというわけである。

もう一つは、カリブ海の島々がインドや中国ではないことが分かっていながら、なぜ、コロンブスはその事実を認めなかったのかというもの。

「王室との契約ではアジアとインドの発見と明記されていたため、インドではなかったと認めるわけにはいかなかったのである。認めれば国王夫妻はそこを突いて、利権を渡さないに決まっていたからである。コロンブスは知っていた。そう考えるのが自然だ」

第三の疑問は、なぜコロンブスは新大陸の帝王にはなれなかったのかというものだが、これはひとえに植民地経営者としての無能ということに尽きる。コロンブスは優れた航海者だったが、黄金ばかりを追い求めたため、インディオからは抵抗され、植民者からも反発を受けたのだ。

宮崎滔天にしろ、コロンブスにしろ、おのれの資質にあわないことをやってはいけないのだ。伝記はこういうことを教えてくれるから、おもしろいのである。

（『週刊文春』２００６年６月８日号）

パリのエスニック事情、ジョイスの脇役

×月×日

熟年離婚と少子化を同時に阻止するという起死回生の救国作戦「プロジェクト鹿鳴館！」をさる雑誌に連載中だが（『プロジェクト鹿鳴館！　社交ダンスが日本を救う』角川ｏｎｅテーマ21）、それに引っかけて第一回合同ダンス練習会を開催。参加した編集者諸氏はステップもさることながら、「いきなり未知の男女がくっ

つく」という前代未聞の経験に驚きつつも、私のプロジェクトの真意を理解したようであった。まずは成功と言っていいだろう。

このプロジェクトを思いついたきっかけの一つは、パリ市主催の「革命記念日」のダンス・パーティーに参加したこと。多国籍の老若男女が踊りあかす姿を見て、ダンス・パーティーこそ究極の社交の方法と思い定めたのであった。

いまのパリで、このダンス・パーティーと似たような役割を果たしているのがエスニック料理。パリジャンは、本当にエスニック料理が好きだ。「今度○○料理を食べに行ってみないか」がナンパの口実となっている。

にむらじゅんこ『パリで出会ったエスニック料理』(写真・浅野光代　木楽舎　1429円+税)は惹句通り「全41カ国147軒の選りすぐりエスニック・レストランガイド」だが、料理を扱いながら優れた政治・経済的マルチ・カルチャー論となっている。とにかくこれだけディープにパリのエスニック・コミュニティに入り込んだ本は類がない。

われわれがアラブ人という雑駁なイメージで理解しているマグレブ移民(アルジェリア、チュニジア、モロッコからの移民)の中のベルベル人(北アフリカ先住民)について引くと、こんなことが書かれている。

「ひと昔前までは、パリのカフェの大半は、オーヴェルニュ地方の出身者たちの職業だった。しかし、今ではパリのカフェといえば、ベルベル人の存在抜きに考えられなくなっている。80年代から、ファストフードなどのチェーン店がパリに繁殖していき、経営難に追い込められたオーヴェルニュ系カフェを受け継いだのがベルベル人たちなのだ」

そして、次のような証言が拾われて、オーヴェルニュ出身者（ブニャ）からベルベル人への交替の背景の説明となっている。

「僕らとブニャたちには、共通項がいくつかあるんだよ。ベルベルもブニャも、山の民だろう。つまり、肥沃な土地に恵まれない地方の住人で、出稼ぎの伝統があるということ。そして、同郷者の連帯意識がとっても強いということ。夜に強いこと。音楽好きだということ……」

同じくパリ10区のトルコ人街でよく見かけるドナー・ケバブ屋についてはこうある。

「ケバブを店頭で売っている簡易レストランの看板に注意して見てみよう。おかしなことに『トルコとギリシャ料理』と書かれていたりする。トルコとギリシャは犬猿の仲では……と思われるだろうが、実は彼らはトルコ人でもなければギリシャ人でもなく、大抵の場合クルド人であるケースが多い」

では、どうして著者がこんなに内部事情に詳しいかといえば、若い日本人女性という特権を最大限に利用して移民たちから打ち明け話を聞き出す術を心得ているからだ。

「もう4年ほど前になるが、この界隈でトルコ国籍の元不法労働者だというT氏に、ナンパされてお茶を一緒に飲んだことがある。クルド人を母に、トルコ人を父に持つという彼は40代前半の黒髪に茶色の目をした割とハンサムな男性だった。夢破れたインテリなのだろうか、訛が強いもののフランス語も決して下手ではなかった。店頭で800フラン（約1万6000円）程度で売っているジャケット1着を縫い合わせる作業を、彼らは1着につき、たった12フラン（約240円）で引き受けていたという。もちろん社会保険や健康保険、失業保険などは彼らには一切ない」

平均して一日に六着もつくるから一日中働きづめでフランス語を覚える暇もない。ためにトルコ・クルド系移民はフランス人社会に同化できないのだ。

「女性雑誌などに掲載されたかっこいいファッション写真を見る度に、病気を患いながらも病院にも行かせてもらえずにタコ部屋で働いている移民たちが脳裏に浮かぶ。人権を平気で無視して利潤だけを追うビジネス。こういった搾取ブランドに飛びつくのは、決まって日本人だという」

好著『パリを遊びつくせ！』から六年、にむらじゅんこはまた一つ傑作をものにしたようだ。

×月×日

昨年末に刊行した『甦る昭和脇役名画館』（改題して『昭和怪優伝』中公文庫）が元になって、池袋の新文芸坐で「脇役列伝」なるフェスティバルが開かれた。意外に若い人の動員が目だつ。彼らにとって東映ヤクザ映画も日活ロマンポルノも初めて見る映画。新鮮な驚きがあったにちがいない。

ところで、文学の世界で脇役といえば、それは編集者や出版者のことを意味するが、こちらの脇役の重要さを改めて教えてくれるのが宮田恭子『**ジョイスのパリ時代　『フィネガンズ・ウェイク』と女性たち**』（みすず書房　３６００円＋税）。

一九二〇年、エズラ・パウンドの誘いでパリにやってきたジョイスは『ユリシーズ』を出版したあともパリを離れず、結局、死の直前まで、ほぼ二十年間パリに住むことになる。この間ずっと、ジョイスは『フィネガンズ・ウェイク』の執筆に打ち込んでいたが、パリで「天才的主役ジョイス」を世に送り出すため「地味な脇役」に回った女性たちは、「一将功成って万骨枯る」の類いの塗炭の苦しみを味わわされることになる。

たとえば『ユリシーズ』を独力で出版したシルヴィア・ビーチ。フランス文学研究にアメリカからパリにやってきたビーチは貸本屋を兼ねた書店「シェイクスピア・アンド・カンパニー」を開いたが、一九二〇年にジョイスに会うや、『ユリシーズ』の出版を決意、ついにその難業を成し遂げたが、そのためには、気難しいジョイスの秘書役を兼ねると同時に、金銭的なサポーターの役もつとめなければならなかった。

「ジョイスの支出は収入を上回った。『フィネガンズ・ウェイク』の執筆が始まったジョイスには、金銭の心配なく没頭できるよう配慮しなければならず、彼の天才を信じるビーチはそれを自分の責務とも考えた。しかしそれは次第に困難になった。現実に財政的に困難になったばかりか、精神的な苦痛を伴うようになった」

財政的困難の理由はジョイスがビーチをクレジット・カードと見なして、金の無心をしながら贅沢な暮らしを続けたこと。

「ビーチはジョイスだけでなく一家四人の生活の面倒を見なければならなかった。彼らは頻繁に旅行をしたが、旅行には一等車が使われ、宿泊には高級なホテルが使われた」

精神的苦痛は、猜疑心の強いジョイスがビーチに搾取されていると疑い、『ユリシーズ』のアメリカ版の権利を勝手にランダムハウスに売ったことから起った。ジョイスはワグナーと同じく、周囲の人々が天才に奉仕するのは当然と考えていたのである。

ビーチのほか、『フィネガンズ・ウェイク』を連載した『トランジション』の創刊者マライア・ジョラス、ジョイスの詩集と『シェムとショーンの物語』を出版したブラック・サン・プレスの創設者カレス・

クロスビー、それに、秘書のベケットとの恋に破れ、統合失調症となったジョイスの娘ルチアなど、大才に尽くしながら、報いられることのまことに少なかった女性たちの生涯が列伝形式で語られていく。難点をいえば、ジョイスのパリの住処や「シェイクスピア・アンド・カンパニー」など、いずれも通りの名前だけで番地が書いていないこと。これでは、本書を片手に「ジョイスのパリ」を巡ることができないではないか。脇役たる編集者はこうした点にも目を配るべきである。

（『週刊文春』２００６年７月13日号）

選択肢、性と身体の罪、マイ・ラスト・ソング

×月×日

金沢、名古屋、大阪、倉敷と地方の講演や会議がたてこんで、なんとも疲労困憊の一週間であった。所々、移動にレンタカーを使ったが、ナビ装備ということで車任せにしていたら、ひどい目に遭った。ナビ誘導のままに進んでいくと、山道に入り込んで、最後は車幅と同じ幅の農道に。これはいかんと、やっと見つけたガソリン・スタンドで道を尋ねると、ナビのお陰でここらに迷い込んでくる車が少なくないとのこと。

岐路での選択を誤ると悲惨なことになるという見本のような話だが、ここから連想するのは日本近代史のターニング・ポイントでの選択肢のこと。あの時点で「こうしていたら」「あんなことをしなければ」と、歴史に if は禁物と言われるが、しかし、if を考えない限り、同じような失敗を繰り返す可能性がある

のも事実。

防衛庁防衛研究所の戦史部主任研究官であった黒野耐の『「たら」「れば」で読み直す日本近代史　戦争史の試み』（講談社　1500円＋税　→『「たられば」の日本戦争史　もし真珠湾攻撃がなかったら』に改題　講談社文庫　二〇一一年　524円＋税）は、まさにこうした近代史の if を検証して、日本が取るべきだった正しい道を探ろうとする試みである。

著者が問題設定としたのは、日本が絶対に回避すべきだった日米戦争という隘路へ入り込んだのは、どの分岐点でだったかということ。著者の検証した限りでは、日清戦争、日露戦争までは、日本の指導者の取った選択肢はおおむね正しかった。

誤りが起こったのは、日露戦争後の満鉄経営の問題で、アメリカの鉄道王ハリマンが提案した日米共同経営を日本政府が承諾しながら、外務大臣小村寿太郎の強硬な反対で撤回するという選択肢を選んだこと。

「満鉄の日米共同経営が成立するということは、日米両国民の間に目に見える形で、アメリカの資本と日本の労働力が結合したシンジケートを日本の軍事力が防衛するという姿が出現することになる」

満鉄の共同経営は日本の北進策とアメリカの門戸開放・機会均等政策の両方に合致しているから日米共存共栄のシンボルとなり、極東における「日露vs.米」という対立構造は生まれず、第一次大戦が勃発しても、日本は米英仏露の陣営に積極的に関与するから、戦後も「日英米の真の協調による東アジア太平洋の新秩序が形成されることとなる」。

この選択肢は、渋沢栄一などの知米派が期待したもので、実現の可能性はかなり高かったはずである。小村寿太郎の反対で決定が引っ繰り返ってしまったのはじつに残念。

次のifは、第一次大戦のさい、日本が英仏の要請に従って欧州戦線に本格参戦していればというものだが、もしかするとこれこそが最上の選択肢だったかもしれない。なぜなら、英仏に恩を売れたばかりか、アメリカの参戦も起こらなかったはずなので、戦後のアメリカの影響力も限定されたものになり、ベルサイユ会議での日本の孤立も避けられ、ワシントン会議はまったく違った様相を取ったはずだからである。その結果、たとえ第二次大戦が勃発しても、日本が枢軸国側に加担する可能性は生まれなかった。

「日本が第一次世界大戦で漁夫の利を占めたツケは大きかった。ベルサイユ・ワシントン体制が成立した以降の日本は、列強と中国と衝突してでもその勢力の拡大をはかっていくのか、中国のナショナリズムの高まりによる反日・排日行動のなかで日露戦争の成果だけを汲々として維持していくのかという選択肢しかなくなったのである」

濡れ手で粟のボロ儲けは個人でも会社でも国家でも誤りの元のようである。

×月×日

今年の大学院の授業では、私が最も苦手としたポール・クローデルの『繻子の靴』（渡辺守章訳　岩波文庫）の輪読を試みているが、それにつけても思うのは、クローデルを始めとするカトリック作家における原罪の観念の激しさである。なにゆえに、彼らは性愛と肉体をかくも強烈に抑圧し、葛藤に苦しまなければならなかったのか？

この問題に非常に明快に答えてくれるのがアナール派の泰斗ジャック・ル＝ゴフの『**中世の身体**』（池田健二・菅沼潤訳　藤原書店　３２００円＋税）。とくに、第一章「四旬節と謝肉祭の闘い――西洋のダイナミズム」は身体史の総括として重要。

ル＝ゴフはいう。身体の快楽（セックスと食欲）の饗宴である謝肉祭とそれに続く禁欲の四旬節の境目に相当するような歴史的転換は、ちょうど、キリスト教が中世社会の支配を完成した十二世紀のグレゴリウス改革に求められるが、それはキリスト教において、アダムとエバを楽園から追い落とした原罪の観念が大きく変化したのと呼応していると。すなわちキリスト教の初期において原罪は好奇心と驕慢の罪だったのが、セックスと身体の罪へと変わってしまったのだ。転換の源流には自身の生の苦悩に捕らえられていたパウロがいるが、決定的な役割を果したのは『告白』と『神の国』の著者で、回心を経験した聖アウグスティヌスである。四世紀にローマ帝国領アフリカにおいて快楽と彷徨の年月を過ごしたアウグスティヌスは「ミラノのとある庭園での神秘体験を契機にキリスト教へ回心する。病苦に苛まれた彼は、ある声がこういうのを聞く。『手に取れ、そして読め！』彼が読んだのは使徒パウロの書で、そこにはこう書かれてあった。『酒宴と酩酊、淫乱と好色（……）を捨て、主イエス・キリストを身にまといなさい。欲望を満足させようとして、肉に心を用いてはなりません』」。この回心を契機にして、キリスト教の原罪は「知識と驕慢の罪」から「性と身体の罪」へと変質を遂げる。修道院の僧侶などの少数派の慣習だったものが、都市に住む男女の大多数に波及していく。

「そして、そのためにより重い年貢を納めることになるのは女である。それも非常に長い年月にわたって」

×月×日

性愛の抑圧は明治期に輸入されたプロテスタンティズムが薩長の下級武士の儒教的禁欲主義と結び付く

ことで、近代日本の支配要素となるが、そのために「重い年貢」を納めることになった女たちの呻きは戦後の高度成長期まで断続して聞こえていた。

その呻きを戦前、戦後の歌謡曲の中に聞き取り、敏感に反応したのが久世光彦さんで、雑誌『諸君!』の長期連載「マイ・ラスト・ソング」はその偉大なる集大成だったが、久世さんの急逝により、連載も中断してしまった。『マイ・ラスト・ソング　最終章』(文藝春秋　1800円+税)は文字通り、その最終版。

美川憲一の「みれん町」が流行していた昭和四五年頃、「私」は家庭がありながら、仙台坂下のアパートで人妻と若い女優という二人の女を相手に懶惰《らんだ》な日々を送っていた。「一週間も経たないうちに、二人の女と別れた。別れたといっても、別に縁切り状を交わしたわけでもなく、取り立てて気まずい思いをした憶えもなかった。切れかけていたゴム風船の糸が、立てつづけに二本、ふとした風に吹かれただけの話だった。きっかけになった風は、三島由紀夫の自裁だったような気がする」。ユカリとは東京駅のステーションホテルの喫茶室で、別れた。人妻の美保はといえば、「ほんの短い間、激しく乱れた。『朝まで、いい?』(中略)誰かがアパートの鉄階段を昇りきったところで、傘をすぼめて雨の雫を切っている音がする。ラジオでは、明日の午後から天気が崩れると言っていたのに、天気予報はまた嘘をついた。『朝が来たのね/さよならね/街へ出たなら/べつべつね/ゆうべあんなに/燃えながら/今朝は知らない/顔をして/あゝあなたは/別れて/別れて/しまうのね』」。そのほか「カスバの女」「終着駅」「そして神戸」「東京ドドンパ娘」など私の好きな曲がたくさん取り上げられている。久世さん、いい歌をありがとう。合掌。

(『週刊文春』2006年8月31日号)

アメリカの真実、MANGA、奇跡の出版社

×月×日

毎年恒例となっていた九月のパリ旅行が航空券確保の難しさから取りやめになったので、急遽、行き先をロスアンゼルスに変更、三泊五日の小旅行を試みることにした。ニューヨークには行ったことがあるが、西海岸は初めてである。女性ディスクジョッキーの草分けで在米三十年を超える大村麻梨子さんに案内されての観光だったせいか、短い滞在ながらアメリカ社会の光と影を一気に学習することができた。片やポール・ゲッティ美術館やノートン・サイモン美術館に象徴される巨大な富の集積、片やアフリカ系・ヒスパニック系住宅街のすさまじいばかりの貧困。にもかかわらず、妙に明るい住民たち。さらに、ブッシュのような大馬鹿が大統領に成りうるという大いなる謎。

帰国して溜まった郵便物を開けると、小林由美『**超・格差社会アメリカの真実**』（日経BP社　1700円+税　→　文春文庫　二〇〇九年　686円+税）があったのでさっそく読み始める。いや、これはすごい。目から鱗式にアメリカ社会の謎を解明してくれた本である。

在米二十六年で経営戦略コンサルタントの著者はいきなりアメリカは、「特権階級」「プロフェッショナル階級」「貧困層」「落ちこぼれ」の四つの階層からなる極めて特殊な社会だと断定する。「特権階級」は純資産一〇億ドル以上の超金持ち四〇〇世帯と純資産一億ドル以上の金持ち五〇〇〇世帯からなる。「プロフェッショナル階級」は純資産一〇〇〇万ドル以上の富裕層と純資産二〇〇万ドル以上の専門職のアッ

パーミドル。

『特権階級』と『プロフェッショナル階級』の上位二階層を合わせた５００万世帯前後、総世帯の上位5%未満の層に、全米の60%の富が集中している」

残りの95%はというと、驚くなかれ、65%前後の「貧困層」と、永遠の貧乏を運命づけられた30%前後の「落ちこぼれ」だという。

では、われわれが昔憧れたようなアメリカ的中産階級はどこにいったのかといえば「プロフェッショナル階級」に上昇した一部を除いて、ほとんどが「貧困層」に転落している。アメリカは自由で平等で民主的な国だと信じるオプティミスムは健在だ。なぜなのだろう？　これが本書の問題設定である。

著者はこの謎を解くために、建国以来の金権体質にメスを入れる。独立戦争に始まり第一次大戦に至る社会変動のたびにエリート層に資本と権力が集中し、再配分が行われなかった歴史的な背景がまずある。「レバレッジを上げる手段はさまざまな資本だから、それがいったん集中したら、レバレッジ効果は等比級数的な違いを産む。そこにはもちろん投資リスクが伴うから、そのリスクを軽減する手段として、競争の排除や軍事・警察力、行政・立法・司法権、財政資金等の援護射撃が必要になる」。要するに、建国以来、アメリカではシステムのすべてが富の偏在に奉仕し、その傾向がレーガノミックス以来加速したわけだが、にもかかわらず、資本主義打倒の革命が起きない理由はといえば、「金持ちは正しい」という強烈なメンタリティがアメリカ人の心の根底にあり、「上から下までほぼ全員が新しいビジネスアイデアを必死で考え、その実現に人生の大半のエネルギーを投入し」、外交や政治・文化のことはあまり考えないからである。つまり、社会の不平等を是正することなどよりも、自分がビジネスで勝者となることが最優先されるわけだ。しかし、だとしても、なにゆえにブッシュのような男が大統領になれるのか？

それはアメリカの背骨である福音主義に原因がある。「強い信仰を持って優れたキャラクター（人格）に成長した人は、正しい判断を下せる。だから、知識や教育よりも信仰の方が遥かに大切である。（中略）したがって高等教育を受けた人間は信用できない――、とつながるわけだ」。ここから興味深い結論が導き出される。「アメリカの英雄像には高等教育は不要で、その代わり、自然の中で素朴に育ち、強く、勤勉な、人殺し、であることが不可欠だ」。だからこそ、いかにも頭が悪そうで信心深い戦争好きのブッシュが大統領に選ばれるのである！　格差社会に変容している日本にとって警告と啓示に満ちた書。

×月×日

超・格差社会アメリカで自らのクリエイティビティ一つでのし上がることのできる唯一の環境、それがシリコンバレーだと小林由美はいう。そのシリコンバレーで日本の漫画を売り込むことに成功したのがビズコミックス。その社長だった堀淵清治の**『萌えるアメリカ　米国人はいかにしてMANGAを読むようになったか』**（日経BP社　1600円＋税）は優れた日米比較書籍流通文化論になっている。

カリフォルニアでヒッピー生活をしていた著者は偶然小学館の重役と知り合い、日本漫画をアメリカに紹介する出版社を立ち上げるが、その独特な流通システムに戸惑う。アメリカではコミックスは「返本なしの完全買取り制」を基本とするダイレクトマーケットによってコミックショップに卸されていた。そのためマーケットの要請に応えるかたちでフォーマットに工夫を加えざるをえない。横文字・左開きのアメコミ式に順応させるため、「マンガのオリジナル原稿を反転印刷し、右読みから左読みに変換」させた上、吹き出しの形や向きも変えたのである。しかし、スタッフを悩ませたのは「ゴーッ!」とか「ズバーン」という日本の漫画独特のオノマトペだった。これには独自に英語のオノマトペを造語して対処した。こうした難関をクリアーして日本漫画は全米デビューを果たしたが、九〇年代のコミックバブル崩壊で事業は頓挫しかかる。そのとき活路を開いたのは、一般書籍の出版部門をスタートさせて一般書店流通ルートに漫画を乗せたこと。その際、著者は菊判というフォーマットを採用して日本式を市場に押し付ける。「かつて『日本式』のマンガを『アメコミ式』のフォーマットへと強引に変換しなくては相手にされなかったことへの静かな反逆をしてみたいという気持ちも少なからずあった」。かくしてアメリカマンガは菊判がフォーマットとなる。

いまや、全米における日本漫画の市場は一億七五〇〇万ドル。アメリカでもOTAKUは確実に増大しているようである。

×月×日

一般に中小出版社がマーケットで生き残るには、読者を泣かす(高定価)か、本を泣かす(貧弱な装丁・造本)か、さもなければ著者・訳者を泣かす(低額印税ないしは無印税)しかないといわれる。ところが、戦前に高定価ではあるがハイクオリティの造本・装丁でしかも、印税をきっちり支払うという奇跡を演じていた出版社があった。長谷川巳之吉率いる第一書房がそれである。長谷川郁夫**『美酒と革嚢　第一書房・長谷川巳之吉』**(河出書房新社　5800円+税)は偶然、同姓の著者が、この伝説の出版社の軌跡を追った本。刊行書目をもって自叙伝に替えると自負する長谷川は、大正から昭和にかけて堀口大學のフランス装丁の瀟洒な本や萩原朔太郎の革装丁豪華本を世に問うて、岩波文化や講談社文化に対抗する第三の潮流となりえたが、自ら小出版社を倒産させたことのある著者は、この「採算を度外視して」という第一書房神話にはどこかウソがあると見抜き、そのカラクリを追求してゆく。その結果、明らかになったのは長谷川巳之吉が松村みね子（本名片山廣子）・大田黒元雄といったパトロンの金で「採算度外視」という神話を創り、その神話を隠蓑《かくれみの》にして「良心的出版人長谷川巳之吉」というブランドを流通させるという高等戦術を駆使していた事実である。

たしかに神話には汚い裏がある。しかし、第一書房がなかりせば戦前の高踏的書籍文化も存在しなかったわけで、功罪半ばよりも、功の方がはるかに大きかったのではないか？　戦前の中小出版社興亡史としてもおもしろく読める。たいへんな労作である。

（『週刊文春』２００６年10月5日号）

石油危機、ジャポニザン、明治の肖像

×月×日

最近、パックツアーでは、よほど注意して小文字まで読まないと、得したことにならない。先月もパンフレットに「ロス五日間七万五〇〇〇円の旅」とあるから、これは安いと申し込んだのだが、実際には空港利用税等と燃油チャージの名目で二万五〇〇〇円が加算されていた。それでも安いじゃないかと言うなかれ。なんと三十三％の別料金徴収である。不当表示にはならないのだろうかと思っていたら、今月から

はついに航空運賃そのものが値上がりした。いずれドル持ち出し制限以前のように、気軽に海外に行けなくなる時代が到来するにちがいない。すべてはこれ、原油価格の値上がりが原因である。昨年来、原油価格は右肩上がりで値上がりを続け、今年に入ってカーヴはさらに急勾配になった。

値上がり要因として、中国の消費拡大ばかりが喧伝されているが、じつは、もっと恐ろしい、隠された要因があると主張するのが、ジェレミー・レゲット『**ピーク・オイル・パニック　迫る石油危機と代替エネルギーの可能性**』（益岡賢＋植田那美＋楠田泰子＋リック・タナカ訳　作品社　２４００円＋税）である。

オックスフォードで地質学を学んだ後、国際的石油企業でコンサルタントを勤めた著者によると、世界は「石油は三〇年もつ」という前提で動いているが、本当に問題なのは、実際の埋蔵量ではなく、産出量が頂点に達するポイント（これをピーク・オイルと呼ぶ）であるという。石油メジャーやブッシュ政権、及び経済ジャーナリズムは世界には二兆バレルの石油が残っているからピーク・ポイントは二〇三〇年まで持ち越され、その間に代替エネルギーの開発は十分に可能という「遅いピーク・ポイント説」を採用しているが、石油のプロである著者は「残された石油は一兆バレルしかない」ので「ピーク・ポイントは、どんなに遅くても今後一〇年以内には確実に訪れる」という「早いピーク・ポイント説」を採る。もしこれが真実なら、経済は「現実」よりも恐怖の予感で動くから、「残りはまだ三〇年分以上あるというのに、世界はパニックに陥ることになるのだ」

これが狂信的なエコロジストによくあるような黙示録的な脅しではなく、石油のプロゆえの深刻な危惧であると思われるのは、石油埋蔵量と産出量の解説に説得力があるためだ。石油は新たな油田の発見が行われるか、消費量が減少すれば大きな火種にはならないはずだが、現実には、一九七〇年代以降大きな油田の発見は行われていないのに、消費量は大幅に伸びている。また産出量はピーク・ポイントを過ぎると釣り鐘型のカーヴを描いて減少する。現にアメリカの油田は一九七〇年にピークが訪れ、サウジの油田にもピークが来ている兆候がある。世界のトータルでもピーク・オイルは五年以内に迫っている。

こうした悲観論に対して、オイルサンド、瀝青《れきせい》、オイルシェールなどの非在来型石油がまだまだあるし、石炭の液化も可能だから心配無用という楽観論があるが、これらの代替燃料は採掘にコストがかかる上に、膨大な二酸化炭素を発生させる。さらに二酸化炭素よりも有害なメタンを放出するから、いまでさえ深刻な地球温暖化はもっとひどくなるだろう。

しからば、代替エネルギーの開発はというと、アメリカが石油既得権益の網で雁字搦《がんじがら》めにされているため、開発に拍車がかからない。ゆえに、「もっとも現実性のあるシナリオは、世界がこのまま集団否認をつづけたまま、押し流されていくというものである」。ピーク・ポイントが近づくにつれ、警告者が正しかったのかもしれないという認識が急速に高まるだろうが、もうそのときには、世界は未曾有のパニックに襲われているのである。

エコロジスト的左翼であるせいか、第二のアメリカになりそうな中国の脅威に触れていないのが難点といえば難点だが、たしかに「起こるべきことは必ず起こる」のである。

×月×日

以前、『東京人』の「ビンテージもの特集」で紹介したことがあるが、神田神保町には廃業したレンタル・ビデオ店から回収されたビデオを専門に扱う非常にマニアックな中古ビデオ店「えいが堂」が存在する。毎週、金曜日の夕方にそこを訪れると、一本十数万のレアーものを争って買う「いとこポンス」のような重度なオタクが集まり、連帯感と嫉妬のないまぜとなった複雑な表情を示しながら店主たちとディープな会話を交わしている〔後記。残念ながら今はない〕。

これと同じことが一三〇年ほど前のパリでも起こっていた。一八七八年のパリ万博を機にパリに渡った林忠正が若井兼三郎と共同経営で開いた日本美術品の輸入店「若井・林商会」(ドートゥヴィル通り)と、ドイツ人ジークフリート・ビングがプロヴァンス通りに設けた日本骨董店である。この二つの店では、日本趣味という同一の情熱で結ばれたマニア(ジャポニザン)が、互いに他を牽制し、友情のこもった熱い会話を交わしながら、入荷した浮世絵や工芸品を争うように購入していったのである。

こうしたジャポニザンたちの中にゴンクール賞に名を残す写実主義の小説家エドモン・ド・ゴンクールがいた。小山ブリジット『夢見た日本　エドモン・ド・ゴンクールと林忠正』(高頭麻子・三宅京子訳　平凡社3800円+税)は、ゴンクールのコレクションがどのように形成されていったか、その軌跡を、林とゴンクールの人生の交わるところに迫った評伝スタイルの研究書である。一八八三年頃に林と知り合ったゴンクールはただちに林の中に自分の芸術的感性に近いものを見て、マチルド皇女のサロンに紹介したり、自宅に招いたりした。林もゴンクールの情熱に応えて、顧客の域を超える友情を示した。林宛てのゴンクールの手紙には美術品の到着を最初に知らせてもらったことに対する深い満足が語られている。「ジャポニザン同士の競争意識は烈しかった。彼は、何人かの金持ちの極東美術愛好家に経済的には太刀打ちできないことがわかっていたので、林との特権的な交流に頼って、最高に興味深い品々を見つけようとしたのである」。おかげで、ゴンクールは『芸術家の家』という小説に描いたようなコレクションをつくりあげることができたのだが、その死とともにコレクションは競売に付される。カタログにはこんな遺志が掲げられていた。「私は、これらの一切が競売吏の小槌とともに売り払われるよう望む。そしてその一つ一つを手に入れたときの私の喜びが、また再び、私の趣味を引き継いでくれるそれぞれの相続人に味わわれるよう望んでやまない」。ゴンクールはコレクターの仁義を守ったのである。

×月×日

コレクションというのは不思議なものである。コレクターがある明確な意思をもってアイテムを集めるのではない。むしろ、アイテムが一定の量を超えると、自動的にコレクションが「始まってしまう」のだ。

第一次伊藤博文内閣で文部大臣をつとめた森有礼という人物も、こうしたコレクションのオートマティズムには逆らえなかったコレクター気質の人だったらしい。犬塚孝明・石黒敬章『**明治の若き群像　森有礼旧蔵アルバム**』(平凡社　3400円+税)は、薩摩藩士として幕末にロンドンに留学した森有礼が彼の地で始めた名刺判写真のコレクションを集大成し、そこに映し出されている人たちとの交流を描いた評伝であるが、非常に珍しい歴史上の人物の顔写真が拾われているので、幕末・明治ファンは是非とも手元に置いておきたい一冊となっている。驚いたのは、私が『妖人白山伯』という小説で描いたモンブラン伯爵の助手斎藤健次郎や、アメリカに渡航して奴隷として売られる直前に撮られた十三歳(?)の高橋是清の幻の写真が収録されていること。限りなく貴重なコレクションというほかない。

(『週刊文春』2006年11月9日号)

西洋絵画、戦争責任、木戸幸一

×月×日

某誌に連載中の薩摩治郎八伝の取材で徳島を訪れる。ついでに鳴門まで足を伸ばし、慇懃の編集者Sさんから「是非とも見るべし」と強く勧められていた大塚国際美術館を見学する。いやぁー驚きましたね、聞きしに勝る「驚天動地の美術館」であった。飾られているのは世界中の美術館の名作を陶板で正確無比に再現したレプリカなのだが、このレプリカの展示方法がすごいのだ。たとえば、システィーナ礼拝堂の「最後の審判」の壁画は内部の構造まで三次元的に再現されているし、またミラノのサンタ・マリア・デッレ・グラツィエ修道院のダ・ヴィンチ「最後の晩餐」は修復前と修復後の両方が対面で展示され、比較検討できるようになっている。中でも驚いたのは「神聖受胎の部屋」。フラ・アンジェリコを始めとする同主題の名画が一つの部屋に一堂に会しているのである。そのほか、フェルメールの部屋とかカラヴァッジョの部屋とか、同一画家の主要作品を網羅した部屋は多数。要するに、これは三次元の「世界美術大全集」なのである。美術愛好家なら、一度は訪れる価値がある。

というわけで、帰京後、書店で最新の「世界美術全集」を探したら、**『西洋絵画の巨匠』シリーズ**（小学館　各3200円＋税）が棚に並んでいた。ラインナップはモネ、ゴッホ、ダリ、ルノワール、フェルメール、モリゾ、ピカソ、ダ・ヴィンチ、ウォーホル、ゴヤ、カラヴァッジョ、ファン・エイク。注目すべき第一は印刷技術の向上。一昔前の画集とは比べ物にならないハイ・クオリティである。注目点の第二は解説の日本人学芸員の実力が国際水準に近づいていること。文学研究者の質が落ちるのに反して美術研究者のそれはずいぶん上がっているようだ。この画集を持って大塚国際美術館を再訪してみたいものである。

×月×日

内閣が替わって、靖国問題は棚上げとなったが、A級戦犯の問題が片付いたわけではない。東京裁判は戦後日本の出発点として詳しく再検討される必要がある。それには一次資料の閲覧が不可欠だが、裁判の長期化と冷戦の開始のおかげで占領当局は関連資料の刊行を断念したばかりか、資料公開の措置も取らなかった。しかし、資料は紛失したわけではなく、ワシントンの米国公文書館には国際検察局の尋問調書が保管されていた。粟屋憲太郎『**東京裁判への道**』（講談社選書メチエ　上巻1600円＋税　下巻1500円＋税

↓　講談社学術文庫（合本）　二〇一三年　1500円＋税）は、この膨大な尋問調書を調査して、戦争責任の所在を追求した労作である。

興味深い点は多々あるが、その最たるものは内大臣木戸幸一が裁判に臨んで下した決断である。木戸は宮中の帰りに実弟の和田小六邸で、その娘婿都留重人から助言を得たことを日記に書き留めている。「都留君より米国の考へ方は内大臣が罪を被れば陛下が無罪とならるゝと云ふにはあらず、内大臣が無罪なれば陛下も無罪、内大臣が有罪なれば陛下も有罪と云ふ考へ方なる故、充分弁護等につき考ふるの要ある旨話あり。何か腹の決まりたる様な感を得たり」。すなわち、木戸は軍部に責任を被せて、天皇と自分を救うことを決意し、検察当局に『木戸日記』を提出したのである。この『木戸日記』が検察当局にとって、「日本のユダ」田中隆吉元陸軍省兵務局長の証言と並んで、戦犯容疑者の選定と有罪立証の最大の武器となる。

だが、天皇を救うため『日記』を提出した木戸の目論見はサケット検事の執拗な追及で危うく破綻しそうになる。天皇の平和的意思を強調する木戸に対して、サケットはアメリカ人らしい合理的思考で迫り、重要なのは「天皇の意思」ではなく、戦争回避のためにどんな行動を取ったのかだと問い詰める。そして、満州事変や仏印進駐について「事態が絶望的な状態になったとき、天皇は戦争を終了させるためにきわめて積極的な態度をとったことを知っています。彼がそう望めば、同じ権限によってこの当時も積極的に指導することができたのではありませんか」と天皇の行動を質した後、対英米戦の決定に関して「天皇は、もし（日米）交渉が失敗したら、日本は体面を失わずに中国から撤兵することはできないので、残された唯一の選択として米国と戦わざるをえないとの意見を、あなたに述べたのではないですか」と迫った。その結果、木戸は最後の御前会議で「天皇が政府や統帥部の意見をうけて、事態の唯一の解決法として対米開戦にみずから同意したことを認めることになった」。このように検察局は天皇訴追に動いていたのだが、最終的にはマッカーサーの強い意向が働いてキーナン検察局長は天皇不訴追を指示したのである。

このほか、個人的興味が向かうのが「皇道派」の真崎甚三郎大将が検事に対して見せた追従的な態度である。真崎は尋問が始まると「私は米国に対し、尊敬と親愛の情を抱いています。（中略）私は今、日本がみずから、天皇の力をもってさえ実現できなかったことが、米国の力によって達成されたことを実感しています。このため現在の私の感情は喜びと後悔とが混じりあっています」とグロテスクなおもねりを重ねるが、結局、「彼の検察への媚態とも思える協力ぶりは、法務官の一人を動かし、きわどいかたちで被告除外という果実をもたらした」のである。

これと反対なのが元総理大臣広田弘毅。広田弘毅は検事の尋問にあたうかぎり誠実に答え、責任転嫁しなかったが、自殺した近衛文麿の戦争責任を押し付けられるかたちで被告の列に加えられ、文官でただ一人絞首刑の判決を受けた。ここから引き出される結論。欧米人が相手の場合、どんなに自己正当化しようが、弁明にこれつとめた者が勝ち、抗弁しないものは負ける。真崎不起訴、広田極刑の分かれ道はこの事実を象徴的に示している。

×月×日

『東京裁判への道』を読んでいると、どうしても昭和史の勉強不足が気になってきたので、何か手軽な参考書はないかと書店を探すうち、目にとまったのが筒井清忠『**二・二六事件とその時代　昭和期日本の構造**』（ちくま学芸文庫　１３００円＋税）。一九八四年に初版が出た「古典」だが、いま読んでも非常におもしろい。とりわけ、広範な読者を意識した第三章以下の昭和の陸軍史と二・二六の考察は見事。

一九二一年、ドイツの保養地バーデン・バーデンに、駐在武官として各国に滞在中の陸士十六期生の三羽烏、永田鉄山、小畑敏四郎、岡村寧次が集まり、第一次大戦を総括して、日本が次の戦争に勝ち抜くには、長州閥が壟断《ろうだん》する陸軍を立て直し、総力戦体制を確立しなければならないと誓いあった。その後、これに東條英機が加わって「バーデン・バーデンの盟約」が交わされた。彼らは帰国後、長州閥に対抗する荒木貞夫、真崎らの「九州閥」をもり立てて「初期皇道派」を形成するが、やがて、永田と小畑の反目が深まり、ここから荒木、真崎をかつぐ青年将校の皇道派と永田鉄山一派の統制派が生まれ、両派の反目は激化する。そして、相沢中佐事件、二・二六事件が相次いで起こり、統制派の勝利、日中戦争、日米開戦へと進むのだが、とりわけ、興味をそそられるのは、二・二六事件で内大臣秘書官長木戸幸一が果たした決定的役割である。本庄侍従武官長とほぼ同時に参内した木戸は、天皇が「早く事件を終熄せしめ、禍を転じて福と為せ」と本庄に命じたと聞くと、「①現内閣の辞職を許さない②天皇の方針を叛乱の鎮圧一本にしぼる」という献策を行った。とりわけ「①現内閣の辞職を許さない」が絶妙な効果を発揮して、皇道派内閣の樹立の試みはすべて水泡に帰す。二・二六はまさに木戸幸一によって潰されたのである。昭和のターニング・ポイントには必ず木戸幸一がいる。そんな感じのする二冊であった。

（『週刊文春』２００６年12月21日号）

その他のおもな書評（2006年）

『毎日新聞』「今週の本棚」

2006年1月15日 岡田尊司『脳内汚染』文藝春秋 1600円＋税（↓ 文春文庫 571円＋税）

2006年2月19日 立花隆『天皇と東大 大日本帝国の生と死』上下 文藝春秋 各2667円＋税（↓ 文春文庫 Ⅰ 714円＋税 Ⅱ 705円＋税 Ⅲ 714円＋税 Ⅳ 762円＋税）

2006年3月26日 内藤初穂『星の王子の影とかたちと』筑摩書房 2800円＋税

2006年4月30日 ジャック゠ルイ・メネトラ『わが人生の記 十八世紀ガラス職人の自伝』喜安朗訳 白水社 7400円＋税

2006年6月4日 ケン・オールダー『万物の尺度を求めて メートル法を定めた子午線大計測』吉田三知世訳 早川書房 2800円＋税

2006年7月9日 アンリ・トロワイヤ『ヴェルレーヌ伝』沓掛良彦、中島淑恵訳 水声社 5000円＋税

2006年8月13日 ステファヌ・クルトワ他著『共産主義黒書 犯罪・テロル・抑圧 コミンテルン・アジア篇』高橋武智訳 恵雅堂出版 3000円＋税

2006年9月17日 内田樹『私家版・ユダヤ文化論』文春新書 750円＋税

2006年10月22日 アンリエット・ヴァルテール『西欧言語の歴史』平野和彦訳 藤原書店 5800円＋税

2006年11月26日 片桐三郎『入門 フリーメイスン全史 偏見と真実』アムアソシエイツ 2200円＋税

2006年12月17日 2006年「この3冊」 シャルル・フーリエ『愛の新世界』福島知己訳 作品社 7800円＋税

アンリエット・ヴァルテール『西欧言語の歴史』平野和彦訳 藤原書店 5800円＋税

長谷川郁夫『美酒と革嚢 第一書房・長谷川巳之吉』河出書房新社 5800円＋税

『東京人』「本」

２００６年１月号　マルジャン・サトラピ『ペルセポリスⅠイランの少女マルジ　Ⅱマルジ、故郷に帰る』園田恵子訳　バジリコ　Ⅰ　１４００円＋税　Ⅱ　１５００円＋税

２００６年４月号　トゥインカ・スィーボード『回想するヘンリー・ミラー』本田康典・小林美智代・泉澤みゆき訳　水声社　２０００円＋税

２００６年６月号　沼野充義・沼野恭子『世界の食文化⑲ロシア』農文協　３０４８円＋税

２００６年９月号　水道橋博士『博士の異常な健康』アスペクト　１３００円＋税（↓幻冬舎文庫　６００円＋税）

２００６年１１月号　頭山満『頭山満言志録』書肆心水　３３００円＋税

2007年

1月9日	アップル社、iPhoneを発表
	防衛省の設置
2月18日	第1回東京マラソンが開催
3月6日	北海道夕張市、財政再建団体に指定
3月25日	能登半島地震
3月30日	東京ミッドタウンがオープン
4月16日	バージニア工科大学銃乱射事件
4月17日	長崎市長射殺事件
4月29日	改正祝日法により「昭和の日」に
5月4日	改正祝日法により「みどりの日」に
5月14日	憲法改正の手続を定めた国民投票法が参議院で可決・成立
5月16日	ニコラ・サルコジがフランス大統領に就任
6月28日	ゴードン・ブラウンがイギリス首相に就任
7月16日	新潟県中越沖地震。柏崎刈羽原子力発電所が運転停止
7月29日	第21回参議院議員通常選挙。民主党が躍進し、与党の自民党・公明党が惨敗
8月	サブプライム問題が表面化
9月	ミャンマーの反政府デモが激化（サフラン革命）
9月7日	ラグビーワールドカップ2007フランス大会が開幕（—10月20日）
9月26日	福田康夫が第91代内閣総理大臣に就任
10月2日	第2回南北首脳会談
11月1日	テロ対策特別措置法が失効
12月17日	「ねんきん特別便」の発送を開始

物流、情報、モードと建築

×月×日

久しぶりにパリのパサージュを片端から歩いてみる。パリの街も再開発の波に洗われ、「商業化石」であるパサージュにもそれが及びはじめている。ならばこの際、完璧な記録を残しておこうと思いたったのである。すでに消滅したパサージュもあり、タイミング的にはギリギリだったようである。いずれ、パサージュの本を書くことにしよう〔『パリのパサージュ　過ぎ去った夢の痕跡』コロナブックス　平凡社〕。

この散策の途中、パサージュ・ジュフロワの古本屋で画集ばかりを買ったら、なんと重さ二十キロ。船便で送ってもらうしかない。帰国後十日ほどすると、荷物が送られてきた。どうやら、船便指定なのに航空便で届いたようだ。ラッキー！と思ったら、どうもそうではないらしい。コンテナを使い、航空便と船便を組み合わせた格安・短期間の輸送法が登場していたようだ。一昔前なら二カ月かかったのだから、驚くべき短縮ぶりである。

マルク・レビンソン『コンテナ物語　世界を変えたのは「箱」の発明だった』（村井章子訳　日経BP社　2800円＋税　→　日経BP社　二〇〇七年　Kindle版）は、今日の物流グローバリゼーションの原点はコンテナの活用にあったことを例証した興味深い本である。コンテナ自体はすでに十九世紀からあったが、コンテナを運輸革命の中核に据えるという「システムの発明」は堅忍不抜のアメリカ人企業家マルコム・マクリーンが最初である。創意工夫に富んだトラック輸送業者だったマクリーンは零細企業を全米最大級の運輸会社に育てあげたが、交通渋滞を回避する方法を考えているうちに画期的なアイディアを思いつく。

「混雑した沿岸道路を走るぐらいなら、トレーラーごと船に載せて運べばいいじゃないか」。だが、すぐにトレーラーを船で運ぶのは非効率だと気づく。「トレーラーからシャーシ（車台）を外してただの『箱』にしてしまうのである。こうすれば、容積は三分の一ほども減る。それに、もっといいことがあった。車輪のついていないボディなら段積みできる」。港までトレーラートラックで運んだ「箱」をクレーンで船に積みこみ、荷揚港で待つトラックにそれを移せばいいのだ。

従来、海運業ではそれぞれの荷物を港で沖仲仕が個々に荷揚げ・荷下ろししていたので、労働集約的な要素が強かった。海上貨物輸送にかかる経費の六〇～七五％は、波止場で発生していたのである。コンテナ・システムではこの労働集約的な過程がカットされるから、コスト削減の幅は著しいはずだ。こう考えたマクリーンは老朽タンカーを改造し、アルミ製コンテナの専門家を雇い、港に敷地とクレーンを確保し、様々な規制もクリアーして、ついにシステムを完成する。時に一九五六年四月二六日のことだった。ニュージャージー州ニューアーク港から、五八個のアルミの「箱」を積み込んだアイデアルX号がヒューストンに入港すると、五八台のトレーラートラックが待ち構えていて「箱」を載せて目的地へ向かったのである。「これが、革命の始まりだった」。「マルコム・マクリーンがすぐれて先見的だったのは、海運業とは船を運航する産業ではなく貨物を運ぶ産業だと見抜いたことである。（中略）輸送コストの圧縮に必要なのは単に金属製の箱ではなく、貨物を扱う新しいシステムなのだということを、マクリーンは理解していた」

×月×日

コンテナ・システムが物流グローバリゼーションを可能にしたとしたら、情報革命は当然インターネットということになるが、ネット登場前はテレビがこの役割を担っていた。われわれは、テレビでアメリカのホームドラマを見て、クルマや電化製品の溢れる豊かな中産階級の生活に憧れ、モノを介してアメリカン・ドリームを実現しようと願ったのだ。つまり、テレビが戦後の高度成長のきっかけになったわけだが、そのテレビの日本導入に関しては、電波監理委員会の免許認可で日本テレビ（アメリカ方式）がNHK（独自方式）を蹴落として逆転勝利した謎など不透明な闇につつまれたエピソードが多かった。

この放送史の暗闇に光を投げかけたばかりか、アメリカによる日本の文化的再占領問題にまで切り込んだ驚愕の書が有馬哲夫『日本テレビとCIA　発掘された「正力ファイル」』（新潮社　1500円＋税　↓宝島 sugoi 文庫　二〇一一年　667円＋税）である。

テレビ導入問題におけるアメリカの役割の解明につとめていた著者はワシントンの国立公文書館で「CIA文書正力松太郎ファイル」を発見する。この正力ファイルは「正力による日本へのテレビ導入はアメリカが政策として『仕組んだ』ものだった」という事実を明るみに出すA級資料だった。すなわち、冷戦の激化に危機感を抱いたアメリカ保守派は反共プロパガンダ戦略の一環として日本からフィリピンに至るマイクロ波通信網を構築しようと図り、その第一歩として、日本にテレビ局を開設させることにしたが、このとき日本側の受け皿として白羽の矢が立ったのが「新聞王」正力松太郎だったのである。正力は「ポダム」という暗号名を与えられ、日本テレビは「ポハイク」、作戦自体は「クムキャシャー」と呼ばれたが、作戦は正力には「知られないように」実施された。

とはいえ、この反共スキームはＣＩＡの完全主導の元に実施されたわけではなかった。アメリカの反共保守といっても、①ＶＯＡ（VOICE OF AMERICA）を反共プロパガンダ機関に変えた上院外交委員会グループ②戦前の駐日大使ジョゼフ・グルーを中心とする反共・親日のジャパン・ロビーなど、利害を異にする集団があり、これが互いに牽制しあい、対日利権の奪い合いを演じていたからだ。

正力の取り込みで先行したのは上院外交委員会グループだったが、一〇〇〇万ドル借款問題でエージェントのホールシューセンが躓いた結果、今度は、ジャパン・ロビーのエージェントとなったドゥマン・グループが正力に接近、元戦略情報局長官のドノヴァンの力を借りて、ＣＩＡの協力を得ようと目論む。しかし、ホールシューセンが巻き返しを図り、これに吉田茂と鳩山一郎の抗争がからんで怪文書が飛び交い、事態は伏魔殿の様相を帯びるに至る。結局、当初のテレビ・マイクロ波通信網は壮大すぎて挫折するが、大局的に見ると、テレビを使ったＣＩＡの文化的再占領作戦は見事に成功したといえる。なぜなら、我々は親米プロパガンダの一環として選ばれたアメリカン・ホームドラマを見ることによって完全にアメリカ好きに洗脳されてしまったからである。

×月×日

パサージュといえば、どうしてもベンヤミンの『パサージュ論』を思い出さずにいられないが、ベンヤミンがパサージュなどの鉄骨建築とパラレルな関係にあるものとして注目していたのがモードである。モードと建築を観察すると、その時代の「集団の意識」、ユング的にいえば集合的無意識の相が見えてくるというわけだが、ベンヤミンに先だってこの問題をクロノロジックに論じたのが、世紀末のイラストレーターであり、歴史考証家であり、SF小説『二〇世紀』などの作者でもあったアルベール・ロビダの**『絵で見るパリモードの歴史　エレガンスの千年』**（北澤真木訳　講談社学術文庫　1150円＋税）。

ロビダはのっけから「この世でもっとも新しいもの、それは、とことん時代遅れになったものの中にしかない」というジョゼフィーヌの衣装デザイナーの言葉を引用し、モードの永劫回帰性を指摘してから、こう断言する。「もっとも美しいモードは、いま現在のモードである」。ここには、後にジンメルなどの哲学者が挑戦することになるモード論の萌芽がある。また、モードと建築の関係についてもロビダはこう言う。「まず明らかにしておかなければならないのは、服飾術と建築術はきわめて親しい関係にあることだ。モードと建築は姉妹なのだ」。ロビダ恐るべし。思想もまた永劫回帰なのである。

（『週刊文春』２００７年2月8日号）

古書、中国人、ベルト・モリゾ

×月×日

新連載と出版予定本の打ち合わせで神田神保町の事務所に編集者が毎日訪れてくる。それにしても、なにゆえに、骨身を削ってまでこれほどたくさんの原稿をこなし、かつ木を出さなければならないのか？ベストセラーなど永遠に出ないところに持ってきて、出ていく金ばかりが大きくなり、収入を拡大する必要に迫られているからだ。第一に、溜まる一方の本を収納するスペース確保のため、第二に消費税を含めると五十五％の最高税率に達してしまった税金を払うため。これぞ永遠の悪循環。トホホ。にもかかわらず、T書店の前の歩道に整理本が「捨てられて」いるのを見ると、つい箱の前に立ち止まって何冊か拾ってきたりするから因果である。本自体はタダでも、拾ってくれば場所代が懐から出ていって、また働かなければならないというのに！

近代作家自筆原稿収集の鬼として知られる古書店主青木正美の**『ある古本屋の生涯　谷中・鶉屋書店と私』**（日本古書通信社　2800円＋税）は、痴漢体験まで含めて赤裸々に語った青春日記の傑作『青春さまよい日記』『二十歳の日記』の続編に当たるものだが、今回は、商売人として成長していく過程で大きな影響を蒙った谷中・鶉屋書店店主飯田淳次との出会いと別れが中心にして語られている。

冒頭描かれるのは脳梗塞で倒れた飯田淳次のコレクションの売立入札の模様。著者は室生犀星の『抒情小曲集』の自筆本に狙いを定め、二一六万四〇〇〇円から六一四万四〇〇〇円まで六枚の札を入れる。「自分があの列に置かれてある品の一つに六百万円まで書いた札を入れてあるという安心感と、一方同じ思いの人間の一人や二人必ずいるものだという不安とが交錯していた」

やがて開札の発表。「『……六百十四万四千円で青木さん……』」

大きな嘆声がそこここに起きた。私に、何とも言えぬ喜悦と矜持と、そして仇討でも果したような爽快な気分とが胸にこみ上げて来た」

この描写からもある程度想像がつくように、著者にはコレクターの気質が色濃く残っているため、古書は商品と割り切ることができない。

「どうしても本を商品とは思えないような蒐集家的な素質が多すぎる。買うのはよいが売るのに未練がつきまとい、容易に在庫が減らないのでニッチもサッチも行かないほど本をため込んでしまう。天性的に商人にはなれ切れないのである。そのことで悩むかと言うと反対で、そのことだけが空しい商人の生活の中での生甲斐にさえなっている」

先輩の鶉屋書店店主飯田淳次を慕ってその伝記を書こうと思い立ったのも、飯田の中に挫折した文学青年の面影を見たからである。昭和二十五年の日記帳には二人の出会いのシーンが書き留めてある。ベレー帽の若い店主が小母さんに店番を頼んで出ていってしまった後、著者は百円の『友情』を万引きしようとする。

「盗もうか、盗むまいか？　自分の頭には血が上り、胸は早鐘のように鳴り、本を持つ手も震えて来る。カバンに手を伸ばすか？　伸ばさざるべきか……長くも短くも感じられた時が流れた。……と、その時、『小母さん、どうも！』と言う、店の主人の声が背後でした。

自分の手は震え続け、容易に止まらなかった」

鶉屋・飯田淳次が死を迎える一九八九年までの日記にはバブルに向かう古書業界の内情が描かれていて興味が尽きない。ちなみに「あとがき」によると、著者がかつて落札した『抒情小曲集』は、いまやドン底の古書業界では値があがらず、やっと「銀行利子ほどの利を加えて」金沢の文学館に納入されたという。

×月×日

一国の文明度を計るバロメーターの一つに、自分の国の犯した悪行を過不足なく実証できる人がいるか否かというのがあるが、共産中国もだいぶ文明度が高くなってきたと言わざるをえない。その証拠に、趙無眠を名乗る匿名氏がネット上で公開したシミュレーションの書籍化である**『もし、日本が中国に勝っていたら』**（富坂聰訳　文春新書　750円＋税）は、中国が抗日戦中に犯した犯罪行為（九〇万人の犠牲者を出した花園口での黄河決壊工作、死者二万人の湖南省での焦土作戦、中国共産党による延安でのケシ栽培、国民党軍の従軍慰安婦）などを暴露しているばかりか、日本が戦力の漸次投入などという愚かな戦略を取らずに、二〇個師団で一気に中国に攻め入っていたら中国軍は間違いなく敗北し、世界はいまとは変わっていたかもしれないというイフをかなり肯定的に語っているからだ。その場合、どうなったのかというと、意外や意外、日本は完全に中国化し、中国の一部になっていた！

「日本が中国を征服し統一することは、中国が日本を征服して統一することと全く同じ結果――中国はひとつである――になるからだ」

なぜかといえば、日本は古来、中国文化の影響を受け、中国本土では完全に失われてしまった漢民族的なエートスを受けつぎ、中国人よりも中国的な民族に変わっていたので、清朝よりもはるかに中国的な中国が誕生していたにちがいないからだ。

「もし日本に中国を征服する能力さえあれば、それは中国の歴史に新しい王朝が加わるだけのことで、外部の民族が中原に入り中国人となることと同じである」

なんだか、タイムパラドックスものを読むような結論だが、リアリティはかなりある。

×月×日

都美術館で開催中の「オルセー美術館展　19世紀　芸術家たちの楽園」では、マネの『すみれのブーケをつけたベルト・モリゾ』がポスターやカタログに大きくフィーチャーされているが、この絵を眺めるたびに心に浮かんでくるのは、マネとモリゾの間に恋愛感情は起こらなかったのだろうかという疑問である。というのも、何度もマネのモデルを務めると同時にマネを師と仰いだモリゾに恋愛感情が起こらなかったはずはないし、また女好きのマネがモリゾに欲望を感じないはずもないからだ。

この問題に想像力を駆使しながら取り組んだのが、ドミニク・ボナ**『黒衣の女ベルト・モリゾ　1841-95』**（持田明子訳　藤原書店　3300円＋税）。ドミニク・ボナは、ジェラール・ドーヴィル（詩人エレディアの娘で、アンリ・ド・レニエ夫人にしてピエール・ルイスの愛人）やガラ（エリュアールの最初の妻。後にダリ夫人となる）などのファム・ファタルを華麗な筆致で描いて玄人筋をうならせた女流伝記作家であり、当然ながら、その興味はマネとモリゾの「愛と芸術の葛藤」にフォーカスされる。

「彼女の前に、まず何よりも非常に魅力的な一人の男性がいる。（中略）ベルト・モリゾは、彼の魅力に抗うのは難しいことをおそらくまだ知らない。彼女の前に彼が初めて現れたとき、彼女は何を感じたのだろうか。ブロンドのひげや笑みをたたえた目や、男性としての強烈な魅力が、すでに多くの女性の例があるように、彼女を引きつけたのだろうか。画家になることを夢見ているこの若い女性にとって、出会いは途方もないことだった――並はずれた芸術家にようやく紹介されたのだから」

結局、生まれ育った厳しいブルジョワ的倫理観からモリゾはマネとの不倫の関係には至らず、弟のウージェーヌ・マネとの結婚を選ぶことになるが、それは彼女が「絵画」を終生の伴侶とする決心を固めたためだった。

「絵画、育ちのよい娘のこの趣味がすでに生活の目的であり中心となり、職業になろうとしていることを彼女は自覚した。（中略）この情熱を阻止しうるものはもはや何もない、男性の愛さえも」

（『週刊文春』2007年3月15日号）

パリ、ブラッサイ、エッツェル

×月×日

少子化と熟年離婚というアポリアを一気に解決する究極の救国プロジェクトと銘打った「プロジェクト鹿鳴館」を立ち上げて早一年と半が過ぎ、ついに念願の舞踏会を三井倶楽部で開催するまでにこぎつけたが、なんとその日は確定申告最終日と重なるという最悪のスケジュール。幸い舞踏会は大盛会のうちに終わり、ほっと胸をなで下ろしたが、そのとたんにどっと疲れが出て丸二日寝込んでしまった。おかげで連載が押せ押せになり、ストレスは極に達した。こういうときにはパリの空気を吸うのが一番と、発作的にパリに飛ぶ。

機中で読み始めたのは今橋映子『ブラッサイ　パリの越境者』（白水社　4500円＋税）。近年、パリはますます写真都市の様相を帯び、関心を絵画よりも写真に集中させているが、意外に研究が遅れていたのがブラッサイ。理由はジャンルを軽々と越えるブラッサイの芸術性にある。この越境性をテーマとしたのが本書である。

一八九九年にオーストリー゠ハンガリー二重帝国領内ブラッショーに生まれたブラッサイ（本名ジュラ・ハラース）は第一次大戦後に郷里がルーマニア領に組み入れられたのを機に故国を捨て（ブラッサイという筆名はハンガリー語読みの故郷の町名）永遠の亡命者となった。ベルリンの美術アカデミーで哲学か美術かと迷ったあげくゲーテに啓示を受けてアートを選ぶが、この天職に関する迷いは後に何度か彼を襲うことになる。すなわち、大挙してパリに現れたハンガリー人写真家の群れに混じってフォトジャーナリズムで頭角を現し、ドキュメンタリー・スタイルの『夜のパリ』で一挙に名声を得たにもかかわらず、写真というジャンルに安住することができず、表現手段を何度か変えたのである。ブラッサイの目指すものは、「モノがその日常的文脈を離れて、別の文脈に放り込まれた瞬間に見せる相貌」の決定的な美しさの捕獲であるという一点において変わりはないものの、写真ではそれが十全に表現できないと感じられたからである。その結果、シュールレアリスト、ピカソ、ヘンリー・ミラーなどと交際する過程で、ブラッサイは言葉、彫刻、オブジェ、デッサンなど様々なジャンルを試みるが、不思議なことに油彩という表現手段はなかった。なぜなのか？　この疑問に最も雄弁に答えているのが次のヘンリー・ミラーの言葉である。「彼は、写真を考える前に、作家であり画家だったのだ。聞く所によると、この所彼は彫刻をやっているらしい。同様にもし彼が死体の防腐処置人、あるいは代議士になろうと決意したとしても、僕は全然驚かないだろう。彼は常に警戒態勢にあり、常に変わり、順応する用意があり、いつも表現の新しい『通路』を探している」

著者はこの「常に警戒態勢にある」というミラーの言葉をブラッサイの本質と見なし、彼が石像彫刻に向かったのは、「あくまでも『発見されたオブジェ』としてひとつの石の存在に入りこみ、そこに潜在しているかたちを『解放』しようとする意志」が働いていたからだとする。つまり、写真も彫刻も、デッサンもオブジェも、常に警戒態勢にあるブラッサイの目が対象の中に発見し、解放したひとつのかたちなのである。この意味において、ブラッサイとは卑金属から貴金属を作り出す錬金術師であり、「変異（トランスミュタシオン）の想像力」こそが彼の本質である。評価のいまひとつ定まらなかったブラッサイのモダンアートにおける位置付けを決定した一冊となることだろう。

×月×日

今回のフランス行きの目的のひとつはナントを訪れてみること。ナントはアンドレ・ブルトンが『ナジャ』の中で「起こるに値する何かが私の身に起こりそうだという印象のもてる、フランスでただひとつの町」と書いた都市で、事実、シュールレアリストのマンディアルグはそこにパサージュ・ド・ポムレーというこの世のものとは思えないような不思議なスポットを発見して驚喜することとなるが、私がナントで見いだしたのは、意外や、理想的な町おこしで活気を取り戻し、町一番の繁華街として賑わいを見せているパサージュ・ド・ポムレーであった。写真から想像して幽鬼のさまようような場所を思い浮かべていたが、これは思わぬ誤算であった。ただし、それは、最も時代遅れになったものの中から最も新しいものを発見する錬金術師的なレトロモダンな方法論に基づく再生であり、日本のそれのようなファースト風土化ではないのがありがたい。

ところで、ナントといえばジュール・ヴェルヌを生んだ町として知られるが、ヴェルヌの類い希な才能を発見し、それを「解放」してやった編集者エッツェルの存在については日本では知られていない。

このエッツェルに関する本格的な日本紹介となるのが、私市保彦《きさいちやすひこ》『**名編集者エッツェルと巨匠たち　フランス文学秘史**』（新曜社　5500円＋税）。

一八一四年、シャルトルのアルザス系の家庭に生まれたエッツェルは実家の窮状を見て、学業を諦め、ポーラン書店の店員となる。ポーランは後に絵入り新聞『イリュストラション』を創刊することになる意欲的な出版人で、エッツェルは多くのことを吸収するが、目指す方向の違いから独立を決意し、一八四〇年から分冊で配本された『動物の私的公的生活情景』で輝かしいデビューを飾る。なぜ「輝かしい」かといえば、有名作家の文章にグランヴィルが挿絵を付したこの『動物の私的公的生活情景』は挿絵本の歴史に残る一大金字塔であり、エッツェルはいわばデビュー第一打席で先制満塁ホームランをかっ飛ばしたに等しい業績をあげたからである。

次いで、エッツェルはバルザックが長年「人間喜劇」の構想を心に秘めていることを知ると、これを自ら企画したバルザック全集の総題とすることに決め、バルザックにかの有名な序文を書かせたのである。その際に、十五歳年長の大作家にこんな忠告の手紙を書いている。

「すべてから、あなた自身からも自由になっていると想像しなさい。そうすれば、有意義で必要かくべからざる内容が書けるでしょう」。なんと厚かましく、しかも的確な指摘だろう。バルザックはこの手紙に思わず唸ったに違いない。

こうして『人間喜劇』の刊行者という名誉を得たエッツェルだったが、いくつかの克服しがたい欠点も持っていた。一つはやたらに作家の文章に筆を入れたがること、もうひとつは金銭面で頑固なため、作家とトラブルを起こしやすいことである。バルザックのほか、ユゴーも後者のケースだった。ベルギー亡命中は『小ナポレオン』『懲罰詩集』を刊行してユゴーを助けたエッツェルだったが『レ・ミゼラブル』では条件が合わずに出版から降りてしまったからである。

一方、筆入れ癖が災いしたのは、ジュール・ヴェルヌの場合で、エッツェルは自分が発見したこの作家を一人前にしようと共作にちかい筆入れをする。自らもP－J・スタールの筆名で多くの小説を書いたエッツェルとしては当然のことなのだが、作家からすれば面白いはずはなく手紙で激しい遣り取りが交わされる。しかし結局、ヴェルヌはエッツェルの忠告を受け入れる。ヴェルヌはバルザックやユゴーほどの大物ではなかったのである。

しかし、いろいろと欠点はあったものの、フランス出版史におけるエッツェルの存在は圧倒的であり、エッツェルなかりせば、挿絵本の黄金時代も、児童文学の隆盛も、SFや冒険ものの興隆もあり得なかったのは確かである。エッツェルの生涯をたどることでフランス文学と出版の歴史の裏面を浮かび上がらせるという著者の意図は十分に達せられている。出版史の必読文献となる一冊である。

（『週刊文春』2007年4月19日号）

バブルと芸術、ペスト、名妓

×月×日

ヌーヴォー・リッシュ（新興成金）が増加してバブルが起こっているらしく、私のような慢性的貧乏人のところにもバブル雑誌から注文が舞い込むようになったが、原稿料や談話料が高いわけではないのでこちらの懐が潤うわけではない。それでも、バブル賛成論者（正確には徹底的バブル遂行論者）の私からするとこれは慶賀すべき現象ではある。

私がバブルを擁護するのは、バブルが必然的に芸術的な感性に富んだ食い潰しの二代目、三代目を生み、それが文化の飛躍的発展をもたらすという「歴史的法則」があるからだ。

ティム・パークス**『メディチ・マネー　ルネサンス芸術を生んだ金融ビジネス』**（北代美和子訳　白水社　2200円＋税）は、メディチ家の興亡を例に取り、新興成金からどのように芸術的放蕩の二代目、三代目が生まれるのか、そのメカニズムを解明した意欲作である。

ペストによってフィレンツェの人口の三分の一が失われてから五十年後の一三九七年、メディチ家初代のジョヴァンニ・ディ・ビッチが二名の共同経営者と銀行を設立した。利子が「自然に反する罪」とされていたキリスト教社会で銀行がどうやって利鞘を稼いでいたかといえば、それはヨーロッパ各地に張り巡らした支店網を使った「為替取引」による。メディチ銀行はフィレンツェとロンドンの為替差を巧みに操ることで、利益を生み出していたのである。

では、この新興成金がいかにして世界最高のメセナに成長したかというと、まず教育がある。ジョヴァンニ・ディ・ビッチは息子コジモの教育係として当時最高の人文学者を付けたが、「この男たちが青年銀行家にキリスト以前の古典世界への情熱」を吹き込んだのだ。というのも、人文学者たちの教えは、コジモに金儲けとキリスト教モラルという和解不可能な力を和解させる方法を教えたからだ。

「キリスト教への帰依と世俗の名声という相対立する要求が問題となるとき、そのもっとも効果的な解決方法は、コジモがヨハネス二三世の墓を注文したとき学んだように、芸術と建築を通じてだ。（中略）『五十年も経たぬうちに、われわれは追放されるだろう。だがわたしの建物は残る』」

成金から芸術家への転換の歯車の第一は教育、第二に芸術愛好。では第三は？　結婚である。メディチ家は、コジモの息子ピエロの嫁としてルクレツィアという元貴族の娘を選ぶことで、「金を超越した差異化」を可能にする。

かくて、メディチ一族はロレンツォという四代目に至り、成金から芸術家への変貌を完遂する。ロレンツォ・ディ・メディチはボッティチェッリ、レオナルドを保護するフィレンツェの最高権力者であると同時に、自身ルネッサンス最高の詩人だったからである。

しかし、この芸術的純化（＝デカダンス）の過程で、メディチ家は、まず銀行家としての力を失い、ついでサヴォナローラの登場で政治的権力も失う。そして最後は、フランス軍のフィレンツェ侵入で、五代目のピエロが逃亡、メディチ銀行は崩壊する。

というわけで、俗悪なるバブル成金は必然的に芸術的に純化（退廃）して滅び、後に文化的遺跡を残すことになる。貧乏人よ、嫉妬する必要はいささかもないのである。

×月×日

中世のペストがルネッサンスを生んだというのが定説とすれば、なにゆえにペストがかくも容易にヨーロッパに侵入して猛威を振るい人口を半減させたのかその理由を知りたくなるが、好事家アルフレッド・フランクランの古典的名著『過去の私的生活』シリーズ二十七巻のうちの一冊「衛生」を翻訳した『排出

する都市パリ　泥・ごみ・汚臭と疫病の時代』（高橋清德訳　悠書館　２２００円＋税）は、ペスト猖獗《しょうけつ》の理由はズバリ、中世都市のすさまじいばかりの非衛生にあったことを教えてくれる。

「十二世紀まで、人々は首都の衛生化などまったく考慮しなかった。（中略）舗装がなく、路面は平坦でなく、水を含んで泥濘になっており、いつも廃棄物や汚物でいっぱいになっていた。傾斜も一定でなく、家庭廃水は流れ去ることができなかった。その廃水は、むかつくような汚物と混じって澱んでいた。（中略）鵞鳥、兎、鳩、家鴨、豚が大量の汚物や不潔な水たまりや泥濘の中で歩き回り、住民はこれらの動物たちをかき分けながら通行していた」

フランクランが描く中世のこのパリの様子は、その後、何世紀たっても変わりない。なぜなら、廃棄物や糞尿を道路に捨てるな、家の前の泥を掃除せよという王令が数限りなく出されたからである。フランクランは、それらの王令や目撃証言を丹念に拾い集め、この状態が、なんと十八世紀まで（いや正確には十九世紀のオスマン改造まで）ほとんど改善されなかった事実をあぶりだしてゆく。アナール派誕生以前のアナール派ともいえるフランクランの風俗史がようやく翻訳で読めるようになったことを喜びたい。

×月×日

風俗史といえば絶対に欠かせないのが、色街の歴史である。私もこの方面では、いろいろな試みを行っているのだが、しかし、風俗街ではなく、新橋・柳橋・赤坂といった花柳界のこととなると、永井荷風の小説などに描かれたものはかなりあっても、直接的な証言となると皆無に近く、完全にお手上げの状態であった。花柳界だとか芸者衆などというとかくエロの色メガネをかけて見てしまうが、実際にはどうだったのか？

こうした疑問に目の覚めるような解答を与えてくれたのが、岩下尚史『名妓の資格　細書・新柳夜咄』（雄山閣　2600円＋税）。構成は著者による歴史的背景の解説と元名妓による談話からなっているが、このうち圧倒的なのは、新橋の正札付の名妓中千代田のお喜代姐さんによる語りの部分である。

まず、この証言によって明らかになったことは、少なくとも新橋・柳橋・赤坂（これを称して三派という）の一流花柳界というのは、今日のアナロジーでいえば、旦那衆という会員制のファンに支えられた芸能界のようなもので、芸者は「料理屋」や「待合」というステージをこなす芸能タレントに等しかった。このことは、お喜代姐さんがどうやって自分が芸者になったのかいきさつを語る部分から明らかである。

「ですから昔はもう、器量善しの女の子があそこにいるか、ここにいるかと、それこそ女衒《ぜげん》さん〔注・スカウトマンのこと。なんと、こう呼んでいたのだ！〕が下町中を探して歩いて、あ、良い子がいるなと思うと、親御さんに交渉して、それでまあ、親御さんの気持ちや、その家の事情を聞いた上で、奉公する土地を決めて、世話をしたものでした。正直申しましてね、例えば新橋から出るか、或いは、何処其処《どこそこ》の色町から出るかで、その子の行く末はたいへんな違いですから、ここが運の分かれ道でもありますし、また、そこが女衒さんのほうでも、ひとつの…ねえ、と云うのは、娘を奉公させる親の側の色々な事情がありますから、そこを含んでの計らいというのは、女衒さんたちの大切な仕事だったでしょうね」

つまり、一流の花街はアイドル・タレント業界、三流の三業地はアダルト・ビデオ業界というようなもので、最初にどこにスカウトされるかですべては決まってしまうのだ。また、同じ新橋であっても、芸者屋の裕福さ加減によって、事情が変わってくる。お喜代姐さんは実家が逼迫しておらず、また奉公した芸者屋の主人(広太郎姐さん)がパトロンからたっぷりもらっていたので、水揚げもなしに、一本(一人前の芸者)になったという。「そう、旦那様なしで、生娘《むすめ》のまま無事に芸者《いっぽん》になりました。(笑)」

芸者とはなにか、花柳界とはなにかを知りたい人はご一読を。


(『週刊文春』2007年6月7日号)

二〇世紀、エリセーエフ、亡命者

×月×日

二〇世紀最後の日、私は一つの予測を立てた。二一世紀に入るや、二〇世紀は急速に忘れられ、反対に一九世紀が圧倒的な存在感で復活するであろう、ちょうど、二〇世紀初頭に一八世紀が見直されたように、と。

フランス文学の翻訳にかんする限り、予測は当たっていた。バルザック、ゾラ、サンドと選集の刊行が相次いだばかりか、予想外の作品まで翻訳されるようになったからだ。

たとえば、アルベール・ロビダ『**20世紀**』(朝比奈弘治訳　朝日出版社　3200円+税)。ロビダは世紀末に絵入り新聞で大活躍したほか、一九〇〇年のパリ万博に際して「いにしえのパリ」という過去のパリ風俗を再現するコーナーの監修もつとめた風刺画家・作家。『絵で見るパリモードの歴史　エレガンスの千年』(北澤真木訳　講談社学術文庫)の翻訳も出ている。ロビダはまたヴェルヌと並ぶSF小説の元祖としても知られ、一九五二年のパリの生活を予測した。『20世紀』(一八八三)を始め、『20世紀の戦争』(一八八七)、『20世紀、電気生活』(一八九三)の「20世紀」三部作を世紀末に出版している。

じつは、この未来予測家ロビダの日本における紹介は驚くほど早い。『20世紀』は原書刊行直後の一八八六年（明治十九年）に大阪で服部誠一によって『世界進歩・第二十世紀』なる題名で翻訳され、翌年には『社会進化・世界未来記』と改題・改訳されて（訳者蔭山広忠）再版されているからである。私は『20世紀』のフランス語オリジナル版はだいぶ前に買って拾い読みはしていたのだが、全部は読み通してはいなかった。

で、通読した感想はというと、これが思っていたよりもはるかに面白い。といっても、テレビと電話を合体させたテレフォノスコープ、飛行船タイプの空中移動装置アエロキャブ（タクシー型）やアエロネフ（乗合船型）、遠距離移動の弾丸列車チューブ、料理の宅配システムなどのハード・ウェア面の予測的中がすごいというのではない。ロビダが冴えているのは、むしろ社会生活の劇的変化の予測である。ロビダは女性の大幅な社会進出を的確に予言しているからだ。

物語は一九五二年の秋、徹底した実務教育を誇る寄宿学校を出た三人の娘がモンマルトル大通りにあるチューブ中央駅からアエロネフに乗り換えるところから始まる。二人は億万長者の銀行家ポント氏の娘、もう一人はポント氏の後見を受けている親類の孤児エレーヌ。ストーリーは、志望職業の決まらないエレーヌが、弁護士、作家、ジャーナリストなどの職業に次々に挑戦しては挫折するという話を軸に展開していく。つまり、ロビダは七〇年後の二〇世紀中庸には女性の社会進出が著しく、これが社会を大きく変える要因と見ているのである。

ポント氏は、志望職種の定まらないエレーヌに向かってこう説く。「今では女性の活動にたいして、あらゆる職業の扉が開かれておるのだ。商業でも、金融でも、行政でも、司法でも、医療でも…　女性はあらゆる権利を獲得し、あらゆる扉を押しあけた…　ここにいるわしの娘たちは、実際的な父親に育てられたおかげで、社会にとって役立たずのままでいるつもりなどないぞ」

ただ、さすがのロビダも、女性ファッションの変化までは予測しがたかったらしく、女性たちは過激な服装はしていても、コルセットで胴を締め付けるのを忘れていない。ロビダをもってしても、尻出しローライズ姿の娘たちが大学内を闊歩する状況までは想像できなかったようだ。

×月×日

ロビダが予測しえなかった二〇世紀の大変化に近代日本の台頭と挫折、および、共産ロシアの成立と瓦解があるが、この二つの大変化を身をもって経験したのが日本学の鼻祖ロシア人セルゲイ・エリセーエフ。倉田保雄『**夏目漱石とジャパノロジー伝説　「日本学の父」は門下のロシア人・エリセーエフ**』（近代文芸社2300円＋税）はライシャワーに冠せられている「日本学の父」という称号をハーバードの恩師であるエリセーエフに帰そうという試みである。共同通信記者時代に最晩年のエリセーエフにインタビューしたことのある著者によるエリセーエフの生涯は以下の通り。

モスクワとザンクト・ペテルスブルクに残る高級食料品店エリセーエフ商会の経営者の家に生まれたエリセーエフは十一歳のとき、一九〇〇年パリ万博会場で日本館と中国館を見て「東洋について強い目ざめを覚える」。家庭での「公用語」はフランス語、中等教育はドイツ系のラリンスキー校、家庭教師による自宅学習は英語というように、若くして英仏独露の多言語使用者となったエリセーエフは、東洋学の権威オルデンブルク教授に相談、日本学の研究者になるよう強く勧められる。日本の教育がドイツの影響下にあると見抜いたオルデンブルクは閉鎖的な日本の大学に弟子を正規入学させるにはベルリン大学経由が得策と判断、エリセーエフをベルリンに送る。深慮遠謀は見事に当たり、エリセーエフはベルリン大学留学中に知り合った新村出《しんむらいずる》から帝大教授上田万年《かずとし》宛ての紹介状を書いてもらい、一九〇八年に日本の土を踏む。帝大に正規入学を果たすと、家庭教師を三人雇って猛特訓、日本語の力を向上させる。帝大で親友となった小宮豊隆と語らって芸者遊びに精出す一方、彼の紹介で夏目漱石門下生となり、「五月雨や　股立ち高く　来る人」という俳句を『三四郎』の扉に書いてもらう。エリセーエフはこれを生涯の誇りとしたようで、帰国後、ロシア革命に遭って投獄の憂き目を見たときも、獄中で『それから』を読んでいる。釈放後、国外脱出を決意、家族とフィンランド経由でフランス亡命に成功。ソルボンヌで日本学講座の立ち上げに乗り出していたとき、ハーバード大学から東洋語学部部長のオファーを受け、これを受諾、以後、多くのジャパノロジストを門下から輩出することになる。

しかし、結局のところ、ヨーロッパ的・日本的教養で育ったエリセーエフにはアメリカはなじめなかったらしい。「アメリカ人がアー・ユー・ハピーとよくきくが、その幸福という意味がどういう意味か初めのうち分からなかった。ところが、だんだん経験を重ねてみると、それはつまり収入が沢山あるとか、流行るとかそういう意味です」。いかにも、戦前の日本の価値観に親しんだ人らしいアメリカ観ではなかろうか？

×月×日

エリセーエフは共産ロシア脱出の経験を『赤露の人質日記』に著したが、彼ら、一家と同じような経過をたどってフランスに亡命したロシア人作家の一人に先頃亡くなったアンリ・トロワイヤ（レフ・タラーソフ）がいる。そのトロワイヤが一九九二年に著した自伝的な少年文学『**ユーリーとソーニャ　ロシア革命の嵐の中で**』（山脇百合子訳　福音館書店　1900円＋税）は、多くの白系ロシア人が辿った悲惨な脱出行を描いて間然するところがない。

十一歳の少年ユーリーの父は鞣革工場の経営者。ユーリーには、母親の小間使いドゥニャーシャの娘のソーニャという遊び友達がいる。幸せに暮らしていた一家は、ロシア革命の勃発で亡命を余儀なくされ、辛酸をなめながらオデッサ経由でコンスタンチノープルへと逃れる。これがストーリーだが、読みどころはフランス漫画の古典『ベカシーヌ』の同名の主人公さながらに、一家の逃亡を献身的に支える小間使いのドゥニャーシャの全知全能振り。ロシアやフランスの裕福な家庭には昔はこうしたベカシーヌたちがいたのである。しかし、ドゥニャーシャは土壇場に来て、思わぬ決断をする。そこには、ミハイル・ブルガーコフの名作『帰郷（逃亡）』を思わせるようなロシア民衆のロシアの大地への強烈な愛を読み取ることができる。トロワイヤもまた晩年には想像力の中でロシア回帰を成し遂げたようである。

（『週刊文春』２００７年7月12日号）

ブーヴィエ、旧日本人、王の歴史

×月×日

今年に入ってすでに三回目のパリ。異常なユーロ高にもかかわらず頻繁に足を運ぶのは、年末から連載予定の十九世紀パリを舞台にした伝奇小説〔『モンソォーコンの鼠』文藝春秋〕の地誌的資料を集めるため。とはいえ、成田レートで一ユーロ＝一七二円の高さではたいしたものが買えるわけはない。レストランに入っても三〇ユーロの昼定食が円換算では五〇〇〇円也。三等国民の悲哀を味わう。日本はいつのまにかくも貧乏な国になり下がってしまったのか？　ルーヴルでも耳にするのは中国語と韓国語のみ。日本人観光客の少なさに驚く。

対するに、ここ神田神保町では、数歩あるくとフランス語やドイツ語が聞こえてくる。ユーロ圏の若いオタクたちがさくら通りにある一泊三五〇〇円（たった二〇ユーロ）のSホテルに宿を取って『憧れの国ジャポンのオタクのメッカ』を満喫しているからだ。為替レートの変動がもたらした「ディスカバー・ジャパン」の流れは加速中のようである。

『ブーヴィエの世界』（高橋啓訳　みすず書房　３８００円＋税）は、今を去ること五十二年前の昭和三十年（一九五五）に日本を訪れ、四谷・荒木町に一年間住んだスイス青年、すなわち旅行家にして作家・写真家・図像調査士・詩人のニコラ・ブーヴィエの日本滞在記を含む最良の選集である。私はうかつなことに、この作家を知らなかったのだが、訳者が日本で一番信頼がおける翻訳者の高橋啓氏ということで手に取ってみた。これが大正解。ブーヴィエという特異な作風の書き手の文章が素晴らしい日本語となっており、久しぶりに「読むことの快楽」を味わうことができた。

ジュネーヴのインテリ家庭に生まれたブーヴィエは大学を卒業すると友人のイラストレーターと一緒にユーゴからパキスタンに至るバック・パッカー的な旅に出る。セイロンで心身ともに消耗した後、フランス郵船で一九五五年十月に横浜に到着。新聞・雑誌に散文や写真を寄稿しながら、「終戦後十年目の日本」

を肌から呼吸していく。ちなみに、私の事務所があるすずらん通りあたりと思しき場所の描写はこうだ。

「ロシア正教の教会からは下り坂になっていた。坂道と疲労のせいで足は棒のようになり、駿河台界隈の熱いコーヒーと焼き鳥の匂いに包まれたときには夜の十一時になっていた。眠りこけた子供を抱いた家族連れがひしめくせまい街路、提灯、ネオンサイン。アセチレンガスの照明をつけた露店では、粗悪品の綿布やゴム長靴や竹やプラスチックのおもちゃを胴間声で叩き売りしていた」

空腹を覚えたブーヴィエは「バー・ポエム」に入る。狭い店内にはドーミエの版画がかかり、電蓄からはラヴェルの音楽が流れていた。学生服姿の大学生が教科書に顔をうずめ、たどたどしく綴りを発音しながら睡魔と闘っている。「ふと私は、神学生、チェーホフという言葉を思い浮かべ、そしてそのまま注文もしないで小さな椅子の上で眠りこんでしまった」。バーの雇われ店主はブーヴィエを店内に残したまま帰っていった。

「私はカウンターの上に丁寧に並べられている煙草の箱を調べてみた。『平和《ピース》』『真珠《パール》』『新生《シンセイ》』。おそらく私はちょうどよいときにこの国に上陸したのだろう」

「バー・ポエム」の主人の紹介で荒木町の夜警の家に住み込んだブーヴィエはカメラを媒介にして荒木町の人々の間に溶け込んでいく。招かれた家に入ると、必ず膝の上にアルバムが置かれる。「この種のアルバムを、私は少なくとも百冊は見た。それは、どんなに偉大な写真家の写真集よりもはるかに多くこの国について教えてくれた。(中略)中学の黒い陰気な学生帽を目深にかぶり、頬を大きくふくらませている少年の写真。ページを繰っていくにしたがって、その写真の顔のなかに人生がかたどられていくのが見えてくる。しだいに年かさを増していくそのまなざしの周囲で痩せこけていく顔の輪郭、そしてふいに日本の姿が現れる、質素で、内気で、悲哀に満ちた日本、それは観光案内書の日本でないことだけは確かだ」

×月×日

ニコラ・ブーヴィエは、荒木町の民家について「荒木町の人々は家に錠をかけない。かけていたとしても他愛のないものだから、子供でも壊せる」と書いているが、これは、昭和三十年代まで日本人は江戸時代のメンタリティーを保持していたことをよく表している。この頃までは、正直で勤勉で清潔、貪欲さや利己心とは無縁で、わずかなものに幸福を感じる心優しい「旧日本人」が生存していたのである。

格差社会の到来で、喪失スピードに拍車のかかったこの「旧日本人」の姿を、幕末から明治大正にかけて日本を訪れた外国人の旅行記をモザイク状に構成することで「復元」しようと試みたのが渡辺京二『**逝きし世の面影**』(平凡社ライブラリー　1900円+税　→　平凡社　二〇一二年　Kindle版)である。すでに名著としての評価を得た本だが、ブーヴィエの本からの連想で再読してみると、あらためて私のいう「旧日本人」の隔絶した優しさとゆかしさが文章の隅々から浮き上がってくる。

著者は、江戸三百年の鎖国の時代に築かれた「足るを知る」日本人のメンタリティーに、幕末から明治にかけての来訪者がどれほど驚いたかを繰り返し記している。彼らが出会った日本人は、およそ世界広しといえどもどこにもお目にかかれないような、奇跡といえるほどの「幸福」を享受している国民と映ったのである。「モースは、日本における貧しさが、当時の欧米における貧困といちじるしく様相を異にしていることに、深く印象づけられたのだった。日本には『貧乏人は存在するが、貧困なるものは存在しない』というチェンバレンの言明もモースとおなじことを述べている。つまり、日本では貧は惨めな非人間的形態をとらない、あるいは、日本では貧は人間らしい満ちたりた生活と両立すると彼は言っているのだ」

オズボーンは下田の住民について言う。「誰もがいかなる人びとがそうありうるよりも、幸せで煩いから解放されているように見えた」。初代駐日英国公使のオールコックはいう。「日本人はいろいろな欠点をもっているとはいえ、幸福で気さくな、不満のない国民であるように思われる」。イギリスの水道技師パーマーは言う。「誰の顔にも陽気な性格の特徴である幸福感、満足感、そして機嫌のよさがありありと現われて」いる。

だが、江戸時代から明治にかけての時代は圧政で民衆が虐げられていたと考えたい日本の左翼学者たちは、これらの証言は社会の暗黒面に目を向けていない底の浅いオリエンタリズムであるとし、「幸せな日本人」は「幻影」であると懸命に否定しようとした。著者はこれらの近代主義者に異を唱えながら「衆目が認めた日本人の表情に浮かぶ幸福感は、当時の日本が自然環境との交わり、人びと相互の交わりという点で自由と自立を保証する社会だったことに由来する」と結論する。格差社会の到来した今こそ読まれるべき本。

×月×日

ルーヴルに行くたびに痛感するのは、フランス中世の政治史に対する自分の知識の浅さである。ニコラ・フーケの残した王や王妃の肖像画を眺めて、それぞれの人柄や治世の特徴を空でいえる日本人がどれほどいるのだろうか？　テレーズ・シャルマソン『**フランス中世史年表　四八一―一五一五年**』（福本直之訳　白水社　1050円＋税）は、クロヴィスの即位からフランソワ一世の即位までの中世史を年表で構成した基礎資料。アナール派に傾斜しすぎて「王の歴史」をないがしろにした結果生まれた欠如を補ってくれる一冊である。

（『週刊文春』２００７年8月30日号）

ゴルドーニ、安岡正篤、地図で読む世界

×月×日

缶コーヒーの製造元から聞いた話では、砂糖分の濃い缶コーヒーの八割は恒常的にノドウ糖の補給を必要とする二割の固定客（主に肉体労働者）によって消費されているという。これを、コアな商品に関する「二割・八割の法則」というのだそうだ。

神田神保町の東京堂のショーウィンドーに張り出される「売れ筋ベスト10」を見ていると、東京堂というのはこの「二割・八割の法則」に則った本屋ではないかという気がする。なぜなら、ここでは、売上の八割は二割のインテリ固定客の財布によって支えられていると思えるからだ。その証拠に、高価格だがその道の専門家にとってはどうしても必要という本はここに行かないと手に入らないことが多い。

ここ二、三年、さる月刊誌でカサノヴァの伝記を書いている関係で、同時代のヴェネチアの代表的劇作家ゴルドーニの作品を読みたいと思っていたのだが、そう簡単には手に入らないとあきらめていたところ、なんと作品集が刊行された。本邦初訳を含む『**ゴルドーニ喜劇集**』（齊藤泰弘訳　名古屋大学出版会　８０００円＋税）がそれである。恥ずかしながら、ゴルドーニを読むのはこれが初めてである。

いや、なかなかおもしろい。一世紀早く生まれたバルザックである。というのも、ゴルドーニの登場人物は、バルザックのそれと同じく、本人の意志ではどうにもならない強烈な情念（パッション）を抱えた人間たちであるからだ。たとえば「骨董狂いの家庭、あるいは嫁と姑」はそのタイトル通り、目利きでもないのに骨董に狂ってガラクタを買い集めたあげく、借金で首が回らなくなったアンセルモ伯爵が、持参金ほしさから、富裕な商人パンタローネの娘ドラリーチェを息子の嫁に迎えるという話である。ところが、身分違いを理由に嫁を拒絶する妻イザベッラと、持参金を盾に自分の権利を主張するドラリーチェの間に挟まれてどうにも身動きができなくなり、最後は、嫁の父親パンタローネが金を使って調停に乗り出すことになる。コメディア・デラルテ（即興仮面劇）におなじみの悪党アレッキーノや女中コロンビーナが登場してドタバタを繰り返すところはさながら松竹新喜劇で、藤山寛美がアンセルモ伯爵を演じたらピッタリではないかと感じる。嫁の持参金で借金の穴埋めをしてしまった伯爵に嫁が二万スクードはどこに消えたのかと詰め寄る次のような場面は、喜劇の神髄といえるのではないだろうか？

「**ドラリーチェ**　では、私の夫に説明して下さいな。持参金は夫のものですし、お義父さまが《横領》すべきではないのです。

アンセルモ　そのような冷静さで、そのようなすごいことを言うのかね？

ドラリーチェ　自分の言い分を述べるのに、血を熱くする必要はありませんわ」

訳文は見事。十八世紀ヴェネチアの階級や仮面の役割に関する訳者解説も興味深い。

×月×日

立花隆氏の『天皇と東大』に大きく取り上げられてからだろうか、ここのところ蓑田胸喜など戦前の狂信的右翼思想の洗い直しが進んでいるようだが、そうした文献を繙いていて少し気になったのが、過激右翼の中にあって一人その微温的態度ゆえに小沼正などのテロリストからは「口舌の徒」と軽蔑され、竹内好や松本健一などの研究者からは偽物扱いされてきた安岡正篤。北一輝や大川周明などの同志でありながら、戦後は「歴代首相の指南番」と呼ばれたこの人物はいったいどのような思想の持ち主だったのか？

この疑問に、なるほどと思えるような解答を用意したのが片山杜秀『近代日本の右翼思想』（講談社選書メチエ　1500円＋税）。全体的に雑多な印象の否めない論文集だが、安岡正篤に関する第二章「右翼と教養主義」は非常におもしろい。

著者の着眼点の良さは、安岡の思想を要約するに蓑田胸喜や三井甲之の『原理日本』による安岡批判をもってきたところである。『原理日本』の考えでは、なによりも先に天皇がいて、しかるのちに日本人個々人が来る。天皇が日本を守ってくれているから日本人はありのままの日本を受け入れることができる。これが『原理日本』的な考えである。

「ところが、安岡の天皇論では、個人の精神生活、内面生活が振りだしになっている。個人の内面が先にありき、なのである。個人はその胸の奥に『真我』を、『神』を、あるいは究極の道徳律のようなものを持つ。それでこそ真に人間らしくなれる。しかし人間は、ひとりで引きこもって、精神生活や内面生活ばかり営んでいるわけにはいかない。いったん表に出れば、社会や国家がある。そのとき、『真我』や『神』の延長線上、日本人は天皇を発見するというのである」

『原理日本』はこれは本末転倒であると批判したが、じつはこうした安岡の思想は阿部次郎に代表される大正教養主義の思想構造とよく似ているのである。

「右翼と大正教養主義という、一般的には交叉していないと思われがちな二本の線路は、じつは安岡正篤を転轍機にして、相互乗り入れが可能になっていたように思われるのである」

たしかに、阿部次郎の人格主義を右翼的に解釈すると、超・人格主義者たる天皇の下で、諸個人が自己の内面世界の向上に努めれば、おのずと強固な倫理国家ができあがるということになり、安岡との相似形が確認される。

安岡がユニークなのはここから先である。すなわち、安岡によれば、革命の主体となりうるのは、国民ではなく、天皇しかいないということになる。したがって、北一輝のように、天皇を錦の御旗として「かつぐ」などというのはとんでもない見当違いなのである。

「天皇の国、日本における正統な変革は、天意という『最高我』の発動にしか求められないとなれば、いつ革命を起こすかは、天皇のみが知り、下々の知ることではない。下々が勝手に革命を起こすことはありえないし、あってはいけない」

なるほど、こうした待機主義では血気盛んな行動右翼が離反するのは当然である。では、安岡はその「錦旗革命」をどのようにして成就しようと考えていたのか？

「ここからは推測の域を出ないけれども、安岡が教え導き、言いなりにしたいと熱望していた、いちばん上の要人は首相ではなく天皇であった。彼は国家の『最高我』の師となることで、倫理国家実現のためのあらゆる具体的施策をたちまち断行できるような種類の革命を起こしたかったに相違ないと、私は考えている」

ようするに、安岡はテレマックを導くメントールになりたかったわけで、その著作はフェヌロンの『テレマックの冒険』として読むことができるのだ。なぜ安岡が戦後に「歴代首相の指南番」となりえたのか、その謎も本書を読めば解明されるだろう。

×月×日

フランスはかつてイギリスに次ぐ植民地帝国だったが、この過去が有利に働いていることもある。アフリカ、中東、アジアに対する地政学的な情報収集能力である。すでにベストセラーに入っているジャン－クリストフ・ヴィクトル（他）著『**地図で読む世界情勢　第1部　なぜ現在の世界はこうなったか**』『**同　第2部　これから世界はどうなるか**』（鳥取絹子訳　草思社　各1600円・1500円＋税）はこうしたフランスの利点が遺憾なく発揮された好著。冷戦終結後でも世界はこれだけたくさんの、しかも、それぞれ次元の異なる火種を抱えていることが一目瞭然で理解できる。これが人気テレビ番組の書籍化だと聞いて絶望しない放送関係者はいないのではないだろうか？

（『週刊文春』2007年10月4日号）

ビデの歴史、フジタと妻、大座談会

×月×日

殺人的スケジュールを縫ってまたパリに。今年だけで四回目のパリだ。うかつにもラグビー・ワールドカップがパリでも開催されていることを知らず、宿は満杯。しかたなく長期滞在者用ホテルのスイート（二七階）を借りたが、これが大正解。窓の外にはエッフェル塔ばかりか、パリの全景が！

それはさておき、近年、パリのホテルで気づいたことがある。ビデを置いている部屋が少なくなったこと。以前はどんな部屋でもビデだけはあったのに、風呂が標準装備になるに従ってビデが消えた。この変化はフランス全体に及んでいるにちがいない。

ここから、フランスにおけるビデの普及は風呂の普及と反比例の関係にあるという仮説を立てたくなる。ビデは避妊具ではなく、性器洗浄具だったのだ。ロジェ＝アンリ・ゲラン&ジュリア・セルゴ『**ビデの文化史**』（加藤雅郁訳　高遠弘美解説　作品社　２６００円＋税）は、こうしたビデのさまざまな謎に歴史的検証を加えた意欲作である。

中世の末期、ペストと梅毒のおかげでフランス人は入浴の習慣を失う。キリスト教が水で体を洗うことを断罪したこともあり、一五〇〇年から二〇〇年間、フランス人は国王から民衆まで入浴を忘れ、ローションを含ませた布で体を拭うだけになる。一六二四年、ルイ十三世の侍医のルイ・サヴォはフランス人が布の使用で入浴を無用化したことを讃えていう。「布の効用たるや、古人の入浴、浴場での衛生管理よりもずっと便利なものであり、そもそも昔の人は布の使用もその便利さも知らなかったのである」

だが、体はいいとして、清潔が要求される性器と臀部はどうか？　どうも、これがほとんど顧みられなかったらしい。水を用いての洗浄が禁忌されている限り、ビデも誕生しなかったのである。「十八世紀の最初の三〇年が過ぎるまで、ビデという言葉によって指し示される道具は、その名前で呼ばれるものも、その形でそれと知られるものも存在していなかった」。著者たちは歴史家らしく、過去の遺産競売目録の類いに当って探すが、それらしきものは見当たらない。ということは、入浴の習慣が消滅するのと入れ代わりにビデの類いが登場したという仮説は有効性を失うのか？　二〇〇年間、フランス人の下半身は水で洗われることなく、生まれたままの状態で保たれていたのか？　さらに詳しく調べてみると「洗い桶」とか「化粧手桶」と呼ばれる器具は存在していたことがわかる。それが進化して独特の形となり、やがて家具製造業の中で改良され、一七三〇年代にビデとなったのである。『『トレゾール・フランス語辞典』によれば、この語句が書かれたかたちで初めて世に出たのは、一七三九年であると非常に正確な年号とともに知られている。この年、パリに住む高級家具職人の職工長レミ・ペヴリーが、名刺にこの語句を現在のかたちで載せている」

ここからの進化は著しかった。フランスの高級家具職人はポンパドゥール夫人などを相手にビデの改良に精を出す。「ミジョンは、形状が変化する突飛な仕掛け、あるいはあまり人に知られたくない使用目的の家具を人目から隠す心遣いからか、「ポンパドゥール」夫人のために『コーナー家具』と呼ばれる家具の中に入れる腰かけ型便器を製作したり、クッション付きの座って使用するビデをいくつも作ったりした」

やがて、贅沢の平準化の波に乗って、ビデは上から下へと広まり、フランス家庭の不可欠の器具となるが、ここで新たな問題が発生する。性欲の抑圧を第一に考えるブルジョワ道徳が、女性がビデで性器を洗浄すると、邪まな快楽にふけるのではと憂慮し始めたのである。同時に、遊蕩な文学や美術はそこにエロチックな夢想を託し、淫らな風俗の象徴としてこれを特権化する。かくて、ビデはフランス特有の風俗として外国人からは好奇な目で見られるに至るのである。

×月×日

今回、パリに出掛けた目的は、薩摩治郎八の伝記連載のため、藤田嗣治がパリ大学都市の日本館に描いた壁画をこの目で確かめることにあった。そのついでに藤田嗣治関係の本を渉猟していたところ、お誂え向きの本が出た。蘆原英了『**僕の二人のおじさん、藤田嗣治と小山内薫**』（新宿書房　2800円＋税）。昔、同じ出版社から出た『私の半自叙伝』の増補新版である。伝記的事実を調べる研究者が注意しなければならないのは、母親を介しての姻戚関係である。苗字が異なるから関係ないと思っていると意外に近い親類だったりする。シャンソン評論家として知られた蘆原英了の二人のおじとの系図は次の通り。幕末の傑物小栗上野介の分家に当たる旧幕臣小栗信には三人の娘がいて、長女は小山内建に嫁ぎ、薫を生んだ。次女は軍医の藤田嗣章と結婚し、フジタを生む。蘆原英了の母はフジタと九歳違いの姉で、フジタの母が早世したとき母親代わりをつとめた。

この姻戚関係により、蘆原英了は二人のおじに親しむが、より親密に交際したのはフジタの方である。フジタと三人の妻の関係を身近から観察して貴重な証言を残したが、中でおもしろいのは、フジタが大変な小心者で、その気の弱さを意志で克服しようとして大物になったという指摘である。「フジタの場合、他人の言説に少しも耳を傾けず、必ず撥ね除けるのは、実は気が強いからでなく、かえって弱いからだとも言えたはずである。他人の批判に顔色を変えたのは、それゆえ、アンフェリオリテ・コンプレックス（劣等感）のためであったとも言えよう」。フジタと女性の関係もこれで解釈できる。威圧的な存在が苦手だったフジタは「無名の女」と結婚したがったが、ひとたび結婚すると「無名の女」だったはずの妻たちはフジタの小心を見抜いて威張り始め、最後は大変な悪妻になってしまうのだ。「これは明らかにフジタに責任があると思われる。フジタがそういう女に仕立て上げたのである。フジタにとっては、すでに説いたように女性は〝物〟であり〝肉体〟であるから、ピチピチした溌剌たる肉体があればそれで十分である。しかし、フジタはまた仕事しなければならぬ。（中略）だから、女に常にかまっていることは出来ぬのである。この矛盾をどうして解決するか。結局、〝悪妻〟に仕立て上げねばならぬのである」。甥から見た優れたフジタ論。

×月×日

「日本のいちばん長い日」といえば昭和二〇年八月一五日のことだが、この名称が定着したのは、『文藝春秋』昭和三八年八月号で企画された総勢三〇人が参加した同名の大座談会から。その座談会で司会を務めたのが、当時同誌の編集部員だった半藤一利。半藤一利編『**日本のいちばん長い夏**』（文春新書　７００円＋税）はこの前代未聞の座談会の再録である。あらためて読み返してみると、そのメンバーが凄い。迫水久常（内閣書記官長）、富岡定俊（軍令部作戦第一部長）、松本俊一（外務次官）、荒尾興功（陸軍省軍事課長）、入江相政（天皇侍従）、鈴木一（鈴木貫太郎首相秘書官）、佐藤尚武（ソ連大使）といった終戦工作の渦中にいた当事者から、有馬頼義、江上波夫、会田雄次、大岡昇平、上山春平といった作家・学者、それに志賀義雄（共産党幹部として獄中十八年）、楠政子（沖縄・白梅部隊）などまで。対ソ仲介交渉の内情から、ポツダム宣言「黙殺」秘話など興味がつきないが、一点だけだったら、編者も指摘しているように軍令部作戦第一部長だった富岡定俊の発言だろう。「特に『軽挙妄動するな』とか、『堪え難きを堪え、忍び難きを忍び』なんていうのは、国民に対してではなく、軍を対象にしているな、と思う」。巻末に収録されている鈴木貫太郎記念館蔵の「天皇陛下の御言葉筆記」と比較してみると、この言葉の重みがよくわかるにちがいない。

（『週刊文春』2007年11月8日号）

風太郎、遠い記憶、ジョセフィン・ベイカー

×月×日

兵庫県養父《やぶ》市関宮《せきのみや》にある山田風太郎記念館に招かれて講演に行く。山田風太郎の故郷に四年前に記念館が出来たのだ。行き方は、京都で山陰本線に乗り換えて八鹿《ようか》まで二時間半、そこからバスで小一時間。いくらなんでも遠いので、他のルートはないかと尋ねたところ、鳥取空港まで来てくれれば車で迎えに行くとのこと。養父市は、同じ兵庫県でも日本海に面した但馬地方にあり、一番近い大都市は鳥取なのだ。

いや、驚いた。鳥取空港から車で一時間半、やっと着いたところは日本の家郷の原点のような草深い山間の町であった。山田風太郎（本名・誠也）はこの町で父系母系とも代々医師の家庭に生まれたが、五歳で父を、十四歳で母を亡くしたため、豊岡中学在学中に「不良化」し、何度か停学を食らう。仲間の間で「風」を名乗ったのがきっかけで山田風太郎となる。記念館は風太郎が通った関宮小学校の跡地に建てられている。

近在の宿で翌日の講演に備えて**『昭和前期の青春　山田風太郎エッセイ集成』**（日下三蔵編　筑摩書房1800円＋税）に目を通しておく。十八歳のとき、初めて山田風太郎の筆名で『映画朝日』に投稿した「中学生と映画」に始まり、故郷を扱ったエッセイから『同日同刻』の番外編「ドキュメント・一九四五

年五月」まで、単行本未収録のエッセイが集められている。

「雨の多いところだ。幼い日の記憶というと思い出す。地面を掘って、その小さな穴に、青い雨蛙や草や花を入れ、ガラスのかけらでふたをする。そして雨にうるむこの小さな水族館を、雨傘をさしたまま、うずくまって、いつまでもじっと見ていた憶い出を」

講演当日は果たせるかな雨だった。「山田風太郎の会」副会長の有本倶子さんの案内で小雨降る中、エッセイに出てきた実家や隣の酒屋を外側から見学する。父母を失い、親戚に養われた風太郎の愛憎半ばする原風景はここにあったのだ。

「極端にいうと、私のノスタルジアの対象になるふるさとは、昭和初年のころ——昭和一四年、私が中学二年から三年に上がる春に母が亡くなったが、それ以前のふるさとである。すでに五歳のとき父も亡くなっていたが、桑畑の向こうを往診にゆく父の人力車の幌の影が、脳中に残っている。

それから、ひるねの夢から醒めたとき、庭の池の照り返しがゆれている天井を、じっと眺めていた幼い日のある夏の午後。(中略)秋の夜、ふとんの中で聞いていた鎮守の森の村芝居のどよめき。——何年かの間には、自分も見にいったこともあるだろうに、記憶に残っているのは、ふしぎにそんな遠いどよめきのほうなのである」

これは山田風太郎にとっての『失われた時を求めて』である。中で彼の記憶に一番強く残っているのは、ある夏、母親に弁当を作ってもらって友達と二人で遠足に出掛けたときのことである。

「そのうち、私はびっくりするほど大きな山百合の花を何本か見つけた。私は急にそれを母にやりたくなった。そこで、その花を折り取ると、遠足は中止して、山道を走り下りた。もうかんかん照りの太陽の下を、花が枯れないうちにと、息せき切って走りつづけた。
『お母ちゃん、こんなものがあったよ。』と、家に飛び込むと、私はその花をつき出した。思いがけなく早く帰って来た私に、母はびっくりして、どうしたの、と聞いた。私は自分の所業の心情を説明するのが照れくさくて『いや』とか何とか、ごまかした。これは私の少年のころの、いちばん美しい想い出となっている」

×月×日

講演も無事終わり、帰りがけに有本さんから『山田風太郎疾風迅雷書簡集　昭和14年〜昭和20年』（有本倶子編　神戸新聞総合出版センター　1500円＋税）をいただく。中学時代の同級生に宛てた昭和十四年から二十年までの手紙を収録しているが、これがなかなかすごい。本の万引き（なんと五百三十六冊！）で警察に捕まりながら、取り調べの順番を待つ間に忍者さながらに塀を乗り越えて脱出して情報を収集したりアリバイ作りをしたりして何食わぬ顔をして戻ってくるということを六度も繰り返す。「塀をこしながら頭髪が白くなってしまったような気がした。必死に走って裏通りを大きくまわって郵便局へ行って、葉書を買い、そして書いたのが、この前のあの葉書だ」

しかし、こうした冒険活劇的体験もさることながら、思わず唸ってしまったのがその人間観察の鋭さである。松本高校の受験で宿に泊まったとき、宿屋の母親の依頼で、十人並の娘の縁談を断る手紙を代筆してやるが、その翌日、母親から、娘は今晩、洗濯屋と見合いをすると知らされる。合格発表を見に行く前に離れをのぞくと、見合いが始まっている。月光の中に、夜光虫のように娘の顔が妖しく浮かんでいる。

「今、高校の一角では恐るべき一瞬が現れている筈であった。（中略）併し、僕は不思議なことに、その戦慄よりも、先刻の娘の笑い顔が胸をひたしているのを感じた。あれが、人間の顔だ。無智な、木賃宿の娘の顔だ。小さな幸福は、その娘の顔をあれほど美しく変貌させる。その美しさに、自分が茫然と見惚れていたのだ！――『命』と『宇宙』の神秘のみに憧憬し、小さな女を軽蔑していた自分が、その一瞬に神秘を忘れて小さな女に見惚れたのだ」

山田誠也は十九歳にして、すでに「山田風太郎」になっていたのである。

×月×日

山田風太郎は五歳のとき父親の膝に抱かれた記憶があるというが、私も五歳のときの記憶がある。一九五四年（昭和二十九年）にジョセフィン・ベイカーが来日したというので、マスコミ（といってもラジオ）が大騒ぎしていたのを覚えているからだ。この時代には一九二〇年代のパリを体験してきた戦前派が残っていてジョセフィン・ベイカーがどれくらいにビッグ・ネームだか、みんなよく知っていたからである。だが、ジョセフィン・ベイカーが来日したのは記憶していても、何の目的で彼女が日本に来たのかは知らなかった。これを教えてくれたのが、荒このみ『**歌姫あるいは闘士　ジョセフィン・ベイカー**』（講談社1800円＋税）である。

ジョセフィン・ベイカーは、パリで知り合った澤田美喜の招きを受け、混血孤児救済のチャリティ・コンサートを開くために来日したのだが、その本当の目的は、ドルドーニュ・ペリゴール地方に開園予定の一種のユートピア的児童施設兼レジャーランド「レ・ミランド城」に、エリザベス・サンダース・ホームから養子を迎えることだった。ジョセフィンは、東京に着くと、予定よりも一人多く養子を取ることにする。「やがては『虹（天のアーチ）の部族』と呼ばれるようになる、出身の地域も文化も宗教も肌の色も異なる一二人の養子の最初の二人が日本から選ばれたのだった」

著者の狙いは、このエピソードから溯って、何ゆえにジョセフィン・ベイカーが歌姫から人種差別反対運動の闘士に変身したか、その動機を解き明かすことにある。彼女を憤慨させたのは、ニューヨークへの里帰り公演のさい、ホテル・サンモリッツで従業員用の出入り口とエレベーターを使わされた屈辱だった。この経験からジョセフィンは一九七五年に没するまで、途中、レ・ミランド城の破産という非運にあいながらも人種差別反対運動に積極的にかかわっていく。

やや左翼教条的な書き方ながら、これまで光の当てられていなかった「琥珀の女王」の晩年を明らかにした功績は大きい。エンターテイナーとしての側面を知りたいむきには猪俣良樹『黒いヴィーナス　ジョセフィン・ベイカー　狂瀾の1920年代、パリ』（青土社　1900円＋税）がお薦めである。

（『週刊文春』2007年12月13日号）

その他のおもな書評（2007年）

『毎日新聞』「今週の本棚」

2007年1月14日 アンソニー・F・アヴェニ『ヨーロッパ祝祭日の謎を解く』勝貴子訳　創元社　2400円＋税

2007年2月25日 中田整一『盗聴　二・二六事件』文藝春秋　1667円＋税（↓　文春文庫　657円＋税）

2007年4月1日 デズモンド・モリス『ウーマンウォッチング』常盤新平訳　小学館　3500円＋税

2007年5月6日 オノレ・ド・バルザック『艶笑滑稽譚』石井晴一訳　岩波書店　1万2000円＋税

2007年6月10日 ミシェル・ヴィノック『知識人の時代　バレス／ジッド／サルトル』塚原史ほか訳　紀伊國屋書店　6600円＋税

〔ここまでは、『鹿島茂の書評大全　洋物篇』『鹿島茂の書評大全　和物篇』（ともに毎日新聞社）に収録〕

2007年7月22日 小田部雄次『華族家の女性たち』小学館　2200円＋税

2007年8月26日 毎日新聞「靖国」取材班『靖国戦後秘史　A級戦犯を合祀した男』毎日新聞社　1500円＋税

2007年9月30日 フランソワ・フュレ『幻想の過去　20世紀の全体主義』楠瀬正浩訳　バジリコ　5500円＋税

2007年11月4日 田中森一『反転　闇社会の守護神と呼ばれて』幻冬舎　1700円＋税（↓　幻冬舎アウトロー文庫　762円＋税）

2007年12月9日　2007年「この3冊」
ミシェル・ヴィノック『知識人の時代　バレス／ジッド／サルトル』塚原史ほか訳　紀伊國屋書店　6600円＋税
フランソワ・フュレ『幻想の過去　20世紀の全体主義』楠瀬正浩訳　バジリコ　5500円＋税
ゴルドーニ『ゴルドーニ喜劇集』齊藤泰弘訳　名古屋大学出版会　8000円＋税

2007年12月16日 筒井清忠『昭和十年代の陸軍と政治

軍部大臣現役武官制の虚像と実像』岩波書店　2600円＋税

『東京人』「本」

2007年1月号　シャルル・フーリエ『愛の新世界』福島知己訳　作品社　7800円＋税

2007年4月号　吉本隆明『真贋』講談社インターナショナル　1600円＋税（↓　講談社文庫　495円＋税）

2007年5月号　中田整一『盗聴　二・二六事件』文藝春秋　1667円＋税　／　筒井清忠『二・二六事件とその時代　昭和期日本の構造』ちくま学芸文庫　1300円＋税　／　粟屋憲太郎『東京裁判への道　上・下』講談社選書メチエ　上　1600円＋税　下　1500円＋税（↓　講談社学術文庫　1500円＋税）

〔ここまでは前掲の二著に収録〕

2007年10月号　加藤陽子『満州事変から日中戦争へ　シリーズ日本近現代史⑤』岩波新書　780円＋税　／　加藤陽子『戦争を読む』勁草書房　2200円＋税　／　半藤一利編著『昭和史探索』ちくま文庫　1巻―6巻各760円＋税―950円＋税

2007年12月号　大塚英志『「捨て子」たちの民俗学　小泉八雲と柳田國男』角川選書　1800円＋税（↓　角川学芸出版　Kindle版）

2008年

12－1月	中国製冷凍餃子中毒事件
2月10日	韓国・南大門で火災発生
2月14日	米イリノイ州銃乱射事件
2月19日	イージス艦「あたご」衝突事故
2月24日	フィデル・カストロがキューバ国家評議会議長を退任、後継にラウル・カストロが就任
2月25日	李明博が韓国大統領に就任
3月14日	チベット・ラサで中国政府への抗議運動が激化（チベット騒乱）
3月31日	ガソリン税暫定税率が失効（5月1日に復活）
5月7日	ドミートリー・メドヴェージェフがロシア連邦新大統領に、ウラジミール・プーチンが首相に就任
5月12日	中国・四川大地震
5月20日	馬英九が中華民国（台湾）の新総統に就任
5月28日	ネパールの王制廃止
6月8日	秋葉原通り魔事件が発生
7－8月	全国各地で豪雨
7月7日	北海道洞爺湖サミット（—9日）
8月7日	ロシア・グルジア戦争
8月8日	北京夏季オリンピックが開幕（—24日）
9月6日	北京夏季パラリンピックが開幕（—17日）
9月15日	アメリカの投資銀行リーマン・ブラザーズが経営破綻（リーマン・ショック）。
9月24日	麻生太郎が第92代内閣総理大臣に就任
9月29日	アメリカ下院で金融安定化法案が否決
10月3日	アメリカ下院で緊急経済安定化法が可決・成立
10月7日	南部陽一郎・小林誠・益川敏英がノーベル物理学賞を受賞
10月8日	下村脩がノーベル化学賞を受賞
11月26日	インド・ムンバイ同時多発テロ事件
12月27日	イスラエルがガザ地区を空爆（ガザ紛争）

フロイト伝、昭和天皇、欧州の原点

×月×日

ここ十年ほど正月はパリ旅行と決まっているが、今回は日程を割いて、『失われた時を求めて』に描かれたコンブレー、すなわちイリエ＝コンブレー（近年、イリエからこの名前に改称）を訪れることにした。ある雑誌で「『失われた時を求めて』を完読する」という連載を始めたため（後記。この連載はいまだ書籍化されていない）、どうしてもイリエ＝コンブレーを自分の足で歩いてみる必要ができたからである。

凍てつくように寒い朝、タクシーも止まっていない小さな駅に降り立つ。駅前には製粉工場が並び、小説に描かれたのとはかなり雰囲気が違う。作中の「レオニー叔母さんの家」はプルースト記念館になっているが、正月休みで休館。しかたなく外側からの見学にとどめ、町の中心にあるサン・ジャック教会（作中のサンチレール教会）から作品ゆかりの場所を歩いてみる。訪れた感想はといえば、プルーストは偉大であるというもの。こんな小さな田舎町からあの夢のような町「コンブレー」をつくり出したのだから。

帰りの電車でカトリーヌ・クレマン『フロイト伝』（吉田加南子訳　十川幸司解説　青土社　2400円＋税）を読み始める。『失われた時を求めて』はフロイトの「夢の合成法」と近似した作られ方をしているのではないかという気がしているからである。

カトリーヌ・クレマンといえば、ジャック・ラカンの祖述者として知られる精神分析学者・小説家だが、この「フランスで最も精神分析に精通した女性」による伝記は、三人称による客観的記述の部分に突如「あなた」で呼びかける二人称が挿入されるという形式で進んでいく。それはさながら、一人の精神分析医が、フロイトという患者の語る夢に耳を傾けつつも、独白のようなかたちで、分析結果を冷笑的に告げているようだ。

「あなたが分析しているのは、ご自分の夢です。（中略）七人の女性がイルマの顔の中に隠れている。七人ですよ、教授！（中略）あなたは七人の別の女性を、一人の女性の中に押し込めている。イルマは《合成人物《ザンメルペルゾーン》》、複数である貌《かお》です」

クレマンはフロイトの「男根中心主義的」な理論には批判的だ。

「フェミニズムはあなたの疳にさわる。そしてこの点について、また他の多くの点について、あなたはおそろしく反動的です、教授。ええ、そうですとも！　この言葉で何か感じませんか。反動的な人間とは、正しさを蔑《ないがし》ろにして、今現在あるものを、変えようとはせずに守る人間です」

では、クレマンはフロイトを断罪するために伝記を書いたのか？　クレマンがこだわるのは、フロイトが『モーセと一神教』において、ユダヤ民族の指導者モーセはユダヤ人ではなくエジプト人だと主張した点だ。ナチの迫害を受けながら、なにゆえにフロイトはこの不思議な遺著を書いたのか？

「あなたの民とはユダヤの民ばかりではない。人類全体だ。無神論者であるあなたは、新しい宗教、無意識の宗教、いかなる神も存在しない宗教の創始者なのだ。ユダヤ人であるがゆえに異郷の者であるあなたは、新たなモーセとして、エジプトに迷い込んだ移住者たち（中略）の先頭に立ち、この民を奴隷状態から引っぱり出す。どのような奴隷状態から？　幻想から」

ところで、クレマンが「教授」と呼びかけるフロイト像が、彼女の師であり、恋人であり、同時に激しい憎悪の対象であったであろうジャック・ラカンを髣髴させるのは、私の思い過ごしだろうか？　『フロイト伝』は夢のように偽装された『ラカン伝』でもあるのだ。

×月×日

ユダヤ人であるフロイトが自らと自らの民族のことを徹底的に考えようとしたとき、その思考がモーセに行き着いたのは当然のことだが、われわれ日本人が同じことをするなら、それは天皇ということになる。では、天皇自身は？

これが、おそらく原武史『昭和天皇』（岩波新書　740円＋税）の解こうとした最終的疑問だろうが、著者はその手掛かりとして、昭和天皇が、昭和六十一年の十一月二十三日、体力が衰えていたにもかかわらず、苛酷な祭祀である新嘗祭にあえて臨んだのはなぜかと問うてみる。

「迪宮《みちのみや》裕仁親王と名付けられ、死後には昭和天皇と追号されたこの天皇は、なぜ最晩年まで新嘗祭にこだわり続けたのか。私はそこに、裕仁＝昭和天皇という人物を読み解く一つの重要な鍵があると考えている。（中略）天皇は祭祀のたびに、神々に向かって、一体何を祈っていたのだろうか」

著者は、この謎の根源に、昭和天皇と貞明皇后との確執があったと考える。貞明皇后は、ヨーロッパ訪問から帰国した皇太子（昭和天皇）が地方視察を優先して新嘗祭に欠席したことを咎め、皇太子の参拝には信仰が欠けていると非難していたからだ。貞明皇后は弟君の秩父宮を熱愛する反面、皇太子とはソリが合わないものを感じていたのだが、大正天皇の死後、帝大教授の筧克彦が信奉する「神《かむ》ながらの道」にのめり込み、新天皇の信仰の薄さを強く批判するようになったのである。この危うい関係が露呈したのが二・二六事件である。皇道派将校の「至誠」を訴えた本庄繁を天皇が「朕ガ股肱《ここう》ノ老臣ヲ殺戮ス」と激怒したというあのエピソードはこの母・息子対立という観点から考えるべきなのだ。

「このときの天皇の脳裏には、永田鉄山を斬殺した相沢三郎の『信念』を評価する皇太后と、『朕ガ股肱の老臣』を襲撃した青年将校の『精神』を評価する本庄とが、二重写しになっていたのではないか」

しかし、こうした貞明皇太后との軋轢は、天皇を祭祀から遠ざけるどころか、むしろ、近づけていく。つまり、貞明皇太后からの批判を封じるつもりなのか、天皇は祭祀に次第に熱心になっていくのだが、その一方で、生物学研究にも打ち込み、陸軍などから批判を浴びる。この祭祀への熱心な取り組みと生物学研究への没頭は、太平洋戦争へと時代が急転していっても、より激しくなっていく。

「なぜ天皇は、開戦を決意し実際に太平洋戦争が勃発してもなお、生物学研究にこだわったのか。それは、（中略）自然界に生息する微細な生物の世界を探ることだけが、天皇にとって『神』に対する確証を得るための、ほとんど唯一のよすがとなっていたからではなかったか」

皇太后と天皇の確執が決定的なものになったのは、皇居の大宮御所が爆撃で全焼したときである。

「皇太后から、天皇はまたしても厳しく詰問されたに違いない。このとき、皇太后が『神罰』という言葉を使ったかどうかは定かでないが、天皇は精神的ショックのあまり、しばらく立ち上がることができなかった」

天皇はこの翌日以降戦争終結工作に乗り出すのである。

×月×日

フロイトにしろ、天皇にしろ、人間が自らの原点を突き詰めていくと、出てくるのは、自分はどこから生まれてきたのか、先祖はだれかという系譜学的な疑問だが、この疑問を、新たな歴史的な方法として見直そうという機運がフランスで高まっているようである。

ピエール・ラメゾン編、ピエール・ヴィダル゠ナケ歴史監修『**アシェット版　図説ヨーロッパ歴史百科　系譜から見たヨーロッパ文明の歴史**』（樺山紘一監訳　原書房　1万8000円＋税）は、ユーロ圏として再統合を遂げようとしているヨーロッパを言語・血族関係、農法、遺産相続法、宗教から哲学、美術、科学まで、系譜学的にたどることによって一つの総体として眺めていこうというもので、アナール的方法では抜け落ちてしまった大きなシェーマを浮き立たせることに成功している。とくに、近代以前の系譜が素晴らしい。高価だが西洋史好きには欠かせない一冊である。

（『週刊文春』2008年2月7日号）

荷風、岡崎京子、古本屋の魂

×月×日

新しく始まった連載(『ドーダの文学史』はいまだ『一冊の本』で連載中)の第一回目に成島柳北を選んだところ、どうしても『荷風全集』が必要になった。しかし、締め切りは切迫しているのに祭日のためどこの図書館も開いていない。そのとき、ふと靖国通り沿いの古書店の店頭に二十九巻本の『荷風全集』(岩波書店昭和三十九年刊)が積み上げてあったことを思い出した。押っ取り刀で駆けつけると、午後六時の閉店時間に間に合って、全巻買い込むことができた。価格はセットでなんと九千円。二十六巻本の全集なら五千円で売られている。いまや全集受難の時代で、たたき売り状態である。それでも売れないので、片端からブシ(資源ゴミとして処分すること)になっているようだ。

『荷風全集』をパラパラやっているうちに永井荷風の伝記が読みたくなった。父親の永井久一郎が共立女子大の前身の共立女子職業学校の設立者の一人だということもある。東京堂をクルージングすると、小島政二郎『小説 永井荷風』(鳥影社 2200円+税 → ちくま文庫 二〇一三年 1100円+税)が見つかった。

小島政二郎とはまた懐かしい名前である。芥川龍之介・菊池寛の友人だったから、明治中期の生まれのはずだが、私が大学生だった頃には大正文壇最後の生き残りとしてまだ健在で、若い奥さんと二人で元気に週刊誌の対談ページを担当していたと記憶する。その後、名前を聞かなくなったと思っていたら、長患いの末、平成六年に他界していたのだ。甥である稲積光夫氏の「追記」によると、昭和四十七年にこの作品を脱稿したものの、永井家の許可が得られず、出版が頓挫したままになっていたのだという。

高校生のときに読んだ評伝風の芥川龍之介論がおもしろかった記憶があったので、これもいけるのではないかないかとカンが働いたのだが、果たせるかな、大傑作であった。いや驚いた。これだけ適確に荷風の本質をついた評伝も珍しい。小島政二郎おそるべし。

ではどこがいいのかといえば、まず、荷風の評伝であると同時に、小島政二郎自身の文学的自叙伝となっていること。年譜を調べたら明治二十七年生まれなので、我が敬愛する木村毅と同い歳である。言い換えると、黒岩涙香の翻案物の連載小説で外国文学の洗礼を受け、自然主義全盛の時代に文学青年となったジェネレーションだが、この世代の若者にとって『あめりか物語』と『ふらんす物語』を引っ提げて文壇に登場した荷風は燦然と輝く明星と映ったのだ。

「『あめりか物語』は、私にとって強烈な何かだった。私に貧乏暮らしの恐れを忘れさせ、今まで両親に一度もそむいたことのない従順な子供にその決心をさせたのだから」

かくして熱烈なる荷風信者となった小島政二郎は荷風が慶応大学文学部教授となったと聞いて迷わず慶応予科に進み、『三田文学』を熟読するが、本科に進むその年に荷風は慶応を去ってしまう。「初めて私がヴィッカスホールへ顔を出すと、『永井荷風がよしたそうだ』四人組がそう言った。『本当か』私は信じたくなく、顔の色が変っていたと思う」

しかし、こうした強い憧れの反面、小島政二郎の心にはひそかに荷風への疑問が膨らんできていた。『三田文学』に掲載される荷風の小説が一向におもしろくないのだ。『あめりか物語』と比べると格段に落ちる。その理由を探っていって、小島政二郎は後に『西遊日誌抄』に作家・荷風の誕生の秘密を発見する。一つはアメリカでフランス語を学び、ゾラではなく、自己の資質にあったモーパッサンを発見したこと。もう一つは厳父の見えざる視線に脅えながらアメリカ留学を続けているうちに、アメリカ流の勤勉を身につけたことである。「憧れのフランス、フランスのパリへ行っても、荷風は荷風に成りそこねたろうと私は思う。アメリカは芸術を育む土壌ではないと彼自身幾度か訴えている。その代り、彼は勤勉というものを皮膚を通して自分の生活の中に溶かし込むことが出来た。これこそ荷風に最も欠りていたものなのだ。これなくしては、人は事を成就することは出来ない。不可欠のものだ。彼は人生で一番大切なものをアメリカから学んだ。一度でも彼の書斎に通ったことのある人は、彼の坐っている手近かの柱に中ぐらいのソロバンがぶらさがっていたのを覚えているだろう。これは彼がアメリカで身に付けた勤勉のシンボル以外の何物でもない」。もう一つは、アメリカでの孤独な生活のうちに、エゴイズムの価値を学んだこと。「アメリカの生活は、いや応なしに、彼を孤独に突き落した。孤独も孤独、異国に於けるこの徹底的な孤独に堪える力を彼は獲得することを得た。孤独はエゴイスチックな彼に、エゴイズムの価値を――エゴイズムの徳を教えた」

そのほか、小島政二郎の指摘で興味深いのは、荷風はハイカラ趣味やその逆の老人趣味などの厭味に徹したときに傑作を書いたということである。「荷風が厭味を身に付けていた間中、不思議と『いゝもの』を書いた。厭味が彼の身から離れた瞬間、芸術の神も彼から離れた」。もう一つ、荷風は風景描写はうまいが、物語作りや人物造形は下手という点で、本質的に散文詩人であり、小説家ではなかったという見方も的を射ている。

いずれにしても、荷風を熱愛し、「十のうち九までは礼讃の誠をつらねた中に、ホンの一つ」批判を加えたことから終生の恨みを買ってしまった小島政二郎の愛憎ゆえの総決算がここにある。

×月×日

小島政二郎の『小説　荷風』が三十五年ぶりに日の目を見た幻の傑作とすれば、岡崎京子の『**市中恋愛観察学講座　東方見聞録**』（小学館クリエイティブ　1200円＋税）は、一九八七年に『ヤングサンデー』に連載されて以来、二十年間単行本化されていなかった初期作品。私が岡崎京子のファンになったのは『好き好き大嫌い』（一九八九）からで、この時代のホンワカした作品も大好きなのである。ストーリー自体は、東京見物にやってきたハワイ育ちの女の子キミドリが、祖母の昔の恋人の孫の吉太郎をガイド役に名所旧跡を見て回るという形で東京の異空間を発見していくというもので、とりたてて感心するほどのものではないのだが、その絵は今見ても圧倒的に新鮮で、改めて、岡崎京子の前に岡崎京子なく、岡崎京子の後に岡崎京子なしの感に打たれる。天才は、どんな細部においても天才なのである。

×月×日

以前、私の『子供より古書が大事と思いたい』を韓国語に翻訳したいという話があり、エージェントの方と韓国の大学教授と歓談したことがあったが、その席で大学教授から、戦後、日本人が引き上げた後、ソウル大学前の古書店に日本人の教授が売り払ったと思しき高価な洋書が大量に出ていて壮観だったという話を聞かされた。そのときほど、タイムマシンがほしいと思ったことはない。ことほどさように、戦前の日本では、植民地（海外領土）でも、古本屋を通じて高級な書籍の流通がさかんだったのである。しかし、これまで、この観点からの研究は皆無に等しかった。沖田信悦『**植民地時代の古本屋たち　樺太・朝鮮・台湾・満洲・中華民国――空白の庶民史**』（寿郎社　2000円＋税）は空隙を埋める貴重な研究。中でも感動的なのはアッツ・キスカ全滅で米軍の潜水艦に撃沈される可能性があるにもかかわらず、樺太の豊原へのセドリを敢行した東京・一草堂書店・宮田四郎の報告。「道廳の所在地で知識階級の多い處でした故、割合に専門書の出る處でした、古本屋も五六軒あり此時も農商務省發行の地質圖説説明書付の物五十冊ばかり、醫學中央雑誌三百冊其他理工学の専門書や學術雑誌や揃物の利目の處をかなり買集めました」

これぞ古本屋魂。そこに古本があれば、たとえ魚雷に狙われようとカラフトまで買いに行くのである。

（『週刊文春』２００８年3月13日号）

官能的な嗅覚描写、戦前派の好き者

×月×日

ＮＨＫハイビジョンの長時間討論番組『今夜決定!?世界のダンディー30人』に駆り出され、三時間の録画収録のために十時間のマラソン討論を強いられて疲労困憊。映画部門で、バート・ランカスターという意外な名前を出してみたところ、ヴィスコンティ監督の『山猫』のあの舞踏会場面でしばし盛り上る。明けて翌日、東京堂に行くと、なんたる偶然かイタリア語原文からの新訳が出ている。というわけで、トマージ・ディ・ランペドゥーサ『山猫』（小林惺訳　岩波文庫　８６０円＋税）をさっそく読み始める。

今では頭の中にイタリア独立前後の複雑な政治情勢が入っているだけに、以前、重訳で読破を試みて挫折したときに比べるとはるかに読みやすい。冒頭、映画では伝わってこなかった官能的な嗅覚描写に圧倒される。シチリアの大貴族サリーナ公爵ドン・ファブリーツィオ・コルベーラが散策する庭園はこんな風に描かれる。

「それにしても、苦行のために障壁の中に無理やり閉じこめられた感じのこの庭は、かすかに腐臭の漂う、聖女の聖遺物を搾ってつくった香水とでもいった趣《おもむき》の、まといつくような肉感的匂いを放っていた。カーネーションのつんと鼻につく香りは、いかにも儀礼にふさわしい薔薇の香りや、隅のほうで重たげに花房を垂れている、木蓮の粘っこい匂いと入り混じっていた。もっと地面に近いところでは、薄荷《はっか》の香りが、ニセアカシアのあえかな匂いや、銀梅花《ミルト》の砂糖菓子のような匂いと一緒に漂っていた。そしてさらにその向こうの柑橘畑から、早咲きオレンジの、閨房のような艶めかしい香りが押し寄せ、塀越しにこぼれ落ちた」

かすかに漂う腐臭とは、レモンの木の下で息たえた両シチリア王国政府軍（スペイン系ブルボン王朝）兵士の死体の臭いで、舞台がイタリア統一革命軍との戦乱に見舞われていた時代であることを教えている。サリーナ公爵の愛する甥タンクレーディ（映画ではアラン・ドロンが演じる）も革命軍に加わり、やがてガリバルディのシチリア上陸となるが、崩壊しつつある旧体制を象徴する巨体を抱えた老公爵の官能のうずきもまた嗅覚によって刺激される。夕食後、突然、欲情を刺激された公爵はパレルモの淫売宿に愛人を訪ねる決意を固め、神父を同行させて馬車行を試みる。

「事実、道はちょうどいま、満開の花咲き匂う柑橘畑の真只中に差しかかったところだった。すると、満月の眩《まばゆ》い光が周囲の風景を消し去るように、新婚の床そのもののオレンジの花の高い香りが、ほかの事物を消滅させてしまったのだった。汗にまみれた馬の匂い、馬車の座席の革の匂い、公爵や神父の匂い、そうしたものはすべて、イスラムの王女ウリや、官能の喜び溢れる来世を想わせる、アラビアンナイト風の香気によって、掻き消されてしまったのである」

嗅覚描写も巧みだが、ヴィスコンティをして映画化に誘ったのは、やはり次のような視覚的描写だろう。クラウディア・カルディナーレ演ずる村長の娘アンジェリカの登場場面。

「そのすぐは五分間にもなった。やがて扉が開き、アンジェリカが入ってきた。その最初の印象は、目眩《めくるめ》くような激しい驚きをもたらした。サリーナ家の人々は息が停ったままだった。タンクレーディは、顳顬《こめかみ》の血管が脈打つのをはっきりと感じた。美しさの衝撃があまりにも強烈だったために、男たちは、この美人が備えている少なからぬ欠点を論《あげつら》うことはおろか、それに気づくことさえできなかった」

しかし、この絶世の美女の視覚的衝撃でさえ、嗅覚の言葉で描写されるところがランペドゥーサの特徴なのである。「肌はそれとよく似た色合いの新鮮なクリームの匂いを放ち、可愛らしい口は苺の香りがするものと想像された」。今度はシチリアにまで足を運んでみたいと思わせるような傑作である。

×月×日

さるPR誌に連載中の吉本隆明論（『吉本隆明1968』平凡社新書）で、高村光太郎の決定的転向の箇所に差しかかり、昭和十二年（一九三七年）、日中戦争勃発時の時代的雰囲気を調べる必要が生じた。直接役に立ったのは戦前のゴシップ雑誌「話」の記事を集めた『昭和十二年の「週刊文春」』（文春新書）だが、同じ新書から出た双葉十三郎『**ぼくの特急二十世紀　大正昭和娯楽文化小史**』（730円＋税）は、九十七歳になる映画・ミステリー評論の重鎮による直接的な回想録なので、文字通りの生の声に耳を傾けることができる。

「それにしても、ぼくが大学を出て社会人になるあたりから、軽演劇もステージ・ショウも映画もダンスホールも、あらゆる方面でにぎやかになったのに、一方で軍靴の音も着々と高まっていた。満洲事変が起こったのは一九三一（昭和六）年、ぼくがまだ大学一年生のときですからね。だけど、ぼくのまわりは満洲事変なんかどこ吹く風だった。今から思うと不思議だけど。今の若い人たちの中には、満洲事変が始まって世の中真っ暗になった、というようなイメージを持っている人がいるけど、そうじゃない、まるで逆なんだ」

その一例として著者が挙げるのが、映画好き、ミステリー（洋書）好きの仲間（飯島正、植草甚一、著者）が銀座の洒落た喫茶店や軽食堂に集まって、試写の後、見たばかりの洋画や読んだばかりのグレアム・グリーンの話に時間を忘れるエピソード。

「銀座の交詢社ビルの裏にあった小さな軽食堂の八洲亭を根城にして、集まってコーヒーを飲みながら、わいわい探偵小説についてのおしゃべりをするわけです。ちなみに、みんな洋書が大好きで、集まるといつも本の話。だから、南部圭之助さんがひやかして、体格の順に、飯島さんに大ブック、ぼくに中ブック、甚ちゃんに小ブックってあだ名をつけた」

中で植草甚一ファンにとって興味深いのは次のような証言だろう。

「このホンあさりにおける博覧強記ぶりは超人的だよ。戦後、江戸川乱歩さんとの初対面でミステリーの話を始めたら、さすがの乱歩さんもただ驚嘆するばかりで、あとでぼくに、たいへんな人がいるもんだね、とあきれ顔をされた」

われわれは、著者や植草甚一などの戦前のモボの寄稿する『映画の友』『スクリーン』『スイングジャーナル』などで育った世代だから、彼らを介して、昭和十年前後に感性的につながっていることになるのだ。渇望されていた回想録である。

×月×日

寄稿家を介して感性的に戦前とつながっているという点で忘れてはならないのが、『笑の泉』『百万人のよる』『世界裸か美画報』のお色気雑誌。その流れを汲む『オール讀物』の鼎談「下ネタの品格」の席に私のコレクションを持参したところ、これが大受け。思い返せば、これら「やわらか系」寄稿家の生の声に接したのは、『週刊アサヒ芸能』に連載されていた吉行淳之介の「軽薄対談」だったが、そこから金子光晴、柳家三亀松、東郷青児、岩田専太郎、藤原義江、杉浦幸雄といったその道のモサとの対談十六編をピックアップしたのが丸谷才一編『**やわらかい話2 吉行淳之介対談集**』(講談社文芸文庫 1400円＋税)。いや、あの頃は、戦前派の好き者がまだ元気だったんだなあ!

「**藤原**(義江) 結論は『かわいいものよ、なんじの名は女』ですよ。ぼくはいまでも女のひとに会うことを考えると、朝からそわそわしてなんにも手につかない。そこへリンリンと電話がかかってきて『きょうは何時にいらっしゃるの?』――もういうことねえじゃねえか(笑)」

「**吉行** 芭蕉のいう『万婦これ小町』。**杉浦** いい言葉ですね。**吉行** そこまで行かれたわけだ。若いころからそうですか」

巻末の丸谷才一と渡辺淳一の「解説対談」は見事な吉行淳之介論になっている。

(『週刊文春』2008年4月17日号)

生き急いだ昭和の男たち

×月×日

大学時代に親しんだ著者たちがいまだ健在で、新刊が書店に並んでいるのを見るのはうれしい限りである。たとえば、内村剛介。全共闘を経験した世代にとって、内村剛介の『生き急ぐ――スターリン獄の日本人』はスターリニズムの本質を一瞬にして理解させてくれたバイブル本の一つだったが、その内村剛介の著作集の編者である陶山幾朗が編集・構成を担当した**『内村剛介ロングインタビュー　生き急ぎ、感じせく――私の二十世紀』**（恵雅堂出版　2800円＋税）は、あらゆる意味で、すごい本である。

栃木県の境村に生まれ、満鉄社員に嫁いだ姉の養子となった内村は大連の満鉄育成学校から大連二中へ転じ、激烈な入試を経て入学した超エリート校哈爾濱《ハルピン》学院で優れた教師や級友との運命的な出会いを果たす。対露エキスパートの養成を目的として設立された哈爾濱学院は、しかし、逆説的にフランスのエコール・ノルマルにも似た理想的な教師と学生の精神共同体だった。たとえば、ノモンハンの生き残りの配属将校の副官は匍匐前進の指導のさい、陸軍マニュアル通りに行動したら敵の機関銃の餌食になるだけだと断言し、独特のサバイバル術を披露する。「俺はこうやって生き残った。つまり、先ず最初の『突撃ニ』の号令を耳にしたらもう単身で走り出す。そして、次の号令『前へ！』の時にはすでに身を伏せている。（中略）狙撃兵は何が起こったのか分からず、指揮官を見失って混乱する」

では、なにゆえにこうした反軍思想がまかり通っていたかといえば、それは、哈爾濱学院と関東軍の特殊な関係性による。すなわち、哈爾濱学院は関東軍の掌中にあったがゆえに「チンピラ軍人は口出し出来ない存在」となり、「関東軍の懐の中でこそ存分にリベラルなことが出来たという逆説」が働いていたのである。

国際色豊かな級友たちからも蒙を開かれる。中国人の大秀才・李君は就職先を三井物産に決めた理由をこう語る。「俺自身が中国人ってことになっているけど、中国は知れば知るほどわからなくなる。（中略）だから、俺は日本を選んだんだ。（中略）だって、お前ら、単純明快、底まで分かるからだよ」。この言葉に内村はショックを受けるが、感動もする。「われわれは四年間を共に暮らして、それくらい日本人・中国人ということの差が無くなっていたということの証拠でもあるのです。（中略）つまり、お互いに絶対に裏切らないと思っているからこそ本音を喋っているわけですね」

しかし、ここで学園生活を送ったことが、何重にも内村剛介という人間を決定することになる。卒業後、関東軍の軍属となった彼は、満州に侵攻してきたソ連軍の尋問将校によってこう宣告されてしまうからである。「お前ら関東軍が何をやったかなんて関係ない。もう戦争は済んだし、歴史になっちゃった。ところで、われわれの歴史は未来にある。だから、これからお前たちがどれだけわれわれにとって有害かどうかを見極めるってこと。それが仕事なんだ」

かくして「未来に対する罪」で二十五年の禁固刑を宣告された内村の闘いが始まる。「この二十五年のうちに、俺が死ぬかソ連が無くなるか、どちらかだろう。（中略）この許しがたい相手に対して、逆に俺の方から判決を下してやろう。お前が俺に二十五年と言うならば、俺もお前に二十五年と言ってやる、と」

闘いの方法の一つは、神は細部に宿りたもうという原則に従って、囚人や看守たちの行動や言動を観察し分析することで、ソ連という怪物の本質を捉えるもの。もう一つはレーニン全集の読破。ラーゲリでレーニン全集を読んでいるとカザフスタンのトロツキストが、なんでそんな馬鹿げた本なんか読んでいるのだと問うたので内村はこう答える。「俺はレーニンをしてレーニンを論破させる。させて見せる。だから俺は読む」

こうしたソ連との苛酷な闘いから絞り出した結論とは何か？

「『ロシア人はいい人間だ、寛大だから。ただし、自分たちに最も寛大だ』ということ。これ、いわば監獄で獲得したロシアの真理ですね。一言以てこれを要約して言うなら『ロシアはアモルフを核とする』となりましょう。パラドックスをもてあそんでいるのではありませんよ」

本書は、日本人がロシア人という厄介な隣人と付き合うために、内村剛介が残した「大いなる遺産」となるにちがいない。

×月×日

かつて、日本にも、迷惑を掛け合うことこそが真の友情という「ロシア式付き合い」が存在していた時代があった。

昭和二十年代まで続いたその友情形式の最後の光芒を描いた青春回想録が、大島渚『日本の夜と霧』の脚本家・石堂淑朗の『**偏屈老人の銀幕茫々**』（筑摩書房　１９００円＋税）。昭和二十六年、東大教養学部文科二類の仏語未習クラスで、石堂は掛け替えのない出会いをする。「同級には〝西欧との対話〟などで評判の阿部良雄、怪奇文学の紹介で稼いでいる種村季弘、加藤郁乎の俳句の評釈で人々を驚かせた松山俊太郎、映画監督の藤田敏八、吉田喜重……などがいた」

このうち、石堂、阿部、種村、松山の四人は無二の親友となり、駒場から円山町を抜けて渋谷に出るというコースで連日のように飲み歩くことになるが、そのデカダンな交友ぶりはいまとなっては神話的である。

種村から「石堂は童貞だろう」と言われ、経験があるにもかかわらず、「一回タダでやれるという嬉しさ」ゆえに「実はそうなんだよ」と答えたことから、まんまと種村のおごりで赤線の女を味わうが、赤提灯で酔うにつれ、非童貞を告白してしまい、大ゲンカとなる。「げに、口は禍の元、である。忽ち種村は私に殴りかかり、私も応戦し、折悪く降っていた梅雨の路上でくんずほぐれつの乱闘になってしまった」

松山俊太郎との出会いは、梅原成四講師のフランス語の授業で隣に座った着流しの男から教科書を見せてくれと頼まれたことに始まる。訳すように言われた松山はなんとフランス語を英語式に読み、デタラメに訳し始めたのだ。「勤勉な阿部良雄や吉田喜重は、松山のことをどこかから送られてきた珍獣のように眺めていたが、種村や私は大いにうれしく、『松山君、君はもっと学校に出てきて、それも毎回テキストなしに出てきて、大いに闘って下さいよ』と、たちまち彼と友達になったのである」

一方、同級の藤田敏八とのかかわりについては驚くべき真相が語られている。同じクラスにいた女子学生の一人にプラトニックな感情を抱いていた石堂はある日、友人から驚天動地の話を聞かされる。

「某女は君の語学クラスのクラスメートの藤田に犯されたらしいよと言うのである。逗子のどこかに遊びに行って強姦されたらしいと言うのだ」。動転した石堂は包丁を買い込んで駒場寮に押しかける。「飛び掛かって刺したつもりが突然寮の天井が視野に入り、何事かと驚く暇もなく、私は藤田に投げ飛ばされ床に押さえ込まれていたのだ」

のちに同じ映画人となってから、石堂は藤田と一度だけ顔をあわせた。柿ノ木坂を歩いていると、ミゼットに乗った藤田が通りかかり、乗れという。藤田は「まだ怒っているのかね」とギアを入れながら尋ねたが、石堂の巨体のためにミゼットが動かなくなると「降りてくれ」と一言。「私は坂道の途中で歩き出し、ミゼットはそのまま走り出した。その時が最後で二度と会うこともなかった」

ヘンリー・ミラーやブコウスキーにも似た八方破れの青春回顧の傑作である。

（『週刊文春』2008年6月5日号）

藤田嗣治、コレクター、性風俗史

×月×日

大学が共立女子大学から明治大学に変わって半年、職場の雰囲気にも慣れてきたが、国際日本学部ということで、明治・大正・昭和の「留学」に関心が向かう。ふと「留学」というのはフランス語でなんと表現すればいいのだろうと考え、瞬間的に言葉が出てこないことに気づいた。和仏辞典に当たってみたが、驚いたことにフランス語には「留学」に当たる言葉が存在しない！　強いて訳せばfaire ses études à l'étranger（外国で勉強する）ということになろうが、そこには「留学」という言葉の気負いたったニュアンスはない。東京人の語彙に「東京に行く」が存在しないのに似ている。世界文化の中心たるフランスには周辺の国から勉強にやってくる学生はいても、夷狄の国に勉強しにいく学生はいないということなのだ。

この「留学」という問題を最も象徴的に体現して見せたのが藤田嗣治。日本人として最初に国際的な評価を得た洋画家藤田嗣治には留学問題のエッセンスが凝縮している。

林洋子『**藤田嗣治　作品をひらく　旅・手仕事・日本**』（名古屋大学出版会　５２００円＋税）は藤田嗣治を「油彩画の本場ヨーロッパで初めて勝負し、相応の成功を果たし、作品を売ることで生活できた最初の日本人美術家」であるという観点から眺めながら、「生前のエピソードや人物評からいったん距離を置いて、冷静に業績＝『作品』本位で読み直す」という立場に立つものである。いいかえると、本書はカンヴァスに油絵具で描かれた油彩画という具体的事物から出発して、「留学先のパリで評価された日本人留学生」たる藤田の本質に追っていこうというものである。

そのために、著者がまずこだわるのは、パリで知り合った先達・川島理一郎という存在である。なぜなら、藤田を始めとする多くの日本人画学生と違って、アメリカ経由でパリにやってきた川島はコミュニケーション能力に優れていたばかりか、積極的にサロン・ドートンヌに出品して評価を得て、パリ画壇に打って出るという姿勢を藤田に教えたからである。「アメリカで美術の基礎を習得してからパリに来ていた川島はアメリカ人の留学者に近いパリ留学観――ひるまず現地のサロンに挑戦する――を持っており、それが初期の藤田に強い影響を与えたことは間違いない」。その影響の一つに、例のオカッパ頭がある。藤田は川島を介して、ギリシア・ダンスの唱導者レイモンド・ダンカン（イサドラの兄）を知り、そのギリシア熱に感染するが、オカッパ頭は「エジプトやギリシア彫刻の髪型を真似たものだという」。

やがて、第一次大戦の開始で川島が帰国し、日本に置いてきた妻とも離婚した藤田はパリに戻ってフェルナンド・バレーと結婚し、エコール・ド・パリの仲間たちと知り合うが、ここから、真の意味での彼の「留学」が始まる。すなわち、西欧的メンタリティの受容による世界性の獲得と日本人アイデンティティの相克という問題である。この核心ともいえる問題を解くために著者が最初に採用した視点は、藤田のカンヴァスへのこだわりに注目することだ。つまり、藤田の名声を確立した白人女性の「乳白色の下地」がいかにして作られたかの問題である。著者によると、藤田は絵画技法や絵画素材の研究に熱心な画家で、「乳白色の下地」は、自ら手作りしたカンヴァスの上に、鉛白と石膏にメディウムを混ぜた吸収性の下地を塗ったことから生まれたものであるとする。すなわち、藤田はこうして手作りした下地の上に「線描で輪郭線をとり、わずかな油絵具をたっぷりの乾性油で溶いた『おつゆ』のような色をさっと塗り重ねる」のであるが、この技法へのこだわりこそが藤田をして世界性と日本固有性の止揚を可能にしたともいえるのである。

「藤田のこの技法は、着想の段階では、必ずしも他者としての日本を絵画の前面に打ち出そうというものではなかったが、彼が一九一〇年代後半以降、『日本画』でも『西洋画』でもない『なにか』を生み出そうと、無意識的にであれ推し進めていた『文化の混淆』を、表現だけでなく画材や技法にも押し広げようとしたものだったといえるのではないだろうか。その結果生まれた白い下地に線描というスタイルは、日本美術の伝統を吸収すると同時に、オザンファンやピュリスム傾向の画家たちが当時生み出していた薄い絵具層の美――つまりフォーヴ的な厚塗りの美学からの脱却という、パリで進行中の新しい方向性をも共有していたのである」

このほか、これまであまり注目されていなかった藤田の挿絵本の持つ意味や、ベルギーや中南米、それに韓国、中国、沖縄への旅の影響など、様々な新発見に満ちた力作である。

×月×日

フランス語には「留学」という言葉はないが、反対にオリエンタリスムという言葉はある。明治・大正期にはオリエンタリスムに魅惑されたフランス人が相当数現れたが、その一人がピエール・バルブトー。といっても、一部の例外を除いてこの名前を知る者はいない。私はその例外の一人で『ラ・フォンテーヌの寓話』の挿絵本を集める過程で、バルブトー(馬留武黨)が編者となって梶田半古や河鍋暁翠(暁斎の娘)に挿絵を描かせた『ラ・フォンテーヌ寓話選』(拙著『それでも古書を買いました』参照)に遭遇したのだが、バルブトーとはいかなる人物かまったくわからなかった。この謎に挑戦したのが高山晶『ピエール・バルブトー　知られざるオリエンタリスト』(慶應義塾大学出版会　3200円+税)。著者はフランス各地に残されている出生証書、両親の婚姻証書、死亡証書などの公的書類、さらにはパリやアムステルダムで行われたコレクションの売り立て目録などの解読により、バルブトーという知られざるオリエンタリストの相貌を明らかにしてゆく。それによると、バルブトーは一八六二年に大工の父親とお針子の母の間に生まれたが、なぜか親の職業を継ぐのを嫌い、海を渡ってはるばる日本にまでやってきた。そして日本の文物に強く魅せられ、浮世絵や工芸品のコレクションを始める。その過程で日本の画家や版画家と知りあったらしく『ラ・フォンテーヌの寓話選』や『フロリアン寓話選』『日清戦争版画集』などを刊行し、晩年に、コレクターとしての勲章を得るべく、何度かコレクションの売り立てを行うが、売り立てはいずれも悲惨な結果に終わる。すでにジャポニスム流行の波が去っていたこともあるが、それ以上にバルブトーが閉鎖的なジャポニスム愛好家集団とは無縁の中産下層出身のコレクターだったため、胡散くさく見られたことが災いしたらしい。もう一つの原因は、バルブトーが日本の画家や版画家について徹底的に調べ、既存の鑑定家や批評家の誤りを糾弾したこと。一匹狼だったゆえに先行コレクターの嫉妬をかきたてたのだ。「留学」とは逆のベクトルで異文化体験した一コレクターの生涯を追うことで日仏交流史に新たな一ページを開いた労作である。

×月×日

バルブトーが初来日した明治十九年は藤田嗣治が生まれた年でもある。では、この明治十九年とはどんなことが起こっていたのかと年表を引いてみると、通り一遍の綺麗事しか記されていない。なにかもっと、具体的に日本の下半身のわかるような年表はないものかと思っていたら、タイミングよく現れたのが下川耿史編『**性風俗史年表　明治編　1868―1912**』(河出書房新社　4500円+税)。いや、これはすごい本だ。もし山田風太郎が生きていたら狂喜したにちがいない。これから『明治波濤歌』や『警視庁草紙』の続編がいくらでも作れそうだ。ちなみに、明治十九年の「性犯罪・性的事件」の項目を引くと、「1東京・神田で中村テル(35)が、浮気者の夫の性器を切断、自首する」とある。以後、本書は私の座右の一冊になりそうだ。

(『週刊文春』2008年7月10日号)

ロスト・ジェネレーション、水の未来

×月×日

ロースト・ジェネレーションの必読文献と言われながら、部分訳しかなかったマルカム・カウリー（『活火山の下』の作家マルカム・ロウリーとは別人の批評家。念のため）の名著《Exile's Return: A Literary Odyssey of the 1920s》が『ロスト・ジェネレーション　異郷からの帰還』（吉田朋正・笠原一郎・坂下健太郎訳　みすず書房4800円+税）という邦題で全訳された。これを読むと一九〇〇年を挟んで生まれたアメリカ人のある者にとって、渡仏してエグザイル（故国喪失者）となることは、必然のレールであったように思えてくる。

二〇世紀の初頭、物質文明の進展によって合衆国の地域文化格差は消え、中産階級の少年たちはニューイングランドだろうが中西部だろうが「ひとつの大きな社会に属しているという幻想」を抱くに至る。多くが公立高校の生徒たちであった後のエグザイルたちは「同じ教科書で学び、同じ歌を歌い、同じ規則に対してかなりお行儀よく反抗していた」。彼らは「作文で良い点を取り、宿題に出されてもいない本を読み」、「とにかく自己本位で、自分自身の個性というものに強いこだわりがあり」、なんとしても芸術家になりたいと思っていた。つまり、彼らはピューリタン道徳が支配するアメリカ社会において、すでに国内エグザイルになっていたわけだが、ハーバードやエールなどのエリート大学に進学すると、この「根無し草」の傾向は加速される。大学では、故郷にとって有益な人間になるための実際的な学問の代わりに、「フィレンツェ、パリやベルリン、あるいはオックスフォードといった大学都市の伝統に連なる、国際的国際的な学問の共和国に住まうようしきりに勧められていた」からだ。やがて、国内エグザイルたちの願望は、海の向こうで始まった戦争によって具体的な形をとる。外国軍所属の負傷兵輸送班に志願してフランスに渡ることだ。「一九一七年の時点で、救急班や輸送班に属していた作家たちの名を挙げていったらなかなかかか面白いだろう。ドス・パソス、ヘミングウェイ、ジュリアン・グリーン、ウィリアム・シーブルック、

E・E・カミングズ、(中略)ダシール・ハメット――こうしてみると救急班や輸送班というのは、ある世代の作家たちに向けて開講された、大学の特別コースのようなものだったのかもしれない。だが、それはなにを教えてくれたのだろう?」

現実には彼らはいつ戦死してもおかしくない危険な状況に置かれていたが、なぜかすべては他人事で、面白半分の休暇に思えた。だが、戦争が終わったとき、なにもかもが変わっていた。では何が変わったか?「少年時代の故郷は消え失せ、彼には他に寄りつくべき国などなかった」

しかし、それでも戦争が終われば、アメリカに戻るほかないが、アメリカの中でエグザイルたちが身を落ち着けるべきはマンハッタンのグリニッジ・ヴィレッジ界隈しかなかった。かくして、エグザイルたちはボヘミアンとなる。だが、自己表現を至上の原理とし、常に「いま・ここ」を否定して他の理想郷を夢見る彼らにとって、ヴィレッジすら安住の地ではなくなる。「ヨーロッパじゃあもっとうまくやってるぜ、行ってみようじゃないか」。折よく、ヨーロッパの通貨下落とドル高が追い風となる。

しかし、実際に海を渡り、フランスの地を踏んだエグザイルがパリで発見したのは、予想したのとは違うものだった。「彼らはエッフェル塔の頂上に立ち、南西はるかな場所を眺めていたのだ(中略)、霞がかかってはっきりとはみえないが、自分たちが子供時代を過ごしたあの場所のほうを。これから先、自分たちが芸術を生み出すべき土地はあそこなのだ。アメリカ的主題は、いまや他の主題と同様に、才能ある芸術家によって輝きを帯びる可能性をまさに秘めていたのである」。この時点ですでにエグザイルたちは故郷に帰ったのである。ロースト・ジェネレーションの内部の証言者によるアメリカ版『青い鳥』。

×月×日

一九〇〇年を挟んで生まれたロースト・ジェネレーションにとって人生の転機となったのは一九一四年に始まる第一次大戦だったが、二〇〇〇年前後に生まれた世代にとっても、同じように二〇一五年から二〇二〇年の間に人生を一変させるような大変動が迫っているようだ。現在、それは石油の枯渇と思われているが、じつはもっと本質的な危機、すなわち、水の枯渇である。水文学《すいもんがく》を専門とするイギリス人ジャーナリスト、フレッド・ピアス**『水の未来　世界の川が干上がるとき　あるいは人類最大の環境問題』**（古草秀子訳　沖大幹解説　日経ＢＰ社　２３００円＋税）は一読、肌に粟を生じる類いの恐るべき警告の書であり、もし本書の予言どおりにことが進行すれば、いまから二〇年後、いや一〇年後には、地球の農地の半分は不毛の土地に変わるのは間違いないと思われる。では、水枯渇の原因は？　地球の温暖化か？　それもある。地球温暖化によっては、富と同じく一極集中する傾向を強くするから、元々の多雨地帯はますます多雨に、少雨地帯はますます少雨になると予想される。

　しかし、水の枯渇を速めているのは自然ではない。まことに逆説的ながら、人類が人口爆発に対処しようとして行った食糧大増産、および綿花大増産、すなわち「緑の革命（グリーン・レボリューション）」こそが水の枯渇と砂漠化の元凶だったのである。

「私が1年間に飲む水の量はわずか１０００リットルほど、すなわち1トン、言いかえれば1m^3にすぎない。（中略）だが、1年間分の食べ物や衣服をつくるには１５００トンから２０００トンが必要である」

　人口爆発の脅威に怯えた人類は小麦やトウモロコシ、綿花などの高収量品種を開発することでこれに対抗しようとしたが、これらの高収量品種は大量の水を必要とするという弱点を持っていた。「そこで、巨額の投資計画が実行され、世界各地でダムや灌漑用水路が建設され」、砂漠地帯に綿花や小麦やトウモロコシが栽培されたが、途中のダムや運河で水を抜きとられた大河の水は海まで達しなくなり、下流の三角州地帯や湖は干上がってしまった。例えば、スターリン時代に社会主義の偉業と讃えられたアラル海沿岸の綿花地帯。砂漠を綿花農地に変えるために浪費された水は土壌を水びたしにして蒸発し、新しい湖を作ったが、本来その水が流れ込むべきアラル海は消えてなくなった。おまけに、運河で運ばれた塩のおかげで塩害が生じた。「作物を育てるために与える水が土壌に塩害をもたらし、塩分を流すにはさらに水を与えなければならないという、まさに悪循環が生じている」

こうした灌漑による塩害は、大河をダムでせき止める類いの水管理が行われたあらゆる地域、アメリカのコロラド川、リオグランデ川、インド・パキスタンのインダス川、中国の黄河、オーストラリアのマレー川などでほとんど例外なく観察され、収穫量を激減させたばかりか、砂漠地帯を拡大している。その結果、水不足に陥ったインド、中国、パキスタン、それにアメリカや中東、アフリカ、つまり全世界の農民は、井戸掘り屋を雇い、安い電気ポンプ（ほとんどが日本製）を使って地下水を汲み上げているが、地下水は石油と同じくいつかは枯渇する。起こるべきことはかならず起こる。もはや「いつ」の問題だ。

皮肉なことに、貧困地域での簡易ポンプ普及を奨励したのはユニセフであり、各国の灌漑施設とダム建設計画に資金を貸し付けたのは世界銀行だった。これぞ、世界中が最善を狙って最悪を得るの図！

ああ、それなのにそれなのにブッシュ政権はトウモロコシの大増産を決め、中国は揚子江の水を干上がった黄河に送るという「南水北調プロジェクト」を推進中であるという。二〇一五年まで地球の水がもつかどうか、予断を許さぬ状況になってきたようである。

性愛の歓びと苦しみ、東京の花街

（『週刊文春』２００８年８月28日号）

×月×日

私の体はどこからどう見ても南方系で、夏には強かったはずなのに、最近は夏にも弱くなってしまい、東京の市街地でも不快指数ナンバー・ワンの神田神保町の仕事場にこもっていると、能率があがらないこと夥しい。喘ぎながらノルマをこなしている状態。

そんなときには長い本はダメで、短いが味わいの深い哲学曲エッセーか小説を手にとりたくなる。昔の本でいったら、カミュの先生だったジャン・グルニエの『孤島』のような、といったらいいだろうか。

Ｊ－Ｂ・ポンタリス『**彼女たち　性愛の歓びと苦しみ**』（辻由美訳　みすず書房　２６００円＋税）は、こうした疲れた脳髄を癒してくれる極上のブランデーのような短編集。ところで、ポンタリスという名前を耳にした読者の中には「ポンタリスって、あのラプランシュ／ポンタリスのポンタリス？　筒井康隆が激賛した『精神分析用語辞典』の編・著者の？」と反応する人がいるだろう。そう、この本はいまや精神分析学界の長老となったポンタリスが、自らの実人生で、あるいは書物や映画を介して、かかわりのあった女たちのことを回想した、サイコアナリスト版『カサノヴァ回想録』なのである。

ノルマンジーの海水浴場カブールで、ひとりの母親が女の子の水着を着替えさせているのを目撃した幼いポンタリスは驚くと同時に感動する。「なでたら、やわらかいだろうな。ちらっと見えたのだが、お腹の下のところに自分の知らないなにかがあって、どきどきした」。この体験がポンタリスのすべての出発点となる。「どれほどのしあわせ、どれほどのしあわせの約束が、性の相違のなかに秘められていることか？　女が、わたしたち男と同じようにつくられていないことは、なんという幸運か！」

　この「ちいさな相違」こそが重要で、「すべての相違のもとになって、それこそが、わたしたちのからだを活気づけ、わたしたちの存在全体をつきうごかしている」のである。

　ポンタリスが他のドン・ファンやカサノヴァと異なるのは、小説家や画家の目を介した女の魅力にも敏感に反応している点だろう。「ずっとむかしのことだが、モンペリエのファーブル美術館に行った日のことをおぼえている。わたしは、背中から見た裸婦がえがかれた作品の前で足をとめ――ああ、あの臀部の曲線！――、それから、ただちに連れの女をひっぱってホテルの部屋に戻った。（中略）からだ、舌、纏わる性器、濡れた皮膚（ひどく暑い日だった）、すべてが絡み合い、一体化し、愛人どうしの優しいことばや、どぎついことばを交し合った。それは格別だった！」　しかし、充足した行為のあとでポンタリスは自問する。「疑問がのこる。絵にえがかれた裸婦の像のほうが、浜辺でみる裸体よりも、肉体の存在感があるのはどうしてなのだろう？　わたしをこんなに引きつけたのは何か？」　その結論は、描かれた女たちは不在であるがゆえに永遠に男たちをひきつけるというものである。「エロティシズムの領域のすべてが、ありとあらゆる手法でもって、画家の筆で表現されている――表現する、言い換えれば、存在をつくりながらも、その女たちは手で触れることができないのだから、不在にとどめているのだ」

　ありとあらゆる芸術の核であるこの「不在性」こそが、じつは現実の女においても最大の魅力となり同時に不安をかきたてる原因となるのだ。友人夫妻の結婚二周年パーティーで知り合った女とすごしたヴェルサイユのホテルでのこと。「自分たちは一体となり、男と女がたったひとつの同一の存在になった、そう彼は信じたかった。が、自分は勘違いしている、という予感もあった。（中略）からだをすっかり委ねていても、彼女には、自分のつかまえることのできない何か、けっして手にふれることのできない何かがあるように思えるのだ」。フランスでは出版と同時にベストセラー入りしたという。できるなら、こんな本を私も書きたいものである。

×月×日

仕事場のあるすずらん通りの隣組だった中山書店が八月一杯で姿を消した。棚には人文系の固い本、奥の平置き台にはどぎついエロ本というアンバランスが魅力の店だったが、辺り一帯が再開発ということで廃業、また一つ記憶に残る古本屋が消滅した。その一方で、一丁目の偶数番地側（靖国通りの北側）には、サラリーマンが定年退職を機に開業した古本屋が増加している。いずれにしても、神田神保町の古書店街が変貌を余儀なくされていることだけは確かなようだ。

大内田鶴子・熊田俊郎・小山騰・藤田弘夫編『**神田神保町とヘイ・オン・ワイ　古書とまちづくりの比較社会学**』（東信堂　２５００円＋税）は、社会学者たちが東西の古本屋を比較検討した本。すなわち、ウェールズの片田舎ヘイ・オン・ワイにリチャード・ブースなる奇矯な人物の音頭取りで一九六〇年代に突如出現した古本屋の町と、明治一〇年代から自然発生的に生まれた神田神保町を比較しながら、いまヨーロッパはおろか、アメリカ、東南アジア、オーストリア、日本、韓国にまで広がりつつある「古本による町おこし」の「夢と現実」を資料と関係者の聞き取りによって跡付けたものである。

リチャード・ブースとヘイ・オン・ワイについては、すでに自伝『本の国の王様』（創元社）を読んでいるので特に新しい情報はなかったが、他の町から町おこしの意見を請われたブースが、古本好きは同時にアンティーク好きだからアンティーク・ショップも併設しろとアドヴァイスしたというのが面白い。神田神保町にももう少しアンティークの店ができればよいと私も感じていたからである。

その神田神保町であるが、この特異な街を社会学的に研究した結論が「神田の場合には、当事者たちがおそらく無自覚に経済合理的に古書に関する巨大な集積を作り上げてきた専門街である」というのが興味深い。つまり、神田神保町にはひとりのブースもおらず、その発展は、自然発生的に、だが、「古書の専門業種」としてのそれはあくまで自覚的に行われてきたのである。これは、インターネット時代を迎えて、神田神保町の強みであると同時に弱みともなっている。巻末に付された神田神保町の若手後継者へのインタビューは面白い。著者が複数であるため、記述に重複が多いのが難点か。

×月×日

二〇〇一年九月、『平成ジャングル探検』の盛り場取材で大塚の旧三業地（注・料理屋・芸者屋・待合の三業の営業が許された一定の地域。色街としての赤線・青線とは異なる）を訪れ、芸者をあげてのドンチャン騒ぎ。以来、すっかりやみつきになり、何度か鼻下長の友人諸氏を誘って芸者遊びを繰り返し、「大塚・中興の祖」とあだ名されたこともあったが、この一連の取材で苦労したのが都内に散らばった旧三業地に関するトポグラフィックな情報（つまり、具体的にどこに三業地があったのかということ）とその歴史的背景である。資料はまことに少ないのだ。この意味で、上村敏彦『**東京　花街《かがい》・粋な街**』（街と暮らし社　２０００円＋税）は旱天の慈雨のごとき本。現在残っている花街は浅草・向島・新橋・赤坂・神楽坂・葭町の東京六花街と、大塚およびハ王子の八カ所のみだが、かつては約六〇カ所も存在していた。神田にも神田明神下の台所町・同朋町、末広町一帯に広がる花街があった。「平成九（一九九七）年では芸者衆は四名、出先の料亭は鰻の『神田川』、日本料理の『宝亭』、割烹の『新開花』の三軒だけになった」。このうち、「神田川」と「新開花」は黒板塀の建物も健在という。これを書き上げた足で出かけてみるか。

（『週刊文春』2008年10月2日号）

古書の村ルデュ訪問記

×月×日

フランスの「第二帝政アカデミー」という研究者団体と「パリ日本文化会館」が共催する「日仏修好百五十年記念シンポジウム」にパネラーとして出席するためにパリに飛ぶ。

機中でジョン・K・ガルブレイス『大暴落1929』（村井章子訳　日経BP社　2200円＋税）を読む。初版は一九五五年。ガルブレイスは「一九九七年版まえがき」で「繰り返すが、私は一切予想はしない。私が言いたいのは、この現象は何度となく繰り返されてきたということだけだ」と強調する。つまり、人類はその貪欲と愚かさゆえに同じ誤りを繰り返すのだから、最大にして最悪の実例を一つ書き留めればそれでいいということだ。

では一九二九年の大暴落はどのように生じたのか？　ガルブレイスの分析はこうである。「およそどんなきっかけからでも崩壊するというのが、投機ブームの性質だからである。市場に対する信頼感を揺るがすような出来事が何か起きさえすれば、儲けるだけ儲けて決定的な崩壊前に逃げ出す腹づもりだった投機筋は売り急ぐ。株価は永久に上がると信じていた無邪気な一般投資家にもそれが伝染し、一気に売りに回る」。なんというシンプルな説明だろうか。だが、これ以上に「真」なる説明は存在しない。一九二九年にはまさにこうした過程で大暴落が到来したのだ。

十月二十四日、相場は十一時頃、突如大崩壊を始め、十一時半には狼狽売りで市場はパニックに陥った。ところが、昼休みの間に大銀行家が組織的買い支えを決定したとのニュースが伝わると、後場には歴史的な回復を示す。新聞は暴落は一過性であり、ファンダメンタルズは堅調と主張した。

だが、十月二十八日月曜日、悪夢がふたたびやってくる。大商いの末、相場は回復せず、タイムズ平均は四十九ドル値下がりする。それは悪夢の終わりではなく始まりだったのである。翌二十九日は「あらゆる株式市場の歴史で最悪の日」となった。ブラック・チューズデーである。「組織的買い支え」をするはずの機関投資家が耐え切れず、売りに回ったのである。

さて、読者は、次のガルブレイスの言葉は二〇〇八年の大暴落ではなく、一九二九年のそれであることを意識して読まなければならない。

「最初の追い証請求に応じる資金を持ち合わせていた幸運な投機家も、すぐさま次の追い証を要求され、たとえそれに応じられても、また仮借なく次を取り立てられる」

追い証とは信用取引のために投資家が差し出す担保のこと。たいていは株券だから、上り相場の時にはレヴァレッジ（てこ）が働くが、下り相場では逆レヴァレッジとなる。投資家は耐え切れず、優良株を売り払って沈没する。ではこの相場で大儲けをした投資家はいないのか？

「いくらか目端が利き最初の暴落をうまく売り抜けた投機家も、底値を拾いに戻ってきて（中略）、結局は底割れに直面した。一〇月と一一月は様子見を決め込み、売買が正常に戻って市場が落ち着きを取り戻すのを待ち、それからおもむろに買いに入った投資家もいる。だが、この慎重な投資家も、その後二年間で株価が買値を大きく割り込み三分の一か四分の一になるという憂き目に遭った」

ガルブレイスはいう、大暴落の本質は、最悪と思われた暴落がじつは最悪でなく、その始まりに過ぎないことにあると。投資家全員を奈落の底に陥れる残酷な仕掛けがあるとしたらこれほどに完璧なものはない。

シャルル・ドゴール空港に着き、売店で『フィガロ』を買ったら、なんとアメリカ下院で金融安定化法案が否決で世界中が大暴落の見出しがトップに踊っている。ガルブレイスが過去の事例として記述した事態が確実に繰り返されているようだ。

×月×日

「日仏シンポ」も無事に終わり、日曜が完全に空いたので、思い切ってベルギーにある「古書の村ルデュ」まで足を運ぶことにする。ネットで調べると、ブリュッセルからルクセンブルク行きの列車に乗り、リブラモンで下車。そこからバスで一時間弱の村というから、かなりの辺境だ。おまけに、古書店は土日にしか開いていないところが多いのに、土日にはバスの便はないという大矛盾が待ち構えている。リブラモンからタクシーに乗るほかなさそうだ。

こりゃダメだと思ったが、待てよ、パリからだったらブリュッセルに行くよりも、ベルギー国境のシャルヴィルかスダンまで行って、そこからタクシーに乗ればいいのではと思い返した。書店でミシュラン地図を買うと、果たせるかなその通りであった。そこで早朝に東駅に向かい、ランス行きのTGVに飛び乗る。

車中で大矢タカヤス、H‐W・ロングフェロー『地図から消えた国、アカディの記憶『エヴァンジェリンヌ』とアカディアンの歴史』（書肆心水　2800円＋税）を読む。

アメリカ発の料理にケイジャン（cajun）料理というのがある。私はてっきりコケイジャン（caucasian 注・印欧語族はコーカサスで発祥したとする説から、広く白人を意味するようになった）のなまったものかと想像していたのだが、全然、見当違いであった。ケイジャンの語源は現在のカナダ・ノヴァスコシア州に十八世紀半ばまで存在していたフランス人入植地アカディア Acadia の住民 Acadian にあり、そのアケイジャンがルイジアナにたどり着いて作り上げたハイブリッド料理がケイジャン料理なのである。本書は、ロングフェローの長編詩「エヴァンジェリンヌ」の全訳を掲げるとともに、詩に歌われたアカディア人の民族離散（ディアスポラ）の悲劇を丹念に後づけた力作である。

一七五五年九月五日、ノヴァスコシア植民地総督代行チャールズ・ローレンスの命令に従ってグラン・プレの教会に集まった四百十八人のアカディア人男子は北米イギリス植民地に強制移住させられた。命令の執行は数年間続けられ、推定六、七千人のアカディア人がディアスポラの運命をたどった。原因は植民地がトランプカードのようにやり取りされ、アカディアの帰属が何度も交替したことによる。これに懲りたアカディア人たちは、英仏いずれの領有になろうとも戦争協力を拒否すると宣言するが、この局外中立宣言が英仏両国、とりわけ英国の不興を招き、アカディア人全体が敵性住民として扱われることになる。

一七五六年フレンチ・インディアン戦争が勃発するや、ノヴァスコシア植民地総督代行チャールズ・ローレンスはこれを奇貨として本国にアカディア人排除を訴え、砦の攻撃を開始。先に記した監禁・追放を強行したのである。

かくして想像を絶する困難なディアスポラが始まり、アカディアンたちは世界中に散ったが、後に彼らは再びカナダやルイジアナに移住し、フランス語を守り続けた。多言語主義のよきガイドとなる本である。

×月×日

地図を眺めると、ランボーの故郷として知られるシャルルヴィル＝メジエール（人口十万）よりもナポレオン三世が捕虜となったスダン（人口二万）の方が近いが、それだけで判断を下してはいけない。日曜の小都市駅前にはタクシーなど一台もないからだ。そこで、シャルルヴィル＝メジエールで下車するが、予想に反してタクシー乗り場は閑散とし、老夫婦がタクシー待ちしているだけである。タクシー電話も故障して不通。そこで一計を案じ、老夫婦に相乗りを持ちかける。彼らを市内の自宅に送り届けた後、ルデュに向かおうという寸法だ。

というわけで、やっとこさ高速道路に乗り、一路ベルギーを目指す。高速を降りると、あとはアルデンヌの広大な森がどこまでも続く。運転手はアルジェリア移民で、イスラム原理主義やサルコジの新自由主義についてどう思うかと尋ねられる。答えるのはいいが、会話が続くあいだ、運転手が後ろを振り向いたり、身振り手振りでハンドルが疎かになるのが恐ろしい。

時速百二十キロで飛ばすこと一時間、ようやくルデュに着いた。この村で新たにタクシーを呼ぶことは難しそうなので、運転手には待機してもらう。

なんという美しい村であろうか！　教会前広場を中心にして、安野光雅氏の絵にあるようなベルギーの古民家が広がり、若い女の子ならずとも賛嘆の声をあげたくなるほどだ。

とりあえず、村の観光局で地図をもらい説明を聞く。そもそもの始まりはノエル・アンスローなる人物がウェールズに旅行したさい、例のヘイ・オン・ワイを訪れ、リチャード・ブースの話を聞くうちに自分もベルギーで古書による村おこしを試みたいと考え、一九八四年にルデュ村の民家を使って古本市を開催したことにある。これが大成功を収めたので、以後、アンスローは有志を募って「古書の村ルデュ」を立ち上げたということだ。観光局の男性職員によると、古本屋は、現在、二十四軒。それぞれが専門店化していて、観光客の要望に応えられるようになっているとのこと。本はフランス語が中心だが、フラマン語の本も置いてあるという。

ふーむ、これは大いに期待が持てそうだと思ったが、もう二時近く、レストランが閉まりそうなので、「オ・クロシェ」という店に駆け込む。店内のテーブルを占めているのは、ほとんどが年金生活者らしい年配の男女。日本でいったら「ちい散歩」を楽しむ団体さんといったところか。レストランは八軒もありバラエティに富んでいる。味も悪くはない。

昼食後、いよいよ、探索開始。とりあえず、全ジャンルを揃えているという「ラ・ベギーヌ」という三階建ての店を訪れる。第一印象は「うーむ、ちょいと予想していたのと違うぞ」というもの。棚置きの本を一瞥し、白本屋《しろほん》だと見極めがついた。つまり、戦後に出た仮綴じ本やペーパーバック本中心の店で、私が狙っているような革装丁本はほんのわずかしかない。値段はと見ると、フランスとそれほどは変わらない。買うに値するものは皆無である。

悪い予感は、何軒か回るうちにますます現実となった。まずいけないのは、大半の店が、いわゆるゾッキ本屋であることだ。しかも品揃えも値段付けもパリの「ジベール・ジューヌ」や「モナ・リゼ」などのチェーン店と変わらない。これではわざわざベルギーの辺境まで出向いて買う意味がない。ならば専門店を名乗っている店はどうかというと、こちらもまったくの期待外れ。その他の店は近年流行のSF、ミステリーのペーパーバック本屋ないしはBD本屋でこの手のオタクにはいいかもしれないが、私には無縁の店である。日本人ですでにこの村を訪れた古本好きがネットなどでかなり好意的な記事を書いているが、それはフランス古書事情に疎い人の表面的な印象にすぎなかったことに気づくべきであった。

というわけで、どうしてこういう情けない事態になっているのかと考え、おおよそ、次のような理由を思いつく。まず、古書店経営というのは思っているような甘いものではない。開業当座は、それなりに優良古書もあったのだろう。だが、そうした古書はフランスからやってくるハゲタカのような古書店主や古書マニアの餌食となり、たちまち枯渇する。古書の仕入れというのは素人でもできるほど易しいものではないのだ。となると、ペーパーバックのクズ本かゾッキ本しかないということになり、ブックオフ・レベルの本が並ぶことになる。

ことほどさように、古書のプロは少しのぞいただけで事情を察し、二度と訪れることはない。反面、「古書の村」という惹句は、旅行するのに「口実」がほしい中年観光客には効き目があり、訪問客の数だけは確実に増える。で、その結果はどうなるかというと、車や観光バスでやって来た訪問客は、本来、古書マニアではないので、古書店をざっと巡って「記念」に一、二冊買うだけでレストランに直行し、「《古書の村》を訪れた」という満足感を胸に再び車上の人となる。結果、村おこしの原点である古書店は苦戦し、代替わりを余儀なくされる。しかし、それにしては、二十四年もよくぞ持ちこたえたといえる。

かくして、邦貨にして往復六万円近い出費でルデュまで出掛けた酔狂の最終的結論。ルデュに比べたら、古書の街・神田神保町はなんと偉大であることか！　その専門性とレベルの高さは日本の誇りとなるものである。

（『週刊文春』２００８年11月６日号）

厄介な経済大国、堀口大學の父

×月×日

ここのところ神田神保町に急増しているのがインド・パキスタン系（あるいはバングラデシュ系、タミル系）レストラン。昔からカレーの店は多かったが、最近は本格的なインド・パキスタン系料理が中心だ。看板にもヒンディー文字・ウルドゥー文字が目につく。料理も両国の経済発展に伴ってワールド・ワイドになりつつあるようだ。

ところで、インド・パキスタンについての私の知識は世界史で大学受験したときのレベルにとどまっており、過日も、ムンバイ（旧ボンベイ）のテロで、インドにもイスラム過激派がいたのかと驚いたくらいだから、その知識の浅薄さは推して知るべしである。

こんな無知な人間にとって、最良のインド理解の教科書になると思われるのが、エドワード・ルース**『インド　厄介な経済大国』**（田口未和訳　日経ＢＰ社　２４００円＋税）。問題設定は、いまや世界的なＩＴ企業が続出し、経済成長率も中国に次ぐほどに高くなっているにも拘わらず、明日の食べ物にも事欠く貧困層がいっこうに減少しないのはなぜかという疑問である。

これらの謎を解く鍵はガンジーの跡を継いで国民的指導者となったジャワハルラル・ネルーにあるというのが、インド女性を妻とするこのイギリス人ジャーナリストの答えである。

最高位のカーストの出身で、ハーロー校とケンブリッジ大学に留学して法廷弁護士の資格を得たネルーは「インドを支配する最後のイギリス人」と自称するだけあって、思考法、ライフ・スタイルは完全にイギリス・エリート階級のものだった。ただし、同じエリート階級でもフェビアン協会派的原理民主主義者で、そのため、インド初代首相になると、民主主義（普通選挙による議会主義）、世俗主義（教育の非宗教化）と同時に工業型社会主義、およびエリート主義的教育制度を原則とした改革を推し進めたが、これが現在に至って、極めて複雑な影響を及ぼす結果になっているのである。

まず、民主主義。これは予想に反して見事に定着した。選挙は厳正に管理され、他の発展途上国に比べれば不正は少ない。また、世俗主義も法律的には完全実施され、教育への宗教の介入は排除されている。では、これらが平等主義的な効果を生んだかというと、どうもそうとは言い切れない。社会習慣的にカーストが強く残っているので、圧倒的多数の貧困層が一つの利益階層として統一体を形成するには至らず、それぞれのカーストがそれぞれの利益誘導政党を生み出してあい争うという構図をつくりだしたのである。それが政治的混乱を招き、カースト間の対立はむしろ激化した。

だがこの二つの原則はネルーの経済政策と教育・厚生政策に比べれば影響は軽かった。

まず、経済政策。「ネルーの基本的な構想は、スワデシ（国産品愛用）をめざす経済において、国家が主要な役割を果たすことだった。それは帝国主義的な経済システムへの反感から発したものでもあり、また、三〇年代に全世界を襲った経済危機によって、自由貿易への嫌悪感が世界的に高まったこととも結びついていた」。具体的にいえば、国家主導（官僚統制）による重工業育成と大規模土木工事だったが、これが完全に裏目に出た。独立時には十人に九人が村落に住んでいたのだから、「地方の土地改革を進め、国民を食べさせるための穀物生産を飛躍的に高めることで、将来の成長の足がかりを築くべきだった。それなのに、政府がつくったのは国営の製鉄工場とアルミニウム精錬所だった。そのほとんどが大きな赤字となり、インドの貴重な外貨を食いつくした」。同じく大規模ダム工事も未完成に終わるか崩壊した。小規模な灌漑設備をつくればそれで足りたのに、である。

また、教育・厚生政策も現実と矛盾していた。国民の八四％が読み書きができないのに、高等教育に予算の大半を割き、英語による高度な工科大学でイギリス式超エリート教育を施した。同じく、農村への抗生物質や抗マラリア薬の大量配布のかわりに、都市に大病院を建設した。「政策エリートたちが夢見るインドの将来像と、一般のインド国民が必要としているものとの間のギャップはあまりに大きかった」

しかし、最大の欠陥は社会主義的計画を推し進めるために「大きな政府」を創ったことだろう。というのも、公務員が賄賂を取るという悪習が強く残っているところに、公務員に絶大な特権（公務員は罷免されず、減給もない）を与えたために、貧困層保護に莫大な予算を計上しても、それが途中で全部消えてしまうからである。貧困層が食料や燃料を手にいれるためにＢＰＬ（貧困ライン以下の証明）を確保しようとしても賄賂が必要となる。運よく証明を獲得して公正価格店に行けたとしても、渡されるのは飼料並の小麦。商人が政府支給の小麦と悪質な小麦を入れ替えてしまうからである。「きちんと貧しい人たちに届いているのは全国平均では四分の一から半分といったところだ。国のあらゆるレベルで横領が常態化している」。貧困層がなくならないのは賄賂を取る巨大な官僚組織が原因なのだ。

しかし、ネルーの理想的政策は悪影響ばかりではなかった。農民への初等教育を犠牲にして英語授業によるエリート教育を重視した結果、世界に通用するスーパーエリート技術者が大量に生まれ、これがIT革命の波に乗って、最尖端企業が数多く誕生したのである。現在のインドの高度成長はこのサービス部門の急成長による。

かくして、著者は次のように結論することになる。

「インド経済には未来と過去が奇妙に同居している。二一世紀型のハイテク産業が、中世を思わせるような悲惨なまでに古臭い伝統的社会の中に育っているのだ」

×月×日

私はかねてより、フランスのジャン・コクトーやプルーストの例から推測して文化を創りだすのは、立身出世主義の父親や祖父の後に来る二代目・三代目の遊蕩児であるという「三代目、二代目文化立国論」を唱えているのだが、この理論は明治の日本にも当てはまる。すなわち、明治と同時に生まれた貧しい家庭の子弟が立身出世して地位と身分を築いたあとに登場した大正・昭和の文弱男子が近代日本文化の担い手となったのである。

このパターンの証明となっているのが、『月下の一群』で大正モダニズムの先導者となった詩人・翻訳家の堀口大學の父・九萬一《くまいち》の一生を描いた柏倉康夫『**敗れし國の秋のはて　評伝　堀口九萬一**』（左右社

1800円+税)。九萬一は戊辰戦争の長岡城攻防戦で父を失い、母親の細腕一本で育てられたが、長岡藩が例の「米百俵」のエピソードにあるように教育に力を入れたことが幸いし、勉強一つで立身出世の街道をひた走った。すなわち、十九歳で小学校の校長になるも、その職をなげうってフランス法系の司法省法学校を受験し、結婚して二児(その長男が大學)をもうけながら、東京帝国大学を卒業し、外交官領事官試験合格の一期生となった。朝鮮の閔妃虐殺に連座して投獄され、エリート街道から外れ、最初の妻にも先立たれるという不幸に見舞われるが、その試練に堪えて、オランダ、ベルギー公使館の書記官となり、ベルギーで二度目の妻と知り合い結婚。メキシコ赴任に伴い、外交官に育てるため、慶応予科の二年生だった大學を呼び寄せたが、これが文学者大學誕生の契機となるのである。

フランス語を完璧に理解し、マラルメやヴェルレーヌなどの象徴詩を愛すると同時に、明治特有の立身出世願望と強烈な愛国心でいっぱいだった「明治一代目」の矛盾した心理が堀口九萬一という一典型を通じて、よく伝わってくる。大學が現れるには九萬一が「いなければならなかった」のである。一代目エリートのエートスを日本とインドで比較してみると、両国の違いがよくわかる。

(『週刊文春』2008年12月18日号)

その他のおもな書評（２００８年）

『毎日新聞』「今週の本棚」

２００８年１月13日 『水声通信　21号』水声社　１０００円＋税

２００８年２月10日 山崎正和『文明としての教育』新潮新書　６８０円＋税（↓　新潮社　Kindle版）

２００８年２月17日 『芸術新潮　２月号』新潮社　１３３３円＋税

２００８年３月16日 マン・レイ『マン・レイ自伝　セルフ・ポートレイト』千葉成夫訳　文遊社　３８００円＋税

２００８年３月30日 『料理王国　４月号』料理王国社　９２４円＋税

２００８年４月27日 『AVANTGARDE　第５号』インテラート　２３００円＋税

２００８年６月８日 三浦雅士『漱石　母に愛されなかった子』岩波新書　７４０円＋税

２００８年７月13日 佐野眞一『甘粕正彦　乱心の曠野』新潮社　１９００円＋税（↓　新潮文庫　７８１円＋税）

２００８年８月17日 ジャン＝クリスチャン・プティフィス『ルイ16世　上・下』小倉孝誠監修、玉田敦子他訳　中央公論新社　各３８００円＋税

２００８年９月28日 青木正美『自己中心の文学　日記が語る明治・大正・昭和』博文館新社　２５００円＋税

２００８年11月２日 G・R・テイラー『歴史におけるエロス』岸田秀訳　新書館　３８００円＋税

２００８年12月14日　２００８年「この３冊」
ジャン＝クリスチャン・プティフィス『ルイ16世　上・下』小倉孝誠監修、玉田敦子他訳　中央公論新社　各３８００円＋税
佐野眞一『甘粕正彦　乱心の曠野』新潮社　１９００円＋税
『内村剛介ロングインタビュー　生き急ぎ、感じせく　私の二十世紀』陶山幾朗編集・構成　恵雅堂出版　２８００

２００８年12月21日 石井洋二郎『ロートレアモン　越境と

創造』筑摩書房　7800円+税

『東京人』「本」

2008年3月号　『バルザック幻想・怪奇小説選集』全5巻　水声社　各3000円+税－3500円+税

2008年8月号　吉川一義『プルーストと絵画　レンブラント受容からエルスチール創造へ』岩波書店　6000円+税　／　吉川一義『プルーストの世界を読む』岩波書店　2500円+税（↓　岩波人文書セレクション　2200円+税）　／　吉田城『プルーストと身体　『失われた時を求めて』における病・性愛・飛翔』吉川一義編　白水社　4800円+税

2008年10月号　エマニュエル・トッド、ユセフ・クルバージュ『文明の接近　「イスラームvs西洋」の虚構』石崎晴己訳　藤原書店　2800円+税

2009年

1月17日	イスラエルがガザ紛争の停戦を一方的に宣言
1月20日	バラク・オバマが第44代アメリカ合衆国大統領に就任
1月27日	「定額給付金」を盛り込んだ平成20年度第2次補正予算が成立
2月10日	人工衛星どうしの初の衝突事故（アメリカとロシア）
2月22日	『おくりびと』が第81回アカデミー賞外国語映画賞、『つみきのいえ』アカデミー短編アニメ映画賞を受賞
4月6日	イタリア・ラクイラ地震
5月21日	裁判員制度が施行
5月25日	北朝鮮が2度目の核実験
6月11日	WHOが4月に発生した新型インフルエンザの警戒レベルを最高の「フェーズ6」へと引き上げ、パンデミックを宣言
6月25日	マイケル・ジャクソンが死去
7月5日	中国・新疆ウイグル自治区で大規模な暴動が発生（ウイグル騒乱）
7月22日	日本で46年ぶりの皆既日食
7月	平成21年7月中国・九州北部豪雨
8月3日	裁判員制度による初の公判
8月30日	第45回衆議院議員総選挙。民主党が第1党に
9月1日	消費者庁を設置
9月16日	鳩山由紀夫が第93代内閣総理大臣に就任
9月30日	南太平洋・サモア近海、インドネシア・スマトラ島沖で大地震
11月11日	行政刷新会議「事業仕分け」を開始
11月12日	天皇陛下御在位20年記念式典、天皇陛下御即位20年をお祝いする国民祭典
11月20日	政府が月例経済報告を発表。「緩やかなデフレ状況にある」と認定（デフレ宣言）
12―1月	「年越し派遣村」が実行委員会により日比谷公園に開設

地球温暖化、鎖国、アダム・スミス

×月×日

印刷会社が長い年末年始の休みに入る関係か、正月だけは出版社からの原稿の催促もゲラの校正もない。それゆえ「正月はパリで」が定着してほぼ十年。今年は久々のユーロ安だから、古書集めには熱が入りそうだ。

機中では、ブライアン・フェイガン『千年前の人類を襲った大温暖化　文明を崩壊させた気候大変動』(東郷えりか訳　河出書房新社　2400円+税)を読む。近年、古気候学の発達で、歴史を気候変動の影響から見直す動きが活発だが、本書は、二酸化炭素排出による地球温暖化の議論を射程に入れながら、一〇〇〇年前に地球全域を襲った長期の温暖化が、世界の歴史をどう変え、高緯度地域と低緯度地域の文明にいかなる変化をもたらしたかを論じようとするものである。

西暦八〇〇年に始まり一三〇〇年頃まで五世紀間続いた地球温暖化がヨーロッパに豊饒な実りをもたら

したことはよく知られている。ヨーロッパにいまも残るゴシックの大聖堂は、こうした農業の余剰生産物の生んだもので、パリもロンドンもウィーンも地球温暖化の賜物なのである。古代スカンディナヴィア人は凍土の解けたグリーンランドに植民し、北アメリカまで進出した。

しかし、湿暖化は、地球全体から見ると、好ましい影響を与えたばかりではなかった。南北アメリカ、アフリカ、アジアの低緯度地域では逆にあまたの文明の崩壊を導いた。なぜなら、地球温暖化によってエルニーニョ現象、ラニーニャ現象などの気候変動が生じ、長期の干ばつが発生したため、水を不可欠とする文明は次々に滅んでいったからである。「農民は飢え、文明は崩壊し、都市は内部から崩れていった。干ばつが中世温暖期の静かな殺し屋だったことを、考古学と気候学は明らかにする」

一二〇七年から開始されたチンギス・ハーン軍の東西への侵入は、温暖化によるステップの干ばつの影響だったが、一二四一年に起ったモンゴル軍の撤退もまた、気候変動のせいだったとフェイガンは見る。すなわち、この頃から再び始まった寒冷化で干ばつが終わり、ステップの牧草地が回復したため、モンゴル軍は西漸を中止したのだ。「気候の振り子が揺れず、ステップの干ばつがさらに深刻になっていたら、どういう事態になっただろう？　それ以前の時代から判断すれば、戦争と絶え間ない移動がつづき、ほぼ確実にバトゥ・ハーンの軍勢は西部へ舞い戻っただろう」。ヨーロッパ全域がハーンの領土となり、「おそらく一二五〇年にはすでに、ヨーロッパは広大な西モンゴル帝国の一部となっていたかもしれない」。

この間、南北アメリカでは、エルニーニョとその逆の現象ラニーニャ現象による大干ばつのために、古代プエブロ族、マヤ文明、チムー王国などが崩壊の危機に瀕していた。「干ばつそのものがマヤ文明を崩壊させたわけではないが、乾燥した時代が経済、政治、社会におよぼした結果は間違いなくそれを引き起こした。（中略）低地のマヤ文明の内部崩壊は人間社会が予測不能な水源を当てにして暮らし、努力を重ねたあげくに、支えきれないほどの負担を水源にかけるようになった場合、何が起こりうるかを思い起こさせ、戒めるものだ」。マヤ文明やチムー王国では、現代に比べて都市の規模は小さく、乾燥にも慣れていた。にもかかわらず、干ばつには無力で、文明は崩壊し、農民は自給自足の農村へと解体していったのである。

今日、都市は巨大で、経済と交通はグローバル化している。ゆえに、ひとたび大規模な干ばつが各地で発生すれば、飢饉は容易に国境を越えて、文明の崩壊もグローバル化してしまうのである。

×月×日

パリに着いたら、地球温暖化ではなく地球寒冷化ではないかと思われるくらいの猛烈な寒波が襲来していた。日中でも氷点下の日が続く。たまらず、スペイン国境に近いバスク地方のビアリッツに避寒することにして、ＴＧＶに飛び乗る。車中で読んだのはロナルド・トビ**『「鎖国」という外交　全集日本の歴史第九巻』**（小学館　２４００円＋税）。最近、鎖国に興味を持ち出したのだが、それには二つ理由がある。一つは、地球温暖化による水飢饉と干ばつで世界崩壊の兆しが見えてきた中で、以前にも紹介したことのあるジャレド・ダイアモンドの『文明崩壊　滅亡と存続の命運を分けるもの』（本書二四二頁）が、日本は鎖国の間、幕府の将来を見据えた指導によって持続性のある資源消費率を達成したおかげで、エコロジー的な破産を免れたと述べていたこと。つまり、鎖国体制は、水資源と森林資源の保存に与かって力あったのである。もう一つは、グローバル経済の破綻で、貿易立国が成り立たなくなった以上は、自給自足を根幹とした一国経済を目指すほかなくなったこと。鎖国体制は、この意味でまたとない模範を示しているわけだ。

本書は以上の疑問に直接的に答えてくれたわけではなく、むしろ、徳川日本はその最初の一世紀は中国・朝鮮を中心として積極的に商業・技術、外交政策などにおいて有用な情報を収集していたという観点に立つもので、鎖国というよりも海外情報の集中・一元化であったとするものだが、それでも興味深い箇所はたくさんある。たとえば、対明貿易などで銀・銅という鉱物資源が流出し貿易収支が赤字になったことへの対策として、八代将軍吉宗が輸入に頼っていた生糸・砂糖を国産化するために書物の輸入自由化政策を打ち出したこと。「『鎖国』下にありながら内実は貿易依存状態にあった日本は、吉宗の努力によってなしとげられた国内産業の発達と、それがもたらした品質・価格両面における国際競争力の上昇という成果を生み出し、一九世紀を迎えるころには、消費財の貿易依存体質からの脱却に成功していたのである」。いずれにしろ、鎖国時代に戻ったと考えるならば、日本はどんな危機でも乗り越えることができるはずなのである。

×月×日

堂目卓生**『アダム・スミス 「道徳感情論」と「国富論」の世界』**（中公新書　880円＋税 → 中央公論新社　二〇〇八年　Kindle版）は、現在、世界を破滅の淵に追いやりつつあるアメリカ流の新自由主義（市場原理至上主義）はアダム・スミスに発したものではないことを『道徳感情論』の徹底読み直しによって証明した論稿としてサントリー学芸賞に輝いており、いまさら取り上げるまでもないが、しかし、その優れたアダム・スミス理解は、新自由主義の次にやってくるであろう過剰な国家介入主義に対しても同時に有効であることは、改めて指摘しておいたほうがいいだろう。

「スミスにとって、人間の『弱さ』だけが社会の繁栄をもたらすというマンデヴィルの考え方は誤謬にすぎなかったが、社会の繁栄の基礎に『弱さ』が入り込んでいるというのは真理なのであった。

人間には、変えられない現実として、『賢明さ』とともに『弱さ』がある。そして『弱さ』にも、『賢明さ』と同様、果たすべき社会的な役割がある。しかし、『弱さ』が社会的役割を果たすためには『賢明さ』からの制御を受けなければならない。これがスミスの基本的な立場である。この立場に立てば、社会の秩序と繁栄を妨げるさまざまな問題を、人間の中にある『弱さ』の存在自体のせいにするのではなく、『賢明さ』と『弱さ』の関係としてとらえることができる。そして、それらの問題に対する対応策もまた、『賢明さ』と『弱さ』のバランスという視点から考えることができる。『弱さ』は放任されてはならないが、完全に封じ込められてもならないのである」

(『週刊文春』2009年2月5日号)

ユース・バルジ現象、読書人の誕生

×月×日

今年は還暦イコール本厄なので神田明神に厄落としに行ってきた。前回の本厄が見事に当たってしまった苦い経験があるからだ。しかし、それにつけてもいまだに不思議なのは、われわれ団塊世代が大学進学年齢に達した一九六〇年代に、なぜ先進国はどこでも社会変革の動きが活発になり、その後、憑き物が落ちたように安定志向になったのかということだ。あれはいったい何だったのだろうという思いが還暦オヤジの胸中を去らないのだ。

この疑問にこれ以上はないという明確さで答えたのがドイツ・ブレーメン大学でジェノサイド研究所を主宰するグナル・ハインゾーンの『自爆する若者たち　人口学が警告する驚愕の未来』(猪股和夫訳　新潮選書　1400円+税)。主張は明快だ。人口統計で、男性一〇〇人につき十五歳から二十九歳までの年齢区分の人口が三〇人以上になったとき、そこだけが突出して大きく膨らむが、これをユース・バルジと呼ぶ。このユース・バルジが生じると、その国は非常に不安定な社会となる。なぜなら、父親一人につき息子が三、四人となれば、跡取り以外は生存の戦いを余儀なくされ、ポスト寄越せ運動が始まるが、国内には当然それだけのポストはないからだ。

この場合、注意すべきは、ユース・バルジはすでに飢餓ラインを克服した社会で起こるということだ。「冷たく聞こえるかもしれないが、飢えている人たちに不安は覚えない。だが、飢えや文盲の克服がうまくいけばいくほど、上昇志向の若者は好戦的になっていく」「食うに困らないどころか太りすぎを気にかけるような弟が探し求めるのは、食糧では決してなく、名声や影響力や威厳の具わったポストである」だが、当然ながら、社会にはこうした飢えていない上昇志向の若者を満足させるような名声や影響力や威厳の具わったポストが十分にあるわけではない。そうなると、取るべき道は、海外なら越境戦争か植民地獲得競争、国内に残った場合はクーデターや革命、さらには内戦でジェノサイドということになる。ヨーロッパが十五世紀末から人口膨張を始め、対外的には征服、殺戮、入植、対内的には革命、内戦、ジェノサイドに走ったのは、一五〇〇年から一九〇〇年までに極端なユース・バルジを経験していたからである。ひとことでいえば、ヨーロッパ（次いで日本もこれに加わった）近代史の激動は、そのほとんどがユース・バルジ現象で説明できるというのである。

では、先進国でユース・バルジが収まった後の世界はどうなっていくのか？　鍵は一九〇〇年から二〇〇〇年の間に一億五〇〇〇万から一二億へと人口が増えてユース・バルジ現象に見舞われているイスラム諸国にある。具体的にいえば、パレスチナのガザ地区では、一九五〇年から二〇〇八年までに人口は二四万人から一五〇万人に、アフガニスタンでは八〇〇万人から三一〇〇万人に増えており、ユース・バルジが常態化している。その結果、「二番目から五番目までの息子たちにとって、切望していた国外移住が叶わないとなれば、武器を手にして通常の犯罪に手を染めたり地下組織の軍隊に足を踏み入れたりするのは、現実的な選択肢のひとつとなる」。

となって、ハインゾーンが未来について導き出す結論は絶望的である。「この、余剰者であるがゆえに未来の兵士ともなりうる二五〇〇万に対抗して、西側が一人息子を差し出すようなことは原則的にありえない」。人口というのは増えても困るし、減っても困る。本当に厄介なものなのである。

×月×日

日本に、ユース・バルジに焦点を絞った人口動態の歴史研究があるかどうかは知らないが、われわれの父親の世代（主として明治末から大正生まれ）に関していえば、あれだけたくさん戦争で死んだにもかかわらず、復員後にベビーブームが発生して、われわれ団塊の世代が生まれたわけだから、もともと基数が多く、すでにユース・バルジとなっていたのは間違いない。もう一つ問題にしたいのは、この戦前のユース・バルジの世代は、その父親の世代とは異なって、知識と教育による階級離脱を企てた最初の世代であることだ。いいかえると、戦前のユース・バルジ世代というのは、新しく生まれてきた読書階級（食べ物ではなく本に飢えていた世代）でもあるのだ。

この意味で、興味深く読んだのが紀田順一郎『横浜少年物語　歳月と読書』（文藝春秋　1619円＋税）。著者は、ご存じのように博覧強記のエンサイクロペディストにして幻想小説・推理小説作家。どうしてこうした風変わりな大読書人が生まれたのか気になるところだが、その秘密は本書が明かしてくれる。横浜本牧の商家に生まれた著者の父は祖父から「商人の子に学問はいらん」と言われたにもかかわらず黙ってY校（横浜商業学校）を受験して合格、卒業後は日銀勤めのサラリーマンとなり、フェリス女学院出の母と結婚し、一九三五年に著者が生まれた。とならば、典型的な横浜の新興中産階級だから、著者が本に囲まれて自然に読書好きになったのかというと、ことはそう簡単には運ばなかった。まず日米開戦の年に父親が結核で倒れたのと時を同じくして極端な物不足が始まり、父親に似て読書好きだった著者が自由に本を買えるような環境ではなくなってしまう。翌年四月に国民学校の初等科一年に入学すると今度は空襲が始まり、集団疎開。疎開先は箱根の強羅だった。集団疎開は完全な軍隊式で、十歳の著者は二等兵扱いされる。

「『佐藤二等兵！　何をマゴマゴしている！　そこへ坐れ！』『ハイ』『声が小さい！　ハッキリ聞こえるように『ハイ、班長殿』といえ！』　私は卓袱台の前に正座しながら、震え声で復唱した」。小学生といえども、シゴキありリンチありの陸軍内務班そのものである。

ところで、この疎開生活で一番苦しかったのは、二冊しか本の所持が許されなかったこと。苦心の末に選び出した一冊が『少年倶楽部』別冊の『智恵のダイヤ　少年ものしり宝典』。豆知識は戦後、横浜山手の坂で外人住宅の犬に襲われそうになったときに実際に役に立つことになる。「いま手元にある二百数十ページばかりの、茶色に変色した貧弱な小型本を見ていると、私の世代は豪華な装幀の童話や、華麗な表紙の児童雑誌などとは本来無縁で、ひたすら戦中戦後のきびしい時代を生き抜く実用書にリアリティを感じる巡り合わせだったということが痛感される」

一つ上の世代が親しんだ『赤い鳥』や『金の船』の世界はすでに遠く、『少年倶楽部』だけが愛読書であったのだ。そこから、著者の読書傾向が導き出される。「いまとなって整理してみると、情報希求という要素と、それとはまったく裏腹の現実逃避ということが浮かび上がってくる」。人は、どのような環境に置かれたときにどのような本を読み、どのようにして人格形成を遂げるのか、本とのかかわりを眼目とした優れた自叙伝の試みである。

×月×日

ある雑誌の「パリの日本人」という連載〔『パリの日本人』新潮選書〕で石黒敬七を取り上げた。柔道普及の目的でパリに行って蚤の市の魅力に取りつかれ、大コレクターとなって帰国したという経歴が目を引いたからだ。その石黒敬七コレクションの中核をなすのが、パリの骨董屋や蚤の市で集めた幕末明治の古写真。石黒敬章『**幕末明治の肖像写真**』（角川学芸出版　２８００円＋税　↓　角川学芸出版　二〇一四年　Kindle版）は子息が父親のコレクションから幕末明治の名士の写真を抜粋し、これに経歴を添えたものだが、私のような肖像マニアから見ても非常に珍しい逸品ばかりで、よくぞ、これだけ網羅したと感心することしきりである。コレクションとは力なりを実感させてくれる一冊。

（『週刊文春』２００９年３月12日号）

さまざまな留学体験――岩村透、草野心平、ヴォルテール

×月×日

国際日本学部ということで授業準備のために明治・大正のヨーロッパ留学体験を読みあさっているが、インド洋・スエズ経由で行くのと、太平洋・アメリカ大陸経由で行くのとでは体験に微妙な違いが出てくる。アメリカというフィルターを通してヨーロッパを見るという独特の視点が身につくからである。

その典型は永井荷風だが、もう一人、岩村透という人物がいる。パリに対する憧憬を日本人に植えつけたという点で彼の『巴里の美術学生』（一九〇二年刊）ほど大きな影響を与えた本はないからだ。ところが、なぜか、これまで肝心な岩村透の人となりがあまり紹介されてこなかった。この空隙を埋めるのに最適なのが田辺徹『**美術批評の先駆者、岩村透　ラスキンからモリスまで**』（藤原書店　４６００円＋税）。

一八七〇（明治三）年、石川県令の息子として生まれた岩村透は東京英和学校（青山学院の前身）の米人恩師に従ってアメリカに渡り、電信の発明者モースの設立した美術学校で滞仏経験のある画家ウィル・H・ローから絵画や美術史の手ほどきを受ける。その後、フランスに渡り、アカデミー・ジュリアンで学ぶかたわら黒田清輝、久米桂一郎と知り合い、帰国後は東京美術学校で教壇に立って「名講義」で学生たちを酔わせたが、その直截な批判的言辞のため、文部省と衝突、アカデミズムを去る。『美術評論』『美術新

報』『美術週報』などの美術雑誌を私財をなげうって創刊するかたわら、ラスキン、モリスの思想の紹介を試みるが、志半ばにして糖尿病に倒れる。

では、岩村の特色はどこにあったのか？　アメリカで受けた美術教育である。

「岩村はここで、アメリカの文化的貧困を嘆き、ヨーロッパの学問と芸術を規範とし、またパリに憧れる教授陣に囲まれて学生生活を送った。ヨーロッパに目を向け、アメリカの学問と教育法に関心をもたなかった日本にあっては、岩村のアメリカ留学はまるで評価されず、特に美術界にあってはしばしば軽蔑の対象となっていた。しかし実はその当時、岩村ほどきちんとしたヨーロッパ流の芸術教育を海外で受けた者はいなかった」

一般にアメリカでは教授法がマニュアル化されているので、生徒が教える側に回ったときにも反復可能である。岩村を優れた美術教師にしたのはおそらくこのためだろう。しかし、岩村が受けた教育は方法において功利的であっても、精神において功利的ではなかった。この点を日本の美術界は誤解し、岩村の軽視が始まったと著者は考える。なぜなら、アメリカの美術学校にあっては、教授法はプラグマティックでも、パリを芸術の聖地と見なしてひたすら憧れるその雰囲気はむしろ芸術至上主義的なものであったからだ。方法におけるアメリカニズムと精神におけるフランス的ボヘミアニズムという「この二重の構造は岩村の生涯の仕事の特徴」となる。たとえば、ベストセラー『巴里の美術学生』で岩村はアカデミー・ジュリアンを舞台にしたボヘミアン画学生の生活を紹介し、日本人画学生にパリ留学熱を吹き込んだが、その一方で、恩師ローに学んだ教育の指針を忠実に守り、パリに留学する日本人学生には「開放的な気質とともに勤勉を教える」ことを忘れなかったからである。岩村の教え子・田辺孝次の子息による岩村透の再評価の試み。力作である。

×月×日

明治・大正の留学といえばパリかロンドンかベルリンときまっていたなかで、当時にしては非常に特殊な留学をしたのが詩人の草野心平。北条常久『**詩友　国境を越えて　草野心平と光太郎・賢治・黄瀛**』（風濤社　２５００円＋税）は、草野心平という日本詩壇においては突然変異的ともいえる詩人の原点がその留学体験にあり、隔絶した場所から遠方の「詩友」を求めた心が『歴程』という歴史的な詩誌を生み出してゆく過程を巧みな語り口で明らかにしてゆく。すなわち、福島・石城郡（現・いわき市）に一九〇三（明治三六）年に生まれた草野心平は、複雑な家庭事情もあって、父とうまく折り合えず、その苦痛から逃れようと海外留学を望むが、そのとき父が盟友の並河栄治郎の意見を聞いたことから運命が大きく転換する。

「嶺南大学はアメリカのキリスト教団の経営だけに、教授陣はアメリカ人が多く、授業も英語だからアメリカに留学したような気分になれるし、学生は東南アジアの華僑の子弟が多いから、中国人の富裕層に人脈が広がり、将来実業家として立つのには大変有利であると進言した」。この将来展望は、心平が日本人にはまれなスケールの国際的交友関係に恵まれるという点では当たったが、実業家として役立つという点では外れた。なぜなら、現地で心平は早世した兄・民平の詩を読むことで日本語の美しさに目覚め、自ら詩を書き始めると同時に、不撓不屈のオルガナイザーとなって詩人たちの纏め役となってゆくからである。そして、心平の張り巡らした『銅鑼』『歴程』といった同人誌ネットワークの中に高村光太郎、宮沢賢治、それに、日本語で詩を書きながら国民党軍の将軍となった日中混血の詩人・黄瀛《こうえい》などがからまって、昭和の詩人たちの国境を越えた「心の連帯」が出来上がってゆく。カエルの詩集『第百階級』で知られる草野心平がこれほどユニークな（変な）詩人であったとは驚きの一語である。読み物としても優れている。

×月×日

亡命は留学ではないが、異文化体験という点では同じである。そして、その一人の亡命体験が一国の体制を変えるどころか、世界に不可逆的な変化を及ぼしてしまうこともあるのだ。小林善彦**『「知」の革命家ヴォルテール　卑劣なやつを叩きつぶせ』**（柘植書房新社　2400円＋税）は、日本でルソーに比べて論じられることがまことに少ないヴォルテールを平易な語り口で紹介した評伝である。

パリの新興ブルジョワジーの家庭に生まれながら、金儲け一点張りの父親とはソリがあわず、詩人・劇作家となったヴォルテールは、しかし、巧みな投機で莫大な財産を築いたという点では立派な「ブルジョワの息子」だった。とりわけ、大貴族に金を貸して利鞘を稼ぐ投資テクニックは驚異的で、ヴォルテール伝の作者ジャン・オリユーをして、ヴォルテールは近代的な「資本家」であったと言わしめたほどである。「歴史上、文学者がこれほど金儲けに巧みであった例はなかった。その点でも彼は他に類例のない人であった」

では、なにゆえにヴォルテールはそれほど蓄財に情熱を注いだかといえば、若き日に女優を巡る鞘当てから貴族の部下に棒でなぐられるという屈辱を味わったがためである。「ヴォルテールの自尊心は完全に傷つけられた。結局、英国へ行くという条件で出獄を許される。この事件があってからヴォルテールは、他の文学者たちのように、貴族社会に寄生して生きるのではなくて、みずから自己の自由を確保して、世間と対等に付き合おうと考えるようになる」。英国亡命で議会政治を学び、その経験から『哲学書簡』で絶対王制を根底的に批判したのも、また、亡命先のジュネーヴでも迫害を受ける恐れがあると察するや、フランス領のフェルネーの土地を自分の金で買い占めてしまったのも、すべてはこの屈辱から発生しているのである。

若いときにはルソーだが、年を重ねたらヴォルテール。平均的フランス人のほとんどはヴォルテール派だ。この意味で、フランス的感性を理解するには、幻影を見ずに、自分の庭を耕す現実主義者ヴォルテールを知らなければならないのである。

カラス事件など、戦う啓蒙思想家ヴォルテールの一面も生き生きと描写されている。

（『週刊文春』2009年4月16日号）

「代理天皇」近衛文麿とボン・サンスの批評家菊池寛

×月×日

近年しきりに思うことは、明治以来の近代日本は、世界でもまれに見る立憲君主国ではなかったかということである。つまり、君主が「君臨すれども統治せず」の原則をこれほど忠実に守った国はなかったということなのだが、まさにその立憲君主制の遵守（アンシャン・レジームのフランスのような絶対君主制の国ではなかったこと）が最終的には日米開戦という国難を招いたのであり、そのただ一つの例外が（二・二六を入れれば二度になるが）、昭和二〇年八月　五日の敗戦なのであった。なんという歴史のパラドックス。

もう一つのパラドックスは堅牢な立憲君主制であったがゆえに、危機が起きると、民衆はかならずといってよいほど自分たちの理想を投影できるような全能の「代理天皇」を待望したということ。この「代理天皇」は、状況によって、西郷隆盛型の禁欲ドーダの権化であることもあれば、教養主義を体現したリベラリストであることもあった。

筒井清忠『近衛文麿　教養主義的ポピュリストの悲劇』(岩波現代文庫　1100円+税)は、後者のタイプの「代理天皇」として民衆に待望され、持ち上げられたあげくに捨てられた近衛文麿の本当の意味での「悲劇」を正確な実証的資料の分析から明らかにしていこうという試みである。

著者がまず問題とするのは、江戸初期に後陽成天皇の第四皇子を跡継ぎとして迎えたこともある近衛家の嫡男として「準プリンス」的な血筋のよさと、一高・京大で身につけた新渡戸稲造的な教養主義から来る折衷性と超然性が、昭和という激動の新時代の「代理天皇」を民衆に幻視させたということだ。「近衛の『高貴さ』こそ、『汚濁した政党政治』と『軍国主義』の時代に天皇制下の大衆の求めた救済願望を一身に受け止めることとなった源泉だったのである」

一方、近衛の方でも、政党も軍部もバックにしない特殊な政治家として、マスメディアと民衆の意志を当てにするかたちで政治の表舞台に登場することとなったが、しかし、それは、当然、近衛に「大正後期の平和主義の全盛期には平和主義、満州事変後の対外強硬論の時代には強硬論」というような風見鶏的な性格を与えることとなる。これは必ずしも近衛一人の定見のなさではない。民衆の動向(マスメディア)が政治の流れを決めてしまう「民主主義の時代」そのものを近衛が象徴していたのである。「民主主義者である近衛にとって大正後期に大衆の要望した軍縮・平和主義に協力することは当然のことであったし、対外強硬論の時代にそれに同調することも当然のことであった。こうした主張に逆らうことは反民主主義行為なのであるから」

そして、こうした「代理＝表象」的な民主主義者たる近衛は、より忠実に民主主義を実践するため、独特の発想を採用するにいたる。それは、軍部やファッショ勢力の攻撃が激しいときには、その主張を先手をとってくみ取ることでその勢力を弱めるか、あるいは一歩進んで、完全にゲタをあずけてお手並み拝見といき、失敗したらその政治的立場を追及しようという「先手論」である。

この「先手論」は、著者に言わせれば、「危険な存在に身を任せるとその存在が責任を感じて身が安全になるという、危険性を低く見積もった性善説の楽観論」であり、「自分自身では積極的に問題の責任を取ろうとする力量と勇気がない立場の人間が思いつく」ことなのだが、じつは、こうした近衛政治の特徴こそは大衆社会時代の「民主主義」のそれでもあるのだ。

「先手を打つということがもうヘゲモニーを握られているということであり、先手を打てば政治家に主導権が戻ってくる保証などどこにもありはしないのである。しかし『国民的運命』というところに近衛のこの種の言動を理解する鍵はあるのであって、これも『国民』から押されているという意識の産物なのであった。『国民』を尊重する政治家ほど国民多数の強硬論には反対できないという民主主義の逆説が民主主義者を苦しめ始めていたのである」

ここから、導かれる結論は次のようなものである。「それは、皇太子が政治家になったのに近かったといってもよいかもしれない。近衛のポピュリズムには、民主主義的政治学者が予期し得なかった君主国における大衆政治の特質が孕まれていたともいえよう」

卓抜な近衛論であると同時に、マスメディアが権力を握るポピュリズム全盛の昨今においてこそ読まれるべき優れた政治論でもある。

×月×日

一九三七年、第一次近衛内閣が成立するとマスメディアは一様にこれを歓迎し、『文藝春秋』を主宰する菊池寛も「近衛内閣の出現は、近来暗鬱な気持になっていた我々インテリ階級に、ある程度の明るさを与えてくれたことは、確かである」と書いたが、その菊池寛のエッセイを集めた貴重な一冊が菊池寛『**昭和モダニズムを牽引した男　菊池寛の文芸・演劇・映画エッセイ集**』（清流出版　２４００円＋税）。

これを読むと、「我々インテリ階級」と自負するだけあって、菊池寛が同時代の水準のはるか上をいくインテリであったことが如実に伝わってくる。まず、われわれは、『真珠夫人』の菊池寛が、シング、ゴルスワアジイ、バアナアド・ショオ、シェークスピアなどを精緻に読み込む確かな英語力と読解力を備えた英文学者としてスタートしたことに驚くが、それも当然、彼は京大の英文科で上田敏に学んでいるのだ。その上田敏に対する追慕をつづった「上田敏先生の事」「晩年の上田敏博士」はなかなか読ませる。菊池寛によれば、晩年の上田敏が不遇だったのは、京大英文科の学生はほとんどが中学教員志望者で、文学、とりわけ詩を解するものが極端に少なかったためであるという。「先生は学者であつたがテムペラメントは詩人であつた。詩人学者《ポエトスカラア》とでも云ふべき先生の事であるから詩の衰退は先生にとつて悲しみの種であつた。毎学年新入生に向つて『誰か詩をやる人はありませんか』と聞かれたがそんな気の利いた人間は京都大学には居なかつた」

では、上田敏は京大で具体的にどんな授業をしていたのか？ 「上田先生は、文学の研究に於て鑑賞と云ふ事を最も重んじて居られた。本当を云へば、文学を研究するなど云ふ事は馬鹿らしい話で、文学に対する第一義は鑑賞に尽きて居る。上田先生の真意はそこに在つた。従つて、先生は文学に対する系統的な研究を無視せられて居た」

もう一つの読み所は、有名な「生活第一、芸術第二」という結論で締めくくられる『文芸作品の内容的価値』という評論。菊池寛はいう、うまいと思いながら少しも心打たれることのない作品がある一方、すこしも描けていないにもかかわらず心打たれる作品がある。これはいかなることか？ 「芥川氏の『蜜柑』と云ふ小品がある。私は、あの題材を芥川氏から、口頭で聴いたとき、既にある感動に打たれた」。ここから、文芸作品も芸術的価値以外に、いわゆる内容的（広い意味での道徳的）価値を持っていなくてはならないという主張が生まれる。

「芸術、それ丈《だ》けで、人生に対してそれほど、大切なものかしら。芸術的感銘、それ丈けで人は、大に満足し得られるかしら。

私は、芸術はもつと、実人生と密接に交渉すべきだと思ふ」

小説家・ジャーナリストとしてでなく、健全な精神を持ったボン・サンスの批評家としての菊池寛を再評価すべきときが来ているようである。

（『週刊文春』２００９年６月４日号）

初夏のパリ、サルコジとアメリカ式経営学的思考

×月×日

グラン・パレで開催される国際古書市を訪問すべく、パリに出発する。虱つぶしにパリの古書店を訪ねては稀覯本を買いまくっていた時代からすでに四半世紀が経過し、店主の多くが代替わりすると同時に、新しい業態の店も増えたようなので、ここらで一つ認識を新たにしようと思い立ったのである。機中で読んだのは国末憲人『**サルコジ マーケティングで政治を変えた大統領**』(新潮選書 1100円+税)。

第五共和制施行以来、フランス共和国大統領はド・ゴールに象徴されるように左右対立を超越した「国父」的なイメージを帯びるものと決まっていた。若き日には才気走ったやり手のイメージが強かったシラクでさえ大統領就任後はこの路線を踏襲していた。

ところが、サルコジはこうした「国父」的なイメージとは程遠い人物である。移民二世の小男で、グランド・ゼコール(高等専門教育機関)出身ではないというようなマイナスはいいとしても、文化にはいっさい興味がなく、好きなのは勝ち負けがはっきりしているスポーツ。ただし、前任者のシラクが愛した日本の相撲に対しては「肥満体同士の戦いのどこが面白いのか」と侮蔑をあらわにするだけ。ワインは飲めず、「美食にもほとんど無関心だ。彼の好物はピザとスパゲティとチョコレートである。会食の途中でもひっきりなしに仕事の話をし、あっと言う間に食べ終わってしまう」。しかも、金満家ぶりを露骨にアピールし、私生活でも、ダブル不倫の末に結ばれたセシリアと離婚して、スーパーモデルのカーラと再婚するな

ど派手な話題を振り撒く。ようするに、フランス製のアメリカ人のような存在である。いったいなぜこんな男が大統領になれたのか、それが本書の問題設定である。

著者はこの謎を解くために、フランスが置かれている硬直状況に注目する。「フランス社会があらゆる面で硬直化しているのには、明確な理由がある。もともと身内を大事にする地中海的な性格に加え、長年左派が政権を担ったことから、すべてが既得権重視の社会となっているからだ。すでに居る人は安泰で、後から来る人が苦労する社会なのである」

こうした状況に苛立っているのは「大学は出たけれど」の若者と会社の経営者だ。彼らは社会の硬直を変えない限り、フランスは国際競争に負けると危機感を抱いている。「フランスは、例えれば赤字経営に陥った企業に似ている。株主や社主は、リストラに取り組んでくれる雇われ社長を捜しているのだ」。問題を解く鍵はここにある。サルコジはまさにフランスという会社の再建のために現れた新型の経営者なのだ。「ビジネスは基本的に戦いだ。同業者との争いを制し、利益を上げるのが目的だ。（中略）ここに、サルコジの行動とサルコジ流政治手法の謎を解く鍵がある。サルコジはビジネスの世界の論理を深く理解し、マーケティング理論を実践している国家経営者なのだ。強い指導力を持った経営者だからこそ、怖いもの知らずの行動ぶりを誇り、すべてを自分の統制下に置こうとし、派手な私生活を隠しもしない。こうして、自分という商品を有権者に売り込むのである」

では、サルコジが用いたマーケティング理論はというと、これがストーリーテリングという分かりやすい「物語」を用いるイメージ戦略。さしずめ、サルコジの物語はエネルギッシュにリストラを敢行する雇われ社長だろう。だが、再建屋のリストラがうまくいくとは限らない。「ストーリーテリングは、政治学や経営学の教科書がまともに扱うような確固たる理論とは言い難い。（中略）そのような発想が、一国の指導者の統治法として堂々とまかり通っている。サルコジは、そのような現代社会の怪しさと不透明感を象徴する存在でもあるのだ」

×月×日

サルコジが自らの模範としたのは前アメリカ大統領ジョージ・W・ブッシュだが、そのブッシュがマーケティング的なイメージ戦略を学んだのがハーバードビジネススクール（HBS）。資本主義の士官学校としてなにかと話題になる同校だが、しかし、具体的にこの学校でどのような授業がどのような方針で行われているのかということにかんしては日本の一般的読者にはあまり知られていない。しかし、ブッシュにしろ、サルコジにしろ、このHBS流の経営戦略を政治に応用した政治家が世界の主要国の元首をつとめるような世の中になってきた以上、無関心ではいられない。そこで手に取ったのが、フィリップ・デルヴス・ブロートン**『ハーバードビジネススクール　不幸な人間の製造工場』**（監訳・解説・岩瀬大輔、翻訳・吉澤康子　日経BP社　2200円＋税）。

著者はバングラデシュ生まれの英国育ち。大学ではギリシャ文学を専攻し、ジャーナリズムの道に進んでからは「デーリーテレグラフ」のパリ支局長をつとめ、家庭的にも恵まれていたが、あるとき、自分はこんなに恵まれていていいのだろうかという疑問から、経営学を学ぶべくHBSに願書を出し、合格する。しかし、果たして、HBSは著者が思い描いたような学校だったのか？

まず授業内容からいくと、これは徹底した実例（ケース）主義。最初の授業は片田舎の男爵が二人の農民に異なる区画と種、肥料、雄牛、鋤を与えたとして、最終的にどちらがより成果を上げたかを会計学的に答えるというもの。これをクラスメートとのディスカッションを通してより正しい結論へと導いていくというのが授業である。つまり、先生が解法と答えを教えるのではなく、生徒たちが当事者としてもっとも正しい（と推定される）答えに到達できるよう、武器となる知識を与えながら、現実適応能力を養っていくのだ。しかし、その基本はただひとつ「利益の最大化」であり、そのために決断を下すにはどうすればよいかということである。しかし、決断のためにはモラルという最大の障壁がある。ＨＢＳは卒業生の相当数がモラル・ハザードを起こしてきた（その象徴がエンロンのＣＥＯジェフ・スキリング）という批判に応えて、「リーダーシップと企業責任（ＬＣＡ）」という科目を設置したが、これはＨＢＳでも最も不人気な科目であった。「筋金入りの金融マンにとって、それはデリバティブの構造を勉強する貴重な時間が奪われることを意味していたし、明日の起業家にとっては創造性ともキャッシュフローとも無関係だった」

では、ジャーナリズムからの転向を図った著者はどうだったかといえば、こうしたノンモラルな同級生の間で常に居心地の悪い思いをしていた。そのせいか、かなり上位に入る成績を残しながらも、卒業時にはあらゆる就職試験面接に落ちてしまう。卒業式の日、著者は「知識は身につけたし、友人たちもできたけれど、これからどうするかが決まっていないという事実に、私は敗北感を覚えていた」が、最後は「自分が楽しめないに決まっている仕事に従事することになっていなくて、ほんとうに良かった」と考え直すに至る。そして、卒業後、投資銀行に就職が決まった同級生から、こんなことを聞かされる。「ＨＢＳは不幸な人間の製造工場なのさ。ぼくらにはとても多くの選択肢があるのに、満足そうな者はほとんどいない。ＨＢＳはみんなを不安にさせ、その不安は増す一方だ。挙げ句にみんな自分の人生について誤った決断を下してしまうのさ」。この言葉は、ヘンリー・ミラーが「パリはホームレスでも幸せそうな町だが、ニューヨークは百万長者さえ不幸な顔をしている町だ」というようなことを『北回帰線』の中で述べていたのを思い出させる。

アメリカ式の経営学的思考こそ諸悪の根源。どうもそう結論せざるをえないような初夏のパリでの読書であった。

（『週刊文春』2009年7月9日号）

聖遺物、フランス王朝史、「正義」を解明する意義

×月×日

文部省が大学は一年三十回（前・後期十五回ずつ）授業を行うべし、休講したらその分全部補講させろという通達を出して以来、大学教師は八月になるまでまったく休めないことになった。しかし、出版業界の方は「大学教師はすでに夏休み」という前提でタイム・スケジュールを設定しているから、物書き兼業教師にとって「師走」はむしろ七月末に訪れることになる。

その新「師走」をなんとか乗り切って、書店で新刊あさりをしている時、パリで心に浮かんだ疑問がよみがえってきた。

ヨーロッパで教会巡りをしていると、ガイド・ブックに「この教会は聖○○の聖遺物（relique）を奉納し、名前もそれに由来する」と記されていることが多いが、この聖遺物とはなんなのか、というものである。

秋山聰『聖遺物崇敬の心性史　西洋中世の聖性と造形』（講談社選書メチエ　１６００円＋税）によれば、「①聖なる人の遺体、遺骨、遺灰等　②聖なる人が生前に身にまとったり、触れた事物　③　①ないし②の聖遺物に触れた事物」であるという。その聖性を保証するものは、イエスや聖人の身体に宿り、死後も永続的に作用しつづけると信じられたパワー「ウィルトゥス」であった。このウィルトゥスは天上の神からくるパワーで個々の聖人の身体および聖遺物はそのパワーを伝える媒体と考えられたが、問題はウィルトゥスの伝染性と分割可能性である。「聖遺物は常にウィルトゥスを放射しているが、ウィルトゥスの放射を浴びた事物もそのウィルトゥスを宿すと考えられた。そのため聖遺物を安置した聖遺物容器なども、ウィルトゥスを常時浴びることにより、聖遺物と同じ効力を持つことになり、事実上聖遺物化することになる。実際、役割を終えた聖遺物容器はしばしば小分けされ、信徒たちが持ち帰った」

信徒たちが聖遺物を崇敬したのは、聖遺物を介してウィルトゥスに触れれば病気が治癒したり、邪気を払えると信じたからである。聖遺物（とくに遺体）の分割が容認されていた東方では、人々は小さな欠片となった聖遺物をフィラクテリアという容器に入れて保持し、その聖遺物とともに埋葬されることを望んだ。

しかし、この聖遺物信仰が、アルプス以北に広まるにつれ、思いもかけなかったような事態が生じてくる。一つは、「聖遺物を所有したものが勝ち」ということから起こる聖遺物争奪戦である。イエスと使徒、および有力聖人の聖遺物は当然ながら東方に多くある。しかも、ローマでは聖遺物（遺体）の分割は禁じられていた。

そこで、聖遺物を欲しがるアルプス以北の王侯貴族や教会は、聖遺物を保持する東方の教会に割譲を願い出たが、おいそれと願いがかなうわけがない。ならば、「①新たに発見する、②購入する、③盗む」という方法に頼るしかない。かくて、ドイツやフランスの有力教会に遺物の奉遷（トランスラティオ）が行われる裏では、聖遺物の盗掘団や聖遺物ブローカーが暗躍するというとんでもないことが生じる。それどころか、聖人が別の土地に去ると聞くや、その聖人を「殺して」聖遺物を確保しようとする不逞の輩まで現われる。

こうした聖遺物奉納にまつわる盗掘、奉遷の冒険は興味が尽きないが、より大きな文脈で関心をそそるのは、聖遺物を入手したことから生まれる教会の変化である。まず、大切な聖遺物が真正であることを証明し・権威づけるために、聖遺物の容器が豪華化し、それ自体が価値を帯びるようになる。骨董品の箱書きと同じ原理である。「実際のまなざしは聖遺物容器で遮られることになる。人々の視線は否応なくイメージの上にとどまらざるをえない。つまりは聖遺物崇敬に熱心であればあるほど、人々のイメージに対する興味・関心が増すという逆説的な状況が出来《しゅったい》することとなった」。こうした豪華化した聖遺物容器はシュラインと呼ばれて巡礼者を集めたが、それが教会祭壇に置かれるようになると、今度は、参拝者のために、教会の内陣構造や建築自体も変化せざるをえない。つまり、聖遺物崇敬が、キリスト教芸術を生み出したのである。

×月×日

中世キリスト教関連の本を読んでいて、日本人がもどかしく感じるのは、メロヴィング朝、カロリング朝というフランク王国の王はおろか、カペー朝の歴代の王についてもまるで知識がないことだ。それもそのはず、日本語で読める「フランス歴代王朝の歴史」というのが存在していないのである。中世民衆の日常生活はわかっても、代々の王がどんな人物だったのかがわからない。この欠落を埋める好著が佐藤賢一『カペー朝　フランス王朝史1』（講談社現代新書　740円＋税　→講談社　二〇〇九年　Kindle版）。西洋史学を学んだ小説家らしく、しっかり史実を踏まえた上で、人間くさい王たちの歴史が面白おかしく語られているので、これ一冊でカペー朝の歴史が頭に入る。

なかで興味深いのは、現在のフランスは、カペー王朝の歴代の王の「国取り物語」であることだ。パリ中心のイル・ド・フランスだけの王にすぎなかったユーグ・カペーから数えて十四代、カペー朝断絶時の一三二八年には、なお有力諸侯の領地は点在するものの、エグザゴーヌ（フランス領土の六角形）の多くはフランス王国の領土となっている。その国取りの過程は個人商店の奮闘日記ぐらいの感覚であると著者はいう。『フランク皇帝』という大店から暖簾を分けられた分家、『西フランク王』に仕える番頭だったものが、もう馬鹿なボンボンには任せられないと、金看板を奪って創業。はじめは自転車操業だったが、使用人にも恵まれて、『フランス王』は徐々に業績を伸ばす。ライヴァル商店と鎬を削り、ここぞと金看板を出しながらの商戦で、次から次と勝利を収める」

それにしてもフランスらしいのは、王が傾城の美女にうつつを抜かして国事をほったらかしたり、あるいは嫁いできたお姫様が性悪で国難に陥ったりと、王の色恋沙汰が歴史のかなりの比重を占めることである。王もまたフランス人なりき。続編も楽しみだ。

×月×日

八月十五日が巡ってきたことで、書店の棚には戦争関係の本が並ぶが、なかでお薦めは加藤陽子『それでも、日本人は「戦争」を選んだ』（朝日出版社　1700円＋税）。神奈川県の受験校・栄光学園の歴史研究部の生徒たちを相手に行った集中講義の活字化だが、私が推す理由は、著者が「戦争はなぜ起きるのか」という根源的な問いを常に問いかけて、「戦争はきまじめともいうべき相貌をたたえて起こり続け」たという確認に至ったことだ。

つまり、ラ・ロシュフーコーが『箴言集』で「喧嘩は、片方にしか非がなければ、長くは続かないだろう」というように、戦争は、当事者双方が掲げる「正義」が正面衝突して、相手の国の基本原理（憲法・社会）そのものを攻撃するときに生ずるのだから、その当事者双方の「正義」を解明することが戦争原因究明の第一であると考えている点だ。

たとえば、満州事変から日中戦争に至る六年間に、日本では資本主義の発達にともなう格差社会の出現で、国内改革を思うように実現できない民衆のルサンチマンが財閥憎悪と軍部ファシズム礼讃を招き寄せたが、このルサンチマンが、日中戦争を国際ルールを守らない中国に対する「報償」、つまりルール違反に対する懲罰行動とみなす近衛政権を支えていたのである。それは、ビン・ラディンを追ってアフガン戦争、イラク戦争に突入したアメリカと同じ論理である。

「時代も背景も異なる二つの戦争をくらべることで、三〇年代の日本、現代のアメリカという、一見、全く異なるはずの国家に共通する底の部分が見えてくる。歴史の面白さの真髄は、このような比較と相対化にあるといえます」

中高校生ばかりか中高年にも読んでもらいたい本である。

（『週刊文春』2009年8月27日号）

二つの全体主義、二つの強制収容所体験の「重さ」

×月×日

毎年、九月半ばになると思うのは、とくに原稿書きをサボっていたわけでもないのに瞬く間に日がたってしまい、約束してある書き下ろしの仕事もしないうちに夏休みが終わっていたということ。今年もまた旅行にも行かなかった、嗚呼！

このうえ授業が始まったら、果たしてやっていけるのだろうか？　還暦を迎えるのだから、そろそろ教師生活を切りあげる潮時かも知れない。いや、辞めたりしたら、膨大な本のための家賃をどうやって工面する？　この煩悶をここ数年、九月になると正確に繰り返し、軽い鬱に陥るのである。

しかし、こんな悩みもマルガレーテ・ブーバー゠ノイマンの自伝『**スターリンとヒットラーの軛《くびき》のもとで　二つの全体主義**』（林晶訳　ミネルヴァ書房　３８００円＋税）を読むと吹っ飛び、「甘ったれんじゃないよ」と背中をどやされる気分になる。というのも、ブーバー゠ノイマンはタイトルにある如く、スターリンとヒットラーの強制収容所を両方体験したという驚くべき経歴の持ち主であるばかりか、その不撓不屈の闘志で収容所生活を生き抜き、両方の全体主義の相似性を白日のもとに晒してみせた勇気ある女性だからである。

われわれの世代の人間にとっては『カフカの恋人ミレナ』著者として知られるマルガレーテ・ブーバー゠ノイマンは二〇歳でドイツ共産主義青年同盟に加入したバリバリの共産主義者で、宗教哲学者マルティン・ブーバーの息子と結婚したあと、ドイツ共産党の最高幹部にしてコミンテルンの重要メンバーであったハインツ・ノイマンと事実上の結婚生活を送る。ダブル・ハイフンで結ばれた二つの苗字はそこから来ている。ところが、ナチ党を正面の敵と見なしたノイマンは、社民党打倒を第一とするスターリン路線から外れ、一時的にスペインに派遣されたあと、一九三五年、モスクワに召還され、三七年にNKVD(内務人民委員会)に逮捕されて銃殺に処せられる。

本書はマルガレーテが夫に差し入れたいと願う包みと手紙を持ってルビャーンカ監獄の門をくぐるところから始まる。やがてマルガレーテも逮捕され、矯正労働五年の刑を宣告されてシベリアのカラガンダのブルマ地区収容所に送られる。この間、監獄や強制収容所の想像を絶するような劣悪な環境に耐えられたのは、ドイツ人皮革工員グレーテ・ゾンタークやグルジア女性タッソー・ザルペーターとの固い友情があったからだ。自分が助かるために仲間を売ることが日常化している収容所では、まっとうな理性と倫理観をもった仲間を持つことが拘禁生活を耐え抜く唯一の支えとなるのだ。

マルガレーテがロシアの収容所で驚いたことは、一般刑事囚の支配力であった。「シベリアの囚人たちのなかで万事首尾よくやっていたのが刑事囚であった。かれらは甘い汁が吸えるポストを占有し、しっかりと団結し、ほとんど組織化されていたと言ってもよかった」これは内村剛介が『生き急ぐ』で証言していることと同じである。

ところで、内村がドイツ人は収容所でも早く規律を見いだし、それに則《のっと》って生きていたと語っていたが、マルガレーテとグレーテも例外ではない。二人は自ら労働を志願する。とくに皮革加工の知識のあるゾンタークは不潔ゆえに家畜伝染病が蔓延している皮革作業場で働くことを望む。

「ロシア人は清潔ということを知らないから、ロシアの豚は感染するのよ。（中略）自分で責任は取るから、この仕事を引き受けたいって、かれに言ってよ」

ドイツ的な「キッチリ・メンタリティー」という点ではマルガレーテも負けてはいない。なぜなら、せっかく簡単な事務仕事を割り当てられながら、周りの反対ものかは再審手続きを申請するという「愚挙」を犯したからだ。当然のように、マルガレーテは懲罰ブロックに入れられてしまう。

「これまでの比較的『自由』な収容所の不潔さにはすでに身震いさせられていたが、それ以上に懲罰ブロックのそれはひどかった」

しかし、この懲罰ブロックでは甘美な出会いがあった。リトアニアの共産主義者ボーリスとの淡い恋が芽生えたのだ。「ボーリス・レスニークと友情を育んだ日々のことを思うと、長い一日の苦役、空腹、そして南京虫やシラミと格闘した恐怖の夜、こうしたすべてが消え、ほとんどなにも思い出せない」。ボーリスは他の収容所に移され、再び辛い矯正労働の日々が続く。

そんなある日、突然、マルガレーテは呼び出され、他のドイツ人女件らとともにカラガンダをあとにしてモスクワの未決監獄に移される。とたんに待遇がよくなり、純白のシーツに栄養のある食事が供される。いったい、なにが起きようとしているのか？

列車が国境の鉄橋を越える。「遠くに駅を望むことができた。表示板にブレスト・リトフスクの文字が読めた」

ユダヤ人を含むドイツ人囚人たちはヒットラー・スターリン協定にもとづいて、ＮＫＶＤからゲシュタポに引き渡されたのである！　マルガレーテはラーヴェンスブリュック強制収容所送りとなる。

環境はどうだったのか？「ブルマの泥小屋と比較して、ラーヴェンスブリュックのバラックは、わたしには宮殿のように思えた」。トイレ、洗面所、テーブル、椅子、そして戸棚に二段ベッド。ロシアの収容所にはこうしたものは一切なかったからだ。

だが、ドイツの収容所には予期せぬ敵が待ち構えていた。同房の共産主義者による査問である。『モスクワで逮捕されたそうだな⁉』。――『はい！』。――『いったい、なぜなのだ⁉』。質問のやり方はきわめて横柄なものであった。わたしはこの尋問が共産党員によるものだとすぐに理解した。したがって、わたしのどの返事も、彼女らスターリン主義者の自尊心を深く傷つけたにちがいなかった」

だが、ラーヴェンスブリュック強制収容所でマルガレーテは人生を決定するような出会いをする。チェコ人ジャーナリスト、ミレナ・イェセンスカー、すなわち、カフカの恋人だったインテリ女性との出会いである。「共産主義に対する彼女の率直でかつ仮借ない非難は、わたしを唖然とさせた」。そのため、ミレナも共産党員から迫害を受けることになる。ミレナはマルガレーテに自由になったら書いてみたい本のことを熱く語った。ドイツとロシアの全体主義についての本である。

一九四五年四月二一日、マルガレーテは囚人服を着たまま、数切れのパンを渡されただけで、突然、釈放される。ミレナは一年前に収容所で死んでいた。マルガレーテはミレナとの約束を果たすため、三年後、本書を執筆する。日本でも『第三の平和』というタイトルで一九五四年に翻訳されたが、左翼から偽書扱いにされただけで反響を呼ばなかったという。いまこそ広く読まれるべき本である。

×月×日

最近、新訳が盛んだが、新訳だからといって全部が良いわけではない。ものによっては旧訳のほうがはるかに良い場合もある。だから、あえて過去の名訳を新装版で出すのも一つの手であると思っていたが、その好ましい例が恩師山田𣝣《じゃく》さんによるフローベールの『**ボヴァリー夫人**』と『**感情教育**』（ともに河出文庫）。いずれも大変な名訳で、読んでいると、われわれが授業のときに聞いたじゃくさん節が蘇ってくるようだ。フローベール初心者はこの山田訳から入るべし！　女性には『ボヴァリー夫人』、男性には『感情教育』がお勧めである。

（『週刊文春』2009年10月1日号）

イスラーム的論法、ケンペルの見た日本

×月×日

授業と校務と締切りと文芸賞の選考の四つが重なって疲労が極に達したせいなのか、ひどい風邪をひいてしまった。インフルエンザかと思って病院に足を運んだら「インフルエンザではありませんが肺炎です」と診断されてビックリ。かろうじて入院は免れたものの、家族まで罹患する伝染力の強いウイルスなので二週間続けて休講の措置を取った。その間にも締切りは次々到来するから、体をだましだまし机に向かわなければならない。

池内恵『**イスラーム世界の論じ方**』（中央公論新社　2600円＋税）は、イスラーム世界に幻影をもって接する人に対する強烈な解毒剤となるはずの本である。冒頭に配された「アラブが見たヒロシマ」という

エッセイはその典型である。

『『ヒロシマを世界へ』は知識人の大半が賛同する、戦後の平和運動の主要スローガンだった。／『ヒロシマ』という言葉は確かにアラブ世界に伝わった。しかし日本人が『ヒロシマ』を通じて訴えているものとされてきた平和主義が伝わっていたかというと、かなり疑わしい」。著者は一例として、アメリカへのジハードを行う根拠として『ヒロシマ』を持ち出すビン・ラーディンを挙げ、対米武装闘争をヒロシマで正当化する論法はアラブでは一般的なものとなっていると指摘する。アラブ世界の人の頭からは、「日本は唯一の被爆国である」→「ゆえに核兵器を決して保有しない」という発想は間違っても出てこない。ではアラブ的な正しい論理の展開の仕方はというと次の通り。「日本は核兵器で破壊し尽くされ、敗れた→それによってアメリカに対する怨念を抱き、復讐の機会をうかがっている→であるからアメリカは決して日本に核兵器を持たせない→であるから日本人は逆にアメリカに核兵器廃絶を求める戦術を採用している。

この論理は日本人を狼狽させるが、しかし、9・11以後の進歩派の反応が示すように、日本人の反核運動や反戦運動は無意識の部分ではこれに拠っていたのではないかと思わせる。著者は、エッセイの最後を皮肉をこめてこう結んでいる。

「考えてみれば、日本の反核運動は核兵器廃絶の要求を『アメリカ』あるいは『西側』にもっぱら突きつけ、ロシアや中国の核については追及の矛先が鈍ったり、場合によっては弁護さえしかねなかった。アメリカにのみ非難と攻撃の矛先を向けるというのは、純粋に核兵器の廃絶を求める運動と考えるならば論理的・倫理的一貫性に欠け、理解が困難であるし説得力もないだろう。／しかし、敗戦国による『復讐』

を目的とする運動として理解すれば、一転、非常に納得がいく。アラブ世界では非西洋諸国の反西洋・反米的な民族主義運動の一環として、『ヒロシマ』は理解されてきた。今後の日本の思想・政治状況の展開によっては、その理解は結果的にまったく正しかったことになるのかもしれない」

×月×日

近年、日本の近世史学の中心課題は、鎖国を巡る議論である。すなわち、日本は本当に鎖国をしていたのか、貿易国を限定していただけなのではないか、いや、やはり鎖国状態はあった、などなど、鎖国という概念の再検討に余念がないが、じつは、この「鎖国」という言葉、日本人の発明ではないのである。長崎出島のオランダ商館勤務の医師として一六九〇年に来目したエンゲルベルト・ケンペルが帰国後にラテン語で著した『廻国奇観』（一七一二年刊）の第二巻の最終章「もっともな理由がある日本の鎖国」が志筑忠雄によってオランダ語訳から『鎖国論』として訳され、のちに、この訳語が一人歩きを始めたのである。

では、そもそもケンペルとはどのような経歴の持ち主だったのか、また『廻国奇観』および主著である『日本誌』はどのように執筆されたのかというような点になると、日本では詳しいことが分かっていなかった。

B・M・ボダルト゠ベイリーの『**ケンペル　礼節の国に来たりて**』（中直一訳　ミネルヴァ書房　3200円＋税）はケンペル研究に打ち込んだ日本学者の集大成である。

魔女狩りの町として悪名高いドイツのレムゴで一六五一年に牧師の息子として生まれたケンペルは、二人の叔父が魔術を行ったかどで斬首刑に処せられたというトラウマのせいか、長ずるに及んで旅行家を志し、まずスウェーデン王が派遣したペルシャ使節団の秘書官となってロシア、グルジアを経てイスファハンに到着。その地でオランダ東インド会社付きの外科医に雇われたのがきっかけとなり、ジャワを経由して一六九〇年に長崎に着いた。最初、ケンペルは長期滞在を考えてはいなかったが、日本語に習熟するに及んで、日本のすべてに烈しい興味を抱き、これを子細に観察するに至る。

「ケンペルは几帳面で整理整頓が好きな人間であった。だが一方で、ケンペルには『知識欲という熱』があった」

その「知識欲という熱」に動かされて、ケンペルは出島の不自由な日常の中で「鎖《とざ》された国」のありとあらゆる習俗をウオッチングしていくが、その際、彼の手足となったのは、奉公人兼助手として付いた青年である。この青年にケンペルはまずオランダ語を教え、医学のついでにラテン語まで教える。

「ケンペルはこの青年に対していろいろな物事を教えたが、それはこの青年に対して、お返しとして日本情報をケンペルに提供しなければならないという義務感を植えつけるためであった」。ケンペルはさらに通例以上の報酬を与え、輸出が禁じられていた書籍や資料を提供させた。この青年の身元についてケンペルは黙して語っていなかったが、著者の調査で、青年の名前は今村源右衛門であることが判明した。今村源右衛門は、後に、密入国して捕らえられたイタリア人宣教師シドッチに新井白石が尋問を行ったときに通訳を務めた人物だが、おそらく、ケンペルから学んだラテン語が役立ったにちがいない。

日本についてのケンペルの記述は詳細にわたるが、とくに、同時代の資料で言及されていない長崎の遊里や庶民の風俗習慣、たとえば屎尿の処理方法などについての観察は一級の資料となっている。

しかし、著者の指摘で最も興味深いのは、ケンペルが五代将軍・綱吉の知識欲と好奇心を高くかっていたという点だろう。「一六九一年、ケンペルがはじめて拝謁を賜った。その時将軍綱吉は、医師ケンペルがとりわけ学識豊かな人物であると気づいたようである。医学上の治療方法についての様々な質問がケンペルに下された」。綱吉は癌の治療法について質問し、二度目の拝謁のさいには、オランダの家屋や埋葬法についても質問した。このように、綱吉は外国のことに興味津々であったが、では、それから三代後に将軍の座についた八代将軍・吉宗はというと（当然、ケンペルは拝謁してはいない）、綱吉ほどの多岐にわたる好奇心はなかったようである。著者は、吉宗が関心があったのは馬と乗馬術のことだけではなかったかと指摘している。

「たいていの歴史家は八代将軍吉宗のことを、徳川将軍の中で、西洋の知識を受け入れる姿勢を示した最初の人物であると賞賛している。だが吉宗は、西洋の知識についてというよりもむしろ、歴代将軍と同様に馬や乗馬術に関心を示していたのである。（中略）吉宗を洋学推進へと駆り立てたのは、むしろ、西洋流の馬療術が功を奏して彼のお気に入りの馬の治療がうまくいったからこそである、とさえ見えるくらいである」

帰国後のケンペルは持参金目当てで結婚した若い妻との間がうまくいかず、苦難の多い人生を歩んだようだが、彼の残した「鎖国」という言葉が今日でも歴史学のホットな争点となっているのだから、ある意味、日本の歴史学に最も大きな影響力を及ぼした人物ともいえなくはないのである。

（『週刊文春』２００９年11月5日号）

愛書狂気谷さん、印象派の競売人、編集者の回想

×月×日

誕生日が来るのは一年でも一番陰鬱な十一月の末。おまけにこの時期には年末進行が重なるから、楽しいことは何もない。その誕生日も六十回還《めぐ》って、今年は還暦。そろそろ膨大な古書コレクションの整理を始めなければならない時期に差しかかったのかもしれない。そんなことを感じたのは、日本において私が唯一尊敬している愛書狂だった気谷《きたに》誠さんが昨年の九月に五十四歳の若さで亡くなったからである。生前、コレクターの真価は死後にオークション・カタログが作成されたとき「棺を蓋いて定まる」と話しあっていたが、まさか本当に気谷さんが永眠し、パリのドゥルオーでコレクションが今年四月にオークションに掛けられるとは思ってもみなかった。惜しい人を亡くしたものである。

その気谷さんの遺作が『西洋挿絵見聞録　製本・挿絵・蔵書票』（アーツアンドクラフツ　3800円＋税）。これを読むと気谷さんが字義通りの意味での「愛書狂」だったことがわかる。私などは古書のシニフィエ（文字的・絵画的情報の側面）の方に力点を置いて収集する拡大的（量的）コレクターであったのに対し、気谷さんは古書のシニフィアン（装丁・製本・紙・印刷・挿絵）、つまりモノとしての古書にこだわる集中的（質的）コレクターであったからである。ゆえに本書で披露されている古書はどれも極めつきの一品で、高値落札されたのもむべなるかなである。しかも、気谷さんの凄いところは書誌学的な知識に非常に詳しく、手に入れようとする（あるいは手に入れた）本の情報を徹底的に調べ尽くしたことだ。この意味で、本書はフラ

ンス古書に親しもうとする者にとって最高の指針となるにちがいない。

死が訪れる五日前に執筆されたエッセイ「静かな悦楽」はデュパルクが曲をつけたボードレールの「前世」をジェシー・ノーマンのCDで聞きながら「そこにこそ私は生きた、静かな悦楽に包まれて」の歌詞に思いを託したものだが、これぞ白鳥の歌である。

「比較的体調の良い午前中に書斎のソファーに横たわり、タンノイの一五インチモニターから流れてくるこの曲に静かに耳を傾けていると、自分がすでに死んでしまっていて、どこか遠い国から自分の前世を回想しているような、そんな気持ちになってくる。（中略）今までの自分の人生を振り返り、こんなにも幸せなひとときは無かったような気がする。柔らかな秋の日に包まれたそのひとときが、ようやく私の人生に訪れた静かな悦楽のときであるような気がするのである」

合掌。

×月×日

気谷さんはボードレール周辺の銅版画家の作品からコレクターとしてのキャリアをスタートさせたが、これらの版画家や挿絵画家というのは油彩中心の画家に比べて認知度ははるかに低いし、オークション・プライスもそれほど高騰はしていない。

しかし、もしタイム・マシンで十九世紀末のパリに飛ぶことができたら、これらの版画と変わらぬ金額の同時代の「有名」画家たちの油彩を片端から手にいれることができただろう。ただし、この「有名」とは後の時代の「有名」であり、当時は「精神異常者」と罵倒されたスキャンダラスな無名画家たちにすぎない。その無名画家たちとはいうまでもなくマネ、モネ、ルノワールらの印象派の画家である。

サザビーズの印象派専門の競売人であるフィリップ・フックの『印象派はこうして世界を征服した』（中山ゆかり訳　白水社　2200円＋税）は、フランスではまったく売れなかった印象派の絵画がアメリカ人のコレクターによって「発見」され、そしてそれが契機となって世界中から認知され、世界で一番高い「商品」となった過程を、いかにも競売人らしく「買い手」の歴史から後づけたものである。

伝統的なアカデミーの不文律により「良い絵」の概念が決まっていたフランスでは、印象派の絵画は第一に細部に「仕上げがしていない」し、近くから見ると支離滅裂な色彩の乱舞にすぎないという理由で批評家からも大衆からも拒否され、オークションが開かれても一部の愛好家にしか落札されなかった。そのうちの一人である税関吏ヴィクトール・ショケは一八七八年のオークションでモネの作品二点を一五三フラン（約一五万三〇〇〇円）で落札している。このショケについて、フックは次のように書いている。

「一八七〇年代の彼の年収は、六〇〇〇フランを超えることはなく、そのうちの九六〇フランは、リヴォリ通りにあった四室からなる慎ましい家の賃借料になっていた。（中略）一枚の絵の価格はたいてい三〇〇フラン以下だったが、彼の質素な収入のなかで、この支出はかなりの割合を占めていた。（中略）私の経験からいえば、一枚の絵に対して純資産の一パーセント以上を費やす人は滅多にいない。一〇万ドルの絵を買うとすれば、その人はたいていは少なくとも一〇〇〇万ドルの資産がある」

では、このように数百フランで取引されていた印象派の絵画がどのようにして八〇〇〇万ドル近い落札価格になったのか？　最初期のコレクターは印象派展にも参加したメアリー・カサットの裕福な友人たちだった。「一八七六年、十六歳でニューヨークからパリにやってきたルイジーヌ・エルダーは、家族ぐるみで親しかったメアリー・カサットに付き添われて画廊巡りをした。ルイジーヌはドガのパステル画と恋に落ち、――またカサット嬢に勇気づけられたこともあって――自身の小遣いの一〇〇ドルでその作品を購入した。実はこれが、アメリカ人がフランス印象派の作品を買った最初の記録の一つである」

ルイジーヌは後に砂糖王のハヴメイヤーと結婚し、二人でアメリカ最大の印象派コレクションの一つを築くことになる。印象派の画商デュラン＝リュエルは一八八五年からニューヨークでのオークションを開始し、ついに印象派のマーケットを開拓するのに成功する。次いでドイツが印象派受容でアメリカのあとを追ったが、本国のフランスでは一八九四年にカイユボットの印象派コレクションがフランス国家に遺贈された時には保守派の憤激を呼び、半数だけが展示作として認められたにとどまった。「ピサロは、もしカイユボットが遺言状に『指定どおりに受け入れられない場合、遺贈作品はすべて他国へ贈ることにする』という文言を入れておけば、フランスは当然の報いを受けただろうにと言っていた」。まさに、預言者故郷で受け入れられず、である。

×月×日

私の担当となった編集者にはなぜか作家に転じる人が多いが、こうした仲間に今度、意外な新人が加わった。集英社インターナショナルの元社長で、柴田錬三郎、今東光、開高健と裸の付き合いをした島地勝彦氏である。その六十七歳の「処女作」である『**甘い生活　男はいくつになってもロマンティックで愚か者**』（講談社　1500円＋税）は作家たちについての抱腹絶倒の回想が満載だが、傑作なのは昭和天皇が今東光大僧正の案内で中尊寺を訪れたときのエピソード。大僧正が藤原氏三代の柩を被っている装飾の貝殻はトンガ辺りのものらしく藤原氏は南方貿易をしていたらしいと得意になって解説したところ、昭和天皇は大僧正の顔をじっと見つめ、一言、「どうかな？」とおっしゃったというのである。狼狽した大僧正が気を取り直して金色堂が建造された当時はピカピカに輝いていて北上川を上ってくるサケも驚いたと続けると、天皇はまたまた「どうかな？」と疑問を呈されたという。昭和天皇は海洋生物の専門家だったので、大僧正の法螺が聞き捨てならなかったにちがいない。編集者が編集者らしくあった最後の時代を生きた証人の痛快回想エッセイ。

（『週刊文春』２００９年12月17日号）

その他のおもな書評（2009年）

『毎日新聞』「今週の本棚」

2009年2月1日　ジュゼップ・カンプラス『西洋製本図鑑』市川恵里訳　岡本幸治・日本語版監修　雄松堂出版　6600円＋税

2009年3月15日　ドニ・ベルトレ『ポール・ヴァレリー1871―1945』松田浩則訳　法政大学出版局　8800円＋税

2009年5月10日　石井洋二郎『科学から空想へ　よみがえるフーリエ』藤原書店　4200円＋税

2009年7月5日　サルトル『自由への道　1』海老坂武、澤田直訳　岩波文庫　760円＋税

2009年8月9日　井上さつき『音楽を展示する　パリ万博1855―1900』法政大学出版局　4600円＋税

2009年9月6日　内田魯庵『貘の舌』ウェッジ文庫　743円＋税

2009年10月4日　ジェフリー・エリス『ナポレオン帝国』杉本淑彦・中山俊訳　岩波書店　2600円＋税

2009年12月13日　2009年「この3冊」
マイケル・A・スクリーチ『ラブレー　笑いと叡智のルネサンス』平野隆文訳　白水社　2万円＋税
マルガレーテ・ブーバー＝ノイマン『スターリンとヒットラーの軛のもとで　一つの全体主義』林晶訳　ミネルヴァ書房　3800円＋税
ジャン＝ポール・アロン『新時代人　フランス現代文化史メモワール』桑田禮彰・安部一智・時崎裕工訳　新評論　3800円＋税

2010年

1月4日	ドバイで、世界一高い超高層ビルであるブルジュ・ハリファがオープン
1月12日	ハイチ地震
1月31日	ウクライナ大統領選挙（—2月7日)。ヤヌコビッチ前首相がティモシェンコ首相に勝利
2月12日	バンクーバー冬季オリンピックが開幕（—28日）
2月27日	2010年チリ地震
3月12日	バンクーバー冬季パラリンピックが開幕（—21日）
3月29日	モスクワ地下鉄連続爆弾テロ事件
4月10日	タイ・バンコクで政府治安部隊と反政府デモ隊が衝突
	ポーランド政府専用機墜落事故。レフ・カチンスキ大統領を始め乗員・乗客全員が死去
4月14日	アイスランドのエイヤフィヤトラヨークトル火山が噴火。ヨーロッパ各国の航空便に影響
4月20日	メキシコ湾原油流出事故
5月1日	上海国際博覧会が開幕（—10月31日）
5月11日	デービッド・キャメロンがイギリス首相に就任
5月18日	宮崎県で家畜の伝染病・口蹄疫が拡大。東国原英夫知事が非常事態を宣言
6月8日	菅直人が第94代内閣総理大臣に就任
6月11日	2010 FIFA ワールドカップ南アフリカ大会が開幕（—7月11日）
6月13日	小惑星探査機「はやぶさ」が地球に帰還
7月11日	第22回参議院議員通常選挙。与党・民主党が敗北し、ねじれ国会へ
9月7日	尖閣諸島中国漁船衝突事件
10月6日	根岸英一・鈴木章がノーベル化学賞を受賞
10月13日	チリ・サンホセ鉱山落盤事故（8月5日—）で地下に閉じ込められていた作業員33人全員を救助
11月2日	アメリカ合衆国中間選挙。与党・民主党が敗北
11月4日	尖閣諸島中国漁船衝突事件の映像がインターネットに流出
11月13日	ミャンマーでアウンサンスーチーが自宅軟禁から解放
11月23日	北朝鮮軍が韓国の延坪島に砲撃（延坪島砲撃事件）

厳冬のパリにて

×月×日

往路の箱根駅伝を見てからパリに出発。明大は四区までトップだったのに復路ではかろうじてシード圏内の十位にとどまったことを後から知る。

ヨーロッパは異常な寒波に襲われていて、フランス全土が雪に覆われるという事態に。パリも例外ではなく、「駒とめて　そでうちはらうかげもなし　セーヌのわたりの雪の夕暮れ」の風情。こうなってくると心配なのがセーヌ川の氾濫。雪解け水が流れこんで大増水を引き起こし、果ては洪水の恐れも出てくるからだ。折りしも今年はパリ大洪水の一九一〇年から数えて一〇〇年、不幸な巡り合わせにならなければいいが。そう思いつつ読み始めたのが佐川美加『**パリが沈んだ日　セーヌ川の洪水史**』（白水社　２４００円＋税）。大学で河川地理学を学んだ専門家だけあって、パリ大洪水のエピソード的記述に終わることなく、パリ大洪水の原因を歴史的地理学的に検証している。

ワイン産地ブルゴーニュ地方に源を発するセーヌ川は平坦地をゆっくりと流れてパリ盆地に達する。盆地は「セーヌ川が刻んだ広く深い谷にセーヌ川自らが上流から運んできた土砂が堆積することによってつくられたもの」で、平坦地と丘陵部との境界線は海抜三五メートル。この海抜以下が現在「パリ低地」と呼ばれる中心街を形成しているが、それは裏を返せば、自然が猛威をふるえば「パリ低地」のすべてが冠水することを意味する。

では、なぜ、これほど広い土地が洪水危険地域なのか？ それは遠い昔、モンマルトルの丘のふもとを流れていた旧セーヌ川から、支流のビエーヴル川が浸食力の強さにまかせて「河川争奪」を行い、ショートカットが生じた結果、旧セーヌ川の河道は干上がって湿地となったという経緯のためである。つまり、旧河道湿地は自然が猛威をふるえば、容易にもとの川底に戻るのである。ちなみに、この旧河道湿地には「メニルモンタンの小川」と呼ばれる細流が流れていたが、この小川と新セーヌに囲まれた場所は、洪水が起きるとそこだけが島のようになって水から顔を出したため「サン＝マルタン島」と呼ばれた。右岸で一番先に発達したのがこのサン＝マルタン島の区域。反対に湿地（マレ）の発達は遅れ、中世以後にようやく埋め立てられてマレ地区となったにすぎない。マレ地区はセーヌとは離れた場所にあるのに埋立地と聞き、不思議に思っていたが、これで謎が解けた。

このようにセーヌの旧河底に発達したのがパリだが、その人口増加が今度は洪水を引き起こすこととなる。分かりやすい例が橋の建造。「セーヌ川の中には橋脚が何本も立ち、川岸に近い場所には土砂が溜まり、橋のアーチの下は水車でふさがれ、川が自由に流れることのできる川幅は大きく減少した。（中略）人間がつくったものによって直接的・間接的に引き起こされたさまざまな河道狭窄」

ために、降水量の多い冬にはパリは何度も洪水に見舞われたが、被害を拡大させたのが、十九世紀まで橋の上に立ち並んでいた橋上家屋。「増水した川の水位上昇は激化し、橋が落ちるときは橋の上に載っているあらゆる人や物も一緒になって水に沈むことになった」

しかし不思議なことに、何度流されても橋上家屋は不死鳥のように蘇り、また洪水のたびに流された。十九世紀、セーヌ県知事オスマンの右腕ベルグラン技師の指揮のもと、パリは上下水道を整備し、万全の態勢で洪水に備えたはずだったが、自然の力はそれを大きく上回った。一九一〇年の一月、大雨と雪解けで増水したセーヌはその牙を剝きだしにしてパリに襲いかかる。旧河道地域のほとんどが冠水し、人々は海軍が輸送したベルトン・カヌーでヴェネチアのように市街を移動することになる。オルセー駅の窓ガラスが割れ、駅舎の中も外も同じ水位となった。ジャルダン・デ・プラントの動物たちは堀の中でおぼれそうになる。「キリンは長い足を、ゾウは太い足を水につけたまま、ただ立ち尽くしていた」。カバだけが嬉しそうに泳ぎ回っていた。商魂たくましい商人は「水浸しになったパリ」の写真を撮りまくり、絵葉書として人々に売りさばいた。今日、これらの絵葉書はかなりの高値を呼んでいる。

パリ大洪水が現実のものとならないことを祈るしかない。

×月×日

パリ大洪水の原因の一つとして上げられるのが、鉄道普及以前の社会では、河川が物資移動の大動脈だったこと。とにかくありとあらゆる物資がセーヌを通ってパリに到着し、ものすごい勢いで消費され、廃棄物が捨てられていたのだ。この事実を知りたければ、喜安朗『パリ　都市統治の近代』（岩波新書

780円＋税）に当たるべし。とりわけ、第四章「セーヌ川・都市改造・公衆衛生」は物資輸送路としてのセーヌの重要性に改めて目を開かせてくれる。「一七八〇年末の入市関税額でみると、港に入った物資に課せられた額が全体の三分の二に及んでいたという指摘がある。とくに重量のある木材、木灰、干草、ぶどう酒などは主として川舟で運ばれていた」。これらの物資輸送は別の業種が担当し、利害が複雑に絡み合っていて、それが統治者たる王権とパリ市当局との対立をもたらすことさえあった。いいかえれば、セーヌを制するものはだれかという点で、ある種の権力抗争が行われたのである。ナポレオンによるパリ警視庁の創設もこうした観点から眺めると興味深いものになってくる。パリ警視庁の第三局は、上下水道、道路維持、交通、衛生など、都市機能にかんする全領域に亘っているからである。今後、この方面での本格的研究が待たれるところである。

×月×日

パリのサン・ジェルマン界隈には、ヘンリー・ミラーが空き腹を抱えてさまよっていたころと変わらぬ安宿がまだかなり残っている。私が定宿としているのもそうした「由緒ある最低のホテル」だが、そのヘンリー・ミラーを愛と金の力で世に出してやったアナイス・ニンの作品は、その膨大な『日記』を除くと、日本で作品集が出されているにもかかわらず、あまり読まれているとは思えない。散文詩とただし書きのついた『近親相姦の家』も、『日記』に比べて妙に抽象的・観念的で、私には苦手の一つだった。

しかし、一九三九年にパリのオベリスク・プレスから上梓されて以来、じつに七〇年ぶりに完全復刊・翻訳となる第三作品集『**人工の冬**』（矢口裕子訳　水声社　2800円＋税）、なかんずく、ミラーと妻のジューン・マンスフィールドとニンとの複雑な三角関係を扱った「ジューナ」は記述が具体的で非常におもしろい。「カフェのテーブルにはワインがこぼれていた。彼の青い瞳はとらえどころがなくて、どこか中国の賢人を思わせた」。ニンがミラーにほれ込んだのは、しかし、こうした中国の賢人風のところばかりではなかった。「あなたは老賢人から若き野人に変貌する。やさしくて淫らで、傷つきやすく臆病かと思えば残酷でもある」

やがて、ジューン（作中ではジョハンナ）がパリに現れる。「それまで出逢うことを願ってやまなかった女性を、わたしは初めて目にした。ジョハンナの眼は燃え、声はかすれ悲劇的な調子を帯びて、『ふたりきりで逢いたかったの』と言った。たちまちわたしは彼女の美に溺れ、ジョハンナに頼まれたらなんでもしてしまうだろうと思った」

では、いったい、ニンとジューンの間に肉体的な関係はあったのか？「あった」というのが「ジューナ」を読んでの結論である。「刺激に満ちた森のような彼女の存在に、やわらかい無防備な開口部があった。足どりも軽く、わたしは分け入った」。ユーモラスな結末も見事。

（『週刊文春』２０１０年2月4日号）

吉原事情、大正・昭和初期の書物事情

×月×日

フランスから帰国したときに引いた風邪の治りが悪く、おまけに補講を二日間で六コマこなした後に、

レポート読みと入試監督と採点で二週間近く忙殺されたため、原稿を書く時間がまったくなくなってしまった。そのせいか、風邪の症状はますます悪化。さらに単行本二冊と文庫本一冊のゲフ校正、事務所の引っ越し騒ぎなどが加わって、生きているのが不思議なくらい。後厄なのに厄落としをしなかったためかと、あわてて神田明神に出掛け、五〇〇〇円也を払って厄落としをしてもらうが、その甲斐もなく、またまた風邪を引く。

朦朧とした頭で読み始めたのが、森光子『吉原花魁日記　光明に芽ぐむ日』（朝日文庫　640円＋税）。大正十五年に、駆け落ち事件で有名な歌人・柳原白蓮の序文付きで刊行された娼婦の日記『光明に芽ぐむ日』（文化生活研究会）の再刊で、『近代民衆の記録三娼婦』（谷川健一編　新人物往来社　一九七一）に採録されて以来の刊行である。

いや、これは貴重な記録である。そのことがよくわかるのは、ほかならぬ私がフランス版の遊郭であるメゾン・クローズに関する本を書いているからで（『パリ、娼婦の館』『パリが愛した娼婦』いずれも角川書店。後に再編集されて、『パリ、娼婦の館　メゾン・クローズ』と『パリ、娼婦の街　シャン＝ゼリゼ』ともに角川ソフィア文庫）、当事者の証言によるこれだけ赤裸々な記録というのはフランスでも類書がない。

大正十三年、高崎出身の十九歳の森光子（当然「放浪記」の主演女優とは別人）は、父を亡くし、残された借財を返済するために吉原で働くことを決意する。周旋屋から「お客は幾人も相手にするけれど、騒いで酒のお酌でもしていればそれでよいのだから」と甘言で誘われたためである。どうも光子は、吉原で働くということを現代のキャバ嬢のような仕事と誤解していたらしい。おまけに処女でセックスの知識というものがほとんどなかったから、春駒という源氏名を与えられて初見世を張るとき、悲惨な結果となる。

「妾（これはこの時代には《わたし》と読んだ。念のため）はとうとう部屋へ連れて行かなければならないのかしらと思って、十五番と書いてある部屋へ案内して入った。すると床が敷いてあるので驚いた」。躊躇する春駒に「お婆さん」がこんこんと説教し、「お客様が何を要求しても、嫌《い》やだなんと云ってはいけません。ではお客様も待っているから、早く行って、一緒に休みなさい」と言う。部屋に戻ると、客は「花魁、寒いからしようじゃないか」と誘う。ところが、この期に及んでも、春駒は周旋屋から言われた「客だって性慾が起るのは当り前だ。その時甘く云い抜けるのが花魁の手なんだ」という言葉を信じているのである。客についた男も「僕は今言ったように決して何もしないから、安心して一度でも床に入ったらどう？」と理解ある優しさを示す。だが、当たり前だが、客がなにもしないで帰るわけがない。「もう泣いたって、悲しんだって、取り返しの付かない自分になって了《しま》った。こう、誰がしたのか。それは周旋屋ではないか。自分の世間知らずにつけ込んで、甘《うま》い事を云って、しかし、自分の馬鹿さにもあきれる。（中略）帰ろうとした、帰れない。お金を借りてしまった。焼石に水のよう、もうとっくに消えてしまっている。帰れない」。春駒は自殺を考え、遺書を綴るが、自分を落としいれた男たちに復讐もできずに逝くと思うと死にきれない。「死ぬものか！　どうしてこのまま死なれよう。幾年かかってもよい、出られるときが来たなら、自分のなすべき事をしよう。（中略）復讐の第一歩として、人知れず日記を書こう」

　この決意があるためか、以後、日記は類い稀な体験ルポルタージュとなっていく。たとえば吉原病院の定期的検査で、医者は業者からの袖の下ひとつで娼婦の性病も平気で見逃すとか、あるいは、玉（ぎょくと読み、客の遊び金のこと）の分割、すなわち玉割（ぎょくわり）の苛酷さについて、意識的に具体的な記述が現れるようになる。「十円客よりの収入があれば、七割五分が楼主の収入になり、あとの二割五分が娼妓のものとなるとの事。その二割五分の内、一割五分が借金の方へ入り、後の一割が娼妓の日常の暮し金になるそうである」。私の知る限り、現代のフーゾクでも、これほどあこぎな配分はない。しかも、手元に残った一割の金さえ、玉抜（客をオールナイト十二円で宿泊させること）ができないと罰金二円を納めなければならないので、いつまでたっても金はたまらない。「今夜初会の客五人、十八円。今日も玉ぬきが出来ないからと、罰金二円納めた」。そのほか、客筋についての報告（外国人、クリスチャンの学生、助平な医者など）、娼妓の家庭環境、娼妓を競いあわせるための店側の工夫（賞与、ランキング付け）など興味深いデータが満載である。

では、復讐を決意し、吉原を脱出してみせると誓った春駒の願いは実現したのか。なんと、これが実現したのである。最後、日記は病院に行くと偽って春駒が吉原の大門を抜け出し、電車で目白まで行って、柳原白蓮の家に逃げ込むところで終わっている。「奥様！　お助け下さいませ！（中略）御邸を拝見しただけで、感激の涙がとめどなく落ちて来る」

×月×日

森光子（春駒）は一九〇五年の生まれだが、彼女と同年生まれの詩人・岩佐東一郎の『書痴半代記』（東京文献センター・一九六八）がウェッジ文庫（667円＋税）で復刊されたのには驚いた。

岩佐東一郎は日本橋で生まれ、神田で育ち、カタカナを習うと絵入り雑誌や博文館の「幼年世界」を夢中になって読んだ。「ぼくは玩具などは乱暴に扱ったけれど本や雑誌はひと一倍大切にして、友だちに貸して心なく頁を折られたり汚されたりすると、二度と貸すものかと思った」。栴檀《せんだん》は双葉より芳しの例である。小学一年の年に神田から新興住宅地の大森に移った。「大井小学校時代に、ぼくは友人の中野栄三郎と二人で回覧雑誌を作り、ぼくはもつぱら文章を、彼は連続活劇的漫画を書いたのだ。むべなるかな、彼は長じて村田実監督に見出されて当時の人気スター中野英治となつた」。暁星中学に進むと、少年雑誌への投稿のかたわら、古本屋通いを始める。「ぼくが古本屋の味を知つたのは、暁星中学三、四年の頃だつた。というのは、その当時のクラスメートの鈴木竜一（中退してブラジルからフランスへ渡り、以来ずつと在仏のまゝ異色ある天才画伯と称された）が、ブラジルに居られた堀口大學先生へぼくの拙い詩を見せてくれたのを縁に、ぼくは大學先生の一番弟子にしていただいたのだ。一番弟子といつても高弟というわけでなく、入門ナンバーワンの意味である」。堀口大學からもらった紹介名刺を手に、同じ大森山王に住む日夏耿之介を訪れ、弟子の末席に加わる。「日夏氏宅で矢野目源一、熊田精華、最上純之介、石川道雄、内藤吐天、正岡いるゝ、城左門、青柳瑞穂の諸友と交際した」。暁星中学をなんとか卒業すると、神田の研数学館で数学を勉強するという口実のもと、古本漁りに精を出す。「毎日、神田まで出かけながら、研数学館へはたまにしか顔を出さずに神保町や水道橋や本郷の大学正門前の古書店街の漁書に専念した」。大学は法政で、予科から、当時はまだあった仏文科に進む。関東大震災直前の大正十二年、日夏耿之介の序文つきで処女詩集『ぷろむなあど』を自費出版。震災直後、牛込の法政大学まで行ったついでに九段坂上から眺めると一望千里の焼け野原。「神保町まで埃りを浴びつつ歩いてくると、交叉点の先の焼跡で大八車に古書を一ぱい積み上げて、『一誠堂仮営業所』と記した布旗が立つていた。これがぼくにはじいんと胸にしみた」。このほか、神田にあった二軒のフランス本専門店「三才社」と「フランス書院」のカラーの違いについての貴重な証言などもあり、大正から昭和の初めにかけての書物事情を知りたいと思う向きには最適の回想録である。

（『週刊文春』２０１０年３月11日号）

水戸学、ムッシュー、次郎長と幕末

×月×日

ヴェネチア大学の極東文化学科で水戸学について二週間の集中講義を（日本語で）行うことになり、超過密日程を割いてヴェネチアへ。だが、フランス屋の私がなぜ水戸学を？　動機は、外国人に尊王と攘夷がどう結びつくのか説明するには、水戸学、とくに水戸光圀の「思想」を解明するしかないと思ったことにある。「王弟」というポジションに注目し、ブルボン本家に対する分家オルレアン家とのアナロジーを働かせればいいのではないかと思いついたのである。

一般に、フランスでは王位継承権第二位（たいていは王位継承権第一位の王太子の次弟）の人物が「ムッシュー」と呼ばれる。ブルボン王朝においては、ルイ十三世の弟ガストン、及びルイ十四世の弟フィリップがこの「ムッシュー」に当たり、いずれもオルレアン公を名乗ったが、王に対して陰謀を企てたり、あるいは宮廷内に反対党を形成したりして、なにかと問題を起こすことが多かった。水戸光圀もこの問題多き「ムッシュー」の一族と言えるが、彼は謀反を企てる代わりに、尊王思想を「再発見」したのである。

というわけで、オルレアン家を扱った文献はないかと探したところ、三宅理一『**パリのグランド・デザイン　ルイ十四世が創った世界都市**』（中公新書　８４０円＋税　↓　中央公論新社　二〇一〇年　Kindle版）が意外な角度からこの「ムッシュー」に光を当てているのに気づいた。

著者によると、十七世紀に、流行のバロックに逆らってフランス独自の古典主義を完成させた建築家はマンサード屋根にその名を残すフランソワ・マンサールだが、このマンサールに最初に白羽の矢を立て、存分に力を発揮させたのがガストン・ドルレアンだという。ガストンは、ルイ十四世誕生前は王位継承権第一位だったため、潤沢な歳費を居城であるブロワの城館の改築に費やすことができたが、そのさい、これまでのシャトーとは根底的に異なる城館を強く希望し、マンサールに設計を任せたのである。「一般にイタリアの都市建築はファサードが横長かつ平坦で凹凸感がないが、フランスではいくつものパビリオンが並び、それをウィングで繋いだ構成となることを好む。十六世紀の段階で、たとえばフィリベール・ドロルムはイタリア風のフラットな面を好んだが、ピエール・レスコーになると凹凸感が重要なモチーフとなり、パビリオン─ウィング形式でルーヴル宮殿のような大規模な建築が造られる。その形式を徹頭徹尾追い求め、完成に至らしめたのが十七世紀のマンサールであった」

こうしてマンサールによって完成されたフランス古典主義建築は、ルイ・ルヴォーに受け継がれ、ルーヴルやヴェルサイユなどのグラン・プロジェが遂行されていくが、このルイ・ルヴォーをルイ十四世が見出したときのエピソードは有名である。

一六六一年、ルイ十四世は財務卿フーケの居城であるヴォー゠ル゠ヴィコントに招かれたさい、築城や造園のあまりの見事さに猛烈な嫉妬を覚え、公金横領の罪でフーケをバスチーユに投獄すると同時に、ヴォー゠ル゠ヴィコント設計のメンバーであるルイ・ルヴォー、シャルル・ルブラン（内装）、アンドレ・ルノートル（造園）のトリオをそっくり採用してヴェルサイユの造営に当たらせたのである。

著者はパリのエコール・デ・ボザールに学んだ建築史の専門家だけあって、記述は詳細を極めるが、文章はいたって読みやすく、私のような素人にも代々の王に仕えたルメルシエ、ジュール・アルドゥアン＝マンサール、フランソワ・ブロンデルといった名建築家の特徴がすっきりと頭に入ってくる。

×月×日

日本はいまテレビのおかげで大変な幕末ブームだが、この幕末は、幕府の警察権力が弱体化したこともあって、任侠渡世に生きる博徒集団が大暴れした時期でもある。われわれが映画やテレビで知っている股旅物の背景となっている時代はじつは幕末であり、清水次郎長と西郷隆盛、黒駒勝蔵と坂本龍馬は同時代人なのである。

高橋敏は、「虚実皮膜の稗史《はいし》から実像に引き戻し正史を一撃するため」、基礎資料たる天田愚庵作の次郎長一代記『東海遊侠伝』を精査し、関連資料を渉猟してきた幕末アウトロー研究の専門家だが、この歴史家が「次郎長は稀有な博徒とはいえ幕末維新史という時代の申し子である以上、同時代史のなかでとらえなければ実像に肉迫できないこと」を実感して、次郎長とその最大のライバルたる黒駒勝蔵を幕末維新史の中に戻して再構成を試みたのが『**清水次郎長　幕末維新と博徒の世界**』（岩波新書　８００円＋税）である。

文政三年（一八二〇）、清水港の廻船持ちの船頭の次男に生まれ、米穀商山本次郎八の養子として成長した次郎長は二人の博徒を半殺しにして、三河に逃げて頭角を現したが、なぜ、逃亡の地として三河が選ばれたかというと、三河は御三家の尾張徳川藩と異なり、小藩と直轄地が入り組んでいて警察権力が弱かったことによる。おまけに三河は物流の流通拠点を多く有していたため、親分クラスが群雄割拠する「博徒の金城湯池」となっていた。次郎長はここで大政・小政、森の石松などの個性的な子分を率いて勢力を拡大していくが、その統率の見事さは、船頭だった父親の影響が大きい。「どうも次郎長一家には実父譲りの廻船乗組員組織の影響が反映しているのではなかろうか。（中略）『板子一枚下は地獄』の船乗り稼業、チームワークが乱れては遭難、漂流、破船、全滅の恐れさえある。清水一家は次郎長を頂点にしながらもヨコの連帯を重視した『衆』の集団であった」

こうして「東海一の大親分」に成長していった次郎長一家だが、やがて、他の広域暴力団との抗争が避けられなくなる。その頭目が黒駒勝蔵。両者の血で血を洗う抗争は『東海遊侠伝』の白眉だが、著者が注目するのはむしろ幕末維新史の中で両者が果たした役割の違いである。

黒駒勝蔵は甲州・檜峯神社神主・武藤外記・藤太父子の影響により、尊王攘夷運動に加わり、相楽総三率いる赤報隊を皮きりに、徴兵七番隊（後に第一遊軍隊と改称）と戊辰戦争を戦い抜いたが、そのあげく、脱隊の罪に問われ、あわれ斬首の憂き目を見た。

いっぽう、次郎長はというと、官軍の召募には応ぜず、佐幕に近いところにいたが、戊辰戦争の混乱の中、市中取締りの任にあった浜松藩家老伏谷如水によって召喚され、東海筋の治安警察として採用されるという光栄に浴する。長脇差の博徒がついに二本差しの武士となったのである。だが、喜びもつかの間、幕府は瓦解し、次郎長の幸運も潰えたかに思われたが、そのとき予想外の事件が起きて、次郎長は見事、歴史に名を残す。榎本武揚艦隊に加わっていた咸臨丸が台風で破損し、清水港に緊急避難したところ、官軍艦隊の砲撃を受け、留守役の乗組員が惨殺されて海中に投棄されたのである。駿府藩は、官軍の目が怖くてかつての同志の死体が清水港に浮かぶのを座視するばかり。このとき立ち上がったのが次郎長で「善いか悪いかは俺にはわからないが、朝敵とされ討たれた者もみな命を国家に捧げた勇者だ。どうして魚の餌にしてしまっていいものか」と子分とともに港内をさらい、遺体を収容し、手厚く葬ったのである。

この清水港の遺体収容の背景には、次郎長と幕臣・山岡鉄舟との交流がある。西郷隆盛と会見すべく東海道を西上した鉄舟を道案内したのがきっかけとなって以来、二人は固い友情で結ばれていたのである。次郎長が大衆文芸のヒーローとなりえたのも、鉄舟に拾われた元平藩士・天田愚庵が次郎長家に預けられ、そこで次郎長の生涯を聞き書きしたものを『東海遊侠伝』として出版したからにほかならない。

歴史家の目から見た清水次郎長一代記として読みごたえ十分である。


（『週刊文春』2010年4月15日号）

神田古書店街とロシア人、服制の明治維新とトゥルゲーネフ

×月×日

事務所も落ち着いたので、新連載の準備にとりかかる。神田古書店街の歴史を広いパースペクティブから眺めてみようという試みである〔現在も『ちくま』で連載中〕。資料を集め、分析を加えるうちに、神田・お茶の水地区の発展にはカトリック神田教会とロシア正教ニコライ堂が深くかかわっている事実が判明してきた。

この意味で、ありがたい援軍となっているのが成文社から出ている『異郷に生きる』シリーズ。ロシア革命後に来日したロシア人亡命者（いわゆる白系ロシア人）の足跡を辿る目的で「来日ロシア人研究会」が

編纂したのが始まりだが、いまでは時代区分も地理的範囲も大きく広がり、日露関係史のフォーラムとして機能している。中村喜和、長縄光男、ポダルコ・ピョートル編の第五弾**『異郷に生きる　来日ロシア人の足跡　V』**(3600円+税)は、第一部「正教会の人びと」をメインに「亡命ロシア人と映画」や「うたごえ運動のなかのロシア」まで、じつにさまざまな分野が扱われているが、中で興味を引かれたのが、小山内道子「『月刊ロシヤ』(1935~1944)を渉猟して——雑誌の起源、そして米川文子、マトヴェーエフ、黒田乙吉を読む——」という論文。かねてから気になっていたピリニャークが米川文子とのかかわりで扱われているからだ。ピリニャークはスターリンとトロツキーの対立ではっきりとトロツキー側に立った数少ない作家で、粛清の嵐が吹き荒れた一九三七年、日本のスパイとして逮捕され、翌年に処刑されたが、この「日本のスパイ」という嫌疑の内容がよくわからなかったのである。

ピリニャークは一九二六年に来日し、ロシア文学者の米川正夫と交流したことで知られるが、小山内論文によれば、一九三二年に再来日したとき、米川正夫の妹で生田流の地歌・箏曲家の文子と親しくなり、離婚した文子を伴ってモスクワに帰ったという。『月刊ロシヤ』の創刊号にはこの米川文子による「ピリニャークの家庭」という記事が載っている。ピリニャークは七室もある車庫付きの豪邸に住み、大酒を飲んで女癖も悪かった。文子は《女好きも趣味と言えるかも知れません。私の帰国直後賢夫人のオリガさんと離婚したのも、その原因の一つにこの病癖が数えられるでしょう。次に骨董、自動車——これは先年渡米の時買って来たフォードのオープンで、ドライブ用です》と、自分がモスクワのピリニャーク家に半年滞在した理由には一言も触れずに、「あっけらかんと素直に書いている」が、著者が推測するように、「あるいはこの文章も当局の『証拠』とされたのかと危ぶまれなくもない」のである。日本人は日本語で書いたものは外国人には読まれないと思ってオフレコ発言を平気でするが、これが落とし穴になることもままあるのだ。

×月×日

「建築探偵」の藤森照信氏に伺ったところでは、神田すずらん通りは明治大正期に東京で唯一「中華街」と呼ぶにふさわしいトポスだったらしい。日清戦争後、中国人留学生が神田の留学生会館や下宿に群れつどったためだが、藤森説では中華料理店が数軒あるだけでは「中華街」の成立要件には足らず、テーラーと理髪店もなくてはならないという。鋏と包丁が華僑の生活の武器だからである。この意味では、すずらん通りはテーラーと理髪店が意外に多い（多かった）ので「中華街」の要件を見事に満たしている。

ところで、考えてみるとこのテーラーと理髪店というのはまさに文明開化の象徴で、チョンマゲと和服だけしかなかった維新前には存在しなかった職業である。日本人がチョンマゲを切り、洋服を着るようになってはじめてこの二つの職業が生まれたのだ。では、日本人はどのようにして洋服・散髪へと切り替えを行ったのか？

刑部《おさかべ》芳則『洋服・散髪・脱刀　服制の明治維新』（講談社選書メチエ　1500円＋税）は、この分野における初の本格的な歴史研究として非常に興味深い一冊である。

慶応三年、王政復古の大号令が発せられ、武士と公家からなる合議政体が成立したが、さっそく浮上したのが公式な席の服装の問題。古代官服が原則なのだが、武家出身者も多いので帯刀を禁ずることはできないからだ。その結果、珍妙な事件が生じる。「ある儀式の日、大弁坊城俊政が『御儀式が始まる早く』

と中弁江藤新平に声をかけると、江藤は烏帽子を被らないまま出ようとしたので、坊城は『烏帽子は』と指摘し、また江藤は坊城の腰を見て『脇差は』と指摘し、お互い烏帽子と脇差を取りに自席に戻ったことがあった」

こうした不都合ゆえか洋式服制の導入が検討されるが、服装意識は一朝一夕には変わらぬものらしい。その証拠が維新官僚が大蔵卿・大隈重信を中心として作ったいわゆる「築地梁山泊」の集合写真（明治二・三年）である。大隈も伊藤も井上も結髪・羽織袴・帯刀で、洋服の者はいない。では洋服への動きはいつから始まったのか？　明治三年十一月に制定された「非常並旅行服」である、「非常」とは文官が軍事や火災などで緊急に集まる場合、また「旅行」とは各藩知事などの上京参内や海外渡航のケースを指す。やがて、洋装化の動きは動作性を要求される軍隊や洋学中心の高等教育機関に広がっていくが、決定的な役割を果たしたのが明治四年の廃藩置県後に発せられた「服制変革内勅」。これは「洋服を採用するとは明記せず、論理的に『王政復古』の服制である古代官服を想定させながら、実質的には洋式服制になることを示していた」巧妙な命令であり、筒袖や細袴という「『復古』の論理によって、同じ構造を持つ洋服を『創業』することとなった」のである。

かくして、華族および政府官員は洋服着用が義務づけられたが、公式な儀式のための礼服はまだ定められていなかった。その混乱を象徴するのが、明治四年に条約改正交渉のために欧米に出発した岩倉使節団の服装。集合写真では大久保、木戸、伊藤らは洋服着用だが、ひとり岩倉だけは羽織袴に公家特有の結髪だった。しかし、岩倉も途中からは小礼服と散髪へと改めたが、大統領や皇帝との謁見には大礼服を着用しなければならないので困惑する。いまだ洋式の大礼服が定まっていなかったからだ。国内残留組の左院と使節団の双方で大礼服の研究が進められたが、連絡に時間がかかったために齟齬を来す。「岩倉使節が現地で調製した大礼服と、左院の調査および審議を経て国内に公布された服制図とは大幅に異なってしまった」のである。このほか、明治天皇洋装化の試みに対する女官たちの対抗だとか、「服制復旧」を図る島津久光の策謀だとか興味が尽きない。

×月×日

この歳になると、どうしても本の好みは小説よりも伝記に傾く。水声社のトロワイヤ伝記シリーズはフランスとロシアの文豪を網羅していて便利だが、最新刊の『**トゥルゲーネフ伝**』（市川裕見子訳　3800円＋税）は十九世紀研究家には必須の文献。たとえば修論をフロベールで書いた私はフロベールとトゥルゲーネフが最も信頼しあっていた友であることは知っていたが、トゥルゲーネフのパリ長期滞在の理由については詳らかにしなかった。

この伝記で、トゥルゲーネフをパリに呼び寄せたものが、オペラ座の歌姫ポーリーヌ・ヴィアルドーへの終生変わらぬ恋心であったことがわかる。では、なにゆえに強圧的なポーリーヌにトゥルゲーネフがかくも強く惹かれたか？　農奴も自分の子供も鞭で打ちすえることにサディスティックな喜びを感じていた母親によって「嫌忌しつつ従い、憤怒とともに屈伏するという、昏い充足の歓び」を味わわされたからだという。パリにおけるロシア・ビューローの役割を果たしたトゥルゲーネフの比較文学的再評価が待たれるところである。

（『週刊文春』２０１０年６月３日号）

フランスの出生率、キリスト教の歴史、聖母マリア崇拝の謎

×月×日

民主党マニフェストの看板「子ども手当」はフランスの家族手当にならったものらしいが、果たしてフランスの合算出生率の上昇はこれだけが原因なのだろうか？

この疑問にタイミングよく答えたのが中島さおり『パリの女は産んでいる〈恋愛大国フランス〉に子供が増えた理由』だが、同じ著者の新刊が出た。**『なぜフランスでは子どもが増えるのか　フランス女性のライフスタイル』**（講談社現代新書　７４０円＋税　→　講談社　二〇一〇年　Kindle版）。前著の出版後に受けた質問を反芻しながら、それを歴史的経緯から解き明かそうとした試みである。

著者はまず、日本人がよく口にする「フランスに子どもが多いのは、婚外子が多いから」という理解に疑問を呈する。フランスでは一九七〇年代から事実婚が増え、当然、婚外子も増えたが、九五年までは出生率は低下していたという事実があるからだ。「フランスのデータから言うのであれば、婚外子が増えると子どもの数が増えるというふうには見えず、婚外子が増えていった間、出生率は低下したのである」。したがって、日本で婚外子差別を全廃しても「できちゃった婚」のカップルが結婚しなくなるだけのことで、出生率が向上するわけではないのだ。では、なぜフランスの出生率は上昇したのか？　一九九九年に導入されたパクス（連帯民事契約）が契機になっている。カップルの一方が申し立てれば関係が解消できるという制度だがこれが結婚に躊躇する男女の心の敷居を下げた。

「とりあえず男女がいっしょになるというのが子どもが生まれる大前提だということを考えると、子どもが生まれてくるには、まず、カップルを成立させることが先決と考えられる」

しかしパクスが日本で導入されたとしても、まだ高い障壁が残っている。カップルになる切っ掛けがないのだ。しからばフランスでは？　フランスにはカップル単位のミクシテの伝統があるのに加えて、男は女性と見れば甘い言葉をかけるし、女は女でセクシー誘導を心掛ける。「フランスでは、『もてない』男も、果敢に女性を獲得しようと打って出るので、最終的にはパートナーが見つかり、収まるところに収まっているように見えるのだ。おそらく『振られて傷つく』よりも『一人でいる』ほうが、傍目にも本人にも、より辛いのだと思う」。それだけではない。フランスにはカップル成立を加速する決定的条件がもう一つある。「フランスの女は、日本の女に較べて、恋人（夫）を選ぶのに『収入』という条件のハードルが低いのではないか」。つまり、フランスの女は日本の女に較べて、結婚後も働きやすい環境にあり、男に収入という条件を求めなくて済むから、カップル形成の敷居が低くなるというわけだ。

かくして、著者の最終的結論は次のようなものだ。一世紀にわたって少子化問題に苦しんできたフランスは家族手当や教育無料化、低所得層への補助、女性の仕事と家庭の両立支援などを行ってきたが、それが少子化防止の即効薬となったわけではなかった。しかし、こうした社会政策によって出産で生じるマイナスが減じたことで、フランスの女は「母親というアイデンティティ一色に染まらなくてもよい」ことになり、いつまでも女でいることが可能になった。「母より女のフランスでは、逆説的に女が産むことに抵抗がなく、従って子どもが生まれる」ということになるのである。回路は複雑だが、まさにその通りだろう。民主党首脳に一読を勧めたい。

×月×日

大学で「フランス文化論」の講義をしているうちに、キリスト教とフランク王国の関係が気になり出した。民族大移動で誕生したゲルマン諸国のうち、なぜフランク王国だけが生き残ったのかという疑問に答えられなくなったからだ。そんなところにアラン・コルバン編『**キリスト教の歴史　現代をよりよく理解するために**』（浜名優美監訳　藤本拓也・渡辺優訳　藤原書店　4800円+税）が出版されたので飛びつく。

答えは「ローマ帝国内外におけるキリスト教徒の『蛮族』」という項にあった。四世紀半ばドナウ川流域でローマ帝国の庇護を受けながら生活していた西ゴート族は、ウルフィラというカッパドキア司教の宣教でキリスト教化する。ただし、ウルフィラが伝えたのは、三六〇年のコンスタンティノポリス教会会議でコンスタンティウス二世が提案した相似本質説と呼ばれるタイプの三位一体説であった。

「この説は、御子をわずかに御父に従属しているものとし、反対者からは変装したアレイオス主義と呼ばれたものである。こうしたまったくの偶然から、『ゲルマン的アレイオス主義』が生まれたのである」

すなわち、神の子と神は本質が異なるとする急進的アレイオス派（アリウス派）でもなく、神の子と神は本質を同一にするというアタナシウスの同一本質説でもない、その中間的な折衷主義を西ゴート族は信奉し、東ゴート族、ヴァンダル族、ブルグント族にこれを伝えたのである。その間、ローマ帝国内部では、相似本質説からの揺り戻しがあり、三二五年のニカイア公会議で採用されたアタナシウス派の同一本質説（カトリック）が再び優勢となって正式宗教とされていた。この対立がその後の歴史の流れに大きく影響する。「ゲルマン族のアレイオス主義のこうした特徴が、ローマ人に接近することを選択したいくつかの

『蛮族』と比較したときの彼らの失敗を説明してもくれる。フランク族の場合、彼らはクローヴィス王が洗礼を受けた後、いっせいにカトリックに改宗した。五〇〇年頃のことである。そして彼らは自らの正統信仰を武器に、ガロ・ロマン人のエリート層、特に司教団と緊密な関係を結んだ。これらの支持を得たおかげで、フランク族は五〇七年、アキテーヌの西ゴート族を破ることができたのである」

なるほどそうであったか！　コルバンが言うように、キリスト教の理解なくしてヨーロッパ史の理解なし、なのである。

×月×日

ところで、アレイオス（アリウス）主義とアタナシウス主義の論争は、派生的にもう一つの論争を呼び起こした。聖母マリアを巡る論争である。アレイオスはイエスは人間であるのだからマリアも人間であると簡単に片付けた。一方、アタナシウスはどう考えたのか？　これがよくわからない。そこで山形孝夫**『聖母マリア崇拝の謎　「見えない宗教」の人類学』**（河出ブックス　1300円＋税）を読んでみる。「アタナシウスによればマリアは『神の母』である。だが『神の母マリア』は、神ではない」。ようするにアタナシウス派は最初「神の母は神だ」とする民衆信仰とは一線を画していたのだが、キリストは人が神になったのだからマリアが神であるわけがないと主張するネストリウスが登場するに及んで、その留保を外し、エフェソス公会議ではキュリロス司教が「われらの主、イエス・キリストが神であるなら、その方をお産みになった聖処女が、どうして〈神の母〉でないことがあるだろうか」とつぶやくに至る。このマリアの神性問題は、東西ローマ帝国の聖画像崇拝禁止論争、宗教改革論争、そしてアジア・南米におけるマリア崇拝の是非へとつながってゆく。一神教のキリスト教に民衆サイドの大地母神信仰から紛れ込んだマリア信仰という「見えない宗教」。

「私にとって、それはユダヤ―キリスト教的一神教の父なる神の中心軸から、多分にアニミスティックでスピリチュアルでもある原初の母なるものへ向かうグローバルな揺らぎのように思われるのだ」

個人的にプロテスタントよりもカトリックが好きなわけがこれでよくわかった。

（『週刊文春』2010年7月8日号）

言語学、革命と農民、ワインの歴史

×月×日

ものすごい暑さの中をようやく最終授業にこぎつける。お盆進行の連載を月末までにいくつかこなせばなんとか光が見えてくるだろう。ここが頑張り時だと机に向かうが、そんなときに限って重厚長大なる書物を読みたくなる。読書マゾヒストの悪い癖で、一年前に買ったまま書棚に置きっぱなしにしてあった互《たがい》盛央《もりお》『フェルディナン・ド・ソシュール　〈言語学〉の孤独、「一般言語学」の夢』（作品社　6000円＋税）を取り出し読み始める。

これは、ひとことでいうと「よくはわからないがスゴイ本だということはよくわかる」という類いの本。すごさの淵源、それは問題設定の根源性にある。

著者は問う、二〇世紀思想に計り知れないほど大きな影響を与えたソシュールが、なにゆえに自己の考察を一冊の本として結晶させることができず、ジュネーヴ大学で行った「一般言語学」の講義録（実際は受講した学生の聴講ノートと授業の準備ノートから二人の弟子が講義を再現したもの）を残しただけで世を去ることとなったのか、と。

一つは、彼が選んだ「言語学」が大革命とナポレオン戦争で誕生した国民国家と密接な関係にあったため。すなわち、印欧語比較文法から始まった言語学は印欧祖語への遡及の過程で「複数の国民のあいだに近親関係を設定し、それを優劣関係にすり替え」たり、始源として「民族精神」を召喚したりして最終的にはナチズムに道を開く結果となったが、こうした歴史的コンテクストは、「フランス語使用者のジュネーヴ人」たるソシュールがコレージュ・ド・フランス教授（フランス国籍が必須）への就任要請を断って、ジュネーヴ大学教授に就任することを決意したことと大きな係わりをもっている。著者はこの問題を九〇ページにわたる「序章」で思想史的に分析したあと、ソシュールがこの時期に執筆恐怖症に陥った原因はこの決断の強要にあったと考える。「『フランス語使用者の非フランス人』から選択肢を奪い、何一つ自信をもって書くことができないようにさせる」ような状況があったのだ。

では、当初ソシュールも属していた「言語学」はどうかといえば、これは「民族精神」ではなく「法則性」を第一原理とすると称しながら、結局のところ言語を「語られるもの」として自明視せざるをえなかった。これに対し、ソシュールの頭にある理想の〈言語学〉の書物とは「あらゆる『語ること』を可能にする、それ自体は決して『語られるもの』にならない『語ること』」であり、「どこから出発しても、それは出発点ではないという結論が到達点になる『書物』」なのだ。

ところで、そうした書物を書くということは人間技では不可能である。ゆえに、ソシュールの企ては挫折する。そして、その挫折を乗り越えようとして試みられたのがジュネーヴ大学における「一般言語学講義」なのである。著者は、「授業ノートと学生の聴講ノート」という原資料を徹底的に洗い直して、このソシュール的な特異な歩みを、「語られるもの」としてでなく「語ること」として復元してゆこうとする。「哲学を馬鹿にすることこそ、真に哲学することである」とパスカルは言ったが、ソシュールとは「言語学を馬鹿にすることで、真に言語学を創始した」人なのである。とにかく、壮大というしかない試みである。

×月×日

言語学と歴史学を発生させたのは近代国民国家の成立だが、われわれはともすると、その成員というものを非常に抽象的に捉えがちである。ソシュール的にいえば、「農民」というシニフィアンで瞬時的に脳内に出現するのは、かなり紋切り型のシニフィエなのだ。この欠点を是正してくれるような資料はないかと思っていたところ、思わぬ助太刀が現れた。エルクマン゠シャトリアン**『民衆のフランス革命　農民が描く闘いの真実』**（犬田卯・増田れい子訳　昭和堂　上下巻2500円＋税）。

いや、驚いたね、フランス本国でも完全に忘れられた大衆作家であるエルクマン゠シャトリアン（エルクマンとシャトリアンのコンビ作家）の『ある農民の物語』（1868―70）の翻訳がこの御時世に日本で出るとは！　いかにも不思議な気がしたので北条常久による「前がき」を読んでみて事情がわかった。『橋のない川』の住井すゑの夫であった農民文学者・犬田卯が晩年に訳していた翻訳が埋もれたままになるのを惜しんだ娘の作家・増田れい子が、父の遺志を果たすために出版に踏み切ったのだ。

で、内容はというと、根っからの共和主義者であった著者たちの思想を反映してかなりイデオロギー的ではあるのだが、細部に至るまで資料的な裏付けがしてあるので「史料として読む小説」という点でなかなか興味深い。

物語は八十五歳になった裕福な農民であるミシェル老人の昔語りという形で始まる。ロレーヌの寒村に極貧の籠作りの子として生まれたミシェルは、借金に苦しむ父母を助けるため、八歳のときから鍛冶職人ジャン・ルルーのところで見習いとして働き始める。幸いなことに親方は新聞が読め、教育に理解もあったので、ミシェルは教会付属の学校へ通って字を覚え、職人として成長してゆく。やがて大革命が勃発し、村の農民たちにも大きな転機が訪れるが……。「両親が、ロバンの高利貸のために、どんなに苦しんだかは言うまでもない。両親はおちおち眠ることもできなかった。一ときの休息もとらなかった。労苦のために早く老いた。唯一の慰めは、私たち子どものうち、誰か一人でも兵隊に行って稼げたら、それで負債を返せると思うことだった」

フランスが共和国として今日もなお成立しているのは、大革命で農民が「得るべきもの」をしっかり得たからである。農民は基本的に共和国の味方なのだ。

×月×日

アナール派の登場以来、フランスの歴史学は日常生活の歴史一辺倒になったが、その割にワインとの係わりで歴史を論じた書物は多くない。日本におけるワイン学の第一人者である山本博の『**ワインの歴史　自然の恵みと人間の知恵の歩み**』（河出書房新社　2800円＋税）は、ワインと歴史との関係を次々に明らかにして興味が尽きない。

たとえば、中世において、ブルゴーニュ・ワインの改良にはシトー派修道院がおおいに貢献したが、それには二つの理由があった。一つは、神に捧げるワインは至上至高のものでなければならないということから、白はシャルドネ、赤はピノ・ノワールというように単品種で造るようになったこと。もう一つは「神が嘉したまう最も優れた土地を選ぶ」という信念から、修道院から少し西に離れた丘陵地帯に畑を移したこと。これが黄金丘陵（コート・ドール）へと発展してゆくのである。また、ロマネ・コンティはなぜこう呼ばれるかというと、それはコンデ家の文家コンティ家がポンパドゥール夫人の鼻を明かすために土地を買い占めたからである。ポンパドゥール夫人は、このときの恨みを忘れず、ブルゴーニュ派からシャンパーニュ派に転じる。

シャンパンといえば、発泡性のワインというのが「売り」だが、この「売り」が生れるには、品質のいい壜とコルク栓の出現が不可欠だった。そして、二つの要素はワインそれ自体の歴史とも深い関係を持っている。すなわち、壜とコルク栓の出現以前、ワインはすべて樽詰めだったが、樽は一年しか持たないうえ春を越すとワインが饐《す》えてくるという欠点があった。

「壜とコルク栓が普及して、初めてワインを壜熟・熟成させて品質を向上させて飲むことになったからである」。下部構造が上部構造を規定するのである。

ワインに関して文明論的蘊蓄を傾けるのに必読の書。

（『週刊文春』２０１０年８月26日号）

ゾラのマネ擁護、シージエの模索、ホッブズの「自然状態」

×月×日

今年、四回目のヨーロッパ。パリが三回でヴェネチアが一回である。渡航回数が多すぎるような気もするが、それは、手元不如意のせいで行くたびに「買い残し」感が出てしまうというパラドックスに因る。帰りの飛行機に乗ったとたん「しまった、やっぱりあれを買ってくるんだった！」となり、なんとか暇を見つけては二カ月後の飛行機に飛び乗ることを繰り返すからである。おかげで、今年は財政破綻になりそうな勢いだ。

行きの機内ではゾラ『**美術論集　ゾラ・セレクション⑨**』（三浦篤編＝解説　三浦篤・藤原貞朗訳　藤原書店　4600円＋税）を読む。自然主義の代表的小説家ゾラがマネを始めとする印象派を一番最初に断固として擁護したポレミックな美術評論家でもあったという事実は、一般の日本人には意外な印象を与えるかもしれないが、ゾラの数多い美術論のうちから編者が十七編を選び出した本書を読むと、ゾラが理論的にもかなり本格的な批評家であったことがわかる。

たとえば社会主義リアリズムに通じるプルードンの『芸術の原理とその社会的使命について』に対する書評で、芸術の完璧な姿とはノートル・ダム大聖堂のように芸術家の「個性」が死に、作品が時代全体、国民全体の産物となるようなものだとするプルードンに対して、ゾラはこう答える。「私はといえば、芸術作品は独創性によってのみ生きると措定する。各作品に一人の人間が見いだされねばならない。さもなければその作品は私にとってどうでもよいものだ。私は断固として、芸術家のために人類を犠牲にする」

今日では、常識的にさえ思えるこうした近代的芸術観が、当時にあっては十分にポレミックであり、それがそのままマネの擁護に用いられたのである。

すなわちジャーナリズムの雄である『フィガロ』創刊者ヴィルメサンに見出され、『エヴェヌマン』紙上で官展（サロン）評の筆を任されたゾラは、審査委員会の美的カノンの凡庸さを標的にして、サロン攻撃を開始し、次いで、マネを落選させたサロンに向かって、公然と言い放つ。「マネ氏は明日の巨匠の一人になると私は確信しているがゆえに、もし資金があれば、今のうちに彼の絵をすべて購入してひと儲けしたいところだ。五十年経てば、彼の作品は四、五倍の値がつくだろうし、その頃には、四万フランの値がついているタブローの何枚かは四十フランの価値にもならなくなっているだろう」

マネの絵に数十億円という天文学的数字がついている今日では「四、五倍」はあまりに控え目だったというほかない。

もっとも、マネやモネを評価し、アカデミーの画家を断罪するゾラのレアリスム美学が当の画家たちと完全に一致していたかというと、必ずしもそうとは言えないところに面白さがある。げんに、「パリ便り――文学・芸術消息」と題された一八七九年のサロン評でゾラは「彼（マネ）の手は眼に追いついていないのである。マネは確たるテクニックを練り上げることができていない」と批判し、印象派全体の技量の不足を指摘する一方、返す刀で、アレクサンドル・カバネルの弟子として出発し、外光派として農民の生活を圧倒的な技法で描いたバスティアン＝ルパージュを高く評価している。

「つまり、彼は自らの印象を現実化することが出来るのである。聡明にも彼は、単純な技術的問題が公衆と革新者を隔てていることを理解していた。それゆえ彼は、印象派の霊感と分析的手法を維持しながら、完璧な技術でそれを表現することに集中したのである」

バスティアン＝ルパージュが大好きな私としては嬉しい限りだが、しかし、これがレアリスムの美術批評家としてのゾラの限界を示していることも明らかである。いずれにしろ、日本ではなぜか翻訳されてこなかったゾラの美術批評をまとめて紹介した編者と訳者の功は大である。

×月×日

絵画におけるモダニスムへの転換は、印象派からセザンヌ、ゴッホへ、そこからピカソ、ブラックへという経路をたどり、抽象アートに行き着いたが、小説ではプルースト、ジョイス、カフカからヌーヴォー・ロマンへという経路をたどった。しかし、いずれにおいても、そのジャンル固有の要素への「純化」が極端にまで追求された結果、養分の薄い宇宙食のようなものになってしまったという印象は拭えない。アカデミックな技法と「印象派の霊感と分析的手法」を併せもったバスティアン＝ルパージュ的な行き方が現代においても可能なのではないかと思われるが、この方向での模索を続けているのがフランス語で書く中国人作家ダイ・シージエ。最新作**『月が昇らなかった夜に』**（新島進訳　早川書房　1700円＋税）は、処女作『バルザックと小さな中国のお針子』では目立たなかったこの作家のポスト・ヌーヴォー・ロマン的なマジック・リアリズムが表面に出た実験作。

一九七八年、北京で開かれたベルトルッチ『ラストエンペラー』の撮影打ち合わせ会議に通訳として立ち会ったフランス人の女子留学生「私」は『西太后秘話』の著者・唐黎教授から清朝最後の皇帝・溥儀が愛蔵していた謎の巻物の存在を知らされる。この巻物は、大収集家であった北宋の皇帝・徽宗の愛したコレクションの一つで、印欧祖語の一つとおぼしき未知の言語で書かれた仏典だったが、溥儀が満州国皇帝として擁立されるために日本軍の輸送機で運ばれる途中、溥儀自らの手によって二つに引きちぎられ、空中に捨てられたというのだ。教授はそのうちの一片が、偶然にも、西太后によって帝位から遠ざけられて満州に逼塞していた大甥《七十一》の手に落ちたことまでは突き止めたが、それから先、巻物の行方は杳として分からないと語る。物語は、「私」が北京の八百屋でトゥムシュクという青年と知り合って恋に落ちるというストーリーと、巻物の行方に関する副筋、すなわち、巻物の死語に憑かれたフランスの東洋学者ポール・ダンペールの運命とが複雑に絡み合いながら進展するが、息の長い語り口や複数の視点の交錯という点でクロード・シモンの影響が感じられる。バスティアン＝ルパージュの二十一世紀的バージョンと見なしていいのではないだろうか。

×月×日

サンデル教授の『ハーバード白熱教室』がＮＨＫで放映され、『これからの「正義」の話をしよう　いまを生き延びるための哲学』がベスト・セラーになって以来、ロック、カントなどの政治哲学者への興味が高まっているが、私にとって、こうした政治哲学者の中でいま一つ理解しにくかったのがホッブズ。というのも、かの有名な「万人の万人に対する戦争」という「自然状態」の概念、およびその国際関係へのアナロジーが、ルソーの理想的原始社会と同じように、どうもいま一つ腑に落ちなかったからである。梅田百合香**『甦るリヴァイアサン』**（講談社選書メチエ　１６００円＋税）は原典をしっかりと解読しながら、「まったくの自然状態」とはホッブズが国家形成の過程を説明するために用意した理論仮説であり、これと国際的自然状態とは明らかに異なっていると断じる。「前国家的な個人間の『まったくの自然状態』と国際的自然状態との決定的な違いは、後者においては、すでに各国家が形成されており、主権者や臣民が存在しているということである。すなわち、国際的自然状態では、各国家が成立していて、それぞれの国家内で自然法の国法化が何らかの形で進められていることが前提となっている。（中略）したがって、国際的自然状態は、国家の保護下にある国民一人ひとりにとっては、個人間の自然状態のような差し迫った直接的脅威を与えるものではないであろう」。ホッブズを身勝手に援用するネオ・コンへの批判としてはこれで十分という気がするのだが、いかがだろうか？

（『週刊文春』２０１０年9月30日号）

フランクリン、ナポレオンの妹、ロベール・ドアノー

×月×日

秋は文学賞・学芸賞の季節。いきおい日本人の著作ばかり読むことになるので、翻訳ものは書棚にたまっていく。そこで、選考が一段落したのを見て、翻訳ものを一度にまとめて繙くことにする。まずはゴードン・S・ウッド『**ベンジャミン・フランクリン、アメリカ人になる**』（池田年穂・金井光太朗・肥後本芳男訳　慶應義塾大学出版会　３６００円＋税）。

トクヴィルは『アメリカのデモクラシー』で、合衆国憲法は人類が生んだ最高傑作であるが、それが出来たのはジェントルマン階級のフェデラリスト（連邦派）が独立後の一〇年余権力の座にあったがためで

あり、もし公権力の制限を主張する成り上がりのリパブリカン（共和派）が憲法を作っていたらこうはならなかったはずと述べている。ところでアメリカの国父とされるベンジャミン・フランクリンはその『自伝』から察するに独立独歩のリパブリカンに属するはずだが、ではいったいアメリカ独立前後におけるフランクリンの立ち位置はいずこにあったのか？ ウッドの著作は、これまでのフランクリン伝と違って、刻苦勉励と創意工夫によって印刷工から企業経営者に成り上がるまでの人生ではなく、ジェントルマン階級に上昇したあとの後半生に焦点を絞る。

「一七四八年、四二歳のときに、フランクリンは自分が実際の事業から身を退くのに十分な富と上流の地位を手に入れたと考えた」。それまでフランクリンは自分を中間階層の一員であると見なし、ジェントルマン階級の人間になろうとは思っていなかったが、途中から、自己利益しか頭にない中間層だけでは公共の問題は解決できないと思うようになった。「フランクリンは、金銭の必要性に迫られていない者だけが公共の事柄に関わるべきであると考えるに至っていた。（中略）自分が紳士に、以前には嘲笑していた『高尚な人種』の一人にならなくてはならないと心中で期するようになった」。ここから政治へのフランクリンのかかわりが始まるが、本国イギリスからの独立という考えはまったく視野に入っていなかった。彼は良きイギリス臣民であり、熱心な王党派だったのである。課税問題協議のため植民地代表としてロンドンに赴いた後もこの考えは変わらなかった。それどころか「イギリスに惚れ込むあまり、しまいにはアメリカに戻ろうと考えることさえ難しくなった」。一七六〇年にジョージ三世が即位したときには、フランクリンは「最も興奮し、最も忠誠を誓っている者の一人」であった。

では、そんな「王よりも王党派」のフランクリンがなにゆえにアメリカ独立を主張する愛国派に転じたのか？　遠因は七年戦争の勝利で広大な植民地を獲得したイギリスが維持費の捻出に困り、北米植民地に対して課税を強化したことにある。フランクリンは最初、帝国主義者としてこの種の植民地課税に理解を示していたが、植民地対本国の対立が抜き差しならなくなるに従って、植民地人に対する本国人の尊大さに憤慨するようになる。「いまや、彼が生涯あれほど献身してきた栄光ある帝国が『少数のへまな大臣たちの手でずたずたに壊さ』れてしまったと確信した。（中略）ジョンソン博士が『問題の張本人』と呼んだ人物は、アメリカに向けて出帆し、熱心な愛国派となった」

では、連邦憲法制定に関して、フランクリンはどのような貢献を行ったのか？　「全国政府の行政府を、公的な奉仕に献身できるほど富裕なワシントンや彼と同様に裕福な紳士たちに独占させてしまうような提案であった」。長い間の経験からフランクリンは権力欲と金銭欲が人間の心の中で最も強力なものであるゆえ、この二つを同時に手に入れられるような政治制度にしたら、「いつも党派間の絶えまない闘争であり、すべての美徳の最終的な破壊」が訪れると予想していたからである。フランクリンの死後、アメリカ人は結局、彼の思慮深い後半生ではなく、セルフメイド・マンの前半生だけに自らを模した国民へと変ってゆく。強欲資本主義国家アメリカを見たらフランクリンはなんというだろうか？

×月×日

伝記ものを読んだり書いたりしていると、歴史では脇役にすぎない人物に興味が移ってゆくことがある。ナポレオンの伝記（『ナポレオン　フーシェ　タレーラン　情念戦争』）を書いているとき、帝政時代の「メッサリナ」と呼ばれた多情奔放な美貌の妹ポーリーヌ・ボナパルトの存在が気になっていたが、まとまった伝記がないのでそのままになっていた。この意味で、フローラ・フレイザー『ナポレオンの妹』（中山ゆかり訳　白水社　2600円＋税）は格好の本である。「ひとことで言えば、ポーリーヌ・ボナパルトはこのうえなく愛らしかった――濃い栗色の髪、真っ白な肌、黒目がちな瞳、美しいカーヴを描く表情豊かな口元。（中略）脚と手の肌は、彼女の全身がそうであるようにミルクのごとき白さを誇っていた」。ポーリーヌはナポレオン配下のルクレール将軍と結婚し、黒人奴隷反乱鎮圧のため西インド諸島のサン＝ドマング（いまのハイチ）に赴くが、将軍が黄熱病にかかって死去したため、パリに戻り、ローマのボルゲーゼ大公と再婚する。ナポレオンは妹に「再婚したことをすぐに後悔するかもしれないぞ」と忠告したが、ポーリーヌは結婚を強行。しかし、ボルゲーゼ大公はナポレオンの予言通り、見てくれだけの凡庸な男で、ポーリーヌはすぐに飽きて、自由奔放な生活を始める。ナポレオンは離婚したらフランスへの入国を禁止すると脅したが、そんなことでポーリーヌの浮気癖が収まるわけがない。大公も半ば諦めて「理解ある夫」の道を選ぶ。その象徴がローマのボルゲーゼ美術館に飾られている《勝利のヴィーナス》。現物がだめならせめて彫像でもと考えたわけではあるまいが、大公は世界的に有名な彫刻家アントニオ・カノーヴァに妻の半裸像の制作を依頼したのである。モデルを務めたポーリーヌは「どんなヴェールだって、カノーヴァを前にしたら落ちずにはいられないのよ」と答えたという。ポーリーヌの「気まぐれ」に預かった男は数知れず、文豪アレクサンドル・デュマの父のデュマ将軍もその一人だったようだ。

ナポレオンの運命が傾き、エルバ島に流されるとポーリーヌは一族の中で唯一同行を希望し、孤独な兄を支え続ける。この兄と妹は近親相姦の関係にあったという説も有力で、ジョゼフィーヌが二人の抱擁している現場を目撃したとの証言もある。あるいは、ポーリーヌの浮気癖も禁じられた理想の兄への思慕の裏返しだったかもしれない。ボナパルト一族という「濃い家族」でなければ生まれなかったようなキャラクターではある。

×月×日

パリの土産物屋ではロベール・ドアノーの写真を置いていないところはない。しかし、私が初めてパリを訪れた一九七〇年代後半にはドアノーはマイナー・ポエットの扱いで、その写真集も古書店では二〇〇フラン前後で買えた。ロベール・ドアノー『**不完全なレンズで　回想と肖像**』（堀江敏幸訳　月曜社　2200円＋税）は、ドアノーに自伝執筆を促したジャン＝リュック・メルシエとの往復書簡からドアノーの書簡だけを抜き出して再構成した「自伝と肖像」で、ドアノーの写真の「意味」や背景を知りたいと思う向きには貴重な資料である。とくに、写真では庶民派と思われているドアノーが、文章では意外やシュルレアリストに近いことが注目を引く。たしかにこの観点から見ると「郊外」の発見系統の彼の写真もシュルレアリスト的ではある。ブラック、ピカソ、ブランクーシ、ユトリロなどの画家、プレヴェール、レオトー、サンドラール、マッコルランなどの詩人・作家、ブラッサイ、ケルテス、カルティエ＝ブレッソン、ウィリー・ロニスなどの写真家などに対する思い出や評言も興味深い。

（『週刊文春』２０１０年11月４日号）

歴史を捉え直す、グラン＝ギニョルの恐怖

×月×日

シオランに『生誕の災厄』という本があるが、もしかしたら、私にもこうした潜在意識が働いているのかもしれない。自分の誕生日（十一月三十日）近くになると決まって気分が落ち込んでくるからだ。大学での疲労もピークに達し、年末進行の原稿も押し寄せてきて肉体的にも精神的にも最低の状態になる。

そんなときに一番いけないのは自分のしていることが何の役にもたっていないのではないかという無力感である。とくに、大学の授業でこれを感じると鬱の原因になる。そこで、授業では毎回われわれが直面している問題（人口減少、知的好奇心の衰え、若年層の精神的引きこもり等々）などを手掛かりにして歴史を捉え直すように工夫しているが、この意味で指針となりそうなのがイギリス社会経済史の泰斗・川北稔の『**イギリス近代史講義**』（講談社現代新書　７６０円＋税）。

冒頭、著者はセンター試験における世界史受験者数の減少を枕にふって、次のように訴える。「近年の歴史学は、いっそう『ひきこもり』の傾向が強く、社会に訴える力が弱まっているように思います。この背景には、歴史学のプロが社会で必要とされるような問題提起をしていない、専門家のあいだでだけ通用するような話題ばかり取り上げているということがあるのではないでしょうか」。具体的に提起されるのはサッチャー改革が「イギリス衰退論争」の渦中から生まれてきた事実に鑑み、日本の「失われた二〇年」という問題をイギリスの成功と衰退という歴史的問題とリンクさせて考えてみようということである。

著者はまずイギリスに最初に産業革命が起きた原因を「今よりも良い生活を」と願う「成長パラノイア」的心性の誕生に求める。では『成長パラノイア』はなぜ生じたのか？　近世初頭においてヨーロッパが帝国システム（中国やトルコのように皇帝が領土の隅々まで支配するシステム）ではなく、複数の主権国家による武力・経済の競争システムにあったためである。主権国家の競争が「成長パラノイア」を生んだのだ。

それを象徴するのがクロムウェル時代にウィリアム・ペティが考案した英仏蘭の国力比較論「政治算術」である。ペティは人口の順位は仏・英・蘭なのに国民所得は蘭・英・仏の順になるのはなぜかと問い、第一次産業の国フランスが平均所得と福祉の水準が低く、第二次産業の国イギリスが二番目で、金融、サービス業、海運業が中心のオランダの水準が高いという事実を発見し、そこから国民経済は成長に伴い第一次産業、第二次産業、第三次産業へとシフトしていくという「ペティの法則」を導く。

ここから産業構造による未来予測が可能になるが、この問題はイギリスの興隆と衰退の原因を巡る論争とからんでくる。というのも、第二次産業から第三次にシフトしたイギリスは衰退しているのか否かという議論が起こったからだが、その根幹には、イギリス経済の本質は工業ではなく、ジェントルマン（元地主）の創ったシティ（金融街）にあったとするジェントルマン資本主義論があった。これはシティのせいでイギリス工業は衰退したという衰退論と、工業は衰えたけれどシティ自体は衰退していないのだからイギリスは衰退していないという衰退否定論の二つに分かれるが、いずれも、イギリスの本質はシティにあったとする点では同じである。

ところで、このジェントルマン資本主義の成立には、イギリスが早くから核家族社会として形成されたことが関係している。核家族型社会では次男、三男の面倒を見切れないので、彼らは働き口を植民地に求めるほかなく、海外への雄飛が奨励される。かくして、イギリスでは核家族から生まれたジェントルマン資本主義が植民地をつくり出し、イギリス帝国が生まれ、次に植民地から生じた綿などが世界システムを通じて産業革命を呼び起こすというサイクルが出てくるが、しかし、そうした産業革命の成立には、もうひとつ、核家族の中で女・子供が独立して現金収入を得ようとする需要サイドの「より良い生活」の希求が不可欠である。「妻や子が自分の稼ぎを、現金収入というかたちで持つようになった、これが産業革命で起こったことのひとつであることはまちがいありません」。つまり、都市化にともなう家族構造の変化もまた「成長パラノイア」を引き起こしたわけである。

今日、イギリスに端を発したこうした「成長パラノイア」は中国・インドにまで拡大しているが、それが最終的にどこに行き着くのかを見るには最初の工業国でありながら「衰退」したイギリスが格好のサンプルとなるし、高度成長という奇跡の後に「失われた二〇年」を経過しつつある日本にとってもイギリスは最高の参照対象となるはずだ。イギリスの歴史は未来を占うクリスタルの玉なのである。

×月×日

秋から冬にかけての日本の生活が灰色なのは、ヨーロッパと違って、演劇・映画・ミュージカルなどが一斉に夜の闇に花開く「社交シーズン」のきらびやかさがないからではなかろうか。「社交シーズン」があるおかげで長くて暗いヨーロッパの冬もなんとかしのげるものになっているのだ。

ところで、「社交シーズン」が歴史上最も華やかな輝きを放っていた時代と場所はとなると、世紀末のパリ、それもモンマルトルの裾野というのが衆目の一致したところだが、世紀末真っ只中の一八九七年、この丘のふもとのシャプタル通りの路地に、グロテスクな民衆的な人形劇ギニョールをヒントにした恐怖演劇専門の劇場「グラン・ギニョール」座が誕生した。SM、ギロチン、人体改造、拷問、猟奇殺人などの特殊な題材だけが集中的に取り上げられ、血しぶきが舞台を赤く染めて観客の悲鳴を喚起するこのゲテモノ演劇はそれ自体も「グラン・ギニョール」と呼ばれたが、少なくとも一九二〇年代までは、台本と演出のよろしきを得て、低級な層ではなく、むしろハイ・ブラウな観客をひきつけることに成功した。

真野倫平編・訳『グラン＝ギニョル傑作選　ベル・エポックの恐怖演劇』（水声社　3800円＋税）は、日本では名のみ高くて知られることが少なかったこのグラン・ギニョールの傑作台本の翻訳である。テイストを知ってもらうにはモーリス・ルヴェル『闇の中の接吻』の梗概を示すのが一番いいだろう。ジャンヌという若い娘を捨てたために顔に硫酸をかけられたアンリはなぜか診断書を裁判所に提出せず、ジャンヌは無罪放免となる。判決の下ったその晩、良心の呵責にさいなまれたジャンヌが自宅療養するアンリのもとを訪ねると、アンリは包帯を外して患部を見せながらジャンヌに懇願する。「君にキスがしたい。最後に、もう一度だけ。そうしたらどんなに幸せだろう」。ジャンヌは嫌悪感を克服し顔をアンリの肩に落とす。すると、アンリはジャンヌの体をがっしりと捕まえ、残忍な雄叫びを発しながら硫酸を取り出す。「そう。楽しもうじゃないか。顔中に硫酸をかけてあげる。額にも、頬にも。それがどんなに痛いか君にも分かるだろう」

この引用からも容易に理解できるように、グラン・ギニョールの恐怖は心理的なものではなく、外科的、解剖学的なそれである。「拷問され、傷つけられ、血を流す身体こそがグラン＝ギニョル劇の主役なのだ。（中略）とはいえ身体の与える衝撃はつかの間のものであり、それだけで一つのドラマを作り上げることは不可能である。（中略）その意味で、逆説的ではあるが、身体の効果は言語に大きく依存しているのである」（巻末「解説」）

ハマー・プロのドラキュラ映画、ＡＩＰの恐怖映画に始まるスプラッター・ムービーの源流はここにあったのかと納得させられる一冊である。

（『週刊文春』２０１０年12月16日号）

その他のおもな書評（2010年）

『毎日新聞』「今週の本棚」

2010年2月7日　速水融『歴史人口学研究　新しい近世日本像』藤原書店　8800円＋税

2010年4月11日　古西甚一『古文の読解』ちくま学芸文庫　1500円＋税

2010年5月16日　『マラルメ全集I　詩・イジチュール』松室三郎・菅野昭正・清水徹・阿部良雄・渡辺守章編　筑摩書房　1万9000円＋税

2010年7月11日　ウィリアム・R・ニュートン『ヴェルサイユ宮殿に暮らす　優雅で悲惨な宮廷生活』北浦春香訳　白水社　2400円＋税

2010年8月22日　大野英士『ユイスマンスとオカルティズム』新評論　5700円＋税

2010年10月10日　ベルナール・グネ『オルレアン大公暗殺　中世フランスの政治文化』佐藤彰一・畑奈保美訳　岩波書店　4900円＋税

2010年12月12日　2010年「この三冊」
『マラルメ全集I　詩・イジチュール』松室三郎・菅野昭正・清水徹・阿部良雄・渡辺守章編　筑摩書房　1万9000円＋税
プルースト『失われた時を求めて　1　スワン家の方へI』吉川一義訳　岩波文庫　900円＋税
大野英士『ユイスマンスとオカルティズム』新評論　5700円＋税

2011年

1月14日	チュニジア・ベン＝アリー政権崩壊（ジャスミン革命）
1月25日	エジプト各地で大規模な反政府デモが発生（エジプト革命）
2月6日	大相撲八百長問題で大相撲春場所の中止決定
2月11日	エジプト・ムバラク政権崩壊
2月22日	ニュージーランド地震
3月11日	東北地方太平洋沖地震 東京電力福島第一原子力発電所事故
3月12日	九州新幹線・鹿児島ルート全線開業
4月12日	福島第一原発事故の国際原子力事象評価尺度をレベル7に引き上げ
4月29日	イギリス・ウィリアム王子とキャサリン妃の挙式
5月2日	ウサマ・ビンラディン殺害
5月6日	菅直人総理が浜岡原子力発電所の停止を要請
7月9日	南スーダン共和国が独立
7月17日	2011 FIFA女子ワールドカップで日本代表が初優勝
7月22日	ノルウェー連続テロ事件
7月23日	中国高速鉄道衝突脱線事故
7月24日	岩手・福島・宮城の3県を除いて地上アナログテレビ放送終了
8月6日	イギリス暴動
8月23日	リビア・カダフィ政権崩壊
9月2日	野田佳彦が第95代内閣総理大臣に就任
9月17日	ウォール街占拠デモ
10月	タイで大規模な洪水。首都バンコクも冠水
10月5日	スティーブ・ジョブズが死去
12月17日	北朝鮮・金正日総書記が死去

エロティック・ジャポンと国家債務危機

×月×日

仕事場のある西麻布の界隈を歩いているとオタク風フランス人男性と日本人女性のカップルによく出会う。また、前の仕事場のあった神田神保町では気の弱そうなフランス人青年がコアな漫画専門書店に入り浸っている姿をしばしば見かけたものである。

ことほどさように、日仏の交流は草の根（サブカル）レベルでは、われわれが想像する以上に進んでいるのだが、どうやらそれはサブカルのアンダーな部分、つまりエロティクな領域においても同じらしい。

アニエス・ジアール『**エロティック・ジャポン**』（にむらじゅんこ訳　河出書房新社　3800円＋税）は思春期から三島や川端に惑溺した日本心酔オタクのフランス人女性が来日して、ブルセラ、ロリコン、盗撮、顔射、SM、人形愛、コスプレ、ふんどし愛好、コギャルなど、西欧では考えられないほどに多様化した日本のエロティク・カルチャーに衝撃を受け、自らその渦中に飛び込んで突撃取材した成果を一冊にまとめたものであるが、もし副題をつけるとしたら「菊とパンティ」となるのではないかと思えるような一種摩訶不思議な日本論に仕上がっている。

たとえば、カラオケ屋にマニアを呼び出して自分たちのスカートに顔をつっこませてパンティの上から局部の匂いをかがせて商売をしているコギャルの証言を記した後に次のようなコメントがくる。

「じつは、この臭いをくんくんかぐ方法は、古くから伝わってきた伝統である。陰と陽のシンボルでよく知られる道教《タオイズム》に由来するものなのだ。パンティをくんくんすることは、不老長寿のための、ほとんど魔術的な効果のある呼吸法の現代バージョンなのだ……おそらくは」

その紛れもない証拠となるのが『ドラゴンボール』の亀仙人で、その超人的力の秘密は女の子のパンティなどを情熱的にかいでいるためと説明される。

こうした思いもかけない歴史還元論的分析を読んだ日本の読者は戸惑うというよりも笑ってしまうだろうが、しかし、さらによく考えてみると、当たっているかもと思えてくる部分も少なくないのだ。

「日本女性の服は、その服を着た女性自身のアイデンティティであり、その人よりも魅惑的なアイデンティティでもある。女子高生のアイデンティティが制服にあるように、天からやってきた女神のアイデンティティもその衣装にあるわけだ。だからこそ日本では、これほどまでにパンティや制服、そして変身や仮装に偏愛を抱いているのである。言葉を換えていえば、この国では演出がすべてを凌駕し、何よりもファンタスムが最重要視されるということだ」

平均的（ノーマルな）日本人がまったく知らないような、日本の地下の「不思議な国」に旅したフランスのアリスの刺激に満ちた報告書である。

×月×日

ポルノビデオのパッケージに「恥ずかしい！」というキャッチコピーが踊っているように、日本的エロティシズムの根源は恥じらいにあると『エロティック・ジャポン』は『菊と刀』にならって分析しているが、ではフランスのエロティシズムのそれはどこにあるのだろうと改めて疑問を抱いたので、新訳の出た作者不詳『**女哲学者テレーズ**』（関谷一彦訳　人文書院　2800円＋税）を読んでみる。生来的に宗教に馴染まない日本人が「恥の文化」を発明したのとは逆に、欧米人のエロティシズムの根源にはキリスト教の原罪観があると踏んでいたが、やはりそうであった。

つましいブルジョワの娘として生まれたテレーズは少女の頃にオナニーを母親に見とがめられ、「そこはアダムを誘惑した林檎そのもので、原罪によって人類に刑の宣告が下されたところです。そこには悪魔がすみついていて、悪魔の住処であり、悪魔の玉座なのです」と叱責されて修道院に送られるが、院内で宗教的法悦を神父から与えられているという修道女エラディィスから、自分たちが行っている宗教的実践を覗き見するように勧められる。神父は「あなたの聖なる苦行の成果を今まさに享受するときです。（中略）聖フランチェスコ様の神聖な紐で、あなたのなかに残された不浄なものをすべて私が追い出してあげます」と説教しながら、自分の「紐」をエラディィスに挿入する。西洋のエロティシズムはキリスト教から人間を解放する原動力であったと同時に、その存立のためにキリスト教の原罪感を必要としていたのである。

×月×日

『エロティック・ジャポン』で報告されているようなオタク的ないしはオタク少女的エロティック・カルチャーというものは、煎じつめれば、最も貧富の差の少ない豊かな国ニッポンだからこそ生まれた「衣食足りて変態を知る」の類いの現象と結論づけられる。春日部の団地に住むクレヨンしんちゃんでさえ、思春期に達すれば、ハイテク機材を購入してアイドルのパンチラショットを狙うカメラ小僧になるような平準的豊かさが保証されて初めて、こうした「変態」が可能になったのだ。

だが、いまや、人類が到達しえたその最高の豊かさが危機に瀕している。いうまでもなく九〇〇兆円にまで膨れ上がった国家債務が日本の将来を暗くしているのだが、では国家債務とはいかなるメカニズムで発生するものなのか?

この問題を歴史的な観点から考察し、世界が現在直面している問題に具体的な解答を与えたのがジャック・アタリ『国家債務危機　ソブリン・クライシスに、いかに対処すべきか?』(林昌宏訳　作品社2200円+税)。主権者(ソブリン)の債務は古代からあったが、中世までは「主権者とは権力者個人であったため、債務は、権力者個人の死とともに不履行になってしまった」。ところが、国家が近代化するにつれ、債務は主権者個人ではなく、国家主権が負うべき主権債務へと変化する。これによって、主権を譲り受ける後継者は債務を相続拒否できなくなったのである。「これは、国家主権の機能の成り立ちの歴史でもあり、また国家主権の機能を脅かしてきた歴史でもある」

国家債務は逆説的なことに国が豊かになるにつれて増える。公共サービス部門が充実すると公的支出が増加するからである。「公的予算は、構造的に赤字となることが必然であり、増税によってしか公的予算のバランスを取ることができない。しかし、増税は社会的合意が一番難しい課題であり、政治家は選挙があるので増税を躊躇する。「政治的には、公的債務とは、政治を動かす者が、現実を無視して夢を語る虚言癖の現われである」
　では公的債務がついに限度を超えたときに何が起きるのか？　アタリは解決策は八つしかないという。「増税、歳出削減、経済成長、低金利、インフレ、戦争、外資導入、デフォルトである」。このうち最も頻繁に利用されるのがインフレである。インフレになれば自動的に債務の実質価値が減少するからだ。アタリは日本の政府が二〇％の歳出削減か増税を行わなければかならずや大インフレが出来すると予言する。「日本の預金者は、たとえ愛国心に満ち溢れた者であろうが、国家に対する信頼を失い、国をファイナンスすることを止める。すると金利は上昇し、日本はデフォルトに向かって、まっしぐらに突き進むことになる」
　アタリの予言が的中しないことを望むのみである。

×月×日

アタリよりも一歩踏みこんだ予言の書が徳川家広『**自分を守る経済学**』（ちくま新書　760円＋税）。シナリオは①アメリカ発の不況、②日銀法改正でバブルに、③インフレ到来、④一転大不況に、⑤財政破綻、⑥国家再生。ゆえに「財政破綻前に、できるだけ資産を増やして、財政破綻後の投資収入を大きくする」ほかはない。具体策は本書に書かれている。

（『週刊文春』2011年2月3日号）

大學、玄洋社、明治の東京

×月×日

拘束のきつかった入試関係業務がやっと終わり、私のコレクションを公開する第1回展覧会も「グランヴィル　19世紀フランス幻想版画」として練馬区立美術館で開催の運びとなったので（『鹿島茂コレクション1　グランヴィル　19世紀フランス幻想版画』求龍堂）、やれやれといったところだが、今度は春から始まる新連載の準備に取り掛からねばならない。一つ頭にあるのは日本における「仏文」の系譜を辿り直す作業で、これは辰野隆《ゆたか》、鈴木信太郎のお弟子筋が御存命のいましかできない仕事であるが、しかし、調べてみると戦前の「仏文系」というのは東大・京大・早稲田・慶応のほかにもいくつかあるのだ。アテネ・フランセ系、暁星夜間部系などがその口だが、まだほかに現地直接留学系というのもある。この筆頭が堀口大學だが、堀口大學の伝記に当たってみると、肝心な部分、たとえばマリー・ローランサンとの関係や、日本における彼の訳業への同業者のやっかみなど、いろいろとわからないことが多い。

こうした点に決定的な光を当てたのが関容子『日本の鶯　堀口大學聞書き』（岩波現代文庫　1220円＋税）。最晩年の堀口大學に密着取材して彼が黙して語らなかった秘密を聞き出した例外的な傑作であり、初版から数えると三一年ぶりの復刊である。

聞き書きというのは私も試みたことがあるのでわかるのだが、通り一遍の準備では誰にでも話しているようなことしか聞き出せない。当人の記憶している以上に伝記的事実を調べあげるのは当然として、その上、作品を徹底的に読み込む読解力が不可欠であるが、しかし、本当のことをいえばそれだけではダメなのだ。この人になら封印していた記憶を解いてもいいと当人に思わせるような「共感力」がインタビューアーに備わっていないといけない。しかし、この最後の力はインタビューアーが相手によほどほれ込んでいないと生まれてこないものである。

たとえば、マリー・ローランサンとは果たして男女の関係まで行ったのかという点。第一次大戦中、大學は、外交官だった父の任地スペインでドイツ人画家と結婚したためにマドリードに「亡命」を余儀なくされていたマリー・ローランサンと知り合い「日本の鶯」という詩まで捧げられる仲になったが、著者がそこに水を向けようとしても肝心な部分は語ろうとしなかった。ところが、聞き書きも終盤にさしかかった頃、大學は後の版では割愛されている詩を含んだオリジナル版を著者に貸す。

「快くお貸し下さった数冊の大切な詩集のうち、帰りの電車の中で『月光とピエロ』をまず開いた。だが私の頁を繰る手が次の詩の箇所で、釘づけになったようにピタリと動かなくなった。もうこの『戦争で会えた二人』（マリー・ローランサンと大學先生）のことで、決して先生に『質問』などしない。そう心に誓いながら、でも何て素敵な恋愛！ と私の目はただその活字の上を追い続けた」——では、その「遠き恋人」の「重要な」箇所を引用しておこう。

「お前は思ひ出《だ》さぬか？／あの頃私たち二人の／心は心と溶け合ひ／唇は唇に溺れ／手は秒に千万の愛撫の花を咲かせたことを？／お前はまた思ひ出《だ》さぬか？／その頃私たち二人《ふたり》の云つた事を？／『神さまは二人の愛のために／戦争をお望みになつたのだ』と。／こんな風《ふう》にすべてのものが／——カイゼルの始めた戦争までが——／二人の愛の為めに都合がよかつたのだ。／お前は思ひ出《だ》さぬか？」

もう一つ知りたかったのは、父・九萬一《くまいち》の二度目の妻であるスチナとの関係。ようするにベルギー人義母に対する特別な感情がなかったかということである。

「僕は初めてこの母を見て、弱々しい美しさの生母に比べて、何て骨太で生き生きとした美しいひとだろうと思いましたね。今思えばまるでレンブラントの絵のような……ああいうのを典型的なフランドル（ベルギー西部）美人というのだろうね」「父の二度目の奥さんがフランス語を常用する女性でなかったら、僕は必死で勉強しようとは思わなかったでしょうから、僕は翻訳家としての道をたどらなかったでしょうし、フランスの詩、フランス人の心を深くさぐることもなかったでしょうね。だからよく僕は言うの。僕を生んでくれた母が亡くなって、僕のフランス語になってくれたのだって」

×月×日

堀口大學の父・九萬一は明治二八年、朝鮮領事館に書記官として勤務中、日本公使・三浦梧楼が引きおこした閔妃暗殺事件に連座し、広島刑務所に投獄されることとなったが、この閔妃事件には二人の玄洋社社員が加わっていた。この種の事実から推して玄洋社というのは大陸雄飛の名のもとに日本帝国主義の先兵となった超国家主義的な政治結社だと思いこみがちだが、私が頭山満や杉山茂丸（小説家・夢野久作の父）あるいは宮崎滔天などの著作や関係者の証言などを読みあさった限りでは、実態は、占領軍から吹き込まれたこうした先入観とはかなりずれているという印象を受けた。とりわけ、ナチスとの類推から玄洋社を「日本帝国主義の前衛」とするハーバート・ノーマンの思い込みは「田中義一上奏文」的な陰謀史観であり、一種の買いかぶりである。しかし、では、玄洋社というのはどういう組織だったかというと、これが雲を摑むような話で、よくわからなくなる。

石瀧豊美『**玄洋社・封印された実像**』（海鳥社　2800円＋税）は、こうした「先入観」に搦め捕られた玄洋社のイメージを正そうという意図のもとに一九八一年に刊行された『玄洋社発掘　もうひとつの自由民権』に新発見資料と書き下し論稿を加えた改訂新版だが、この研究を一読して感じるのは、玄洋社というのは思想・信条を一にする近代的・西洋的思想集団ではまったくなく、人と人との直接的なかかわりから生まれた非常にゆるやかな（ある意味極めて日本的な）集団であったということだ。

「玄洋社員は私の作成した名簿では約六百名に及ぶ。元総理広田弘毅の名も、もちろんある。職業はさまざま。その全体を『右翼』という言葉でくくるには無理がある。ましてや、外国人にそう映っていたように秘密結社などであったはずがない。玄洋社は政治結社というより、もっとゆるやかな結合であった。一部には、思想的に先鋭な部分を含みながら、裾野では思想のハードルは低かった。その意味でも、郷党的結合と言った方がぴったりくる」

先入観にとらわれない、若い世代による玄洋社研究が望まれるところである。

×月×日

神田神保町の歴史をあるPR誌に連載している関係で明治初頭の風俗資料を渉猟しているが、そんなとき懐かしい名前を目にした。穂積和夫『**絵で見る　明治の東京**』（草思社　2000円＋税）である。なぜ懐かしいかといえば、私が中学校二年生のときに、最初に自分の小遣いで買ったのが著者がカッパブックスかなにかで出した「男のおしゃれ入門」の類いだったからである。当時、穂積和夫氏は「メンズクラブ」等でアイビー・ファッションやスポーツ・カーのイラストを手掛け、アイビー・ボーイの啓発に力を注いでおられたが、本職は東北大建築科卒の建築家なので、一九八〇年代からは建築イラストレーションに転じて『日本人はどのように建造物をつくってきたか』全十巻でサンケイ児童出版文化賞を受賞されている。本書は、明治の都市建築や風俗を言葉で再現するのにも、映像的細部を「具体的」に知りたいと思う私のような人間には待ってましたの類いの本である。

たとえば、明治二十四年に神田錦町に開業した貸しホールで、日本初のヴァイタスコープの上映会場となった神田錦輝館のイラストなどは写真で見るよりもはるかにイメージが明確になる。明治好きには必携の一冊である。

（『週刊文春』２０１１年3月10日号）

地震と歴史、江戸とパリ、大秀才ジェネレーション

×月×日

東日本大震災の起こった日、西麻布の事務所で原稿をメール送信したとたん激しい揺れがきた。前日、山崎正和さんから阪神・淡路大震災被災直後の惨状をうかがったばかりなので、本棚が倒壊して大変なことになるぞと覚悟したが、場所が高台のせいか、被害は軽微で済んだ。

一週間後、神保町のすずらん通りに出向いて、事務所に使っていた老朽ビル一階の古書店主に話を聞いたら、本が全部棚から落ちてきて大変だったという。神保町は昔の地名を「大池」といい、沼地に造られた街なので、地震には弱いのだ。旧事務所はビルの三階にあったから、あるいは本の下敷きになっていた

かもしれない。

速水融《はやみあきら》編『歴史のなかの江戸時代』（藤原書店　３６００円＋税）は三〇年前に出た対談・座談集に新たに四編と序章を加えた増補新版だが、トッドの人口学やアナール派の気象歴史学が一般的になった今でも非常に刺激的で新鮮。「古代（奴隷制）社会→封建（農奴制）社会→資本主義社会→社会主義社会」というマルクス主義史観全盛の七〇年代に、「江戸時代は封建社会である」という通説に疑問を感じた編者の速水氏が、数量的な歴史人口学的アプローチで独自の方法を開拓する一方、地理学、気象学、地質学、海外交流史、経済史、民俗学などの専門家の知恵を借りるべく対談・座談会を重ねていったその問題意識が時代にはるかに先んじていたからである。

震災直後とあってまず目が行ったのが「自然環境と生活」という座談会。地質学者の伊藤和明氏は江戸の地震で最大の宝永大地震についてこう述べる。「日本列島が経験した地震では最大級の規模のものと言われています。たぶん南海トラフに沿って、三つの地震がほぼ同時に起ったと考えていいようです。この地震で多くの家屋が全潰し、しかもまた大津波で大変な被害を出した。しかもこの大地震のひと月半のちには、富士山が噴火する、つまり宝永の噴火ですね。おそらくこの地震と噴火は関係あるんじゃないかと思います」。伊藤氏が出した結論はこうである。「日本列島というのは、天変地異を受けなければならないような宿命を負わされている。そのようなところに我々は先祖代々住みついてきたわけですけれども、これからも同じような災害はくり返すことは間違いない。そこで過去は未来を知るカギであるという視点で、やはり、自然と人文と両方から過去を読み取る必要があると思います」

福島原発も、遠く過去にまで溯り、文理両系の方法で地震や津波の規模を調べていれば「前例のない大災害」でメルトダウンということにはならなかったのではないだろうか？

もちろん、こうした「自然」系だけが新しい歴史学の横糸になるわけではない。もう一つ重要なのは人口などに現れる数字をどう読み取るかという社会心理学的視点である。たとえば、幕府開府時には数万だった江戸の人口が元禄の赤穂浪士討ち入りの頃には百万近くに増加した原因を下部構造的に説明するだけではいかにも物足りないのである。

「面白いことに当時の農村を調べてみますと、たくさんの人が江戸をはじめ都会へ出て行くわけですね。ところが都会へ出た人は、どちらかといえば若死にするわけです。〔中略〕農村に止まっているほうが長生きしている。だから都会へ出る連中はいってみれば命を賭けているわけですよ。経済学では、こういった移動を所得の違いに求めるのですが、どうもそれだけではなくて都会には自由があるから行くのじゃないか、そうなると一体、江戸時代の都会の自由っていうのは何なのかということになりますね」

私のような文学畑の人間は「さあ、いよいよ、《歴史資料としての文学》の出番だ」といいたくなるが、どうなのだろうか？

×月×日

近年、社会科学を制するのは人口学であるという思いを抱いているが、十九世紀から二十世紀に至るパリの歴史を人口学的観点から読み解こうとしたベルナール・マルシャン『**パリの肖像　19—20世紀**』（羽貝正美訳　日本経済評論社　6800円＋税）を繙くと、いっそうその印象を強くする。

マルシャンの問題設定は冒頭の一句によって明確に定義される。

「もし、19世紀のパリの歴史をただ一つの特質によって要約しなければならないとすれば、驚異的なスピードによる人口増加を挙げねばならないだろう。他のすべての事態は全く新しいこの現象に起因する」

すなわち、パリの困窮街区における過密な群居と悲惨、そこから生まれた数度の革命と体制の変革、それにオスマンのパリ改造など、なにもかもが1801年から50年のあいだに倍増したパリの人口がその原因となったのである。

では、こうした急激な人口増加はなにゆえに起こったのか？　鉄道等のインフラの整備ではない。鉄道敷設が進んだのは1850年以降だからである。

「なぜ彼らはパリへのぼったのか。両親、隣人、司祭らの道徳的な抑圧から遠く、そこに、自由があったからである。同様に権力と富があったからである」

すなわち、農村部の（とりわけ）若い人々はパリの魅力に憧れると同時に、農村に「いたくない」という反発から、仕事が見つかるあてもなしに続々と上京を開始したのだ。

本書の面白さはこの人口学的問題設定にある。そして、この観点から眺めると、中心地の人口密集地を一掃して、パリ原住民たる貧民を郊外に追いやったオスマンの大改造は成功どころか、次のような特殊な「郊外」を生み出した元凶とされ、現代の郊外問題へとつながる遠因として糾弾されることになる。

「郊外は（中略）貧困ではあるが都市生活に親しんだ庶民が押しやられた場所、けっして都市ではなく、それ以上に田園とも言えない場所であり、都市文化とは異なる特異な文化が、都市文化と隣合わせに、しかしそれに敵対するように形成されたのだった」

かくして、郊外に追いやられた貧民が自分たちの居場所を奪った地方出身のミドル・クラスに対して抱く敵対感情が世紀末の反ユダヤ主義の伏線となり、一方では、オスマン大改造の建設労働者として地方からやってきた新貧民が社会の不安定要因となる。

「パリ・コミューンにおいて主要な役割を演じているのが、オスマンの大事業によって引き寄せられた地方人である。蜂起の粉砕後、軍法会議に出頭した3万6309人のうち、セーヌ県生まれの者はその4分の1以下、8841人にすぎない」

人口こそがあらゆる社会問題を解く鍵なのである。

×月×日

現在、上田敏から大江健三郎に至る仏文系文学者たちの系譜をフランス文学研究者を含めて総括しようと目論んでいるが、思うにこれらフランス文学者の系譜の中で最も秀才の多かったのは昭和5年から昭和20年にかけて生まれた世代であり、団塊世代は私を含めて、学力的にはあきらかに落ちる。

ところで、いまこの大秀才ジェネレーションの人たちが次々に大学を定年退職し、フランス文学の黄金時代もまさに終わらんとしているが、さながら、その挽歌のように、プルースト、ベルクソンなどの新訳が相次いでいる。企画構成・恒川邦夫『ヴァレリー集成』(筑摩書房)もその一つ。第一巻たる**『テスト氏と〈物語〉』**(恒川邦夫編訳 6200円+税)は「テスト氏との一夜」を中心にして周辺テクストと文学的肖像を集めた巻だが、これがなかなか面白い。とくに、リュクサンブール公園の周辺で毎日のように出会ったヴェルレーヌとポワンカレとルコント・ド・リールを描いた「ヴェルレーヌの通った道」と「文学的回想」はポルトレの傑作である。

（『週刊文春』2011年4月14日号）

歴史は繰り返す。大災害も大恐慌も

×月×日

東日本大震災で大学の開講がずれ込んで連休なしで授業が行われようとしていた矢先に身内の不幸が。休講するわけにもいかず、無理やり授業と通夜・葬式をこなしたのが祟ったのか疲労困憊。書店に足を運ぶペースも落ちている。大震災以後、日本人のほとんどがそうなっているだろう。しかし、これでは本が余計に売れなくなると危惧したので、単独で書籍デフレ・スパイラル回避とばかりに東京堂書店に出掛けて二万円ほど買い込む。

中で最もアップ・トゥー・デイトなのが藤井聡『列島強靭化《きょうじんか》論　日本復活5カ年計画』（文春新書　760円＋税）。公共事業論を専門とする著者が三月二三日の参議院予算委員会の公聴会で公述した提案を骨子にして二週間でまとめた文字通りの「緊急出版」。

著者の主張は明快だ。まず東日本大震災によって、西日本大震災と首都直下型地震それに富士山大噴火の起こる確率が増し、日本全土がカタストロフィーに見舞われる恐れが強くなったにもかかわらず、日本のインフラはあまりに脆弱だという事実認識。おまけに、直接間接の被害と心理的な需要落ち込みで震災デフレが加速しようとしている。デフレ・スパイラルに陥ったら最後、復興さえおぼつかない。ゆえに、東日本復興と列島強靭化を一挙に推進すると同時に震災デフレを克服するには、思い切って財政出動し、強靭な（複線化された）流通・通信・交通・エネルギー供給網を築き上げるしかないが、それは景気刺激策としても有効である。財源としては震災デフレを助長しかねない増税はさけ、国債発行と日銀の買いオペを実施すべきである。国債発行が金利上昇を招き、インフレと財政破綻をもたらすというデノォルト論はクルーグマンのいう「流動性の罠」に日本がはまり込んでいる現状（「たとえ金利がゼロであっても、なお人々が投資をしょうとする額を超える貯金をするような状況」）にあってはナンセンスだ。要するに「せっかく政府が、困っている人を助けたいといっているんだから、まずは今まで通りの税金をしっかり払って、できる範囲でオカネを寄付して、できる範囲でオカネを貸してあげて、それでダメなら、日銀さんに、オカネを政府に貸してあげるようお願いしようじゃないか」ということなのだ。そして、財政出動でオカネが日本中に回ってデフレ・スパイラルが断ち切られれば、自動的に税収も回復し、国家債務も減少に向かうだろう。

基本的に賛成である。たしかに今できるのはこれしかない。遺伝学者ブライアン・サイクスが『アダムの呪い』（大野晶子訳　ヴィレッジブックス）で指摘していたが、生物がオス細胞（Y染色体）を造って単性生殖から両性生殖へと移行するという「面倒くさい」選択を行ったのは、単性生殖だとウィルスによって一瞬にして絶滅する危険があるためだったという。日本もインフラを複線化するという「面倒くさい」選択を行う以外には来るべきカタストロフィーから生き延びる道はないのである。

×月×日

二〇世紀においては、関東大震災とウォール街大暴落が歴史の分岐点になっていることがわかる。日本とドイツにおけるファシズムの登場と第二次大戦はその帰結にすぎなかった。この意味で、駐日大使時代に関東大震災を、駐米大使時代にウォール街大暴落を目の当たりにした詩人大使ポール・クローデルほど適任な二〇世紀の証言者はまたとあるまい。関東大震災については『孤独な帝国　日本の一九二〇年代ポール・クローデル外交書簡』(奈良道子訳　草思社)が被災の状況を存分に語っているが、その続編ともいうべき『**大恐慌のアメリカ　ポール・クローデル外交書簡　1927―1932**』(宇京頼三訳　法政大学出版局　3200円+税)が出た。一九二七年一月に日本を離れたクローデルはワシントンに着任するや精力的にアメリカ各地を視察し、史上空前の好景気に湧くアメリカを冷静な眼で分析した外交書簡を外務大臣宛に送りはじめる。

たとえば一九二八年五月三〇日の書簡。「数年前からアメリカが享受している驚くべき繁栄。かつて『豊かな』時代の連なりの節目となっていた宿命的衰退期の再来の予感。現在見られる、相対的ではあるが、ある程度の生産鈍化、失業者数の増加。これらが、(中略)これまで全てを勝利の行進で押し流していた繁栄の大波が今や、引きつつあり、後に漂流物が散在する砂浜が残るだけではないのか、と自問させているようです」。クローデルは大量生産とシェア競争がもたらす欠陥を「生産費は減るが、流通費が増えること」だと喝破し、競争は消費者の限られた財布を巡って展開するので、「この競争がますます拡がり、アメリカ精神がスポーツ試合のような熱狂的な激しさを見せるようになると、販売増はマージンの縮小と引き替えでなければ得られません」と分析する。つまり、アメリカの企業が虚栄心によるシェア拡大の競争にのめり込む一方、消費者が頼る月賦販売は「浪費を助長し、消費者に未来のために現在を、余剰のために必要を犠牲にすることを教える」。かくて、クローデルは次のように好景気に潜在する危機を総括することになる。「結局、アメリカの金融基盤は大きく変わりました。巨額の投資が彼らを孤立から引出し、全世界に連帯させるようにしたのです。国の産業や農業に運転資本として使われていた多くの貯蓄が今や、危機の時には譲渡が困難になる恐れのある有価証券に代替されています。ここで反対意見の検討はしませんが、アメリカで危機が起これば、その結果生じる株式売買がこの国に存在する投機的気質によって活発化し、全世界にとって破局になることは確実でしょう」。クローデルの予言はそれから一年半後に現実となる。一九二九年一一月六日の書簡はついに起こってしまった大破局を生々しく伝えている。「一〇月二四日、市場開始三〇分後、突然、相場が軟化しました。このいわば垂直の下落は、怯え、意気阻喪した投機家が国中から出した売り注文によって起こり、ウォール・ストリートに前例のないパニックを引き起こしたのです」。歴史は繰り返す。大災害も大恐慌も。

×月×日

日本の国家予算の多くは公共事業につぎ込まれてきたが、それでも人災害を防ぐことはできなかった。対するに、地震も津波もないフランスでは国家予算の一％を文化に投入する余裕があった。とくにアンドレ・マルロー文化相時代に国産映画を守るために映画製作に助成金が交付されて以来、フランス映画はハリウッドの大攻勢によく耐えてきた。たしかに国産映画の観客動員数は伸びているが、しかし、その数字は映画の内容の健全さを物語ってはいないのではないか？　この疑問から出発して、フランス映画産業の抱える構造的矛盾にまで踏み込んだ画期的フランス映画論が林瑞絵『**フランス映画どこへ行く　ヌーヴェル・ヴァーグから遠く離れて**』（花伝社　２０００円＋税）。構造的問題の第一は、国が仲介者となってテレビ局に映画への出資を行わせた結果、初めからテレビ放映に向いた内容空疎な大作が量産されるようになったこと。いわゆる「仏版プチ・ハリウッド映画」で、男はお笑いタレント、女はスーパーモデルという、どこかの国と良く似たスター・システムが出来上がり、これがシネコンの資金回収システムと連動して、栄光ある映画を「外で見るテレビ」にしてしまったのである。その一方で国立映画学校（FEMIS）出身の映画作家がヌーヴェル・ヴァーグの悪影響で自己中心的なミーイズムの映画を造り、ますます大衆から離反する。かくて二極分解は行くところまで行く。これがフランス映画衰退の原因なのである。能天気な映画大国フランス礼讃に一石を投じる意欲作。

（『週刊文春』２０１１年6月2日号）

ドストエフスキー解釈はこれで決まり

×月×日

「ドーダの文学史」と題して、明治以降の文学者のドーダ（自己認知願望）の本質を抉《えぐ》ると謳ったエッセイを連載してすでに四十回。森鷗外の巻を終わり、いよいよ「超ドーダ人間」の真打ち小林秀雄登場とあいなり、全集を片端から読んでいるが、これまで理解不能だった小林の文章がドーダ理論の光を当てると解読格子を嵌めた暗号文のようにスラスラと理解できるようになった。我ながら驚きである。ようするに小林秀雄というのはいわれなきコンプレックスと夜郎自大の自己愛の塊で、その言説は「ドーダ、おれは頭いいだろ、まいったか」という「情報」を伝達しているにすぎないのである。では、小林が錦の御旗としたランボーとドストエフスキーのドーダはどうだったのかと考えたものの、ランボーはまだしもドストエフスキーの再検討はしんどいなと感じていたら、小林批判の拙文を一読されたロシア文学者の中村健之介氏から共感のお手紙と一緒に著書が贈られてきた。中に『ドストエフスキー人物事典』（講談社学術文庫 1600円+税 → 講談社 二〇一一年 Kindle版）があったのでこれ幸いと読み始める。

ふーむ、これは凄い本だ。私の紋切り型のドストエフスキー解釈を打ち砕くと同時に、我が「ドーダ理論」の最高の味方となってくれそうな気配がする。

著者曰く。小林秀雄を含むこれまでのドストエフスキー論と研究はすべて「ドストエフスキー・カルト（崇拝）」に等しく、崇拝という歪んだレンズで見た幻影を押し付けてきただけで、ドストエフスキーという作家の本質を逸している。では、どうやれば、本質を捉えられるかというと、傑作と駄作、初期短編と後期長編の区別を切り離さずに、偏見を捨てて全体を見渡すしかない。作家は有機的存在であり、「無名の作品が有名な作品を支えていたり、末端が中心と繋《つな》がっていたり、また掌編《しょうへん》が或る点では大作と同価である、ということがわかってくる」。その通り！ バルザックがまさにそうだが、作家の偏執的関心と本質は初期の習作や意味不明の珍作の中にこそむしろ顕現するのである。

では、そうした顧みられることのないドストエフスキーの作品にあらわれる典型人物とはいかなるタイプなのか？『貧しい人たち』や『分身』『女あるじ』『かよわい心』『ステパンチコヴォ村とその住人たち』などに登場する冴えない小役人や無職の若者である。いずれも特徴のない外見にもかかわらず内部にはある種のデーモンを抱えている。劣等意識・被害者意識とセットになった誇大妄想と自己認知願望に心を悩まし、強烈な幸福願望がある反面、夢想が現実化することへの怯えを持つ。想像にならば没頭できるのだが、他人とのかかわりの中で事を処理していくことは苦手。つまり、現代のオタク、ひきこもりの元祖なのである。「人間とはおのれを発揮しないではいられない生きもの、自分の内の何か見栄えのするものを外に現わして人に認めてもらいたいという深い自然な欲求を抱《いだ》いた生きものなのだ。これこそが、ドストエフスキーの生涯変わらなかった人間観である」。つまり、ドストエフスキーの描く人間の本質とはドーダそのものなのであるが、それは、ほかでもない、ドストエフスキーその人が劣等感・猜疑心、際限のない自我肥大と自己認知欲動に苦しみながら、一方でピュアーなものへの強烈な殉教願望を持つウルトラ現代人であったからなのだ。「ドストエフスキーは若いころから、このフォマーの類《たぐい》の嗤《わら》うべき哀れな人間をくりかえし書いてきた。『どうしようもない弱虫、愚図であるのに、際限のない自尊心をかかえて』もだえ苦しんでいる『奇妙な代物』こそ、ドストエフスキーが最も強く興味をひかれ飽かず観察を続けてきた人間の類型である」。こうした人間への興味はシベリアでの監獄体験を経た後も変わらなかったどころか、実例による検証を経てより強固なものになってゆく。それもそのはず「奇妙な代物」こそはドストエフスキー自身に巣くう怪物であったからなのだ。この「奇妙な代物」がドストエフスキーの小説を非常に特異なものにしていると著者は考える。「ドストエフスキーの文学がこれまでずっと何か巨大な奥深い森のような印象を与えてきて、読者や研究者の解釈がいつも闇夜《やみよ》のつぶての感を残してきたのは、特別深い理由があったわけではなく、要するにドストエフスキーが自分の都合で小説を作る作家、小説内の事実だけではなく自分の生の全体が小説制作においても大事な問題であって、小説外の事実と小説内の事実が厳密に区別されていない作家、フィクションの完璧さを重視しない作家、いわば不完全な物語作者であったことによると言えるだろう」

ドストエフスキー解釈はこれで決まりという感じである。ドストエフスキー・カルトを免れた世界にも類を見ない全小説作品批評事典。

×月×日

私は事典と名のつくものには目のない方で、金に余裕があったら一室丸ごと事典ばかりを集めたレファランス・ルームを作りたいと願っている。ネット検索が普及した今日でもネットに載らない事典的情報はいくらでもあるからだ。

とりわけ、人物事典と作品事典はどんな時代のどんな国のものでも手元に置きたいと思う。これは翻訳家時代が長かったからなのかもしれない。

この意味で、なんとも有り難いと思ったのはオディール・デュスッド、伊藤洋監修、エイコス：17世紀フランス演劇研究会編『**フランス17世紀演劇事典**』（中央公論新社　７５００円＋税）。理由はフランス演劇の黄金時代だった17世紀の劇作家がコルネーユ、ラシーヌ、モリエールのいわゆる三大劇作家だけでなく、かなりのマイナー系まで拾われていること。第一部「劇作家」は伝記で、第二部「劇作品」は作品の詳細な粗筋。とくに素晴らしいのは後者である。というのも劇作家の伝記というのはネット検索がある程度可能だが、劇作品の内容と評価に関してはこれが困難だからである。

一例をあげよう。パリのオデオン座前の広場から放射状に出ている通りにはフランスの代表的な劇作家の名前がついているが、その中の一本にロトルー通りというのがある。これは19世紀のオスマン改造までモリエール通りと呼ばれた通りだが、大改造のさいにフランスを代表するモリエールにはもっとふさわしい通りをあてようという議論が起こってロトルーという17世紀前半の劇作家を持ってくることになったのである。

私はこの経緯を書く必要が生まれたのでロトルーという劇作家について調べたのだが、簡単な略歴はあるものの、作品の内容となると唯一の頼りであるラフォン＝ボンピアーニの『作品事典』では十三作品に対して簡単な記述があるだけ。これに対して、本書ではロトルーは『憂鬱症患者　あるいは恋する死者』から始まって実に三十五作品の詳しい梗概と解説が掲げられている。いまでは完全に忘れられて、通りの名前にしか残っていないロトルーに三十五作品を割いているのである！

これ一つを以てしてもこの事典が他の事典をそのまま写したいいかげんなものでないことがわかるだろう。伊藤洋氏の「序」によれば、氏の組織した大学横断的な「17世紀フランス演劇研究会」がこの世紀の無名の作家の作品を初版本やマイクロフィルムで読んでいくことにしたとき、「ただ読み飛ばしただけではもったいない、読んだものを後学の人のためにも残しておこうという趣旨で」、梗概集を同会の研究同人誌「エイコス」の巻末に載せることにしたが、それがこの事典のそもそもの起源になったのだ。

素晴らしいのはそれだけではない。フランス演劇、とくに17世紀演劇に詳しくない門外漢のために設けられた第三部「事項」および随所に挿入された「コラム」は本書を「読む事典」にもしている。良い意味での労作という名にふさわしい一冊である。

（『週刊文春』２０１１年７月７日号）

フランス競馬のまばゆさ、ライシテの道徳

×月×日

パリで大量に買い込んだ古書のクレジット支払い通知書が届くときには、さすがの私でも「こんな苦しい思いをするくらいなら、いっそパリになんか行かなければよかった」と後悔する。だが支払い日の十日を過ぎると、喉元過ぎればの伝で、またぞろ「九月にもう一度行きたいものだ」などと考え出す。そんなときに決まって頭に浮かぶのはロンシャン競馬場で過ごした閑雅な一日のこと。日本ではめったに馬券も買わないし、競馬場にも足を運ばない私だが、パリにいるとヘミングウェイの『移動祝祭日』ではないが、晴れた日曜、窓から青空がのぞけばロンシャンやオートゥーユに行きたくなるのである。

大串久美子『**華麗なるフランス競馬　ロンシャン競馬栄光の日**』（駿河台出版社　2300円＋税）は表題通り、フランス競馬の華麗な世界とその内幕を描きつつ、十八世紀のフランス競馬黎明期から第三共和政までを扱った興味深いモノグラフィー。

「フランスではじめて競馬というものを見た。競馬場には、子供たちの笑い声が響き、芝の上でピクニックをする家族がいて、盛装した男女が行きかい、キャンバスに向かう絵描きがいた。『優雅』という一言に尽きる印象。いったいこのまばゆい世界はなんなのだろう」

この素朴な疑問から出発した著者は、フランス競馬は今も昔もプリンスたちの世界だったという事実を知る。マリー・アントワネットの時代にはアルトワ伯（後のシャルル十世）とシャルトル公（後の平等公フィリップ）が、そして現代はアラブのプリンスたちが馬主として競馬界に君臨しているのだ。

とはいえ、フランスが競馬の面白さに目覚めたのはイギリスに比べるとかなり遅い。イギリスはリチャード獅子心王の時代からアラブ種と在来種を掛け合わせ、成果判断のために競馬をさせていたが、陸軍国のフランスでは良馬の概念が違い、速さよりも耐久性が求められたから、競馬という発想が生まれなかったのだ。げんにルイ十四世の時代にモロッコ国王より贈呈されたバルブ馬は貧弱と見なされ、イギリス人に売却されたし、チュニスの太守からルイ十五世に贈られた八頭のアラブ馬は荷車引きに売り払われた。これがイギリス人の目利きに身受けされ、サラブレッドの三大始祖のうちの一頭ゴドルフィンアラビアンとなるのである。

しかし、ルイ十六世の治世になると、アングロマニアのアルトワ伯やシャルトル公が競馬に熱中。「アルトワ伯もシャルトル公も、良馬の入手に奔走し、それぞれイギリスに遣いの者を送り込んだ」。かくて、春はサブロンで、秋はフォンテーヌブローで競馬が開催され、賭け事好きのマリー・アントワネットを巻き込んで王室は興奮の渦に。

こうしたプリンスたちのドーダ競争としての競馬は大革命でご破算に帰したが、ナポレオンの良馬奨励策で復活し、アラブ馬とサラブレッドを掛け合わせたアングロ・アラブというフランス純血種が誕生する。王政復古と七月王政では、フランス生まれ・フランス育ちのイギリス貴族セイムール卿（英語読みならシーモア卿）がフランス産サラブレッドの育成に励むかたわら、かの有名なジョッキークラブを立ち上げ、一大競馬ブームを引き起こす。

第二帝政では、賭博狂のプリンス・モルニー公（ナポレオン三世の種違いの弟）がオスマンのパリ改造計画にロンシャン競馬場を組み込んで大成功を収めた後、リゾート地ドーヴィルの開発に乗り出し、競馬場を建設する。

「ドーヴィルは、沼地の中から彼が息吹を与えて生じさせた、『モルニーの』街なのだ」

かくて、モルニーのおかげで、フランスは一大競馬大国へと発展していく。まさに、ロンシャンや、プリンスたちの夢の跡、である。

×月×日

ある雑誌で、柄にもなく『新道徳論』と題した連載をやっている〔『幸福の条件』潮出版社〕。なぜ、私のような人一倍エゴイストな人間が道徳などと言い出したかといえば、神なき社会において「万人の万人に対する戦い」が起きないようにするには、どうしても道徳の問題について避けては通れないと思ったからだ。この点で、おおいに参考になるのが、教育や官僚組織という公的機関から一切の宗教を排除するライシテ（脱宗教性）の原則を一八八二年に確立して以来、ずっと宗教抜きの道徳でやってきたフランス共和国である。例のイスラム・スカーフもこの原則にしたがって禁止されたことはだれでも知っているが、しかし、ライシテの原則がどのような歴史的背景から生まれ、後の社会にどんな影響を及ぼしたかという点に関しては意外に知られていない。

この意味で非常に参考になるのが伊達聖伸『**ライシテ、道徳、宗教学　もうひとつの19世紀フランス宗教史**』（勁草書房　6000円＋税）。

著者の問題設定は次のようなものである。フランスは大革命から一世紀をかけてカトリック権力と戦い、ライシテ原則の共和国体制をつくりあげたが、そのさい武器の一つとなったのは宗教を科学的に研究する宗教学であった。ところで、原初的宗教学は、サン・シモンやコントの場合にあきらかなように、最終的には、新しい時代の「ライシテの宗教」を視野に入れていた。

「だが、一九世紀後半の宗教研究は、そのようなことをやめた。なぜ、いかにして、このような変化が起こったのか」

この問題設定に対し、著者は、それは、ライシテの道徳そのものがある種の宗教性を帯びるようになったからではないかと仮説し、ライシテの道徳を宗教学的に分析する道を選んだのである。

こうして、ユゴー、ミシュレのロマン派世代から始まって、ライシテの原則確立に与《あず》かって力あったコント、ルナンの宗教学、そこから進んでジュール・フェリーやビュイッソンなどの政治家の思想、そして最後に道徳と宗教の問題を徹底的に考えたデュルケムとベルクソンが再検討されるが、この系譜の中で著者が高く評価しているのが、歴史を神学的段階、形而上学的段階、実証的段階と三つに分けたコント。というのも、コントの次のような考え方には著者の問題設定を解く鍵があるからだ。

「実証的精神は、長いあいだ神学的・形而上学的精神のなかで育まれ、そこから抜け出てきたものなのだ。だからそれは、宗教的精神と無縁のものであるどころか、宗教的精神を完成する最終形態なのだ。(中略)このような視点に立てば、人間の精神史全体が『宗教的』だと言えることになるだろう。宗教史は、いわゆる神学的・形而上学的精神の状態を記述するだけでなく、実証的精神の時代をも包み込んでいるのである」

ここからコントは新たな社会にも宗教が必要だとして「人類教」という宗教の確立を主張するようになるのだが、この考え方を批判的に継承したのがデュルケム。デュルケムはジュール・フェリーらのライシテの道徳の不充分性を突き、ライシテの道徳もまた「宗教的オーラ」を持つべきだとした。

「デュルケムはこのように、ライシテの道徳はたんなる『除去』の手続きによっては機能不全に陥ると指摘する。必要なのは、かくも長いあいだ道徳の機能を助けてきた宗教的なものを『合理的』に見出し、道徳的なものと宗教的なものを総体的に組み替えるような『再編』の手続きである」

著者はまた、デュルケムは「研究対象（ライシテの道徳）と研究の枠組み（宗教社会学）の双方に『宗教的なもの』を知覚していた」と指摘しているが、これは著者の地歩に最も近いものだろう。

たしかに、ライシテの道徳の宗教性こそは、オタクや引きこもり、あるいは自己チューのドーダ人間だらけになって、道徳を引き受けるまともな人間がいなくなった二十一世紀の先進国が直面している最も喫緊な問題なのである。

（『週刊文春』2011年8月25日号）

アラブ、革命と女子学生の肉感

×月×日

私が「世界の独裁者」のアイコンを収集しているのを知っている辺境旅行マニアの編集者S君がリビアのお土産としてカダフィ大佐の肖像入り腕時計を届けてくれたのが今年の正月明け。その後、チュニジアに端を発したアラブ革命はまたたくまにエジプト、リビア、シリアに飛び火し、ついに鉄壁の独裁体制と思われたカダフィ政権も崩壊して、私のカダフィ腕時計は、思いもしないレアーものとなった。

ところで、このアラブ革命は歴史人口学・家族人類学者のエマニュエル・トッドがユセフ・クルバージュと共著で出した『文明の接近 「イスラーム vs 西洋」の虚構』（藤原書店）で見事に予言されていた。すなわち、ハンチントンの『文明の衝突』のようにイスラームの異質性を強調する言説は誤りであり、イスラーム世界でも識字率が上がり、出生率が下がれば、必ずや西欧世界で起こったのと同じ近代化と民主化が起こるであろうと断言していたのである。しかし、フランス本国ではトッドはさほど読まれていないのか、ジャーナリストは革命勢力の背後にイスラム原理主義を嗅ぎ取ろうと努めたようだが、そんな状況の中、トッドの著作を初めて読んで驚愕し、「歓喜にむせんだ」ウェブ・テレビの取材班がインタビューを試みた結果生まれたのがエマニュエル・トッド**『アラブ革命はなぜ起きたか　デモグラフィーとデモクラシー』**（石崎晴己訳・解説　藤原書店　2000円＋税）。トッド・モデルに親しんでいる人にとってはお馴染みの議論（第一段階《男子識字率の上昇》→第二段階《革命・暴動・クーデター、独裁などの暴力的変革を伴う移行期危機》→第三段階《女子識字率の上昇》→第四段階《出生率の低下》→最終段階《民主主義の定着》）が繰り返されているだけだが、初めての人には格好のトッド学入門書となるだろう。

「出生率をコントロールする社会とは、男と女の関係が変容した社会です。そしてこの出生率低下は、若者が読み書きを覚えた社会に起こります。そこで、息子は文字が読めるけれど父親は読めない、そういう瞬間がやって来ます。それは権威関係の破綻を引き起こします。しかも家族の中だけでなく、暗に社会全体のレベルでそうなるのです。もちろん、父系で、女性の立場が男性に比べて極めて低いアラブ社会の場合には、それ［出生率］は決定的に重要な変数です。それはこの世界が動いていることを意味するのですから」

このように、トッド理論では識字率と出生率をパラメータとする歴史軸は普遍的だが、移行期危機から出生率の低下にいたるプロセスはそれぞれの国や文明が置かれている人類学的基底（家族型）によって異なるという。この人類学的基底というのはなかなか複雑だが、本書ではこれが訳者によって「トッド人類学入門」として非常に分かりやすく解説されているので、トッド入門者には最適である。やはり、二一世紀の世界を読み解くにはトッド理論以外にはないようである。

×月×日

トッド理論の凄いところは、識字率が上がり、出生率が下がれば、家族類型による差異はあれども、経済的要因とは関係なく、近代化と民主化は歴史的必然となるとしたところだが、その分析はあくまでマクロに止まり、ミクロ・レベルでは一つのパラメータがどのような具体的な変化をもたらしているかを知ることはできない。この点で、非常に参考になるのが、パリ政治学院（シャンス・ポ）の中東政治教授ジル・ケペル『**中東戦記　ポスト9・11時代への政治的ガイド**』（池内恵訳・解説　講談社選書メチエ　1600円＋税）。ケペルはジャーナリスティックな感覚が鋭く、9・11前後にエジプト・レバント・ペルシャ湾岸・イスラエル・パレスチナを巡って街の空気を生き生きとつたえている。なかでも、トッド理論との関連で注目に値するのが、中東の大都市の女子学生の描写。「カイロ、ダマスカス、ベイルート。いずれの都市でも、大学のキャンパスに、むせ返るばかりの肉感性が漲《みなぎ》る。ヴェール姿さえもが、もっとも低劣な妄想の中に印象づけられてしまう。（中略）ヴェールをしていようが、『裸で』（イスラーム主義過激派の大げさな表現によれば）いようが、互いに互いを目立たせ、浮き立たせ、引き立て合いながら、一歩でも出し抜こうと競い合っているのだ」。比較的庶民的な階層の多いカイロのアイン・シャムス大学文学部では、ヴェールもかぶらずそれまでイスラーム原理主義などに無関心だった女子学生がアル・ジャジーラで放映されたビン・

ラーディンの映像に虜になり、アラブの恥辱を晴らしてくれたのは彼だけだと呟くが、ケペルは次のようなコメントを挟むのを忘れない。「この若い女性のジーンズに身を包んだ外見からは、ビン・ラーディンを生み出した極端なイスラーム主義の厳格な規則に従っている様子は露ほども感じられなかった」。同じ女子学生はケペルが一カ月後のカブール陥落後にカイロを再訪したときにも登場する。「今やビン・ラーディン支持派は総崩れだった。ビン・ラーディンを礼賛していた、デニム・ジーンズで固めた軽い女子学生も、態度を一変させていた」。アメリカニズムの浸透はペルシャ湾岸の産油国ではより露骨になる。婚前の男女隔離が徹底され、若い女性は黒装束でヒジャーブを被るのを奨励されてはいるが「それでも布越しに最新の携帯電話に強く耳を押し付ける。呼び出し音には、テクノやジャズや洋式のオリエンタルな音楽を設定する」。アメリカン・スタイルのショッピング・モールのカフェは男女別だが「どうやらコトはミュージック・ストアで起こっているようだ。少年少女の集団が忙しくCDを掘り返しているように見える。けれども実際には、この連中はお互いを見ているのだ。目が合って脈がありそうだと、少女は少年の携帯番号をもらう。CDの間に挟んでやり取りするのだ」。

ことはパレスチナでも変わりない。ヨルダン川西岸のビールゼイト大学の様相はわれわれ日本人の紋切り型のパレスチナ・イメージを完全に裏切る。「『ビールゼイト大学は様変わりした』と若い教員が嘆く。『われわれが学生の頃は、全員が過激派だった。今、学生は関心がない。勉強して、職を得たい。政治は終わった。学生は政治を全く信じていない』。キャンパスでは顎髯を生やした男子学生やヴェールを被った女子学生は少数派だ。女子学生の一部は濃い化粧をしている。一人はきわどい砂色のオーバーオールを同色のスカーフと合わせていた」

こうした印象は全共闘運動の挫折後、女子大に職を得て「世界の本質は若い男性にはなくて女性の中にある」と確信した私の記憶と見事に重なる。トッドの言うとおり、女子の高学歴化と出生率の低下こそが平和と民主主義（ただしカッコつきではある）をもたらすのである。中東和平のためにアメリカは軍隊を派遣する必要はない。なにもしなければいいのである。

×月×日

丸谷才一『**樹液そして果実**』（集英社　1714円＋税）は、著者の終生のテーマであるジョイス、『源氏物語』、『新古今集』、後鳥羽院、折口信夫などの長目のエッセイを集めた、ある意味、丸谷解釈学批評の集大成のような贅沢極まりない本だが、これを読んで私がなぜ丸谷才一に共感するところ大なのかがわかった気がした。それは、丸谷批評が父権的ではなく母権的、その本質がファザーシップよりもマザーシップを重んじる点にある。それは「むらさきの色こき時」というバハオーフェンの『母権論』から『源氏物語』を論じたエッセイに明らかである。批評もまた男性原理から女性原理へ軸を移したとき、初めて高度に洗練されてくるのではなかろうか？

（『週刊文春』２０１１年9月29日号）

漢文とフェルメール、目の覚めるような二つの仮説

×月×日

また引っ越しをした。三年間で三度目、しかも三、四万冊の本を抱えてである。我ながら「何をかいわんや」の心境だが、増え続ける本と戦うには「より広く、より安い」ところへ引っ越すしかないというのが結論だからしかたがない。

それはさておき、引っ越しをして書棚の整理をするたびに思うのは文庫と新書は偉大な発明であるということだ。そこに詰められている情報量・思想量・感情量を書棚専有面積と比較したら、こんなに割安なものはないと思えてくる。とりわけ、その感を強くするのが専門外の新書を読んだ時。

金文京『**漢文と東アジア　訓読の文化圏**』（岩波新書　800円＋税）は久々に「これはお得」と感心した新書である。日本独特のものと思われている漢文の訓読は、じつは、日本語・朝鮮語・ウイグル語・満州語・モンゴル語などの膠着語文化圏でも観察される。著者はこの点に注目して、漢字文化圏の国それぞれが漢文の訓読を介してどのようにして文化を形成していったかを見ようとする。

一般に、漢字を自国特有の単語の発音に置き換えて読む訓読が可能なのは漢字が表意文字で発音と直結していないからである。では、そもそも「訓」とは何かといえば儒教や仏教などの経典を教えるための注釈、すなわち訓詁学を意味する。日本人が漢字の日本語読みを「訓」と呼んだのは、この作業そのものが日本語という外国語による一種の注釈であると考えたからである。

しからば、なにゆえに隋や唐の時代に中国において訓詁学が発達したかといえば、儒教古典の現代語訳もさることながら、むしろ仏典の中国語訳が原因であった。すなわち、梵語（サンスクリット）で書かれた仏典を漢訳する場合、しばしば梵語ではこう言うが中国語ではこういう意味であると注釈を施す。前者は「梵云」で、後者は「此云」。「此云」とは「ここ中国では〜と云う」の意味。このうち、意外に重要なのは「梵云」で、これは梵語の発音を表音的に漢字で表すことだが、それには一定の規則性があった。また、「此云」では語順を転倒させたり順序を整えたりする必要があるため、顚倒記号や順序数字が生まれた。

著者は、こうした梵語→中国語の翻訳の過程を日本人留学生が学ぶことが中国語→日本語の翻訳、つまり漢文訓読のヒントになったのではないかという仮説を立てる。

「日本に漢字文献が本格的にもたらされた飛鳥、奈良時代は仏教の時代であり、中国伝来の文献の主流は仏典であった。その仏典を読んだ当時の日本人とりわけ僧侶たちは、このような梵語から中国語への翻訳の実態を当然知っていたであろう。そしてこれを逆に応用すれば、中国語から日本語へという発想がそこから出てくるわけである。漢文を日本語で読むという訓読の方法は、寺院での仏典の解釈からはじまったものであるが、その直接の起源はおそらく仏典における梵語から中国語への翻訳にあったであろう」

目の覚めるような、素晴らしい仮説である。なるほど、こう解釈すれば、万葉仮名や訓読記号の誕生も理解しやすくなる。

ところで、日本語で起こったことは、同じような膠着語である朝鮮語でも起こったはずである。現に、新羅には日本よりも早く仏典が伝わり、新羅仏教が盛んになっていたが、その中からは梵語の漢訳を直接手掛けた慧超という留学生が現れた。そこから次のような第二の仮説が生まれる。「漢文訓読の起源は、仏教の梵語経典の漢訳にあると述べたが、（中略）右に述べたインド求法僧や訳経僧の存在により、新羅は日本より早く、かつ格段に詳しくインドの言語事情や仏典漢訳の実情を知り得たであろう。漢文訓読が新羅ではじまったと考えられる最大の状況証拠は、この点にある」

これだけでも十分に刺激的であるが、著者はさらに漢文が近世以後はアクチュアルな中国語とは隔たりのある化石語となったことが逆に中国の周辺に様々な漢文文化圏を成立させたのではないかという第三の仮説を立てる。「漢文は実際の中国語の変化に関係なく、時空を超越した約束事によって書かれるものであった。だからこそ東アジアの共通言語となりえたのである」

とはいえ、中国周辺国による漢文はその言語特有の癖などが影響した変体漢文となるケースが少なくなかった。そのレベルはさまざまで①漢文の規則の未習熟による破格、②母国語の語法や語彙の影響（例・日本語臭い漢文としての和習・和臭）、③自国語語法による変形を意識的に使うもの（例・擬漢文）、④漢字を表音的に用いて自国語を表記したもの（例・万葉仮名）などの段階があるが、中でもユニークなのは、日本の中世から近代にかけて使われた一種の変体漢文である候文。というのも、この候文から候を抜いて福澤諭吉が作った通俗文が今度は韓国語（朝鮮語）や中国語にも影響を及ぼすことになったからである。「明治の文体に端を発する今日の日本、中国、朝鮮半島それぞれの文体は、多くの相違点を含みつつ、互いに外国語でありながら、なお東アジアが共有する一種の変体漢文としての性格を強くもっていると言える。そしてその背後には、当然ながら、中国、朝鮮半島、そして日本における規範的漢文と変体漢文の長い伝統があったのである」

訓読という名の漢文翻訳こそが文化を創ったという翻訳文化論の傑作である。

×月×日

新書といえば、近年最大の収穫は福岡伸一の『生物と無生物のあいだ』（講談社現代新書）で、サントリー学芸賞と中央公論新書大賞にも輝いたが、その福岡伸一が世界中の美術館に点在するフェルメールの絵を鑑賞して歩いた『**フェルメール　光の王国**』（木楽舎　２２００円＋税）は、私が長いあいだ感じていた近代絵画の本質について的確な指摘をしてくれる。著者曰く、フェルメールの本質とは微分にあると。微分とは動いているものや移ろい行く時間をその一瞬だけ止めてみたいという衝動であり、フェルメールはその微分感覚によって「凍結された時間ではなく、それがふたたび動き出そうとする、その効果」を狙ったのだ。

そして、その思いはガリレオやカッシーニ、ライプニッツ、ニュートンなど同時代の先鋭的な頭脳に共通した願いだった。「物体の運動を一瞬とどめ、そこに至った時間と、そこから始まる時間を記述する方法はないか。まさにそのようにして数学における微分法は生まれた」。フェルメールは彼らが数学や力学で発見した微分法を絵画において発見したのだ。「この世界にあって、そこに至る時間と、そこから始まる時間を、その瞬間にとどめること。フェルメールは絵画として微分法を発見したのである。科学と芸術はまったく不可分だった」

では、フェルメールは絵画においてその微分法をどのようにして表現したのか？　それは光を極小の単位、すなわち粒子において見つめ、定着すること、いわば光をスーパー顕微鏡でのぞいて把握することだった。フェルメールはアインシュタインの三百年前に光が粒子であることを認識していたのである。

しからば、だれがそのヒントを与えたのか？　同じ年に同じデルフトで生まれた顕微鏡の発明者レーウェンフックではなかったのか、そして、そのレーウェンフックがフェルメールの『地理学者』と『天文学者』のモデルとなったのではないか、さらにはレーウェンフックの顕微鏡図の一部はフェルメールが描いたのではないか？

これが著者の提起した仮説であるが、私には非常に妥当性があるように感じられる。

一七世紀のデルフトに生まれ、暮らした二人の天才が科学と美術の近代を用意したかもしれないのである。

（『週刊文春』２０１１年11月3日号）

昔の東京、レヴュー劇場、どりこの

×月×日

近年、地球温暖化の影響か十一月も下旬にならないと紅葉しないと思っていたら、十二月に入ったとたん急に寒くなった。湿気を含んだジットリとした寒さだ。朝、街に出て冷たく湿った空気を肺に吸い込んだらパリの冬を思い出した。東京で感じるパリ。感覚の記憶ばかりでなく、書物から得た記憶も重なって妙にプルースト的な気分になった。

吉田健一『**東京の昔**』（ちくま学芸文庫　９５０円＋税）はプルーストに触発されて、感覚の記憶という言葉にならないものを言葉にしようとした不思議な小説である。「戦前だとか戦後だとか言うようなことになるとは誰も夢にも思っていなかった時代」の本郷信楽町で高等遊民を決め込んでいる「私」はおしま婆さんの営む下宿で湯豆腐を二人で突っついたり、あるいは近所のおでん屋で自転車屋の勘さんと意気投合し、神楽坂で一晩飲み明かしたりする。帝大仏文科の大学生・古木君と知り合って一緒に銀座に出掛けて紀伊國屋（銀座に紀伊國屋があったのだ！）でフランス語の本をのぞいた後、三原橋の喫茶店で文学談義に花を咲かせることもある。こうして日々を過ごすうちに一年が終わり、次の春が巡ってくる。ただそれだけの話だが、これがなんとも言えずに快く、面白いのである。もしかすると、プルースト的な記憶というものを描くのに成功した唯一の日本の小説ではないかとさえ思えてくる。たとえば、勘さんと神楽坂のバーで飲んでまだ飲み足らず待合で徹夜で飲んで朝帰りする円タクの中での思い出。「序《つい》でに書いて置くとその車の中は寒かった。（中略）併しそれでこういう朝帰りの車の中での寒さが冬の朝の気分を助けたということもある。それは雀の鳴き声や地面に降りている霜と同じでそうした外から締め出されていない車の中にも朝があった。従ってそれはそのまま熱い番茶だとか味噌汁だとかトーストだとかに繋った。又これを更に延長すればおでんに焼き芋に火鉢に起った炭火があり、この寒さがあって当時の洋館の温水暖房も炉に燃え盛る薪の火もそれはそれなりに冬を感じさせた」。昔の東京を事実でなく感覚で蘇らせた傑作である。

×月×日

齢を重ねたせいか、映画やテレビで親しんでいた昔の俳優や芸人たちの名前が顔や声とともに突然蘇り、しばらくは楽しい気分に浸ることがある。藤原釜足、左卜全、有島一郎、益田喜頓、由利徹、市村俊幸（ブーちゃん）、望月優子、武智豊子、三崎千恵子、楠トシエ、それに別格として森繁久彌。とにかく、みんな一度見たら忘れられない顔と声の名優たちだったが、実はここに列挙した名前には一つの共通項があった。戦前・戦後に一世を風靡したレヴュー劇場・ムーラン・ルージュ新宿座の在籍者であるということだ。以前、これに興味を持ち調べてみたことがあったが基本資料がないので断念した。それがようやく決定版と呼べるような研究書が現れた。中野正昭『ムーラン・ルージュ新宿座　軽演劇の昭和小史』（森話社　3500円＋税　→　森話社　二〇一一年　Kindle版）がそれである。

ムーラン・ルージュがあったのは今日ポルノ映画館「新宿国際劇場」がある場所。開場は昭和六年。劇場主は御殿場生まれの佐々木千里（本名・勝間田兵吉）。佐々木は軍楽隊養成の陸軍戸山学校に学んで音楽と演劇に熱中し、演劇記者から浅草オペラの歌手に転じ、外山千里の芸名で曾我廼家五九郎一座でも人気を集めた。この外山に一目惚れしたのが浅草の有名なカフェー「広養軒」の看板娘お絹で、外山はめでたく婿養子に迎えられ、佐々木姓を名乗るようになる。しかしスペクタクルへの情熱は癒しがたく、衰退著しい震災後の浅草に見切りをつけ、レヴュー劇場の経営に手を染めようと虎視眈々と狙っていた。昭和五、六年のことである。「浅草オペラのように適度に知的で洒落ている、インテリ向きのレヴュー・ショウはできないだろうか。幸いにして佐々木には、浅草オペラから曾我廼家五九郎一座、プペ・ダンサントを経て築いた広範な人脈があった。広養軒には有名作家の常連も多い。作品提供や宣伝に彼らの協力を得ることもできるだろう。（中略）佐々木千里が、個人資本でレヴュー劇場を開場するという無謀に挑戦する根拠は揃っていた」

佐々木が狙ったのは新開地・新宿だった。昔、馬糞新宿と呼ばれたこの新しい盛り場は、関東大震災後、デパート進出で大躍進を遂げていたが、その原動力となったのは西部近郊に居を構えた都市新中間層であった。佐々木のムーラン・ルージュはこの新中間層を相手に勝負に打って出たのである。佐々木の賭けは当たり、ムーラン・ルージュはスターを輩出したが、個人経営で金がないので人気者は次々に大劇場や映画に引き抜かれていった。「だからムーラン・ルージュは『スター養成所』『引き抜かれ劇団』と呼ばれたりもしたが、他劇団にどれだけ引き抜かれようとも、劇場主の佐々木は次から次へと新しいスターを生みだした」

こうした都市中間層の劇場という特色を最もよく体現していたのが太宰治の親友で後にラジオやテレビのホーム・ドラマのスター脚本家となった伊馬鵜平（春部）である。伊馬は国学院で折口信夫の薫陶を受けた歌人だったが、同じ町内の杉並天沼に住む井伏鱒二の推輓でムーラン・ルージュ文芸部に入るや、人ケッチ的小市民喜劇でたちまちのうちに頭角を現し、劇団の性格を決定づけた。「ムーラン・ルージュの観客の多くは郊外生活者だ。おそらく彼らは伊馬の童謡詩人のような視点を通じ、自分たちが暮らす郊外の小さく完結した日常生活の中に潜む豊かな生活感情に改めて気づかされたのだろう」

戦後の混乱期にムーラン・ルージュは新宿と軌を一にするように猥雑化し、昭和二六年に最終公演を迎えたが、劇団スタッフは、新天地を求めてこの時期に産声をあげた民間ラジオ・テレビに流れ込んでゆく。新しい日常性のメディアにムーラン・ルージュ調はジャスト・フィットしたのである。この意味では、ムーラン・ルージュが戦後のラジオ・テレビを創ったといっても過言ではないのである。徹底的に資料に当たりながら、通読してもおもしろい演劇史に仕立てた腕は見事の一語。本年の大きな収穫である。

×月×日

戦前の都市中間層に最も親しまれていた飲料はなにかと八〇歳以上の人々に問いかけてみると、意外な答えが返ってくる。サイダーでもラムネでもない。大日本雄弁会・講談社が発売元となっていた「どりこの」である。だが、この「どりこの」は不思議なネーミングを初めとしていろいろと謎が多かった。誰がつくったのか？　講談社の野間清治はなぜあれほどの宣伝費をかけて売り出しを図ったのか？　第一、いったいどういう味だったのか？　宮島英紀『**伝説の「どりこの」　一本の飲み物が日本人を熱狂させた**』（角川書店　１５００円＋税）は生存者に取材して「どりこの」の謎を解き明かしてゆくドキュメンタリー。

曰く、「どりこの」とはDURIKONOと書き、DRINKとは関係がない。それは『「絶対」の探求』のバルタザールのような発明者・高橋孝太郎博士がブドウ糖研究者のドゥーリクというドイツ人の論文をヒントに飲料を考案したからである。すなわち、ドゥーリクからDURIを取ってこれに自分の名の孝太郎の頭文字KOを合わせ、助手たちのイニシャルを合成してNOとつけたのである。

「どりこの」は最初、三越と資生堂で限定販売されたが、それを飲んだ野間が大感激して大々的に売り出すことにしたようだ。しかし、生産は博士に一任されていたため、博士は自宅横の工場で休む暇なく働き続けるはめに。最後の謎である「どりこの」はなぜ消えたかについては直接、本書に当たっていただきたい。あっと驚くような真相が語られているからである。

（『週刊文春』２０１１年12月15日号）

その他のおもな書評（２０１１年）

『毎日新聞』「今週の本棚」

２０１１年１月９日　エミール・ゾラ『パリ　上・下』竹中のぞみ訳　白水社　各３２００円＋税（↓　白水社　Kindle版）

２０１１年２月13日　ピエール・ブルデュー『自己分析』加藤晴久訳　藤原書店　２８００円＋税

２０１１年４月３日　ヴィリジル・タナズ『カミュ　ガリマール新評伝シリーズ世界の傑物６』神田順子・大西比佐代訳　祥伝社　１９００円＋税

２０１１年６月５日　高三啓輔『字幕の名工　秘田余四郎とフランス映画』白水社　２４００円＋税

２０１１年７月17日　エルンスト・ユンガー『パリ日記』山本尤訳　月曜社　３８００円＋税

２０１１年９月４日　日高普『精神の風通しのために　日高普著作集』青土社　３８００円＋税

２０１１年11月13日　浅見雅男『不思議な宮さま　東久邇宮稔彦王の昭和史』文藝春秋　２２００円＋税（↓　文春文庫　９２０円＋税）

２０１１年12月４日　国末憲人『ミシュラン　三つ星と世界戦略』新潮選書　１３００円＋税（↓　新潮社　Kindle版）

２０１１年12月11日　２０１１年「この３冊」

金文京『漢文と東アジア　訓読の文化圏』岩波新書　８００円＋税

伊達聖伸『ライシテ、道徳、宗教学　もうひとつの19世紀フランス宗教史』勁草書房　６０００円＋税

中野正昭『ムーラン・ルージュ新宿座　軽演劇の昭和小史』森話社　３５００円＋税（↓　森話社　Kindle版）

2012年

2月29日	東京スカイツリーが竣工
3月31日	岩手県・宮城県・福島県の地上アナログ放送が終了し、全国でデジタル化が完了
4月11日	金正恩が北朝鮮・朝鮮労働党の第一書記に就任
5月5日	北海道電力泊発電所が運転停止。42年ぶりに日本のすべての原子力発電所が稼働停止に
5月7日	ウラジミール・プーチンがロシア連邦新大統領に就任
5月15日	フランソワ・オランドがフランス大統領に就任
5月21日	日本で金環日食を観測
6月26日	消費税法改正案が衆議院本会議で可決
7月1日	食品衛生法により生の牛レバーの提供禁止
7月5日	関西電力大飯発電所3号機が再稼働
7月27日	ロンドン夏季オリンピックが開幕（—8月12日）。
8月6日	NASAの探査機キュリオシティが火星に到着
8月25日	NASAの探査機ボイジャー1号が太陽圏を脱出
8月29日	ロンドン夏季パラリンピックが開幕（—9月9日）
9月11日	日本政府が尖閣諸島を国有化。15日から中国全土で大規模な反日デモが発生
10月8日	山中伸弥がノーベル生理学・医学賞を受賞
12月16日	第46回衆議院議員総選挙、自由民主党が単独で絶対安定多数を確保
12月26日	安倍晋三が第96代内閣総理大臣に就任（第2次安倍内閣）

本歌取り、カメラ、クスクス

×月×日

例年、正月にはパリに行くことにしているが、今年は少し遅らせて二週目にした。最近、フランス人でも年末年始に休暇を取る人が増えており、一週目だと古書店が開いていないケースが少なくないからだ。元旦だけ休んで二日からは平常どおりだった昔のパリの正月が懐かしい。

しかし、おかげで古書収集の目的はかなりの確率で達成できた。今年も練馬区立美術館で四月八日から六月三日まで開催の「鹿島茂コレクション2」展に予定しているジョルジュ・バルビエとジャン＝エミール・ラブルールの未入手のアイテムがようやく手に入ったのである。もちろん、そのためにン百万円の新たな借金を背負いこむはめになったのだが。

往きの飛行機の中では**『最後の日々　レーモン・クノー・コレクション②』**（宮川明子訳　水声社　2500円＋税）を読む。一頁目から「オッ」という叫びが出る。

というのも、冒頭、サン＝ジェルマン大通りとダンテ通りが交差する角で一人の老人が道路を渡れず、車に呪いの言葉を吐いている場面が出てきたと思ったら、次に「またひとり老人がやって来て、歩道の縁に彼と並ぶと、渡ろうとして車の通りの空くのを待ちはじめた」という描写が現れたからだ。問題は「二人は兄弟のように似ていた。だが近くから見ても、遠くから見てさえ、似てなんかいなかった。全然」という箇所である。なぜなら、この一節からは、どうしたって『ブヴァールとペキュシェ』を連想しないではいられないからだ。なにしろ、私の修論はこの作品である。連想は当然だ。

フロベールのこの遺作は、ある暑い日、アルスナル運河近くのブールドン大通りで偶然出会った二人の初老の男ブヴァールとペキュシェが互いの中にアルテル・エゴを発見し、勤めを辞めて壮大な知の冒険に乗り出すという元祖アンチ小説だが、『最後の日々』は明らかにこれをレフェランスにしている。

だが、さすがはクノーだけあって、もう一つのレフェランスが用意されている。同じくフロベールの『感情教育』で、『最後の日々』の主人公である学生のヴァンサン・テュクデンヌはフレデリック・モロー同様作者自身がモデルのようだ。

「ル・アーヴルからの汽車を降りたったとき、ヴァンサン・テュクデンヌは臆病で個人主義＝アナーキストで無神論者だった。近視なのに眼鏡をかけず、自らの主張を明らかにするため頭髪を伸び放題にしていた。これらはすべて、本を読んだこと、多くの本を、膨大な量の本を読んだことに由来していた」

つまり、『最後の日々』は「本歌取りの小説」であることを最初から宣言しており、リアリズム小説として読んではいけないのだ。では、レフェランスとしてフロベールの二つの作品を選んだクノーがどのように物語を展開しているのかというと、これが文字通りの「クロス・レフェランス」で、『ブヴァール』

系と『感情教育』系がかわりばんこに出てきて、両者ともに当時の有名なカフェ《スフレ》で出会ったり出会わなかったりして物語が進行してゆくという形式を取る。だが、小説の本当の主人公は二人の老人でもヴァンサン他の学生たちでもなく、カフェ《スフレ》のギャルソン、アルフレッドだったというのがミソで、これが実に効果的に使われている。

このように、『最後の日々』は一見普通に見えながら、その実、非常に「ヘンな」、クノーお得意のパタフィジック小説なのだが、それにしてもクノーの選集十三巻がこのような御時世に日本で出るとはなんたる奇跡！　水声社の大英断に喝采を送ろうではないか。

×月×日

ロジェ・グルニエといえば、田舎の映画館を舞台にした名作『シネロマン』以来、日本でも根強いファンに支えられている小説家で、今年、九十三歳になるが、いまだに健在らしく、二〇一〇年刊のエッセイ集**『写真の秘密』**（宮下志朗訳　みすず書房　２６００円＋税）が新しく翻訳された。惹句に「カメラと人生」とあるように、グルニエの個人的な人生の中に出現したり消えていった幾多のカメラと自分とのかかわりを回想したものである。

実家がカーンで眼鏡店を営むかたわら写真館を併設していた影響か、グルニエ少年もツァイスの「ベビー・ボックス」で自分の周りの世界を撮り始める。

「こうして、これら初期の子供時代の写真の頃から、わたしは、カメラのシャッターを押す者ならだれでも感じる、あの陶酔感を抱いていたのである。観光客は一体どうして、エッフェル塔の写真を撮るのだろう？――エッフェル塔の写真など山ほどあるというのに。それは、エッフェル塔をわが物とする必要からだ。いとも名高きあの建造物を、『自分の』カメラがキャッチするのだ」

だから、なによりもまずカメラは「自分の」ものでなければならない。さもないと、「自分」が世界を、あるいは愛する人を奪い取り、切り取ったことにはならないからだ。

やがて、グルニエは暗室での現像も手掛けるようになるが、あるとき友だちの母親から、写真屋に頼みたくないネガがあるのでプリントしてくれないかと頼まれる。

「こうして彼女は、半ダースばかりのネガをわたしに手渡した。よく見てみると、それはヌード写真だったが、もちろん、ネガだと、肌は黒く、髪の毛や恥部の茂みは白い。ポジよりも、はるかにおもしろかった」

長ずるに及んで、グルニエは一端のアマチュア・カメラマンとなり、第二次大戦で召集されてもアグファやフォクトレンダーを手放さなかった。レジスタンスに参加した際にカメラが小道具として働くエピソードは、どれも掌篇小説だ。しかし、戦後にジャーナリズムに身を投じて記事を執筆するようになると、カメラとは縁を切らざるをえなくなる。カメラマンと同行取材する報道記者はカメラを持っていてはいけないという不文律があったからだ。しかし、その代わり、多くの有名写真家と深い友情を結ぶことができた。本書の魅力の一つは、ブラッサイ、ジゼル・フロイント、ウィリー・ロニスなどの思い出とエピソードだが、それについては本書をお読みになっていただきたい。

かつてのカメラ小僧にとって、もう一度、写真を始めたくなるような一冊である。

×月×日

かなりダイエットに努めたはずが、健康診断の結果は「メタボ症候群」。パリは食べ物なら何でもうまいところだから、ダイエットするのは辛いなと感じたが、そのとき、ふとクスクスならいいんじゃないかと思いついた。硬質小麦の一種デュラム小麦を粒状にしたものだから血糖値はそれほど上がらないはずだし、上にかかっているソースも野菜類が中心でメタボ防止には最適だ。かくて、クスクス・レストランで舌鼓を打ちながら、にむらじゅんこ**『クスクスの謎　人と人をつなげる粒パスタの魅力』**（平凡社新書780円＋税）を読み始める。

なにか疑問を感じると現地取材も含めて徹底的に謎を究明しないではいられない著者らしく、「クスクスは、いつどこで生まれたのだろうか」という起源の問題から発して、ありとあらゆるクスクスの謎に迫っていくが、そこから出てきた結論は、マグレブ（より正確には山岳民族のカビリー人）起源のクスクスには「国境や宗教というカテゴリーはない」というもの。たしかに、本当においしいクスクスを一口食べてみれば、それが「寛容、共生、団結、伝統、融合、平等、平和、自由の象徴」であり、ゆえに「気高く、犯しがたい人間としての尊厳と、わかちがたく結びついている」という著者の主張も首肯できるように思えてくる。

コンパクトながら、地理と歴史によく目配りした食文化史の良書。

（『週刊文春』２０１２年2月2日号）

変態なくして芸術なし

×月×日

四月八日から始まる「鹿島茂コレクション2　バルビエ×ラブルール」の解説原稿を書くために、もう一度ディアギレフについて勉強しなおす必要が出てきた。バルビエとラブルールのセット展という発想そのものが、十九世紀が二十世紀に決定的に変わった直接的原因が何かを知りたいという思いから生れたものなのだが、結論から言ったらそれはロシア・バレエしかないということになる。そんな時に渡りに船で出たのが、シェング・スヘイエン**『ディアギレフ　芸術に捧げた生涯』**（鈴木晶訳　みすず書房　7600円＋税）。

一八七二年に蒸留酒製造所を所有する地主貴族の長男として生まれたディアギレフは産褥熱で母が亡くなり、継母に育てられるが、この継母が芸術を理解する優れた女性でディアギレフの最高の理解者となる。彼の芸術的個性と同性愛的傾向はこうした家庭環境が影響しているのではないかと思われる。実家は、チェーホフ劇のようにどんどん傾き、ついに破産に至るが、亡き母の遺産のおかげで弟たちを育てながら大学を出ることができる。こう書くと苦学生のように聞こえるが、事実はその逆で、ディアギレフは収集した美術品の展覧会を企画し、すでに学生イベント屋として頭角を現していたのだ。従弟で恋人だった博識のディーマ・フィロソーフォフを介してサンクトペテルブルクの音楽や芸術愛好家サークルに入り込んで、アレクサンドル・ブノワを始めとする協力者と出会うと同時に、社交界に強力なコネを作り上げたのが成功の原因だった。注目すべきはディアギレフが自由をリムスキー＝コルサコフに酷評されたために作曲家の道を諦め、美術に関心を持ち始めたということである。そこから伝説的な雑誌『芸術世界』が生まれるのだが、その直前に義母に当てた手紙でディアギレフは己の未来を正確に予言している。「僕自身について、やはり冷静に観察すると、まず、僕は大ペテン師です。ただし天才的な。第二に、強力な誘惑者です。第三に、度胸があります。第四に、かなり理屈っぽいですが、主義主張はほとんどありません。第五に、才能はないみたいです。でも、僕は真の天職を見つけました。芸術家のパトロンになることです。いろいろ恵まれています。無いのは金だけです。Mais ça viendra〔でもいずれ入ってくるでしょう〕」

ふーむ、これは私の言葉ではないかと疑いたくなるほど、強い共感を覚える自己分析だ。私が真になりたかったのはディアギレフなのかもしれない。

それはさておき一九〇九年五月十九日にパリ・シャトレ座で行われたロシア・バレエ公演がなぜ一世紀に一度というほどの衝撃を当時の人に与えたのかという問題だが、著者はドイツ人ディレッタントのケスラー伯爵の証言を引きながら、次のようにいう。「ディアギレフの公演を比類ないものにしていたのは、装置と衣装を視覚的劇場芸術に合わせ、統合する、その手法だった。(中略)ケスラーは、まったく新しいものを発見して衝撃を受けたのではなく、すでに存在していたものの可能性を思い知らされたのである」

×月×日

「モダンの誕生」という結節点に集まってくる糸をたぐっていくと、ディアギレフのほかにもう一本、アポリネールという人物にぶつかるが、このアポリネールという男がどれほどとんでもない奴だったかを知るヒントになるのが中条省平『**恋愛書簡術　古今東西の文豪に学ぶテクニック講座**』(中央公論新社

1800円＋税 ↓ 中公文庫 二〇一五年 920円＋税）。

一九一四年、恋人だったマリー・ローランサンがドイツ人画家と結婚し、傷心を抱えるアポリネールはニースで名門貴族の末裔ルイーズ・ド・コリニー伯爵夫人と出会い、恋に落ちる。熱烈なラブ・レターを何通も出したあげく、アポリネールはついに目的を達し、その喜びを有名な「君の体のあらゆる場所に一〇〇〇回だって接吻する」と手紙に書き留めるが、その「愛の手紙」は回を追うごとに表現がエスカレートしていき、ついには『一万一千の鞭』『若きドン・ジュアンの冒険』を凌ぐほどのSMポルノグラフィーと化す。「僕が鞭で打ちたいのは君のお尻だ。鞭で打とうとして馬乗りになると、暴れまわって、いやらしく閉じたり開いたりする、ビロードみたいにすべすべの大きなお尻。お尻から血を出して、ミルクに苺を混ぜたみたいになるまで、君のお尻をぶってやる。辛苦に耐えるこの美しい二つの丘に、深紅の衣を着せてやろう、赤く染めるのは僕の役目だ」。この後、露骨な肛門愛賛歌が続くのだが、これを読むと、若きドン・ジュアンというのはアポリネール自身だったことがよくわかる。

このほか、ダリにガラを取られた後も、元妻の肉体を褒めたたえる手紙を送り続けたポール・エリュアール。義妹の息子の嫁である千萬子に恋して、ついに「あなたの仏足石をいたゞくことが出来ましたことは生涯忘れられない歓喜であります」と書き付けることができた谷崎潤一郎など、愛と性の（それもかなり変態の）手紙がたくさん紹介されている。やはり、変態なくして芸術なし、というのが二十世紀の真実なのである。

×月×日

現在、「失われたパリの復元」というタイトルの連載をもっているが〔『芸術新潮』で四十回で完結〕、「失われたパリ」というからには「失われる」前のパリを一通りお浚いしておかなくてはということで、パリの歴史について復習しているが、その場合、エティエンヌ・マルセルの反乱にしろ、アンリ四世のパリ入城、フランス革命にしろ、最終的な決め手となったのはパリの民衆のそこ知れぬパワーであった。そのパワーが大爆発したのが一八七一年のパリ・コミューンで、左翼学生だったころに色々な文献を熱中して読んだものだが、今度、H・ルフェーヴル**『パリ・コミューン』**(河野健二・柴田朝子・西川長夫訳　上　1020円＋税、下　1140円＋税)が岩波文庫で再刊されたのを機に読み返してみて、思わぬ発見をした。意外におもしろいのである。というのも、ルフェーヴルは歴史家というよりも社会学者であるので、パリ・コミューンを一つの集団的な社会現象として捉えようとする姿勢があるからだ。

「パリ・コミューンとは何か。それはまず巨大で雄大な祭りであった。フランス人民と人民一般の精髄であり象徴であるパリの人民が、自分自身に捧げ、かつ世界に示した一つの祭りであった」

ではなぜ、パリの民衆は祭りを必要としているのか？　ルフェーヴルはこう考える。

「貧乏人が何ものも所有せず、また(個人的に)所有するという何らの希望も、またおそらく何らの必要ももたないとすれば、彼らに欠けているものは空間よりも時間である。彼らは狭い家に住み、あわただしく食事をとる。だからこそ、突如として時間と空間を開放する祭りが、彼らにとってあれほどの重要性をもつのではないだろうか。組織され商業化された《余暇《ロワジール》》が未だ存在しない時期において、祭りは世間への労働生活の華麗な開放である」

その通り！　ゆえに、テレビとゲームとネットという《余暇《ロワジール》》がすでに存在する日本やフランスのような先進国にあっては、「祭りとしての革命」は、一九六八年のフランス五月革命と日本の大学紛争を最後に跡を断ったということなのだ。

マルクス主義の残滓を洗い落とせばルフェーヴルはもう一度使えるのではないか？　そういえば、ルフェーヴルの主著は『日常生活批判』であったはずだ。革命という祝祭なしに終わりなき日常をどう生きるかという二十一世紀の問題をルフェーヴルは先取りしていたのかもしれない。

（『週刊文春』２０１２年３月８日号）

いつもと違う書店で

×月×日

行きつけの東京堂書店がブック・カフェ開設のために改装休業に入ったので、一昨年、渋谷東急本店の七階に開店した丸善&ジュンク堂書店の巨艦店に出掛ける。期待に違わぬ充実ぶりである。ワン・フロアーという点が気に入った。ワン・フロアーだと自分の専門以外のジャンルの本も見ることができるからだ。

しかし、さしあたり具体的な探求書があるので文庫クセジュの棚に直行する。ギー・ペルヴィエ『**アルジェリア戦争　フランスの植民地支配と民族の解放**』（渡邊祥子訳　白水社　１２００円＋税）である。いかにも文庫クセジュらしい公平な態度で、凄惨を極めたこの戦争の背景と推移を記述しているが、中で注目すべきは、民族解放戦線（FLN）の中核となったのが、フランス植民地主義の「文明化の使命」によってフランス的教育を受けたムスリムのアルジェリア人だったという指摘。「真のナショナリズム運動の最初のものは、戦争中に動員された兵士として、または労働者として渡仏し、フランスにおいて現代世界を発見したアルジェリア移民の中から生まれた」。しかも、より戦闘的だった層は「人口過多なカビリー地方か、メサーリーの故郷トレムセンのような、危機に陥っている古都の出身者であり、恵まれない社会階級に属していた」という事実。つまり、一部エリートでもなく、非識字階級でもないこうした下層中産階級出身のエリートがムスリムの間に育ったとき、非妥協的なテロも辞さない「民族解放運動」が生まれたのである。

それを間接的に裏付けているのがアルジェリアの人口動態。『原住民』と呼ばれた人びとは、征服と植民地化の衝撃により、一八三〇年の約三〇〇万人から一八七二年の二一〇万人へと一時は減少しかけた。しかしながら、その後は増加する一方であったのであり、一九三一年以降の彼らの人口増加率は、ヨーロッパ人と呼ばれた人びと（中略）のそれを上回った」。この事実を的確に捉え、ド＝ゴールに先立って、「フランスのアルジェリア」という原則に抗して「アルジェリア人のアルジェリア」の大正論を吐いたのが右派の論客レイモン・アロンだった。「彼によれば、サハラにおける石油とガスの発見にもかかわらず、フランスがアルジェリアの再征服と、ムスリム住民の生活水準の迅速な向上とを、並行して行なうことは不可能だった。アルジェリアの統合はもはや不可能である。なぜなら、アルジェリアの経済・人口問題は、本国とは別の法制度を必要とするからである。独立の必然を認め、アルジェリアのフランス人の本国帰還と、補償金支払いの準備をしたほうがよい」。もしかすると、ド＝ゴールはこのレイモン・アロンの考え方に影響されたのかもしれない。いずれにしても、大統領選挙を間近に控えFN（国民戦線）の躍進が伝えられる中、フランス現代史に興味ある者は、戦後のターニング・ポイントとなったアルジェリア戦争にもう一度目を向けるべきなのかもしれない。

×月×日

テレビで紹介されていたTSUTAYA代官山店（旧山手通り沿い）に出掛ける。団塊世代の元オタク老人が「われ、かつてアルカディアにありき」と感じて長時間くつろげるような「懐かしアイテムを配したブック・カフェ」が創られているという話なので興味が湧いたのだ。なるほど、新刊書店に古本が同時に並べられているばかりか、ブック・カフェには六、七〇年代の雑誌のバックナンバーが揃い、レンタルDVDコーナーは新宿昭和館を連想させるようなプログラム・ピクチャーが充実している。おまけに六〇歳以上は四月末までなんとタダでDVD四枚レンタルできる！　これなら人気がないはずはない。

書店の方はというと、ジャンル分けされた部屋の四方の壁が全部書棚で覆われているという書斎方式で、宮殿の部屋のように連鎖している。歴史・伝記の部屋に入ると、平置き台にフロレンティーノ・ロダオ『フランコと大日本帝国』（深澤安博ほか訳　晶文社　5500円＋税）がある。日本にフランコ・スペインのような「枢軸国なのに中立」という選択肢はなかったのか考えるに至ったので即購入し、ブック・カフェで読み始める。

一九三九年四月、内戦に勝利したフランコ・スペインは日独伊防共協定に参加し、ソ連包囲網の一角を成すが、独ソ不可侵条約の締結と第二次大戦の開始により、野心の矛先をスペイン植民地の奪還へと向けるようになる。しかし、フランスの半分を占領したヒットラーは「枢軸国の国境が、性急なスペイン人より猜疑心の強いペタン政権下のフランス人によって守られる方がよいと判断するにいたった」。そこから生まれたのがスペインの日本への接近というオプション。「客観的な困難さにもかかわらず、帝国的野望はマドリード政府に活力を与え、スペインを日本に接近させる主要な動機となった」。すなわち、反共・反英米で思惑が一致した両国はプロパガンダで互いに相手を誉め上げる方向に舵取を行ったのだが、スペインは日本に対して紋切型のイメージしか持っていなかったため、日本の敗色が濃くなるや、掌返し的対応（フランコは対日宣戦布告まで考えた！）を取ることになる。「スペインでは、うまく強国の地位に登りつめた賞賛されるべき国としての日本の理想的なイメージが支配的だった。しかし、最後の時期には、日本は、大いなる禍や不吉なニュースをもたらす野蛮で凶暴な国と見られることになった。（中略）つまり、専門家がいなかったため、友好的な時期にも敵対的な時期にも、常套的な見方やステレオタイプ化されたイメージに基づいて、政策決定が極めて安易になされたのである」

以上が研究者としての主張であるが、しかし、われわれにとっての興味はむしろ、著者が膨大な資料を駆使して解き明かしていく日西間の隠された関係のほうにある。すなわち、日米開戦後、中立国スペインを通じて日本が行った諜報活動の内実である。須磨在スペイン公使の依頼を受けた親日派外務大臣セラーノ・スニェルは「Tō 機関」という諜報組織を作り、元闘牛士アルカサルを使ってアメリカにスパイ網を張り巡らして日本に情報を流したと伝えられるが、実際にはアルカサルが得た情報の多くは暗号解読済みのアメリカ防諜機関に筒抜けであり、またアルカサルは情報の入手困難ゆえに、日本がそうあってほしいと思うようなガセネタ情報を捏造していた節がある。

もう一つは日本が占領したフィリピンにおいて、スペイン系コミュニティが当初の反米・親日から反日へとシフトしてゆく過程が詳細に語られていること。原因は日本の軍部が「スペイン人だろうと白人には変わりない」という固定観念に囚われて、対応の差異化を怠ったことにあるようだ。私がル・カレのようなスパイ小説家だったら資料に使わない手はないと思わせる画期的な研究書である。

×月×日

ＴＳＵＴＡＹＡ代官山店の歴史・伝記の部屋で目をとめたもう一冊はジャン・フェクサス『**図説　尻叩きの文化史**』（大塚宏子訳　原書房　３２００円＋税）。

『ＳとＭ』という本を書いたとき、日本のＳＭは縄だが西欧のそれは鞭で、日欧文化の本質的相違に通じているとしたが、にわかには信じて貰えなかったようだ。しかし、本書を読むと鞭や掌で子供の尻を叩いて「教育」するという伝統がつい最近までの西欧文化の根幹に深く根差しており、その幼児体験が後に尻叩きに興奮するという性愛慣習を生んでいることがよくわかる。尻叩きは、その痛みと屈辱感により、明らかにバイアグラのような性欲の亢進剤となっていたのだ。サドの小説でヒーローが自らを鞭打たせてから交合に及ぶという場面が頻出するのはそのためだったのである。大好事家ロミの協力者ジャン・フェクサスだけあって貴重な図版満載のおもしろい本となっている。

（『週刊文春』２０１２年４月12日号）

読まれるべき本ナンバーワン

×月×日

六月三日まで練馬区立美術館で開催中の「鹿島茂コレクション2　バルビエ×ラブルール」（『鹿島茂コレクション2　バルビエ×ラブルール　アールデコ、色彩と線描のイラストレーション』求龍堂）の招待券を知人に渡しているとき、ふとコレキュレーター Collecurator という言葉が心に浮かんだ。コレクターにしてキュレーター（学芸員）という意味の私製合成語である。

というのも、人に招待券を渡しても「暇があったら行くけど、練馬じゃあね。むしろ迷惑なんだよな」という本音が聞こえたように感じたからだ。この冷淡な反応に合うたびに「あのね、見てもらいたいのは収集したモノじゃなくて、収集の《思想》なの。コレクションというのは私の表現行為（ドーダ）の一つなんだから」と言い返したくなるので、なら、初めからアビ・ヴァーブルク的な意味で「コレキュレーター」と名乗ればいいじゃないかと思いついたのだ。うん、いいではないか「コレキュレーター」！

この意味で、日本におけるコレキュレーターの偉大な先達はまちがいなく辻静雄である。辻調グループの創立者にして研究者、そして料理書の大コレクターでもあった辻静雄がコレキュレーターとしてどれくらいに偉かったのかを理解できるのは私くらいしかいないとひそかに自負しているのだが、その精神は辻静雄料理教育研究所の研究員たちによって正しく受け継がれている。それを知るのに最適なのが辻調グループ・同所編著の『**フランス料理ハンドブック**』（柴田書店　3800円＋税）。これはたんにフランス料理の業界人だけではなく、フランス文化にかかわるものなら「持たざるあたわず」の一冊。なぜ素晴らしいかといえば、ひとつには単純な訳語によっては抜け落ちてしまう料理素材や料理道具の微妙なニュアンスがわかりやすく説明されていること。たとえば、同じ牛肉でも日本とフランスでは部位名が正確に対応しているわけではなく、日本で「トモバラ」としか呼ばれていない胸肉はフランスでは「バラ肉 plat de côtes（骨つきバラ肉）」「バヴェット bavette（サーロインの後側の下にある）」「胸肉 poitrine」「フランシェ flanchet（腹部肉。フランク）」というように細分化された名称を持つ。また牛肉が二〇世紀までフランス料理に少なかった理由もちゃんと解説されている。「フランスでは中世までは牛をとことん役牛や乳用牛として使い果たしたため、食用に回された時には肉はかたく、煮込み料理にしなくては食べられなかった。それさえも豊かな人々の食べ物で、貧乏人は内臓しか食べられなかったといわれる。18世紀末にイギリスで端を発した産業革命によって農業の機械化が起こり、19世紀末から役牛の飼育が減り始め、20世紀後半から肉用牛が増加した。今日ではステック・フリットがもっとも庶民的な料理になっている」。もう一つはフランス料理を地方料理のハイブリッドと捉える観点からこれに解説の力点が置かれていること。フランス王国は地方の公爵領や伯爵領を併合するかたちで成立したのだから、料理もそうなるのが当然なのだ。フランス語の翻訳者必携である。

×月×日

最近、家から近いということで國學院大學の図書館に本を借りにいくことが多い。山手線コンソーシアムというシステムで明治大学教員には借り出す資格があるからだ。そのたびに思い出すのは二五年前に國學院の夜間部で非常勤をしていたときのこと。英仏独中の外国語教員が広い合同研究室で一緒にテンヤものを食べていた光景を思い出す。金曜日の夜はドイツ文学の三光長治氏、英文学の富士川義之氏、同じく英文学の中矢一義氏、後にシェイクスピア全訳者となる松岡和子氏、それに二七歳の私の五人が夜間の三コマの時間中、一緒だった。休憩時間はまさに談論風発の「サロン」というのにふさわしく、末席を汚す若輩としてはどれほど勉強になったか知れぬ。あれこそはサロンの会話が互いを刺激して文化を生むという西欧的伝統を日本で実現したものと思えた。丸谷才一氏も國學院語学研究室のこの伝統を礼讃しておられたが、いまでも國學院はあのシステムを採用しているのだろうか？

社交を中心に据えた壮大な文明論を展開している山崎正和の『**世界文明史の試み　神話と舞踊**』（中央公論新社　3200円＋税）は自意識の発生を脳だけではなく身体にも求め、「する」身体と「ある」身体の二元論から出発して、個人と社会の関係、とりわけ近代化の問題を、哲学、歴史学、人類学、生物学、霊長類学などの知見をクロスオーバー的に動員することで見極めようとする世界文明史的な壮大なチャレンジである。

では、「する」身体と「ある」身体の二元論とはなにか？「生産的、実用的な身体運動が『する』身体の営みだとすれば、ここにはもう一つ別の運動があって、それは『ある』身体の自己確認の営みだといえるだろう」。これまでの世界文明史は「する」身体が中心だったが、著者が重視するのは「ある」身体の方。なぜなら、「身体はしばしば、倦怠感や所在なさを解消するためだけにも動く。みずからを癒し、みずからを粧《よそお》い、みずからを強めるためだけにも動く。何よりもみずからの存在を感じ、それを鋭く意識するために動く。身体はみずからがあることを確かめ、その存在感を味わうためにも運動するのである」。

この意味で、著者がアイディア・ソースの一つとして仰いだのが霊長類学者のロビン・ダンバーの『ことばの起源　猿の毛づくろい、人のゴシップ』である。ダンバーはいう、猿の毛づくろいは「社交」の一種であり、社会形成のための重要な行為だが、人間集団でこれに匹敵するものはと見れば、それはゴシップである。「ゴシップを語り合うのが楽しいのは、（中略）それが個人間の非功利的で無償の信頼関係をもたらすからであろう」。ダンバーはここから猿の音声によるコンタクト・コールが社交手段として用いられたことが音声の分節化を早め、群れの成員の増大にともなって言語の発生へとつながったのではないかという方向に議論をもっていく。「進んでダンバーは、猿や人間の大脳新皮質の大きさが、技術や観念的思考の発達ではなく、ほかならぬこうした社交的気遣いや努力の増大によって促されたと考えた」。すなわち、猿や人類にそなわった社交の本能、いいかえれば「ある」身体の言語が言語の起源なのである。たしかに、そういわれてみれば、社交性に優れた女性のほうが外国語習得に圧倒的に有利である。

だが、それにしても、人類はなぜ言語を発明してまでも社交という制度に頼ろうとしたのかという疑問が生じる。著者はこれに対して、高坂正顕の『歴史的世界』における「茶飲み話」の哲学的概念、すなわち空虚をやり過ごすための時間つぶしという考えを援用しながら、次のように言う。「もし茶飲み話がこのような意味での時間つぶしであるとするならば、社交がそれ以上に深刻な、戦慄すべき孤独感にたいする無意識の慰安であることは容易に想像できる。その不安はもっぱら『する』身体に乗って生きる人間が、突然、自己の『ある』身体に直面させられる不安であり、外部からいっさいの存在理由を与えられない人生を生きる不安でもある。こう考えれば社交に集まる一人ひとりの個人は、じつは根底ではあの『世界閉塞』の状況のもとに置かれていて、うすうすはそのことを感じていると見ることができる。そしてこの不安は見かけの極端な懸隔にもかかわらず、人が地に伏して天を仰ぐ思い、この世界の根源的な解釈を求めて、宗教と神話に近づこうとする感情に通じているのではないだろうか」

ふーむ。これこそは私が最近おおいに疑っているパスカル的状況ではあるまいか？　現代人は「存在理由のない人生を生きる不安」に耐え兼ねてツイッターの送受信を繰り返す。問題は「する」身体ではなく、「ある」身体の方にある。読まれるべき本ナンバーワンである。

（『週刊文春』2012年5月31日号）

中国のトロツキスト、一九六八年

×月×日

ここのところ数年、六月にパリのサン・シュルピス広場で開かれるフランス古書市に出掛けているが、今年は上旬なのでスケジュール調整に苦しむ。とりわけ帰ってからの締切一斉到来が地獄だが、それでも行かざるをえない。

機内で読んだのは唐宝林『**中国トロツキスト全史**』（鈴木博訳　論創社　3800円＋税）。いや驚いた。トロツキーの著作やインターナショナルの歴史も少しはかじっていたはずだが、中国共産主義の歴史にこれだけ大きくトロツキズムが関与していたとは！

ときは一九二五年三月、中国革命半ばで孫文（孫中山）が世を去った。この偉大な人物を記念してモスクワに中国人留学生を受け入れる「中国勤労者孫中山大学」が創立され、学長にトロツキー派の理論家カール・ラデックが就任した。

第一次国共合作時代だったので両党は第一期生として三四〇名を留学させた。蔣介石の息子・蔣経国もその一人で、ラデックに心酔し、トロツキーの著作に親しみ、完全なるトロツキストとなった。

一九二四年にレーニンが死去して以降、ソ連共産党中央委員会では一国社会主義の是非を巡ってスターリンとトロツキーの対立が激化していたが、その構図は中山大学にも及んだ。スターリンは腹心のミフを副学長として送り込み、ラデックの追い落としを図ったが、トロツキー＝ラデックはスターリンの国共合作政策を徹底批判して抵抗。留学生も二つの党派に割れた。

そうした状況下で起こったのが一九二七年四月の蔣介石の上海クーデター。これにより、スターリンvs.トロツキーの論争は一段と激しくなり、あげくトロツキーはコミンテルン執行委員から解任されたが、中山大学では逆に国民党贔屓のスターリンの評価はがた落ちとなり、トロツキー派への帰依が相次いだ。蔣経国も断固たるトロツキー派の一人で武漢の英字新聞に父親・蔣介石を非難する声明を発表した。

こうして中山大学ではトロツキー派が団結を強め、トロツキーとジノヴィエフが中央委員を解任された直後に赤の広場で催されたデモンストレーションで決定的な事件を引き起こす。

「中山大学のデモの隊列が赤の広場の入口に到達したとき、隊列のなかのソ連のトロツキー派分子が突然ポケットから旗を取り出して振りまわし、スターリンに反対し、トロツキーを支持せよというスローガンを叫んだのである」

この挑発はスターリン派の学生の反撃を呼び起こし、両派は殴り合いを始めたが、すきを見て、中国留学生の一団が「スターリンを罷免せよ、トロツキーを支持せよ」という横断幕を広げて呼応した。

この事件はスターリンに衝撃を与え、事件から一週間後、トロツキーとジノヴィエフを共産党から除名し、大規模なトロツキー派弾圧を開始した。赤の広場事件にかかわった中国人留学生たちは拘留されたり、国外退去を命じられ、「トロツキー派の種が、こうして中国の土地に飛び散り」、中国革命に複雑な様相を与えることとなったのである。

帰国したトロツキー派留学生は上海で「中国ボルシェヴィキ―レーニン主義反対派」を結成し、上海芸術大学や新宇宙書店・天馬書店などを拠点に活動を開始した。

この中国トロツキー派は一時、かなりの勢力に達し、中国共産党中央も警戒したが、当初は弾圧を控えた。とくに周恩来はソ連で訓練を受けた帰国留学生が党の財産になると信じて、むしろ歓迎し、任務を割り当てるときも差別をしなかった。

この対応に乗じるかたちでトロツキー派は活動を広め、ついに大物を自派に加えることに成功する。中国共産党の創設者・陳独秀である。

陳独秀は国共合作に反対で、上海クーデター後に行った汪精衛との連合失敗をコミンテルンから批判されて総書記を辞任していたが、トロツキー派の働きかけでトロツキーの中国革命論に強い共感を示すようになる。

かくて、中国トロツキー派は陳独秀という金看板を得てより強固な地盤を築いたかに見えたが、直後から迷走が始まる。トロツキスト特有の内部分裂と中国共産党中央と国民党双方からの弾圧で四分五裂に陥ったのである。陳独秀も国民党に逮捕され、晩年は江津に引きこもって一九四二年に死去した。しかし中国トロツキー派はその後もしぶとく生き残り、なんと今も香港で活動を続けているのである。

だが、この本で一番驚いたのは蔣経国の運命である。蔣経国は中山大学を卒業後、帰国を希望したが、中国共産党の反対で帰国できなかったため、ソ連赤軍に加わって軍人となった。「スターリンは明らかに中国の支配者とつきあう駒を握っておくために蔣経国を人質」にしたのだ。かくて、「蔣経国はソ連のあちこちを走りまわり、労働者になったり、農家で暮らしたり、あらゆる苦しみをなめ尽くし、二度も危うく異郷で病死する憂き目にあった」が、それでもなんとか生き延びて、ウラル機械工場の副工場長となってロシア娘と結婚し、一九三七年の第二次国共合作で帰国。蔣介石に許されて後継者に。すると、かつてのトロツキー派の同志たちは「蔣経国に身を投じ、蔣経国の共産党との闘争の参謀や助手になった」のである。

なるほど、これで一つの謎がとけそうな気がする。台湾民主化が、白色テロで悪名高かった蔣経国による李登輝の後継者指名で軌道に乗ったことの謎が。自伝が書かれているようだが、未訳なので翻訳されることを期待する。

基本的に、本書は、中国共産党の路線から大きく逸脱しないように書かれた研究書だが、これまでタブーだった中国トロツキー派と陳独秀に光を当てた功績は大きい。

×月×日

ここのところ、「一九六八年」を世界的規模で見直そうという動きが盛んだが、ノルベルト・フライ『1968年　反乱のグローバリズム』(下村由一訳　みすず書房　3600円+税) は、フランス、ドイツ、アメリカ、日本、イタリア、そして東欧で一九六八年前後に一斉に起こって、その後に急速に終焉した若者反乱の原因とその成果を、ドイツとアメリカを中心にして総括しようというものである。

著者が原因としてまずあげるのは、急速に膨れ上がった大学生人口に対して旧態依然の対応しかできなかったアカデミズムの失策。たしかに、フランスでもドイツでもアメリカでも日本でも学生の要求に処分と機動隊導入でしか応えなかった大学当局の対応のまずさが直接的原因となった事実は否めない。もう一方では、ベトナム戦争に対する抗議活動における既存左翼の無力。および非共産党左派アカデミズム（ドイツのホルクハイマー）への苛立ち。これらはいずれも納得できる。

しかし、歴史人口学に傾いている私としては最大要因としての人口の分析がないのが気にかかる。唯一目立った学生反乱がなかったイギリスでは、下層中産階級の富裕化とそれに伴う大学生の急増という現象が起きなかったのだろうか？

いっぽう、成果はというと以下の通り。

「『六八年世代』の三つの古典的概念を取り上げてこれを見てみよう。解放、参加、透明性である。そのどれについてもその後のほんの数年間で前進が見られたことは確かである。両性間の同権と周縁社会集団の権利の拡大。政党、労働組合、教会、団体の『下部』の発言権の増大。国家と地方団体の行政行動における公開性と説明責任の拡大」

つまり、一九六八年は、政治革命としては失敗だったが、社会革命としては成功したということなのだろう。これだけでもたいしたものではないか？　成果はあったのである。


（『週刊文春』２０１２年７月５日号）

スイスの国民的作家、パリ郊外、愛の手紙

×月×日

授業もあと少しというところで、不覚にも風邪をひき、三九度の熱を出して寝込んでしまった。これだけ熱が出ると、さすがに連続的な悪夢にうなされる。その悪夢というのが、しめきりギリギリになって『週刊文春』の書評を出稿しようとするのだが、いつになってもいっこうに書き終わらないというもの。現実と地続きの螺旋的な夢地獄である。

発熱直前に読んでいたのが、C・F・ラミュ（シャルル＝フェルディナン・ラミュ　1878―1947）の**『アルプス高地での戦い　ラミュ小説集』**（佐原隆雄訳　国書刊行会　4000円＋税）。

われわれの時代には末尾のZを発音してラミューズと呼ばれていたこのロマンス語（スイス・フランス語）圏の作家については、文学史で通り一遍の知識を仕入れただけで実際に作品を手に取ったことはなかった。しかし、最近、ガリマール書店のプレイアード叢書にラミュが加えられ、再評価の機運が高まっていることを知り、一度くらい読んでみようかと思っていたところ、翻訳が出た。

地域性に根差した作家ということでジャン・ジオノとよく比較されるが、ラミュは、スイス山岳地帯の素朴な農民の生活に題材を取りながら、ナレーションの次元では多元的視点の採用や、プルーストを思わせる感覚的風景描写、独特のリズム感のある短文など、同時代の文学手法を取り入れており、古めかしいどころか、新鮮だ。作家が生き残るのは、シニフィエではなく、シニフィアンであるといわれるが、むべなるかなである。

しかも、その物語の運びかたも、モーパッサン的なドンデン返しを予想しているわれわれを快く裏切ってくれる。たとえば、冒頭の「デルボランス」という中編。新婚間もないアントワーヌは義母の兄のセラファンと一緒にデルボランスと呼ばれる山岳地帯に放牧に出掛ける。と、突如、巨大な山崩れが起こり、山小屋にいた二人は生き埋めとなる。残された妻テレーズは夫の行方不明を知るが、そのときにはすでに妊娠していた。二カ月後、奇跡的に岩の下で生き延びたアントワーヌが山から生還するが、幽霊のような姿になっているので、テレーズは逃げだし、村人はアントワーヌに向かって発砲する。

モーパッサンだったらおそらく運命のいたずらを強調してここで物語を終わらせるだろうが、ラミュはさらに意外な物語を紡ぎ出していく。

「民族の隔たり」の舞台はフランス語圏の山岳地帯。ドイツ語が話されている隣村の赤いスカートをはいた美少女を見初めたフィルマンはある日、腕ずくで少女をさらい、自宅に「監禁」してしまう。この事件をきっかけに二つの村の対立が起こるが、しかし、血なまぐさい惨劇を予想した読者は、ここでもまた軽くいなされることに。

表題になっている「アルプス高地での戦い」は、我々に、スイスではフランス語圏とドイツ語圏の「隔たり」のほかに、湖周辺の低地地帯と山岳の高地地帯との「隔たり」が人々を分断している事実を教えてくれる。

いずれにしても、スイスの国民的作家の作品が日本語で読めるようになったことを喜びたい。

×月×日

ラミュは若い日にはパリに出て多くの文学者とつきあって文学的自己形成をなしたものの、本質的には故郷スイスに徹底的にこだわった「スイスの作家」である。

これに対し、同じスイス・フランス語圏の出身でありながら、故郷との関係を断ち切って「根無し草」となり、シベリア、中国、北米と世界各地を放浪してコスモポリタン的な作品を次々に発表して、アポリネールと並ぶ前衛詩人と称されたのがブレーズ・サンドラール（本名フレデリック・ソゼール　1887―1961）。最後はパリ近郊に定住して「永遠の異邦人」の視線から自伝四部を上梓した。

日本では、堀江敏幸氏が処女作『郊外へ』でサンドラールへオマージュを捧げたのが記憶に新しい。そのサンドラールがテクストを書き、ロベール・ドワノーが写真を撮った一九四九年刊のフォト・アルバム《La Banlieue de Paris》はドワノーの代表作として評価は上がる一方だが、そこからサンドラールのテクストだけを抜き出して翻訳し、訳者による詳細な解説を付したのが『パリ南西東北』（昼間賢訳　月曜社　2600円＋税）。

タイトルをあえて「パリ郊外」としなかったのは、郊外という日本語の明るいニュアンスとBanlieueというフランス語が表す場末的雰囲気があまりに違いすぎるからなのだろう。

では、サンドラールは、ドワノーが自らの出身地ゆえに愛情こめて描き出した（と信じられている）このパリ郊外をどのように捉えていたのか？

「暗い日曜日。私にとっては、舗石の砂漠と化した埃っぽいパリ近郊で過ごす日曜日の午後ほど気持ちが萎えるものはない。風邪をひいた猫たち、編み物をしながら、通りに歩く音が聞こえると薄汚れたカーテンを少し開ける――骨盤のゆがみなど、腹にいろいろな病気のある――年老いた女たち。世界の終わりの雰囲気だ。腐敗している。際限のない退屈。（中略）地元の祭りや、ブラスバンドが盛り上げるペタンクのコンクールやスポーツ大会の翌日には、すべては限りなく貧相で退屈で、日曜日の午後は静まり返り、工事の終わっていない小公園《スクワール》から、料金が高すぎる回転木馬のオルガンの耳障りな音が聞こえてくるのみ。どのママも、上の子たちが映画館に行くので財布を空にしてしまった以上、腕に抱いている新生児のために一周させるのに必要な金を持ち合わせていない。夕暮れ時。地区全体が、疑念と憂鬱にみちて朦朧とした眠りにつく」

私もルノー工場のあるブローニュ・ビヤンクールに一年住んでいたので、このなんとも形容のしようのない郊外の退屈な雰囲気はよくわかる。また、サンドラールが唾棄すべき日常として日曜日の午後を描くその心理も理解できる。

しかし、まことに逆説的なことだが、出版後六〇年を経過したいまとなってみると、そのネガティブな心理もまた一種の「額縁」となってドワノーの写真に彩りをそえていることがわかる。

それは同時に、サンドラールが世界の果てまで旅しても見いだし得なかった「何か」を確実にこのパリ郊外に見つけだしたことを意味している。どこまでも散文的で荒涼としたパリ郊外の「何もなさ」に注目することで、サンドラールは逆に「何か」が突出する瞬間を捉えたのである。

×月×日

スタンダールは『赤と黒』の文体をナポレオン作成の『民法典』をモデルに創り出したといわれるが、むしろ『書簡集』や『演説集』が手本ではなかったのかという印象を受ける。それくらいにナポレオンの文体は鋼のような硬質な魅力によって読者の心を打つのだが、妻や愛人に送った「愛の手紙」もまた名文である。

草場安子『ナポレオン　愛の書簡集』（大修館書店　1900円＋税）に引用されているジョゼフィーヌ宛ての手紙はその良い例。

「私が考えることは、君の寝室、君のベッド、君の胸のことばかりだ。君の病気こそが、昼夜を分かたず私が気にかけていることだ。食欲もなく、眠ることもできず、友情や栄光、祖国への関心も持てず、君だけなのだ。（中略）私が名誉に執着するのは君がそれに執着するからだ。勝利に執着するのは君が喜ぶからだ。そうでなかったら、私はすべてを棄てて、君の足元に駆け付けよう」

なんと、ナポレオンの世界征服はジョゼフィーヌのためだったのである！

（『週刊文春』2012年8月9日号）

「手紙魔」トリュフォー、「挫折した天才」コルヴォー

×月×日

連日の猛暑にもかかわらず、今年の夏は涼しくすごすことができた。といっても、軽井沢や箱根に別荘をもっているわけではない。昨年の秋に北向きの賃貸マンションに引っ越したおかげである。北向きで窓が少なくて壁が多いという「変則条件」が、本を最優先する私にはぴったりなのだ。道路の反対側の南西向きの高級マンションがいつまでも太陽に照らされているのを「お気の毒に」と眺めるのは乙なものであ

る。おかげで読書も進んだが、この歳になると興味が向かうのはどうしても伝記、それも若い頃に親しんだ我らがヒーローの伝記ということになる。

山田宏一『トリュフォーの手紙』（平凡社　2400円＋税）は『フランソワ・トリュフォー書簡集』の企画が挫折したために書かれたヌーヴェル・ヴァーグの巨匠の伝記だが、トリュフォーと親しく付き合い、頻繁に手紙のやり取りをしたり、インタビューを繰り返していた親友ならではの熱い思いのこもった大傑作となっている。

一九四六年、トリュフォーは一四歳で家出し、シネマテーク・フランセーズに日参するうちリヴェット、ロメール、シャブロル、それにゴダールらのシネフィルたちと交流し、映画批評家アンドレ・バザンと運命的な出会いをする。というのも、父親によって少年鑑別所に送られたときに引き取ってくれたのもバザンだったし、失恋のあげくに入隊した軍隊を脱走して捕まり、軍刑務所に入れられたときに『情緒不安定』ゆえに兵役不適格者として軍籍剝奪、除隊させる方法を考え出してくれた」のもバザンだったからである。こうして軍隊から戻ったトリュフォーはバザンの『カイエ・デュ・シネマ』同人となり、論文「フランス映画のある種の傾向」で評論家の地位を確立。一九五八年に『大人は判ってくれない』で一挙に名声を確立するが、その一方でゴダールの処女作『勝手にしやがれ』の脚本を書き、「友情ある共同作業」を続けてヌーヴェル・ヴァーグを誕生させるのである。

ところで、本書を読んで驚いたのはトリュフォーの手紙魔（エピストリエ）ぶり。「親愛なるロベール毎日、きみに手紙を書かずにいられない。きみも同じだろ。千五百通もの手紙を書きつづけたセヴィニエ夫人のように手紙を書くことにしよう」（一九四五年、一三歳のトリュフォーが親友のロベール・ラシュネーに宛てた手紙)。入隊中のラシュネー宛ての手紙からは二〇歳前のトリュフォーが映画のみならず文学についても偉大なる独学者であったことが明らかになる。「バルザックの最良の評伝? なんたる質問だ。ぼくはバルザックがらみのこととなると、全面的に認めるか否かなんだ。(中略)評伝を読む気なら、その前に、バルザックがカロー夫人をはじめいろいろな人々に宛てた書簡を集めた『バルザック書簡集』(少くとも四巻か五巻ある)を読むべきだ」

しかし、書簡中心のこのトリュフォー伝の白眉はなんといっても一九六八年の五月革命を境に確執が始まり、一九七三年に決別に至ったゴダールとの関係だろう。一九七三年五月のゴダールからトリュフォー宛ての手紙は喧嘩腰だ。「昨日、きみの新作『アメリカの夜』を見たよ。きみは嘘つきだ。(中略)これは『ファシスト』よばわりするような単なる悪口ではない。批評だ。批評精神の欠如への批評だ」。では、ゴダールが「批評精神の欠如」と呼ぶポイントはなにかというと、映画の主演女優ジャクリーン・ビセットとセックスしていながら、「そんなシーンが映画にはまったく描かれていない」ことである。そして、ゴダールはマルコ・フェレーリの『最後の晩餐』にプロデューサーが大金をつぎ込んでしまったため自分の映画が中断してしまったことまでトリュフォーのせいにして自作への共同出資の呼びかけで手紙を終える。「出資してくれるなら、わたしの『中国女』(一九六七)と『悦ばしき知識』(一九六九)と『男性・女性』(一九六六)の権利をきみに譲ってもいい」

これに対してトリュフォーは最終的な決別の手紙を送る。「こんどはわたしがきみを嘘つきよばわりする番だ。きみの新作『万事快調』の出だしのシーンにこんなナレーションがあった。『映画をつくるにはスターが必要だ』。これは嘘だろう。(中略)きみは無名ではない。だから、きみにはスターなど必要ないはずだ。きみは嘘つきなだけだ」。こうしてトリュフォーは、友情ゆえに語らなかったゴダールへの恨みつらみをすべてぶちまけ、かつての僚友を「偉大な人物の猿まねをし、みずからの神話をつくりあげ、陰険で近寄りがたく怒りっぽい気分屋」でしかないと切って捨てる。以後、二人は二度と顔を合わせることもなかったが、一九八四年にトリュフォーが癌で死ぬと、ゴダールは、右の喧嘩状も含めた『フランソワ・トリュフォー書簡集』に序文を書き、「フランソワは死んだかもしれない。わたしは生きているかもしれない。だからといって何の違いがあるというのだろう」と締めくくるのである。

というわけで、本書を繙《ひもと》いた読者はなんとしても『フランソワ・トリュフォー書簡集』を読みたくなるはずだが、その五〇〇通に及ぶ書簡集の中で最も量が多く、映画的にも内容が深く感動的なのは、著者が翻訳を進める過程での質問に対してトリュフォーが記憶をフルに動員して懇切丁寧に答えている部分。つまり、著者のおかげでトリュフォーは自作に対して最高の注を付け加えたことになるのである。

×月×日

ゴダールの例を取ってもわかるように、天才と呼ばれる人間に「いい奴」は一人もいない。都合の悪いことは全部他人のせいにして自分だけを被害者に仕立てる自己チューな欠陥人間がほとんどだが、そうした天才的な性格破綻者を描いた伝記として圧倒的におもしろいのがA・J・A・シモンズ『**コルヴォーを探して**』（河村錠一郎訳　早川書房　２１００円＋税）。D・H・ロレンスに絶賛された傑作小説『ハドリアヌス七世』の作者で、絵画、写真、音楽、翻訳、歴史研究などの分野で異色の才能を発揮しながら、その歪んだ性格ゆえに最後はヴェネチアの安ホテルで男色家相手の女衒に身を落として一九一三年に死んだコルヴォー男爵こと、フレデリック・ウィリアム・ロルフ。この異常な人物については訳者の精力的な紹介により、日本でも一部のファンにはつとに知られているが、今回、翻訳されたのはそのコルヴォー男爵再評価のきっかけとなった最初の伝記。

一九二五年の夏、書誌学者で伝記作者の著者は、変人の古書店主ミラードから「知られざる傑作」の一つとして一九〇四年発行の『ハドリアヌス七世』を貸し与えられる。一読驚嘆した著者はその謎の生涯に興味を持つが、ミラードが取り出した手紙と新聞記事で驚きをさらに募らせる。

「ロルフの一生は少なくとも彼の本と同じくらい途方もないもので、その冒険譚はジル・ブラースに匹敵するのだ。彼の名が忘れられた理由が分かってきた——いわれもなしに憤ったり憤らせたりして、しまいには友人たちさえ恐れをなして彼を避けるようになるほど、ロルフは敵愾心と憤懣の生涯を送った」。しかも、ヴェネチア時代の書簡は「誇らしげに快楽を提供する醜悪」な内容である。この甚だしい落差に著しく好奇心を刺激された著者は翌日からコルヴォー男爵探索の旅を開始する。

こう要約すると、「偽の伝記」というジャンルの小説ではないかと思うが、さにあらず。ゴダールやワーグナーになり損ねた「挫折した天才」のオール・ノンフィクションの伝記なのである。

イギリス流の伝記文学とは、かならずしも偉人が対象である必要はなく、人間が描けていることが第一条件であるという事実を痛感させてくれる一冊。

（『週刊文春』２０１２年９月27日号）

人口爆発の恐怖、世界史最大の謎

×月×日

さるPR誌に連載している『ドーダの文学史』がいよいよ「小林秀雄のランボー」の巻となったので、図書館で『河上徹太郎全集』第一巻（昭和四十四年刊）を借り出したら、その月報に丸谷才一さんが「最初の批評家」という一文を寄せていた。「少年時代のぼくを最も魅惑した日本の批評家は河上であった。世には小林秀雄によって批評を、あるいは日本の批評を知ったという人が多いが、ぼくの場合はそうでない」という書き出しで始まり、河上の特徴は「粋であることと野暮であることの両立である」と指摘した上で「つまりぼくは、官能的なものに存分に迷わされることのできる知識人に憧れていたのだろうか」と結んでいる。「ふーむ、これはすごい。丸谷さんは少年のころから全然変わっていなかったんだ」と感心していると、毎日新聞のKさんからの電話で、丸谷才一さんの逝去を知らされた。丸谷さんから『ドーダの文学史』の展開を毎号楽しみにしているとうかがっていたので、今回は特に根性を入れて書こうと思っていた矢先だった。合掌。

私が小林秀雄論を書く気になった背景には、かねてより心にわだかまっていた「ユース・バルジ（若年人口の突出）が起きると左翼と仏文が人気になるのはなぜか？」という疑問に答えを出したかったからなのだが、しかし、それにはまず人口学を基礎からしっかりと勉強しなければならないと思っていたところ、阿藤誠・佐藤龍三郎編著『**世界の人口開発問題**』（原書房　３２００円＋税）が寄贈されてきた。これは私のような門外漢にとってなんともありがたい入門シリーズである。まず人口学のイロハとして覚えておかなければならないのは人口転換（demographic transition）という理論。

これは高出生率と高死亡率が均衡して自然増加率が長期にわたって低位で推移していた「多産・多死」の時代から、社会の近代化によって最終的に「少産・少死」の均衡状態へと移行するまでの過程において、人口が大きく変動するときの動態の有り様を指す。このうち多死から少死への変化を「死亡力転換」、多産から少産への変化を「出生力転換」と呼ぶ。近代化の初めの段階では死亡率の低下で「死亡力転換」が起きるので人口増となるが、近代化が完了すると出生率が低下して「出生力転換」が起きて人口は減少へと転ずる。この人口転換の法則には例外はないらしい。「中国とインドという世界の2大人口大国が膨大な人口を抱えつつも、今世紀中に人口減少へと転じるのは、まさにグローバルな規模における人口転換の終局が近いことを物語っている」。ただ、人口転換に要する時間やパターンは国や地域の文化や生活様式で異なる。しかも、ここに来て「出生力転換の終着駅と当初考えられていた人口置換水準を突き抜けて、出生率が低下し、半永久的に停滞し続ける状況」が北・西ヨーロッパで生まれたが、この「第二の人口転換」と呼ばれる現象はその後、日本、韓国、台湾、中国にも広がり、ご存じのような「少子・高齢化問題」を引き起こしているのである。ところで、この「第二の人口転換」が起こった国でも、少子化のカーヴが緩い緩少子化国と、カーヴの鋭い超少子化国の二つのグループがある。前者はフランス、オランダ、イギリス、スウェーデン、合衆国、カナダなどであり、後者はイタリア、スペイン、ドイツ、ロシアおよび日本、韓国などであるが、ここで興味深いのは、「『超少子化』国がユーラシア大陸の東端（日本、韓国）から西端（スペイン、ポルトガル）まで旧ソ連・中東欧を介して連続した一続きの帯をなしていることである」。この「超少子化ベルト地帯」の存在は、経済発展だけでは説明がつかず、別の文化的・歴史的要因があるのではないかと考えられている。

しかし、当面は「超少子化ベルト」よりも、むしろサハラ以南アフリカで確認されている出生力転換の遅れが問題である。これは当然、人口爆発の恐怖を呼び起こすからだ。げんに、二一〇〇年の予想人口は1位インド、2位中国、3位ナイジェリア、4位合衆国、5位タンザニアとなって「上位30位のうち14カ国がアフリカの国々で占められる見込みである」。しかし、一方ではアフリカの合計出生率は今世紀を通して低下しつづけ、二十一世紀末には2・13に落ち着くという予想もある。問題はそれまで食糧と水、エネルギー、環境が持つかどうかだが、その意味でも人口学は最も喫緊の学問となるにちがいない。

×月×日

大学の秋学期が始まって数週間。「フランス文化史」の講義ではルネッサンスからフランス革命までをカバーする予定だが、問題意識として東西世界の比較という観点を導入することにしている。中国とインドがGDPでアメリカに迫りつつある現在、ルネッサンスを境に、当時の先進国である中国、イスラム、インドを尻目に西洋が世界の覇権を握ることがなぜ可能になったのかという「世界史最大の謎」をまず解く必要があるからだ。

ニーアル・ファーガソン『**文明　西洋が覇権をとれた6つの真因**』（仙名紀訳　勁草書房　3300円＋税）は副題通り、原因を次のように六つの要因に求める。すなわち①競争（地理的要因のためヨーロッパでは政治・経済面で分権的状況が生まれ、それぞれの国民国家が競い合って発展した）、②科学（自然を観察・分析してこれを改変しようとする科学的精神が軍事面での優位性を生んだ）、③所有権（法治国家を成立させることで私的所有権という概念が生まれ、資産所有者が政治的代表に選ばれる代議制をつくりだした）、④医学（医学の発達で平均寿命が延び、植民地も恩恵に浴するようになった）、⑤消費社会（産業革命による繊維革命で、欲望による消費が生まれた）、⑥労働倫理（キリスト教、とりわけプロテスタンティズムの影響で労働力が集約的に合理化され、貯蓄が増え、資本蓄積が可能となった）が複合的に作用することでルネッサンス以後、西洋の覇権が確立されたというのが趣旨である。もっとも、この主張自体に独創性はなく、先達の提起した進歩概念の混淆なのだが、注目すべきは、その結論部分である。つまり、それぞれの項目はコンピューター用語でいえばキラーアプリケーションなので、欧米がダウンロードした後、十九世紀後半には日本が、戦後はシンガポール、香港、台湾、韓国などのアジア諸国が、ついで中国、ロシア・東欧、中南米がダウンロードに成功したが、そのさいには①競争③所有権などの優先順位が後退し、②科学④医学⑤消費社会⑥労働倫理が重要性を増しているということ。いいかえると、所有権概念に基づく民主主義や代議制という要因は文明進歩の加速要因ではなかったかもしれないという点である。すなわち、十六世紀初頭において専制国家ゆえに全盛を誇った中国はまさにそれゆえにその後の五世紀は遅れを取ったが、キラーアプリケーションがダウンロード可能になるや専制国家のまま近代化に成功したということだ。しかし、予断は禁物である。民主主義と代議制が定着しないうちに近代化したツケはいずれ払わなければならなくなるはずだからである。

著者はその危機要因として一人っ子政策による男女比のアンバランスを挙げている。「もし次に革命が起こるとしたら、独身男性のフラストレーションが起因になりかねない。歴史を回顧すると、女に恵まれない若い男性集団は、革命を起こすのと同じくらい過激なナショナリズムに走りがちだ」。しかも、中国は日本よりも急激に迫りつつある少子高齢化という「第二の人口転換」問題も抱えている。この二つがどう組み合わされるかで状況は変わる。

いずれにしろ、五百年の眠りから覚めた巨大な獅子・中国の動向が、今後二十年間の歴史を決める最大要因となることだけは確かなようである。


（『週刊文春』２０１２年11月1日号）

奴隷、修道院、ラブホテル

×月×日

コンピューターの出現により、意味を変えたものの一つに数字と統計がある。つまり、数字を読み込んでこれを図表化する術を心得ていれば、数字はどんな文書よりも雄弁に真実を語ってくれるのである。歴史とて例外ではない。デイヴィッド・エルティス＆デイヴィッド・リチャードソン**『環大西洋奴隷貿易歴史地図』**（増井志津代訳　東洋書林　９５００円＋税）はこうした数量的歴史学の類いまれな成功例の一つ。奴隷貿易は国家的事業だったこともあり、意外にインボイスが残っている。著者たちがこれをデータベース化し、数字をコンピューターで地図上にマッピングしたところ、圧倒的な説得力を持つ「歴史」が現出した。

すなわち、一五〇一年から一八六七年までの間にヨーロッパ各国（スペイン・ポルトガル・英・米・仏・オランダ・デンマーク・北ドイツ諸都市、バルト海諸国）が三角貿易によって新大陸に送った一二五〇万人のアフリカ人奴隷を、船隊の出発港とアフリカの奴隷積み出し港、そして北米・南米の荷下ろし港に分類し、どの国のどの港からどれくらいの規模の奴隷がどの国によってどの国のどの港に運ばれたかをクロス・レファレンスしてベクトル記号でマッピングした結果、奴隷貿易というものの実態が鮮明に浮かび上がってきたのである。たとえば、われわれは奴隷貿易というとアフリカから北米の綿花地帯に運ばれたアンクル・トムの姿を思い浮かべるが、じつは北米本土への奴隷輸出は全体の比率からいうとたいした割合ではない。比率的にはカリブ諸島への輸出が圧倒的である。そのほとんどはイギリスとフランスによって担われた。

しかし、全体から見ると、カリブ諸島よりもブラジルへの輸出がはるかに大きい。その貿易主体はポルトガルだった。ポルトガルはスペインとともに奴隷貿易に先鞭をつけた国として知られるが、じつは、英仏に海洋の覇権を奪われた後も奴隷貿易大国として生き残り、十九世紀初頭に各国で禁止令が出た後でも奴隷貿易を続けて、ブラジルに驚くべき数の奴隷を運び入れたのである。その積み出し港を見ると、西中央アフリカからブラジルの各港へと集中している。ではなぜ、こうしたルートが取られたかといえば奴隷運搬船は帆船だったので南大西洋の南東貿易風と偏西風および海流が決め手となったのだ。

また、「奴隷貿易時代においては、最も重要な海運上の覇権国家が世界で最も主導的な奴隷貿易商であった」という事実も衝撃的である。つまり、奴隷貿易は海上覇権とセットになっていて、スペイン・ポルトガルに始まって、オランダ、イギリス、フランスへと至る海上覇権国は必ずや最大の奴隷貿易国だったのだ。奴隷貿易の覇権は移り、最後にもう一度、覇権とは関係なくポルトガルが最大の奴隷貿易国となって歴史を終えたのである。

それにしても三六六年の間に一二五〇万人の奴隷貿易というのは凄いが、永続した理由はというと、基本的には「市場の力」である。奴隷貿易の三角貿易システムでは、砂糖、綿花、タバコ、コーヒーなどの貿易と表裏一体になっていたため、倫理的な奴隷廃絶運動が起きてもおいそれとは止められなかったのだ。しかし、最終的には廃止論者が勝利を収めた。「そのような拡大を止めたのは需要と供給の操作ではなく、少人数の奴隷貿易廃止を唱える改革者集団が先導した、アングロ・アメリカにおける公共道徳観の大きな変化であった」。よって、今日でも、市場原理ですべてが動くからといって諦めてはいけない。倫理的に正しい主張は時間がかかるが最後は必ず勝つのだ。人類の愚かさと同時にその賢明さも教えてくれる良書。

×月×日

修道院、とくにシトー会修道院は農業、水利、食品加工、製鉄、建築、美学、学問などの分野において中世社会に不可逆的な変化をもたらしたといわれ、近年にわかに注目が集まっているが、日本ではこの特異な修道会を理解するための基礎資料があまりに少ない。この意味でレオン・プレスイール『シトー会』（杉崎泰一郎監修・遠藤ゆかり訳　創元社　1600円＋税）は願ったりの一冊である。

シトー会は、一〇九八年、修道制度の創始者・聖ベネディクトゥスの祝日（三月二一日）にモレーム修道院長ロベールがディジョン近郊につくった「新修道院」を起源としている。クリュニー会などの既存の修道会の在り方に不満を抱いていたロベールは仲間の修道士たちと森に移り住み、聖ベネディクトゥスの戒律を厳格に順守する修道院を創ったが、このシトー会が飛躍を開始したのは、一一一二年に貴族の若者ベルナルドゥスが一族郎党三〇人をひきつれて入会してきてからである。これを契機にシトー会はラ・フェルテ修道院、ポンティニー修道院、クレルヴォー修道院（ベルナルドゥスが初代修道院長）、モリモン修道院という四子院《ししいん》を設立、急激にその勢力を強めていった。

ではなにゆえに、シトー会が社会に影響を与えたかというと、それは、世俗の現実の介入を排除した自給自足経済を遂行するため修道士たちが敷地内にとじこもり、集団作業によって森を切り開き、耕地を作り出したからである。当時、農民はほとんどがまだドルイド教を信じる異教の民で、森は生け贄を要求する神が住む聖なる場所であったが、シトー会にとっては、森の伐採は異教撲滅のためにも好都合だったのだ。シトー会修道士は「また経験豊かな水力技師として、川を効果的に利用し、沼地を干拓した。さらには輪作の先駆者として、穀物の収益を大幅にあげたり、ブドウ栽培者や家畜飼育者として、有名なブドウの品種を決定したり、すぐれた家畜の品種を選別した」。同じように水車小屋や風車小屋を改良したり、毛織物の圧縮技術を改善したり、鉱山を開発して鉄鉱石から製鉄を行ったりした。シトー会は建築技術にも優れ、専門の建築修道士が各地の修道院を渡り歩いて工事監督をつとめた。ひとことでいえば、神に奉仕するために清貧と労働を重視したシトー会は、近代の誕生にとって最も必要な禁欲的労働モラルをつくり、進歩のきっかけを与えたのだ。「孤独と清貧を求めた」がゆえに逆に世俗社会に大きな影響を与えたという歴史のパラドックスが面白い。

×月×日

日本のラブホテルに感動を受けたフランス人が帰国して同じものをつくったという話を聞いたことがあるが、考えてみるとこの日本独自の「愛の空間」はじつに不思議な発明品である。いつごろ、だれによって発明されたのだろうか？『ラブホテル進化論』で話題をまいた金益見《きむいっきょん》がラブホテルの通史に挑んだ**『性愛空間の文化史「連れ込み宿」から「ラブホ」まで』**（ミネルヴァ書房　２０００円＋税）はホテル街関係者に対する聞き込み調査や同業組合名簿の読み込みによって通説に疑問を呈している点がユニーク。たとえば、佐野眞一の「円山町ラブホ経営者・岐阜白川村出身説」に対しては、渋谷でラブホを経営する人のほとんどは「渋谷ホテル旅館組合」に入っているが、白川村出身者は一部でしかも後発組、ゆえに始まりはむしろお妾さんが経営していた簡易旅館にあったのではないかという説をぶつけている。また、下川耿史の聞き取り調査で流布するに至った「温泉マーク・大阪難波・小林和一氏発明説」にも『大阪日日新聞』の広告欄には一九四六年から温泉マークが登場していることをつきとめ、反論を加えている。文学資料の探索が疎かにされ、広津和郎、北原武夫、舟橋聖一といった名前が挙がっていない点が気になるが、複数の関係者に果敢に聞き込みを行って真実を探ろうとする姿勢は買える。ラブホ、温泉マークにも歴史あり。なにごとも関係者が存命のうちに真実を質しておくべきなのである。

（『週刊文春』２０１２年12月6日号）

その他のおもな書評（2012年）

『毎日新聞』「今週の本棚」

2012年2月5日　髙山裕二『トクヴィルの憂鬱　フランス・ロマン主義と〈世代〉の誕生』白水社　2600円＋税

2012年5月6日　ミシェル・サポリ『ローズ・ベルタン　マリー＝アントワネットのモード大臣』北浦春香訳　白水社　2200円＋税

2012年6月10日　ジュール・ヴァレス『子ども（上）』朝比奈弘治訳　岩波文庫　780円＋税

2012年7月22日　デュレンマット『失脚／巫女の死　デュレンマット傑作選』増本浩子訳　光文社古典新訳文庫　1048円＋税

2012年9月9日　A・ビーヴァー、A・クーパー『パリ解放　1944-49』北代美和子訳　白水社　4200円＋税

2012年10月14日　エルヴェ・ド・サン＝ドニ侯爵『夢の操縦法』立木鷹志訳　国書刊行会　4500円＋税

2012年10月21日　この3冊　丸谷才一

丸谷才一『特装版・樹影譚』中央公論新社　4万5000円＋税

丸谷才一『樹液そして果実』集英社　1714円＋税

丸谷才一『快楽としての読書　日本篇』ちくま文庫　1000円＋税

2012年12月2日　永見文雄『ジャン＝ジャック・ルソー　自己充足の哲学』勁草書房　7400円＋税

2012年12月9日　2012年「この3冊」

山崎正和『世界文明史の試み　神話と舞踏』中央公論新社　3200円＋税

髙山裕二『トクヴィルの憂鬱　フランス・ロマン主義と〈世代〉の誕生』白水社　2600円＋税

永見文雄『ジャン＝ジャック・ルソー　自己充足の哲学』勁草書房　7400円＋税

2013年

1月16日　アルジェリア人質事件（—20日）
1月20日　アメリカ合衆国大統領就任式。バラク・オバマが続投
2月12日　北朝鮮が2009年以来3度目の核実験
2月15日　ロシア・チェリャビンスク州に隕石落下
2月25日　朴槿恵が韓国大統領に就任
2月28日　教皇ベネディクト16世が退位
3月5日　ベネズエラ、ウゴ・チャベス大統領が死去
3月13日　ホルヘ・マリオ・ベルゴリオが新教皇フランシスコに就任
3月14日　習近平が中国国家主席に就任。党・政府・軍の3権を掌握
4月15日　ボストンマラソン爆弾テロ事件
5月23日　三浦雄一郎がエベレストに史上最高齢で登頂成功
6月26日　「富士山—信仰の対象と芸術の源泉」が世界文化遺産に登録
7月18日　米国ミシガン州デトロイト市が財政破綻
7月21日　第23回参議院議員通常選挙
8月1日　ロシア、元米国中央情報局職員エドワード・スノーデンの1年間の亡命を認める
9月7日　2020年夏季オリンピックの開催都市が東京に決定
9月15日　大飯発電所4号機が停止。再び日本のすべての原発が稼働停止に
10月1日　アメリカ議会で暫定予算案が成立せず、一部政府機関が17年ぶりに閉鎖（—17日）
10月16日　台風26号により伊豆大島で大きな被害
12月4日　「和食—日本人の伝統的な食文化」がユネスコ無形文化遺産に登録
12月6日　特定秘密保護法案が参議院で可決・成立
12月24日　猪瀬直樹東京都知事が辞任

文章を読む快楽、貴重な戦後史ドキュメント

×月×日

例年、正月はパリで過ごすことにしていたが、今年はプライベートな都合で渡仏は取りやめに。その分、読書する時間ができたので、寄贈されたり、購入したまま教師稼業の忙しさに取り紛れて積読状態になっていた本をまとめて読むことにする。

森まゆみ**『千駄木の漱石』**（筑摩書房　1700円+税）は、イギリス留学から帰った漱石が明治三十六年三月三日から家族と暮らし『吾輩は猫である』を書いた駒込千駄木町五七番地の家の三年と九カ月にフォーカスした伝記的エッセイ。

まず、問題の苦沙弥先生の家だが「この家は庭をふくめて敷地が四百坪ほどあり、南隣は車屋で、その二軒ほど先に小さな癲狂院《てんきょういん》があった。高台で庭も広く、神田や本郷に近かったから阿具のいうように『役人や学者』にとってはぜひとも住みたい家であった」。

今日、都心で敷地面積四百坪といえば大豪邸だから、われわれが『吾輩は猫である』から受ける「つつましい教師の家」という印象とはだいぶ違っている。ちなみに家賃は二一五円（今日の貨幣価値で二十五万円）。漱石は東京帝国大学と第一高等学校を合わせて月額百二十五円（百二十五万円。すごい！）をもらっていたので、まあ、身分相応の家といえようか。建築直後の明治二十三年から一年半ほどの間、なんと、森鷗外が住み、『文づかい』を書いたという。漱石が借家した時期の家主は、引用にあるように、大学時代の旧友の斎藤阿具で、当時、仙台の第二高等学校から欧州に留学中であった。

もっとも、漱石が住んだ頃の千駄木は駒込村の風情を残す新開地で、「フクロウが鳴き、いたちが床下から顔を出す草深い地」であったから、漱石が手紙に「偏鄙《へんぴ》にて何の風情もこれなく」と書いているのも誇張とはいえない。

では、漱石はこの千駄木の家でどんな気持ちで暮らしていたのかというと、教員生活に対する嫌悪感が非常に強く、新学期や試験の季節になると憂鬱がこうじて機嫌が悪くなった（まさに私と同じ！）。家族はたまったものではない。

「夜中にかんしゃくを起こしては枕など手当り次第に投げたり、子供が泣いても怒りだし、手が付けられない状態になった」

ときには、ＤＶにまで及んだので、堪りかねた鏡子夫人は実家に逃げ帰る。どうやら、最後までわかりあえなかった夫婦のようである。そんな漱石にとって、唯一の慰めは、頻繁に訪れてくる熊本五高時代の教え子の寺田寅彦（寒月君）と連れ立って上野の寄席や奏楽堂に出掛けること。「それにしても夫婦間での葛藤がかくも高まっているのに、弟子とはじつに楽しそうなのはどういうことだろう」

やがて、高浜虚子に勧められて書き始めた『吾輩は猫である』が予想外の好評を博したので、いっそ大嫌いな教師生活に終止符を打とうかと思いはじめるが、結局、「矢張り赤門の中で妙なことを云って暮らす」ことを選び、崖下の養豚場から上ってくる匂いに顔をしかめながらも、「絶望しない唯一の道は、大勢に順応せず、世間と戦い続けること」だと腹をくくる。明治三十九年末に家主の斎藤阿具から家を明け渡してほしいという手紙が届き、しぶしぶ転居に同意する。口でいうのとは裏腹に、苦沙弥先生、千駄木の家が気に入っていたのである。

改めて感じることだが、著者は当代随一の名文家であり、文章を読む快楽というのがたしかにあることを感じる。地域雑誌として一時代を画した『谷中・根津・千駄木』の総括ともいえる「千駄木の漱石」論。

×月×日

一度だけ短いエッセイを寄稿して以来、スタジオジブリ編集・発行の『熱風』が送られてくる。思いのほかレトロ志向の雑誌だが、中で愛読していたのが前・日本テレビ放送網代表取締役会長の氏家齊一郎へのロング・インタビューだった。戦後の学生運動史に多少とも興味ある者なら、盟友の渡邉恒雄とともに全学連を立ち上げたこのマスコミ業界の大物の回想に心ひかれないはずはない。それがまとまって、氏家齊一郎聞き書き・塩野米松『**昭和という時代を生きて**』(岩波書店　2400円+税)として出たのでさっそく購入。大垣城主・氏家直元の子孫で、財閥・古河合名の理事の息子として大正十五年に生まれた氏家はリベラルな校風で知られた東京高校の附属中学に入学し、歴史学者の網野善彦と同級になる。終戦前、網野と一緒に占い師の元を訪れると、占い師は氏家には組織に入ればかなりのところまで出世すると言い、網野には「あれよあれよという間に名声が上がる。ところがギュウッとまた落っこっちゃうと。その繰り返しの人生でしょう」と予言する。一年上に渡邉恒雄がいて、十七歳のときに親友となる。

東京高校二年で終戦を迎え、演劇活動に飛び込むが、それと前後して渡邉恒雄にオルグされて共産党に入党。「僕が入党したのは、戦争が終わったのが19歳ですから、20歳の時です。これはまあ直接的には渡邉が誘ったからです。ですから入党は僕が東大の経済学部に入る前。東高時代から活動をやってました」所属した共産党細胞は中野南地区で、中野駅近くの古本屋で話しかけてきたのが同じ細胞所属の上田耕一郎（後に日本共産党副委員長）。東大は一年浪人して経済学部に入ったが、経済学部総数九百人のうち二百人以上が東大細胞だったというからすごい。堤清二も積極的な活動家だったが、東大細胞の中心にいたのはなんといっても渡邉恒雄。ところが、その渡邉恒雄が昭和二十二年に主体性論争を起こして共産党から除名されてしまう。

「それは非常に極端に言うとね、革命さえ成し遂げられるなら、人を殺しても泥棒してもいいといった考え方です。しかし、それがほんとにいいのかっていうのが渡邉たちの考えだった。そうじゃない、革命こそ最優先だっていう派があって、このふたつの派の争いだったんですよ」

渡邉が除名となれば、同志でもある氏家たちのグループにも嫌疑がかかる。

「ある時、3人で話してたら（中略）ひとりがポツッと『おい、もうこんな党活動やめようか』って言ったんですよ。

その時に僕は気持ちの中でね、ものすごく開けたと感じたんです。その道は自由の道なんだっていうふうに思ったんです。ええ、党をやめることがです。今でも覚えてますね。自由だという感動ですよ、一種の」

読売新聞に入社したのもまた渡邉恒雄に強引に誘われたからだった。

「僕は実は、読売新聞に受かる前は野村證券に受かってたんです。（中略）そこに行こうと思ってたら、彼が『おまえはどんなことがあっても新聞記者向きだから来い』っていう話になって、それでコインの表裏で決めるかっていうことになったんです。そしたら読売に行く方に出ちゃったわけですよ」

読売入社後、渡邉は政治部、氏家は経済部としてそれぞれ特ダネを連発し、自民党党人派人脈に食い込みながら出世街道を驀進していたが、当然、出る杭は打たれるの伝で、反発も大きい。そんな二人を抜擢したのが務臺社長。務臺社長とは後に対立し、左遷されるが、しかし、その前に彼から貴重な処世訓を得る。「例えばね『氏家君ね、人を騙そうなんて思った時はね、のっけから嘘ついちゃ駄目だよ』って言うんです。『99本当のことを言いたまえ。残りの1で騙すんだよ』って言うんだよ」

ただし、この教訓は使わなかったという。「人を騙して上がれる範囲って決まってますよ。私の見てるとこで、この世の中で大成した人で、人騙して上がってきたっていう人いないもの」。ビジネスマン必読の一冊であると同時に、貴重な戦後史のドキュメント。なぜ、氏家がスタジオジブリの『熱風』のインタビューに応じたか、その経緯も興味深い。

（『週刊文春』２０１３年1月31日号）

セックスと食、節約と浪費の二重ベクトル

×月×日

夏目漱石は「現代日本の開化」という講演の中で、開化や進歩をもたらしたのはエネルギー節約ベクトル（面倒くさいことは嫌いだ）とエネルギー浪費ベクトル（本能の命ずるままやりたいことをする）という二つのベクトルの合力であると述べているが、これは絶対に当たっている。実際、どんなものでもこの漱石理論で説明できる。

たとえばセックス。人は、文明開化の方向に進み過ぎると、相手を探し、セックスし、恒常的関係（結婚）を結ぶのを面倒くさいと思うようになる。男は趣味に生きてオタク化し、女は仕事と学問に生きてノン・セックス化する。よって、セックスは消滅し、少子高齢化が加速する。これが日本の現状で、おそらく文明開化の最終形態だろうと思っていたが、どうやら、もう一つ先があるらしい。

ダニー・ラフェリエール『ニグロと疲れないでセックスする方法』（立花英裕訳　藤原書店　1600円＋税）は、ヘンリー・ミラー、ブコウスキーの衣鉢を継ぐ前衛文学である。世界最貧国の一つハイチから移住してカナダのモントリオールで暮らす「おれ」は完全なオタクである。サン・ドニ通り三六七〇番地の狭いアパルトマンに引きこもり、ジャズを聞き、世界文学に惑溺しながら、ニコンや三島の日本にあこがれ、チェスター・ハイムズと同じレミントン22で小説を書いている。同居人は『コーラン』とフロイトしか読まない仙人のような友人ブーバ。小説はこの二人の哲学的会話と、ときに「ニグロのペニス」目当てでアパルトマンを訪れてくる白人のインテリ女性との「交情」というかたちで進行する。白人の女たちはみな凄い美人で、高学歴、高収入のスノッブばかり。「おれ」にはどうしてもわからない。なぜ、こんな女たちがそろいもそろって「おれ」のような「ニグロ」とセックスしたがるのか？「おれ」は自問する。「いいかい、彼女はマギル大で勉学に励んでいるのだ（金持ちが自分の娘を通わせる最高学府。そこで科学的明晰さ、分析、懐疑を学ぶ)。ところが、ニグロが現われるや、でまかせを言って娘をものにしてしまうのだ。どうしてなのか？　それは、娘にそんな贅沢をする余裕があるからなのだ。(中略) ミズ・リテラチュアは、純真で、曇ったところのない、正直な良心を所有するだけの余裕がある。それだけの資力がある。おれの方は、そんな贅沢品に手を出してはいけないと悟るのに手間はかからなかった。良心など、もってのほか」

　では、「おれ」が欲しいのは何なのかというと、物質的欲望がぎっしり詰まったアメリカだ。「身も蓋もない話ではある。おれはアメリカが欲しい。(中略) アメリカは一つの全体だからだ」。つまり、貧しいニグロの「おれ」が求めているのはエネルギー節約ベクトルの究極形態としてのアメリカなのだが、白人のインテリ女が求めるのはエネルギー浪費ベクトルの究極形態としてのニグロなのだ。かくて、「おれ」は結論する。

「白人の女は白人の男よりも下で、ニグロの男よりも上なのだ。彼女がニグロとでなければ本当の快楽を感じないのは、そこに理由がある。不思議でもなんでもない。彼女はニグロとならとことん行けるのだ。真の性的関係は不平等なところにしかない。白人の女は白人の男を楽しませなくてはならない。そしてニグロの男は白人の女を楽しませなくてはならないのだ。セックスの偉大なる達人としてのニグロの神話はそこから来る」

　こんなことを考えながら、「おれ」は、「おれにフェラチオをするミズ・リテラチュア」を眺めながら「世界の果てにある故郷を想う。村を出て行ったすべての男たちのことを想う。白人のところに富を求め、手ぶらで戻ってきた男たちを」。

　文学は二つのベクトルが激しく交錯するところでしか顕現しないという見本のような傑作である。セックス描写も見事。

×月×日

かつて、日本が貧しい極東の国だった頃、芸術を志す若者はパリに憧れた。それはパリがエネルギー節約ベクトルの究極としてのアメリカとは別の、エネルギー浪費ベクトルの究極の姿に見えたからにちがいない。パリに行けば「完全な自由」が手に入り、その「自由」によって自分の芸術は開花するはずだと信じて。日本画壇の最長老の一人で、九十二歳のいまも旺盛な活動をつづける野見山暁治は名作『パリ・キュリイ病院』でも明らかなように素晴らしい名文家でもある。そんな著者のエッセイ集がみすず書房の「大人の本棚」の一冊**『遠ざかる景色』**（2800円＋税）として再刊された。構成は一九五二年の渡仏以前のことを回想した「遠ざかる景色」、渡仏中の想い出とフランス再訪時の感想からなる「異国の人びと」、そして戦没画学生の遺作収集の旅の記録「ある鎮魂の旅」からなる。いずれも「天が二物を与えた」希有な芸術家の心に染みるエッセイだが、私が惹かれるのはやはり著者とフランスとのかかわり方である。

とくに二重ベクトルの観点から興味深いのが「パリ再訪」と「ライ・レ・ローズの家」という再渡仏時のエッセイ。というのも、自分がかつて暮らしたパリと郊外を再訪したときに著者が感じた違和感にベクトル交錯があらわれているからだ。著者は十六年ぶりのパリでこんなはずではなかったのにと感じる。フランス人はいつからフランス人であることを忘れ、アメリカ人や日本人のようなエネルギー節約ベクトルに染まったのだと。では、著者がこれぞ《フランス》、と感じたのはどんな人間関係だったのだろうか？ライ・レ・ローズの三階建ての家に下宿していたマドモアゼル・ベルピオという哲学者のような婆さんはそんな一人だ。彼女は一日中、本ばかり読んでいる。「どんな本？　と尋ねると、彼女はこう言う。ムッシウ、この本はとても面白い、だけどお前さんに話してあげることが出来ない。それはこの本を読まなきゃわかんないからだよ」。ヴァカンスに近くのパン屋が閉まると、彼女は隣村のパン屋まで買いにいく。「私」もそれにならったが、ついでに買ってきてあげようかと尋ねると、怪訝な顔をされた。「自分の食べたいものは自分で見つけてくるのがおいしい食事さ。彼女は頬っぺたを赤くして笑う。（中略）わたしはマドモアゼル・ベルピオの笑い声が好きだった。屈託がない。老いの不安や終末の予感といったものを、忘れてしまっているようだ」

たしかにひと昔まではこういうフランス人がいた。エネルギー節約ベクトルの究極形態である東京のど真ん中にいると、ベルピオ婆さんのようなフランス人に無性に会いたくなってくる。しかし、まだ、「ベルピオ婆さん」はフランスにいるのだろうか？

×月×日

エネルギー節約と浪費の二重ベクトル理論が最初に提唱されたのはおそらくバルザックの『あら皮』だろうが、その理論が最も雄弁な形で証明されるのは、ほかならぬバルザック自身の食生活であるというのがアンカ・ミュルシュタインの『バルザックと19世紀パリの食卓』（塩谷祐人訳　白水社　2200円＋税）の主張。なぜなら、「食は人なり」と信じて登場人物の食べ方と食べものの執拗な描写を行ったバルザックは、制作中は禁欲に終始し、作品を書き終わると同時に猛烈な食欲を発揮して牡蠣を百個も平らげたからだ。食べることを夢見ているからこそ食べる場面を書けるのであって、その逆ではない。そして、それは性欲についても然りであった。「彼は食べ物のことを書いている時にものを食べなかったのと同じく、愛について書いている時に、ことが必ずしも同時におこなわれていたとは限らない」。フランスの食文化を知りたかったら、バルザックを読め。そこには、「食」のすべてがある。

（『週刊文春』2013年3月7日号）

吉本隆明とドストエフスキー、個の不確定性

×月×日

吉本隆明『マス・イメージ論』文庫版の解説を書いたが、そのときに改めてわかったのは、『マス・イメージ論』の出発が「〈現在〉が現在にはいるにつれ、いつの間にかいままでの詩法にひっかかる現実がどこにも見あたらない」という焦りにあったということだ。つまり、詩人として一九八〇年代を捉えきれないという焦燥から、吉本はこの時代を全的に把握する試みに挑んだのであり、すべての原点は「詩人であること」に存するのだ。

そう考えていたときに菅野覚明『吉本隆明——詩人の叡智　再発見　日本の哲学』（講談社　1500円＋税）を開いたら、次のような箇所が目に飛び込んできた。

「何ごとかを論理的に『考察しつくそう』とするとき、我々が普通に選ぶやり方は、いくつかのごく簡明な前提から出発して思考を積み重ねていくという方法であろう。（中略）では、もしここに、誰にとっても決してあたりまえでない、むしろあやふやで例外的であると思われる事がらから出発して世界を捉えようとする思想があったとしたらどうであろうか。実は、吉本の思想こそが、まさにそのようなものなのである」

そうなのである。吉本思想の隔絶したユニークさというのはまさにこの点にあるのだ。「吉本の思考の起点は、個が個であること、私が私であること、である。（中略）彼が捉えている『個が個であること』とは、端的には『詩をかく』ということであり、『私』とは、『詩をかくという心的な状態』においてあらわれる何ものかを指している」

その通り！　著者は非常に的確に吉本を捉えている。また吉本主義者でないがゆえに、吉本特有の難解な造語をわれわれにもわかるような言葉にパラフレーズしてくれるので、吉本は理解不能と思っていた人でも吉本にチャレンジする勇気が湧いてくる。

しかし、それにしても、なにゆえに吉本は「詩をかくという心的な状態」がすべての「個が個である」出発点であると考えたのか？

それは「個（自己）」が外界の現実や日常的・共同的な意識とぶつかり合うとき、そこには必然的に強烈な「異和」が生まれてくるからにほかならない。だが、その「異和」を表出しようとしても、そうは簡単にはできないような制約や桎梏《しっこく》が存在している。すべての問題はここにある。著者の解説を聞いてみよう。

「人間は、自然の部分であることをやめ、個体として自立しようとした。つまり、個としての自己になろうとした。しかし、自然からの自立を果たすと同時に、個体は、今度は社会の共同性というもう一つの全体性の部分へと取り込まれてしまう。そして、自己を定立するはずであった、対－自然の意識もまた同時に、自己に対して制約、桎梏として働く共同的な意識に吸収される」

この「制約、桎梏として働く共同的な意識」の最たるものが言語である。言語というのは常に「他者の言語」であり、「異和」を表出するにしても「他者の言語」の中に入っていって制約、桎梏を承認することから始めなければならないからだ。あるいはこの「他者の言語」としての制約、桎梏を意識することで「異和」が始まるといいかえてもいい。

吉本の独自さというのは「異和」を解消する方法を探すのではなく、この「異和」を拠点にして、世界（自然・社会）との関係構造を捉えなければならないと考えたことだ。その不可能を唯一可能にする存在が詩人であり、その方法的概念の獲得のために書かれたのが『言語にとって美とはなにか』『共同幻想論』『心的現象論』であった。しかし、彼が目指したのは実は言語・文学の理論の樹立ではない。理論はあくまで「詩の本質的な動機であるところの『ほんとのこと』を対象的に捉え返し、そこに『意識的な根拠』を置いて創作する」ための「詩論」にすぎなかった、と著者はいう。

しかし、最も重要なところは、吉本にとって「詩」は同時に人間の本質を問う「哲学」でもあったという点なのだ。著者は両者の関係を次のように解説する。「詩を書くことは、居場所を持たない十全な自己が、幻想としてのあるべき世界を紡ぎ出す営みである。この幻想の『自立』性、強度は、『具体的な現実の社会過程と、現象的に切れれば切れるほど』高まるものと、吉本は考える。そして、現実から『切れる』ことを可能にするものは、『論理』であり『批判』であるところの哲学・思想の働きであるという。幻想そのものを実在化させる詩を書く営みに対し、その実在性の強度を高めるものが、吉本にとっての理論的探究なのである」

そして、その「詩」と「哲学」を融合させて「この現在において唯一可能な自立・白由の形（想像世界）を作る営み」が「普遍文学」であると吉本は定義するが、吉本がこの「普遍文学」へと接近しようとした「最初にして最後」の試みが処女作の『固有時との対話』であったのだから、吉本の全体像を捉えるには

『固有時との対話』の読解以外にはない。これが著者の意図であり、その意図は十分に成功している。オビにある「ついに出た　吉本論の決定版！」というのは決して偽りではない。

×月×日

菅野覚明による『固有時との対話』解釈の眼目は、この思想詩が物理現象（「物象」）を記述する物理学の方法を発想のもとにしていると考えたことである。すなわち、物理現象はマクロのレベルでは因果律が成立するが、個々の粒子のレベルでは因果律が成り立たないとする量子論を応用して、人間は自然や社会というマクロのレベルでは合論理的だが、それを個として捉えると必ずしも合論理的ではなく、論理からはみ出す不確定性（自由）をもっているということだ。その不確定性の世界を把握可能にするのが「詩」であるのだが、この意味で、ドストエフスキーこそは「個における不確定性」を「小説」というかたちで証明しようと全身全霊を傾けた作家であるといえるのではないか。そのドストエフスキーの『固有時との対話』に相当するのが、旧来『地下生活者の手記』と訳されてきた**『新訳　地下室の記録』**（亀山郁夫訳　集英社　1500円＋税　↓　集英社　二〇一三年　Kindle版）。

小説は「第一部　地下室」「第二部　ぼたん雪にちなんで」の二部構成だが、第二部は第一部の絵解きであり、重要なのは「わたしは、病んだ人間だ……わたしは、底意地が悪く、およそ人に好かれるような男ではない」という書き出しで始まる「第一部」である。社会不適者の「私」が、仕事をやめて蟄居したアパルトマンで自我に閉じこもり、（その閉塞的自我の比喩が「地下室」）、架空の読者を相手にひとりよがりなモノローグに終始するという内容で、昔、高校生のときに読んだときには鬱陶しいとしか感じなかったが、いま読むと、日本の「ひきこもり」を予言した小説に思えてくる。しかし、もちろん、支離滅裂なモノローグと見せて、フーリエの情念論とパスカルの気晴らし論というフランスの生んだ二大最強思想で理論武装しているので、どうしてなかなか読ませる議論となっている。

「わたしは百遍でもくり返し言いたい。人間がわざと、意識的に、自分にとって有害であり、愚かであり、愚劣きわまりないことを願う場合がひとつだけある、と。たったひとつ。それはほかでもない。自分にとって愚劣きわまりないことをも願い、賢いことしか自分に願ってはならないという義務に縛られずにすむ権利を確保する、そのためにである」

「もしかして人間が愛しているのは、幸せな暮らしだけではないかもしれないではないか？　そう、同じくらい苦痛を愛しているかもしれないではないか？　いや、苦痛もまた、人間にとって、幸せな暮らしと同じくらい有益かもしれないではないか？　いや、人間は、時としておそろしいほど熱烈に苦痛を愛するものだ」

たしかに、これはドストエフスキー理解のための「要」となる作品である。

（『週刊文春』２０１３年４月11日号）

悪徳の栄え、作家と編集者、シトロエン

×月×日
四月から校舎が中野に移り、廊下から丸見えのガラス張りの教室で授業することに。当局が授業に演劇

性を期待しているのだろうと勝手に解釈して「ヨーロッパ都市風俗論」は完全即興ライブで行くことにした。しかし、即興とはいえトピックスだけは前以て考えておく必要がある。ダニエル・コーエン『**経済と人類の1万年史から、21世紀世界を考える**』（林昌宏訳　作品社　2200円＋税）は様々なトピックスを提供してくれるありがたい本。原題は『悪徳の栄え』。しまりのない邦題は編集者がつけたものだろう。

それはさておき、内容はなかなか刺激的である。基本はマルサスの「食糧の増加は等差級数的だが、人口増加は等比級数的」というテーゼ。社会が安定して食糧が増加すると人口は倍増するから、食いぶちが減って貧窮化が進み、飢饉・戦争・疫病を招き、人口増は止まる。実際、このパターンは産業革命まで続いた。ところが、産業革命を成し遂げたイギリスでは人口増となっても個人所得は減少しなかった。では、食糧はどこで確保されたのか？「その答えは単純だ。イギリスは、工業製品を輸出し、農産物を輸入したのである。イギリスは、一九七〇年代に新興産業国が採用した経済モデル、そして現在では中国が採用している経済モデルを採用したのだ」。このモデルのおかげで、世界はイギリス、フランス、アメリカ、ドイツあるいは日本の順で、人口増が所得増大をもたらす「経済成長」の神話を謳歌したが、この「悪徳の栄え」には二つの大きな落とし穴があった。

一つは経済成長はそれに見合った幸福の増大はもたらさないこと。「現代社会は、経済的な豊かさよりも、経済成長に飢えているのだ。（すでに）経済的に豊かであるが停滞している国よりも、（急速に）経済的に豊かになる貧しい国で暮らすほうが幸せなのだ」。もう一つは、マルサス理論はグローバルな規模で見れば依然として有効性を持っているということ。すなわち、中国・インドというかつての大国が経済成長を開始した二一世紀には、人口増が戦争・飢饉・流行病という従来的な「悪」ばかりか、地球環境の劣化という新たな「悪」を招き寄せ、自動的に成長に歯止めをかける可能性がある。

だが、この第二の落とし穴は、もしかすると回避できるかもしれない。というのは、マルサスが予測しなかった「成長が人口減少をもたらす」という傾向が現れてきているからだ。「世界で最も古い経済法則であるマルサスの法則が働かなくなったのは、イメージがグローバル化したからだ。出生数が人類の運命を支配することにピリオドを打った人口転換は、自由な女性という『アメリカ・モデル』がテレビ放映されたのと直接的なつながりがあると思われる」。なんと二〇五〇年には世界中の女性全体の合計特殊出生率は、西側諸国の女性と同じ一・八五になるという！　ほんとかしら？　予測の的中を願うのみである。

×月×日

本が寄贈されてくるたびに思うのはこの本は「誰を泣かせているのだろうか？」ということ。造本に金をかけずに安いのは①「本を泣かす本」。造本に金をかけて安いのは②「著者（訳者）を泣かす本（印税なし）」。造本に金をかけて高いのは③「読者を泣かす本」。ちなみに「造本が立派で安く、印税の払いもいい」という④「だれも泣かさない本」はあり得ない。出版社が倒産するからだ。さて、この中で一番健全なのは③「読者を泣かす本」だが、デフレ下でこのオプションはない。残るは①と②だけだが、編集者だったら②で行きたいと思うに決まっている。事実、歴史に名を刻んだ名編集者というのはみな、編集者ドーダのために、著者や訳者やイラストレーターを泣かせているのである。

出版史に残るグランヴィルの挿絵本『動物たちの私生活・公生活』を世に出し、ジュール・ヴェルヌの版元として「驚異の旅シリーズ」をつくりあげたピエール＝ジュール・エッツェルはまさにこうした②型の編集者の典型で、ヴェルヌはおおいに泣かされたわけだが、しかし、二人の関係は加害者と被害者のそれでは説明のつかない複雑なものだった。

石橋正孝『〈驚異の旅〉または出版をめぐる冒険　ジュール・ヴェルヌとピエール＝ジュール・エッツェル』（左右社　４２００円＋税）はヴェルヌとエッツェルの間で交わされた膨大な書簡を読み解くことで、この二人の骨絡みの共犯関係を余すところなく暴き出しているが、そもそもの原因は挿絵本というコスト高の本にエッツェルが深く魅せられたことにある。すなわち、ヴェルヌの挿絵本の出版を己の使命と考えたエッツェルは最初、分冊形式で初期投資リスクの分散を図っていたが、編集者ドーダから挿絵入りの版元装丁豪華本（いわゆるエッツェル本）の刊行を優先するようになる。しかし、二万部を売らないとペイしないビッグ・プロジェクトであるために、そこから遡行的に計算して、ある決断を下す。すなわち、二万部売れる本にするために編集者（エッツェルはＰ－Ｊ・スタールという作家でもあった）の「助言」という名目でヴェルヌのテクストに大幅に介入することに決めたのだ。これを著者は「システム」と呼ぶ。このシステムのためにはヴェルヌが金銭でも作家的自尊心でも「泣く」必要があったが、しかし、それは一方的な犠牲ではなかったのだ。『『システム』は、ヴェルヌの成功に対して、エッツェルが象徴的な次元で共著者として主張しうる権利を放棄して初めて作動しえたのである。ヴェルヌを文学的に自己否定させるところまで追い詰めつつ、そうした文学的犠牲のみならず、経済的犠牲をも強いつつ、『システム』は自己を貫徹する。まさにその瞬間に逆転が起こる。ヴ﹅ェ﹅ル﹅ヌ﹅は﹅こ﹅の﹅上﹅な﹅く﹅著﹅者﹅に﹅な﹅る﹅の﹅だ﹅」

エッツェルなくしてヴェルヌなし。ヴェルヌなくしてエッツェルなし。これぞまさにシステムである。

×月×日

バブルの頃に浮かれまくって、緑色のシトロエン2CVとその「醜い妹」と揶揄されたディアーヌの赤を買い、得意になって乗り回していたことがある。なぜか、フランスの車ではなく「フランスに」乗っているような気がしたからだ。

武田隆『**シトロエンの一世紀　革新性の追求**』（グランプリ出版　2600円＋税）は、創業者のアンドレ・シトロエンとシトロエン社の足跡を追いながら、2CVやDSといった超個性的なクルマが生み出された文化的背景に迫ったファン必読の本。まず、シトロエンというフランスには珍しい名前の由来だが、これはユダヤ系オランダ人だった先祖がレモン（ライム）を扱っていたのでLimoenmanと名乗ったのが、祖父の代からフランス風にCitroenになり、シトロエンの代からeの上にトレマがついてCitroënとなったのだという。エリート校のポリテクニック在籍中にシトロエンはポーランドの義兄の工場を訪ねたときダブルヘリカルギアを見て感心し、生産工場を作ろうと思い立った。これが今日のシトロエンの「《」マークの起源である。

アメリカにヘンリー・フォードを訪ねて感動したことから、第一次大戦後にいきなり量産大衆車のタイプAでスタート。「アイデアが良いとわかったその瞬間から、コストのことなど問題ではなくなる」という言葉の通り、大不況下にもかかわらず世界初の前輪駆動大衆車トラクシオンアヴァンで勝負に打って出たが、過剰投資で経営危機を招き、ミシュラン社の援助を仰ぐことになる。アンドレは失意のうちに没したが、その冒険的合理精神は後継者のブーランジュや航空技師のアンドレ・ルフェーヴルに受け継がれ、やがて、自動車史に残る傑作2CVとDSを生み出すことになるのである。ナチスにアイディアを横取りされないよう、シトロエン社が2CVを徹底的に隠したというエピソードは興味深い。

（『週刊文春』２０１３年5月30日号）

アルドリッチ、大菩薩峠、オペラ座

×月×日

七月十四日のフランス革命記念日から練馬区立美術館で始まる「鹿島茂コレクション3　モダン・パリの装い」のカタログ準備と毎月の原稿の締めきりが重なり、二、三時間の睡眠しか取れない毎日が続く。本は仕事の関係上たくさん読むが、映画は劇場でもＤＶＤでもこの数年ほとんど見ていない。引退後を考えて買い溜めた数千本のビデオが段ボールに詰められたまま鑑賞されることなく眠っている。十年ほど前、レンタル・ビデオ店の処分品を売る神保町のセル・ビデオ屋で買い溜めたもの。御自慢の逸品はロバート・アルドリッチの傑作『キッスで殺せ』と駄作『ソドムとゴモラ』。アルドリッチには傑作だけではなく駄作も集めたくなる不思議な魅力があるのだ。アラン・シルヴァー＆ジェイムズ・ウルシーニ『**ロバート・アルドリッチ大全**』（宮本高晴訳　国書刊行会　４２００円＋税）は私のようなディープなアルドリッチ・ファンにはこたえられない一冊。

まずアルドリッチがロックフェラー一族の家系であることに驚いたが、ＲＫＯの助監督時代にロージー、ロッセン、ポロンスキーなど赤狩りのブラックリスト監督たちに付いたという事実には驚かなかった。

『攻撃』や『悪徳』を見れば明らかなように、アルドリッチの作品には理不尽な権力者と徹底的に闘うというテーマが一貫しているからだ。もう一つ興味深いのはこれらの名匠から「最高の助監督」という賛辞を受けたこと。アルドリッチは実務においても有能な監督だったのである。もっとも、「最高の助監督」というのはときとして「最低の監督」となることが多いが、アルドリッチは違った。長編第一作『世界が人質』がヘクト＝ランカスター・プロから注目されて『アパッチ』の監督を任せられると、これを素晴らしい作品に仕上げた。以後、赤狩りに遭うこともなく『ヴェラクルス』『ヤッスで殺せ』『攻撃』『飛べ！フェニックス』『何がジェーンに起ったか？』『特攻大作戦』『カリフォルニア・ドールズ』といった大傑作をつくり出していった。もちろん『ソドムとゴモラ』『テキサスの四人』といった脱力系の作品もあるが、それでもはっきりと「アルドリッチ」のハンコが押してあることは確かで、傑作だろうと駄作だろうと、信念をもった主人公が運命と戦うという点では一本筋が通っているのである。

しかし、この本がおもしろいのは、こうした略歴よりも、自作に加えたアルドリッチのコメントが拾ってあることだろう。ジャック・パランスとロッド・スタイガーが共演した『悪徳』のコメントはこうだ。「スタイガーの役はルイス・B・メイヤー、ハリー・コーン、ジャック・ワーナーをモデルにしようと決めていた。しかし、スタイガーにはユーモアが欠けている。飛び切りの名優なんだがね。ワーナーにはすこぶる滑稽な一面があるから、ユーモアに欠けるスタイガーにはその味は出せない」

『何がジェーンに起ったか？』のベティ・デイヴィスについて。「ベティ・デイヴィスはチャップリンに匹敵する、まぎれもない天才だ。チャップリンと違うところは、デイヴィスは自分の限度を知っている。自分に何ができて何ができないかを知っている。また映画作りについてもたいていの映画人よりも深い理解をもっている。キャメラはどこに据えるべきか、ライトはどこから来るべきか、人物の立ち位置はどこが最善かといったことを。彼女は図抜けて頭がよく、またこうと決めたらテコでも動かない。仕事の相手としては手を焼くが、得るものは限りなく大きい。デイヴィスは真に偉大な俳優だ」

×月×日

中里介山の『大菩薩峠』は大学時代に角川文庫で「龍神の巻」まで読んで挫折し、十八年ほど前に筑摩書房から再刊されたときに中野翠さんとの対談のために全巻読破したが、あの永遠に終わらないバロック小説の醍醐味というのは独特のもので、神尾主膳やお絹といったキャラクターがあまりにおもしろかったので小説『妖人白山伯』を書いたときにこっそり使わせていただいた。ところで、『大菩薩峠』が「都新聞」に大正二年から連載された新聞小説であることは知っていたが、書籍化されたときに大幅に削られて三分の二の長さになっていたことは知らなかった。いや、知らないのは私だけではない。これまで『大菩薩峠』を再刊した出版社も評論家もだれ一人としてこの事実に気づかなかったのである。伊東祐吏『「大菩薩峠」を都新聞で読む』（論創社　2500円＋税）はこの驚愕すべき「真実」を百年ぶりに発見し、その削除の事実から中里介山の意図を逆照射しようとした意欲作。あるシンポジウムで『大菩薩峠』について語らなければならなくなった著者は、作品のいたるところに辻褄の合わない箇所があることに気づき、「都新聞」の連載に当たって驚く。たとえば、通説では、冒頭、机龍之助が宇津木文之丞との試合の前に現れた妻お浜に「試合の勝負と女の操のどちらが貴いか」と問いかけて手ごめにしたということになっているが、単行本では、かなり後で漠然と暗示されているにすぎない。

では「都新聞」のバージョンではどうなっているかというと、単行本ではカットされている机龍之助宛のお浜の手紙がちゃんと引用されている。「男は強きものなれば、勝ちも誉れもあれ、女は弱きものなれば苟且《かりそめ》の恋にも破るゝ習《ならい》なり、強き男は世にも憎らしけれど、優れて頼もしきものを、今日の試合に勝ち給え」。ふーむ、これは大変なことになった。というのも、これまでの解釈とはまるっきり違ってきてしまうからである。「お浜の返事は、『試合の勝負』と『女の操』のどちらかを選択するのではなく、どちらをも龍之助の手に委ねるというものである。それにより、龍之助が試合に勝利することは、お浜の『女の操』を奪うことと同義となる。お浜はすべてを決断したのであり、龍之助はこの強烈な誘惑のなかで、試合に臨むことになる」。なんと、「手ごめ」ではなく、お浜から誘っているのである。一事が万事この調子で、「都新聞」版で読むと『大菩薩峠』という作品の意味も変わってくるのである。「龍之助がお浜という女を奪う物語に見えて、実はそうではない。お浜が龍之助の心と体を奪っている。そして作者の介山も、こうした女の本性が描きたくて、この小説を書いているのである」。

ではいったい、このような大幅な削除を行ったのはだれなのかという疑問が生じるが、その削除の犯人はなんと介山自身だった。単行本は弟にやらせていた古本屋から刊行されたからである。しからば、その意図は？　日本文学の極北に位置するこの作品の全面的見直しを迫る画期的な本である。

×月×日

ここ一年ほどパリに出掛けていないので、そろそろ禁断症状が出てきたようだが、パリに行くたびに思うのは大改造をオスマンに命じたナポレオン三世は偉大であったということ。もし、ナポレオン三世が出現していなかったら、今日、われわれが目にしているようなパリは存在していなかったからだ。とくに、オペラ大通りを九十五番のバスで走っているときにそのことを痛感するが、日本語でオペラ座のことを詳しく知ることのできるような文献があるかというと、これが意外にないのである。あっても翻訳がいいかげんだったり、歴史について無知な人が書いていることが歴然とするようなものばかりである。鈴木晶『**オペラ座の迷宮　パリ・オペラ座バレエの350年**』（新書館　3200円＋税）はバレエが中心であるとはいえ、オペラ座に関する基礎知識がすべて網羅された良書。とくに、オペラとバレエの関係、ガルニエのオペラ座以前のオペラ座の歴史、それに、十九世紀後半のバレエ衰退期のバレエについても詳述されているのがありがたい。

（『週刊文春』2013年7月4日号）

月報から見る明治、細部から見えてくる歴史

×月×日

電子書籍化の動きが慌ただしくなってきて、アイディアの提供を迫られることが多いが、確実にいえるのは、長編小説や大論文など「通読」を前提とする本は電子書籍とは親和的でないが、膨大な巻数を擁する基礎文献は「通読」を前提にしていないから、意外や電子書籍と親和的なのであるということ。この意味で、歴史や文学に関して蓄積のある老舗出版社は電子書籍時代に蘇る可能性がある。筑摩書房編集部編『**明治への視点　「明治文學全集」月報より**』（筑摩選書　2000円＋税）は一九六五年から二十四年の歳月

をかけて刊行された『明治文學全集』の月報所収の「明治への視点」を一冊にまとめたもので、本来なら電子書籍にこそふさわしい企画である。

もちろん、書籍としても非常におもしろい。執筆陣には「よくもまあこんな人が戦後のこの時期まで生き残っていた」と感嘆するような名前が見いだされるからだ。たとえば生方敏郎（一八八二―一九六九）。生方敏郎は東京朝日新聞記者としてスタートした作家で『明治大正見聞史』が名高いが、明治学院で島崎藤村の後輩、群馬出身で田山花袋と同郷という関係で自然主義の大家と若いときから親しんでいた。とくに興味を引かれるのが藤村と花袋が華々しく登場した明治四十年の文学状況に関する次のような証言。「明治四十年八月頃、私は東京朝日新聞社の編輯室で花袋さんの小説『蒲団』を読んだ。（中略）明治三十八年から九年一ぱいあんなに評判だった漱石の名が、明治四十年以後の新聞雑誌をどう探したって何処にも見えない。ただ銀行員の家庭にしか見られないような東京朝日新聞に『虞美人草』がみえるし、時たま俳句雑誌の『ホトトギス』に短編小説をかく漱石の名が見えるほかは、（中略）何処にも漱石に対する批評もなければゴシップもない。（中略）此隙間に田山花袋の名は島崎藤村と共に之又大きく出た」。なるほど、自然主義の登場とはこういう感じのものであったのか！

もう一人、よくぞ生きていたというのが中村星湖（一八八四―一九七四）。この人は『ボヴァリー夫人』を日本で最初に、しかもフランス語から直接に訳した文学者として知られるが、七回連続で寄稿した「明治文学雑記」の最後の回で『ボヴァリー夫人』の翻訳について杉捷夫から批判されたことを恨みがましく書き連ねているのが注意を引く。「『誤訳など問題ではないと云った正宗白鳥の名言を思い出す』と杉氏がつづけて云われたのは、文字の前後関係から見て、私の飜訳に就いて云われた事と思うが、しかしそれではまるで話の筋が通らない」。おそらく、杉捷夫はまさか中村星湖がまだ生きているとは思わずに誤訳批判をしたのだろうが、御年八十五歳の星湖はちゃんと記事を読んでいて、反撃を加えたのである。恐るべし、誤訳批判への恨み！

×月×日

筑摩書房といえば、その昔、愛読したのが『世界ノンフィクション全集』。なかで記憶に残っているのがS・レーン＝プールの「バルバリア海賊盛衰史」。これによって十四世紀から地中海を荒らし回ったバルバリア海賊の存在を知ったが、このバルバリア海賊と二十世紀のアルジェリア戦争がどうも結びつかなかったので工藤晶人『**地中海帝国の片影　フランス領アルジェリアの19世紀**』（東京大学出版会　7800円＋税）を手に取ったのだが、これが大変な力作であった。

まず、複数の文化が接触し相互干渉しあう「境域」としてマグリブ（ヨーロッパ側から見るとバルバリア）を捉えるという視点がいい。オスマン帝国の西の周辺に組み込まれていたマグリブは外縁ゆえに支配力が弱く、土着のアラブ・ベルベル人の港湾都市が「私掠」という独特の活動で自立性を獲得していた。「私掠」とは特許状や航海証明などを持つ船以外の船は乗員や積荷を接収し、奴隷や戦利品として売り払うという、戦闘行為と商取引の中間形態だった。バルバリア海賊とはこの「私掠」に従事する船団のことで、所属不明の無法者としての海賊とは区別された。

ところが、フランスが大革命後にネーション＝ステイツとして成立すると、この「私掠」という行為が大きな問題となり、一八三〇年のフランス軍のアルジェ占領となって現れる。このとき論議の対象となったのは「アルジェリアのアラブ人をひとつの『ナショナリテ』として認めるか否か」という問題であった。つまり、自らを「鏡」として相手を裁断するという態度がアルジェリアを植民地化する根拠となったのだが、しかし、面白いことにこの「鏡」が後にフランス自身のナシオン（ネーション）の自己定義の問題を引き起こす遠因となる。なぜなら、アルジェリア植民地に非フランス系ヨーロッパ人が入植すると、「フランス人とは何か」という国籍定義問題が生まれてくるからだ。「フランス本国において国籍法の出生地主義への転換を可能にした条件のひとつが、植民地側の事情であったということもできる。つけ加えれば、一八六五年元老院議決において導入されたヨーロッパ系外国人の帰化制度は、一八六七年に本国で施行される同様の法を先取りした内容となっていた。つまりアルジェリアは、『フランス人』の枠組みをめぐる模索がつづく一九世紀に、むしろ本国に先んじて、国籍の境界という問題を浮上させる場となっていたのである」。つまり、今度はアルジェリアを「鏡」としてフランスが自己定義せざるをえなくなったのである。だから、もし、この出生地主義の論理を推し進めていけば、最終的にはムスリム原住民もフランス人に統合されなければならなかったはずだが、実際にはそうならなかった。ムスリム原住民はイスラーム法という属人法規の適用を受けている以上フランス民法上の市民権は制限されるという主張から、市民とは異なる「臣民」という身分に属するとされたからである。そして、第三共和政下で、「宗教的帰属であったはずの『ムスリム』という範疇が、しだいに習俗、出自をふくむ一種のエスニックなカテゴリーにすりかえられ」た結果、「ヨーロッパ人」と「原住民」という社会的な二項対立へと発展していき、ついにはアルジェリア戦争という民族対立として顕在化するに至るのである。本書はこの属地主義と属人主義の二重構造の淵源を探るべく、フランス法とイスラーム法の関係、さらには土地制度、およびそこから発生する都市空間というように問題を広げていくが、その根底にあるのは、錯綜した細部に踏み入ることで二項対立の陥穽《かんせい》を避けようという姿勢である。十九世紀アルジェリアという「細部」から、フランスの、いやネーション＝ステイツの本質が見えてくる優れた歴史研究である。

×月×日

七月下旬から八月上旬にかけて、文庫上下〔『渋沢栄一　上　算盤《そろばん》篇』『渋沢栄一　下　論語篇』ともに文春文庫〕、新書〔『悪の引用句辞典　マキアヴェリ、シェイクスピア、吉本隆明かく語りき』中公新書〕、それに展覧会図録〔『鹿島茂コレクション3　モダン・パリの装い　19世紀から20世紀初頭のファッション・プレート』求龍堂〕と合わせて四冊の新刊が同時に書店に並ぶこととなったが、新刊を出すたびに思うのは「オレは本当にベストセラーとは無縁な物書きだな」ということ。「それにつけてもベストセラーの欲しさよ」である。ではベストセラーというのはいったいどうやって生まれるのか？　フレデリック・ルヴィロワ『**ベストセラーの世界史**』〔大原宣久・三枝大修訳　太田出版　２８００円＋税〕はフランスの憲法学者がベストセラーの法則をあぶり出すべく、『ドン・キホーテ』に始まる世界中のベストセラーの実例を分析したものだが、これが書物史として意外に読ませる。というのも、ベストセラーが出版社を大きくしたのではなく、出版社が大きくなったのでベストセラーが必要になったという産業社会の基本構造が浮き彫りにされているからだ。ところで、慰めになるのはベストセラー作家というのは自作の部数が次第に減ってくると大変な不安に陥るということ。少なくとも、私はこの不安とは一生無縁である。ありがたや！

〔『週刊文春』２０１３年8月8日号〕

マルクスたち、パリ・ガイド、憲法改正

×月×日

毎年、夏休みが終わりに近づくと秋学期に集中している大学雑務に胸ふたがり、そろそろ決断すべき時が来ているのではないかという思いに捉えられるが、そんなときに届いたのが四方田犬彦『**マルクスの三つの顔**』（亜紀書房　２４００円＋税）。哲人ローマ皇帝マルクス・アウレーリウス、カール・マルクス、それにマルクス・ブラザーズを並列的に（しかし、当然、深い関連のもとに）論じた本である。とりあえず後書きから先に読んだらこんなことが書かれていた。「わたしが本書を執筆するさいに心がけていたのは、今日の知の生産と配分、循環の秩序のうちにあって、専門による分業という制度が一瞬でも廃棄される瞬間を、非力ながらみずから演出したいという希望であった。（中略）わたしは、『経済学・哲学草稿』の著者に倣っていいたい。知の分業化とは、知の私的所有の意識から生じる不幸な現象ではないかと。あることを専門的知識として保持する者は、それを資本として知的労働に勤《いそ》しむことになる。より具体的にいえば、学位を獲得して大学に教職を得、労働者として細かく分業化された労働の現場に赴く。そのためには資本としての知の私的所有（学位の制度的認定や、外国語運用能力を示す、計量化された証明書）と、その回転による利潤、すなわち研究者としての『業績』の更新こそ、欠かすことのできないものである。わたしはある時それに飽きてしまい、労働者の再生産という労働から離れた」

著者は二〇〇九年に大病し、二〇一二年に大学を去ったが、たしかに、著者の言うように、近年、業績

の計量化、可視化という文科省の愚かな方針にしたがって大学における「知の分業化」＝知的労働の疎外化が加速しており、まともな人間なら大学教師なんかやってられないという思いに捉えられるはずなのである。この意味で、ストア派哲学者と『資本論』の著者とドタバタ・コメディアンを一緒くたに論じる本書は、知の分業化という最大の疎外要因をどう回避するかの一つの方法の呈示となっている。

著者が、マルクスの三つの顔を召喚したのは、この三者にメニッペアという文学ジャンル（真面目と不真面目に分裂した語り手が交替で物語を語るジャンル）が顕在的に（マルクス・ブラザーズ）あるいは潜在的に（マルクス・アウレーリウス）現れているという視点によるが、一番感心したのはカール・マルクスこそが、まごうことなきメニッペアの実践者であるという指摘である。メニッペアはマルクスが論争相手を罵倒するときの変幻自在の語り口や重厚な論証の途中で突如あらわれる饒舌な脱線などに見られるだけではない。『ルイ・ボナパルトのブリュメール十八日』における有名な「一度目は悲劇として、二度目は茶番として」という、歴史を悲劇／喜劇の繰り返しと見るその史観においてもマルクスはメニッペア的である。この観点から、著者はマルクスが商品のフェティシズムを解説した「物どうしが人間に対してとる関係はファンタスマゴリアの形をとり、しかもそれは人間に特有な社会関係以外の何物でもない」という有名な『資本論』の一節を、魔術師ロバートソンが発明した工学装置ファンタスマゴリアの構造に照しあわせながら、次のように解釈する。「人間の社会的関係は、それ自体としては取り出して見定めることができない。だがそれは、商品と商品が作り上げるフェティシズムの宇宙、すなわちスクリーンに投射されている。人間はそこに映し出された魅惑的な映像を通し、商品の内側に永遠の本質として横たわっている価値なるものの幻想に足を掬《すく》われ、交換と流通、そして消費の回路のなかを際限なく彷徨してゆくしかない。その姿は、魔法幻燈が照らし出す亡霊や歴史上の著名な英雄の映像を実在のものと取り違え、恐怖と好奇心がないまぜとなった感情のもとに視覚的欲望を喚起されてきた首都の観客たちと、いささかも変わるところがない。フェティシズムとはすぐれてファンタスマゴリアが作り上げる錯覚なのである」

なるほど、マルクスをメニッペア的文脈で解するとこうなるのか！　私が「永遠の高校生」と名付けた著者の真骨頂が発揮された「知的分業廃絶」の書。

×月×日

『マルクスの三つの顔』でもしばしばベンヤミンが召喚されていたが、エリック・アザン『**パリ大全　パリを創った人々・パリが創った人々**』（杉村昌昭訳　以文社　4500円＋税）も、メルシエ、バルザック、ボードレールそしてベンヤミンという「パリのフラヌール（遊歩者）」の系譜につらなるパリ・ガイド。ただ、類書と大きく違っているのは、いまどき珍しい筋金入りの左翼の手になる本だということ。それもそのはず、アザンはその名前の示す通りエジプト系とパレスチナ系移民の子としてパリに生まれ、アルジェリア戦争でFLNに与《くみ》して以来、一貫して左翼の立場を貫き、「ラ・ファブリック」という左翼系出版社を立ち上げたばかりか、自らも民衆史の立場に立って執筆を開始したという根っからの革命派なのである。よって、サン＝ジェルマン＝デ＝プレが出版社と古書店の街からモードの街へと変貌したことについても徹底的に否定的なのだ。「本の世界だけがこの地区から追い出された唯一のものではない。サンジェルマン広場を見ると、五つの腫瘍――ディオール、ヴィトン、アルマーニ、ランヴァン、カルチエ――が都市の襞のなかに浸透したことがわかる」。怨念に満ちた民衆派のパリ案内である。とくに「赤いパリ」と題した第二部は七月革命から二月革命を経てパリ・コミューン、そしてレジスタンスに至る「バリケードのパリ」の歴史で、『レ・ミゼラブル』や『感情教育』の武装蜂起場面に興味を抱いた読者には必読の文献となるだろう。

訳文はこなれて読みやすいが、le coursを「中庭」としたり(P.26)、pension Laveurを「寄宿舎ラヴール」(P.106)とするなど、いくつか気になる訳語が目についた。

×月×日

安倍政権は消費税率引き上げの後、本当に憲法改正に着手するのだろうか? もし、ここで弱気を見せたら、千載一遇のチャンスを逃した「腰抜け野郎」と後々まで改憲派に罵倒されるだろうから、憲法改正を悲願とする首相としては国際的に波風が立とうが、強行突破しかあるまい。ところで、これは前から疑問に思っていたことだが、「アメリカから押し付けられた憲法」を廃して「自主憲法」を制定し、自衛隊を国防軍にしたら、沖縄を含めてアメリカ駐留軍には日本から出ていってもらうというのが筋道だと思うが、どうなのだろう。安保条約と地位協定を改正し、アメリカ軍に改めて居座りをお願いするにしても、国防軍と改まった以上、軍事費の増大は避けられない。となったら、社会保障費と国防費という双子の赤字で国庫破綻はさちに早まるだろう。日本が戦後、奇跡の復興を成し遂げたのは、国防をアメリカに一任して経済に専心するという吉田ドクトリンのおかげだが、いま安倍内閣が再検討しようとしているのは、吉田茂が苦心して作りあげたこの「安上がりの体制」なのである。半藤一利・竹内修司・保阪正康・松本健一『**戦後日本の「独立」**』(筑摩書房　2400円+税)は、昭和二十年八月十五日から現在にまでずっと引き続いているこの根本問題を含めて、戦後の重要なキー・ポイントを四人の専門家が徹底討議した好著。戦後、歴代政権は安上がりゆえに便利な「半占領状態」の問題を先送りしつづけてきたわけだが、論理的に考えれば、憲法改正は国庫負担増大だから、デフォルトを恐れるマーケットはウリに転ずるはずだ。そうなったら、アベノミクスは即崩壊である。それとも、安倍首相はこの矛盾に気づかないのだろうか？いや、きっと秘策があるにちがいない。そう思いたいものである。

（『週刊文春』２０１３年9月26日号）

エレガントな合理主義者、収集への情熱

×月×日

大学一年生向けの授業「論文の書き方」で、論文の書き方はデカルトの合理性原則に則っていると説明している。しかし、そうなると合理性とは何かを定義しなければならないので、合理性とは「最小努力によって最大利益の獲得を目指すための思考法」と規定している。なぜなら、最小努力によって最大利益を得るには、思考を最大限に駆使して最も無駄のない方法を編み出さなければならないからだ。その典型的な現れが数学で、数学者はこの「最小努力による最大利益」を達成した「最も無駄のない究極の解法」を「エレガント」と形容する。最高の合理性は必然的にエレガントになるということだ。

この意味で、日本の作家・ジャーナリスト・出版人・企業家の中で最もエレガントだったのは、外見的には最もエレガントからは遠かった菊池寛であった。新創刊の「文春学藝ライブラリー」の一冊である文

藝春秋編『天才・菊池寛　逸話でつづる作家の素顔』（1110円＋税）は日本という風土には極めて珍しいこの「エレガントな合理主義者」菊池寛の素顔を、多くの知己が語る逸話から巧みに構成している。

まず、廣津和郎の伝える逸話から。松竹蒲田の美人女優が品行に問題のあるAを思いつづけているのを見た菊池寛は仲人役を買って出たが、結婚披露宴の席でAの過去を攻撃しはじめた。出席者は驚いたが、やがて聞き惚れた。帰りに一緒になった加藤武雄が言った。「無駄というものが菊池寛にはないんだな。君にしても、僕にしても、持ってまわって物を考えるが、それがないいんだな、あの男には」

芥川龍之介と小島政二郎と菊池寛が晩飯を食べるときには、勘定とチップは順番に別々に受け持つ約束になっていた。その晩は芥川のおごる番だったのでチップは菊池が払うこととなった。「ところが、菊池が五十銭銀貨を三枚お膳の上に置いたのを見て、芥川が『菊池、もう五十銭出せよ。』そう云った。『なぜ？』『なぜってこともないが、一円五十銭はおかしいよ、ねえ小島君？』」。そこで、小島政二郎が相槌を打ち、東京の習慣としては、チップに一円五十銭という半端な数字はないと説明したが菊池は納得しない。「『一円じゃ、少し女中に可哀想な気がする。いいじゃないか、一円五十銭で――。別に酒の相手をさせた訳じゃなし、二円やる程何の世話にもなっていないし――。ただ、飯をよそって貰っただけじゃないか。一人五十銭ずつで適度だよ。』『チップは理屈じゃない。まあ、もう五十銭置けよ。』『厭だ。』（中略）『ハハハ。』しまいに、芥川が笑い出した」

ことほどさように、菊池寛の合理主義は必然的に伝統的風俗習慣と対立する。それゆえ毀誉褒貶《きよほうへん》半ばする評判が生まれたのだが、周囲の人で菊池寛を悪くいう人間はいなかった。菊池寛が合理的な出費と判断すれば、躊躇することなく金を出したからだが、それは己の定めたルールに従っていた。「一。私は自分より富んでいる人からは、何でも欣んで貰うことにしてある。何の遠慮もなしに、御馳走にもなる。総じて私は人から物を呉れるとき遠慮はしない。お互に、人に物をやったり快く貰ったりしたことは人生を明るくするからだ。貰うものは快く貰い、やる物は快くやりたい。（中略）──。私は生活費以外の金は誰にも貸さないことにしてある。生活費なら貸す。だが友人知己それぐ心の裡に金額を定めていて、此の人のためには此位出しても惜しくないと思う金額だけしか貸さない。貸した以上、払って貰うことを考えたことはない。また払ってくれた人もない」

講演旅行で今治の旅館で寝ていると男の幽霊が出たので菊池寛は幽霊に向って「君は、何時《いつ》から出てるんだ?」と聞いた。すると、幽霊は「三年前からだ」と答えたという。その話を伝え聞いた小林秀雄が真偽を尋ねると、菊池寛は言った。「（お化けが）あるのか、ないのか、なんて事、意味ないじゃないか。出ただけで沢山じゃないか」。これに感心した小林秀雄はこう書いている。「つまり、出たら、君は何時から出ているんだ、と聞けばいい。あとはすべて空想的問題なのである。こういう人を本当のリアリストと言う。リアリストという曖昧な言葉が濫用されているが、この人は、本当にリアリストだと感ずる人は、実に実に稀れなものだと思う」。その通り。エレガントと呼べるほどの究極の合理主義者（リアリスト）は稀なのである。

×月×日

一見して合理主義から最も遠いのは古本趣味である。読めれば文庫でいいものを何でわざわざ初版本や豪華装丁本を集めなきゃいけないんだ、理解に苦しむ。これが通常の合理主義者が口にするセリフである。

だが、古書収集も究極の姿を取るようになると、合理性のエレガンスに近づく。古本好きから始まった古書収集が歴史学としての古書収集という段階に達したときで、そうなると「体系性」が問題になるので、合理性が前面に出てくるのだ。しかし、こうした体系性を持った古書収集には当然ながら金がかかる。よって貧乏コレクターがこれに挑むとなると大借金王となるか、さもなければ古書店主となるしかない。ただし、古書店主となった場合は手元には古書は残らないが、その代わり、体系性の証明としての古書目録が残る。フランスでは鑑定家としての資格を国家が与える場合、この古書目録の価値が審査対象となる。日本ではそこまでは行っていないが、二〇年ほど前から日本でもこうした「体系性」を持った古書目録を発行する古書店が出てきていた。たとえば、「月の輪書林（店主・高橋徹）」、「なないろ文庫ふしぎ堂（店主・田村治芳。『彷書月刊』編集長）」、「石神井書林（店主・内堀弘）」など。この三軒の古書店の店主は宮武外骨にちなんで亡き山口昌男が「学長」を名乗った「東京外骨語大学」で体系性を持つ古書収集への情熱を吹き込まれ、ユニークな古書収集と目録作りに勤《いそ》しんできた「学生」たちである。その一人で詩歌集収集で一家を築いた石神井書林店主・内堀弘の『**古本の時間**』（晶文社　2200円＋税）は珠玉の古書エッセイ集。醍醐味は「青春の爆発」を本質とするアヴァンギャルド系・モダニズム系の詩集が収集の対象であるだけに、ランボーのように突然ポエジーと縁を切ったり夭折した若き詩人たち、および彼らの詩を本にした独立系の出版社の痕跡を探求した過程が綴られていることだろう。二十一歳で夭折した浜松の女流詩人・塩寺はるよを追った「優れた火災の完了――詩人　塩寺はるよ」は一編の上質なミステリーのようだ。「塩寺はるよとは誰だったのか。それを知る数少ない関係者も逝き、書物という器に移された『小さな火災』だけが遺されることになった。出版された部数はわずかなものでしかない、それでも、本は何かを伝えようと現れるものだ。火災が完了したあとの闇の中で、彼女を見失うことはない」

×月×日

収集家による歴史発掘といえば、フランスではサン＝ジェルマン＝デ＝プレの好事家ロミとロベール・ミケルが有名だが、そのロミが猟奇的事件の記事ばかりを収集して一巻となしたのが『**三面記事の歴史**』（土屋和之訳　国書刊行会　3800円＋税）。この本が興味深いのは、ゲーテ、ヴィニー、スタンダール、フロベール、カミュ、それにジェリコーなど有名作家や画家たちがインスピレーションをいかに三面記事に負うているかが具体的に例証されていること。三面記事的な猟奇犯罪ほど作家的想像力を刺激するものはないのだ。歴史研究でも、フィエスキ、トロップマン、ランドリュなど暗殺犯や怪盗や猟奇犯罪人の名前を知らないと資料が読めない場合もある。細部に神宿る。本書はこの真実を改めて教えてくれる。挿絵も豊富。

（『週刊文春』2013年10月31日号）

「夢の工場」の興亡、知られざるダダイスト

×月×日

本誌の次のコーナー（『週刊文春』「文庫本を狙え！」）でおなじみの坪内祐三さんと東京堂で、拙著の文庫化（『昭和怪優伝　帰ってきた昭和脇役名画館』中公文庫）を記念してトークショー。思い出話として語ったのは、大学院生だった一九七三年の夏に、ヤクザ映画が左翼青年の支持を集めている謎を解明すべくはるばる日

本までやってきたフランスのテレビ局クルーに同行して、高倉健主演の『現代任侠史』の晴海ロケに立ち会ったときの記憶。東映京都撮影所のスタッフとロケ・バスに同乗した際、「ヤクザ映画とはヤクザを描いた映画ではなく、ヤクザが作っている映画だ」と認識したのだ。つまり、俳優よりも、撮影スタッフの方がはるかにコワもてで迫力ある面構えの人が多かったのである。

春日太一**『あかんやつら　東映京都撮影所血風録』**（文藝春秋　1850円＋税）はこの記憶の正しさを証明してくれる力作ノン・フィクションである。

冒頭、紹介されるのは全身倶利迦羅紋々の「小指のない門番」。復員後、彼は任侠世界から中村錦之助のボディーガードに転じた後、撮影所のスタッフとなり、二〇〇八年の取材当時まで配車係として勤務していた。一生を京都撮影所に捧げた人生であった。この人物に象徴されるように、東映、それも京都撮影所は、その出自からして任侠世界と一般社会を「映画という夢」で結ぶある種の「架け橋」であったのだ。

東映の起源は「日本映画の父」牧野省三の次男で、満映に勤めていたマキノ光雄（長男は映画監督のマキノ雅弘）が終戦後、満映スタッフの受け皿を探して東横映画の製作責任者となったことに求められるが、興行師から出発した牧野一族が任侠世界とクロスオーバーしていたことに加えて、鶴田浩二の移籍にからんで東映に入ってきた俊藤浩滋プロデューサーが任侠世界に通じた人間だったことで「相互乗り入れ」が一段と加速したのである。

もちろん、それが東映躍進の原因ではない。戦後、苦しいスタートを切った東横映画→東映が講和条約発効後に息を吹き返した動因は時代劇のスターを揃えていたことと、もう一つ、系列映画館を増やすために二本立て封切りという窮余の一策を考え出したことにあった。「量産こそがもっとも儲かる製作体制である。それは、父・省三から受け継いだ考え方でもあった」

この系列館確保のための量産体制の確立という点が東映という映画会社のカラーを決定する。すなわち、スターを愛し、マンネリを愛する大衆の欲望を満たすために、柳の下のドジョウを狙って毎週、毎週、フォーミュラ（定型）映画を量産していくという路線である。撮影所をよく「夢の工場」と呼ぶが、東映の場合、映画監督、脚本家、プロデューサー、スタッフはこの「夢の工場」を円滑に機能させるためのメカニシャンであり、そのメカニズムの要が製作部であった。本書がノン・フィクションとして成功しているのはこの製作部に焦点を当て、製作部のエースとしての岡田茂（京都撮影所製作部長→東京撮影所長→京都撮影所長→社長）にスポットを当てている点にある。映画黄金時代の東映がマキノ光雄によって象徴されるとしたら、映画斜陽時代の東映は、良くも悪しくも岡田茂という「夢の工場長」によって表されるのだ。

では、岡田茂の功罪の「功」はどこにあったのか？　第一に、合理化する場合でも「夢の工場」のメカニシャンを首にせず、大スターや大監督というトップから交替を始めたこと。時代劇が凋落すると中村錦之助・大川橋蔵という大スターや天皇と呼ばれた松田定次監督や脚本家の比佐芳武を切ったし、任侠映画が人気を失ったときには高倉健・鶴田浩二とそのマネージャーだった俊藤浩滋を切った。おかげで、映画製作会社としての東映はその度に息を吹き返し、延命することができた。第二は定型映画から集団抗争劇への転換を図ると同時に才能ある若手を登用して第一線に立たせたこと。これによって集団時代劇では、工藤栄一や山内鉄也が頭角を現し、集団ヤクザ抗争劇では深作欣二や中島貞夫などが前面に躍り出た。

しからば岡田茂の功罪の「罪」はどこにあったのか？　「夢の工場」の維持を最優先するあまり新しい血の導入（具体的にいえば助監督の公募）を怠ったことだろう。柳の下のドジョウを狙うにしても、一匹目のドジョウが現れるには先行投資が必要なのだ。岡田東映はこの一匹目のドジョウを生み出す努力をせず、模倣に終始したのである。一般企業も教訓をくみ取ることのできる「夢の工場」の興亡ドラマである。

×月×日

時代が更新されるとき、その原動力となるのは二十年前に大量に生まれたユース・バルジ世代である。二十世紀の大転換は第一次大戦を挟む一九一〇年代に起きたが、その一翼を担ったダダイストとシュールレアリストたちはみな世紀末生まれの若者だった。フランソワ・ビュオ『**トリスタン・ツァラ伝　ダダの革命を発明した男**』（塚原史・後藤美和子訳　思潮社　4000円＋税）は、ダダの創始者であるにもかかわらず、ブルトンに比べて影が薄かったツァラに再評価の光を当てた篤実な伝記である。

一八九六年、ルーマニアのモイネシュティで裕福なユダヤ人実業家の家に生まれたサミュエル・ローゼンストックはフランス象徴主義の影響下に成長し、寄宿舎仲間のマルセル・ヤンコ（画家）やイオン・ヴィネア（ルーマニアを代表する詩人）と同人誌『象徴』を創刊する。第一次大戦の勃発を機に中立国スイスのチューリッヒに移住し、ドイツ出身の詩人フーゴ・バルが作った文芸キャバレー・ヴォルテールを拠点にして、ヤンコ、ハンス・アルプらと協力し、毎夜、とほうもない祝祭をつくりだす。その時にはトリスタン・ツァラと名前を変えていた。

「ダダの冒険のすべては踊ったり、叫んだり、眠らなかったりすることへの途方もない願望を伴う祝祭として始まった」

ダダは戦火を逃れてヨーロッパ中からチューリッヒに集まってきたユース・バルジ世代の青春の爆発か

ら発生したのである。その本質は既存のすべてのシステムの否定にあった。『ダダ宣言1918』でツァラは叫ぶ。

「ぼくはシステムには反対だ。いちばん受け入れられるシステムは、原則として、システムをまったく持たないシステムだ」。今日から見ると『ダダ宣言』はそれほど衝撃的とは思えないが、一九一八年には、ヨーロッパ中の青年たちを熱狂させるほど伝染力の強いものだったのである。パリの陸軍病院でインターン勤務していた二十歳のブルトンは『ダダ宣言』に強い共感を示す手紙を送り、パリに来るように促す。同様の招請状はフランシス・ピカビア、コクトーからも届くがツァラは決断するのをためらう。

「ツァラは（中略）『現実の嫌悪』と、たえず闘っていたのだ。この嫌悪が知的で文学的な種類のものだけではなく、彼の全存在に影を落としていたことがうかがえる」。つまり、ツァラには克服しがたい鬱気質があり、それが彼の生涯を解くカギとなるということである。皆と馬鹿騒ぎをしながらも、最も奥深いところで他者を拒否する面があると同時に、見捨てられることへの恐怖から意外な社交性を発揮する面も持つという二面性である。ブルトンはツァラの社交性が許せず、やがて、二人は何度も仲たがいと修復を繰り返すことになるのだが、しかし、ブルトンは明らかにツァラには一目置いていた。ツァラが本物の詩人であることを認めていたからだろう。晩年、ツァラは共産党支持に傾くが、アラゴンと違って硬直したスターリニストにはならず、最後までダダの精神に忠実だった。

シュールレアリスト伝説によって曇らされていた「妥協なき反抗者」ツァラのイメージが鮮明になったことを喜びたい。

（『週刊文春』2013年12月5日号）

その他のおもな書評（2013年）

『毎日新聞』「今週の本棚」

2013年2月3日　鈴木順子『シモーヌ・ヴェイユ　犠牲の「思想」』藤原書店　3600円＋税

2013年2月24日　『IMA　Vol. 2』amana　1429円＋税

2013年3月17日　エマニュエル・トッド『最後の転落　ソ連崩壊のシナリオ』石崎晴己監訳　藤原書店　3200円＋税

2013年5月5日　ジャレド・ダイアモンド『昨日までの世界　文明の源流と人類の未来　上・下』倉骨彰訳　日本経済新聞社　各1900円＋税

2013年7月14日　ローター・ミュラー『メディアとしての紙の文化史』三谷武司訳　東洋書林　4500円＋税

2013年8月4日　『みすず　7月号』みすず書房　300円＋税

2013年9月1日　林望『謹訳　源氏物語　全10巻』祥伝社　1429円＋税―1900円＋税

2013年11月3日　デイヴィッド・ロッジ『絶倫の人　小説H・G・ウェルズ』高儀進訳　白水社　3200円＋税

2013年12月15日　**2013年「この3冊」**

林望『謹訳　源氏物語　全10巻』祥伝社　1429円＋税―1900円＋税

ローター・ミュラー『メディアとしての紙の文化史』三谷武司訳　東洋書林　4500円＋税

エマニュエル・トッド『最後の転落　ソ連崩壊のシナリオ』石崎晴己監訳　藤原書店　3200円＋税

2014年

1月1日　アメリカで「オバマケア」（医療保険制度改革）での保険適用開始
2月7日　ソチ冬季オリンピックが開幕（―23日）
3月7日　ソチ冬季パラリンピックが開幕（―16日）
3月8日　マレーシア航空機MH370便がタイランド湾上空で消息を絶つ
3月18日　ロシアがクリミア自治共和国の編入を表明
3月18日　台湾の学生らが中国・台湾間のサービス貿易協定に反対し、立法院を占拠（ひまわり学生運動、―4月10日）
4月1日　消費税が8％に増税
4月16日　韓国大型旅客船セウォル号沈没事故
5月22日　タイで軍事クーデター
6月12日　2014FIFAワールドカップブラジル大会が開幕（―7月13日）
6月21日　「富岡製糸場と絹産業遺産群」が世界文化遺産に登録
6月29日　イスラム過激派組織ISIL（ISIS）が「イスラム国」の樹立を宣言
7月8日　イスラエル軍がガザ地区に侵攻（―8月26日）
7月17日　ウクライナ東部、マレーシア航空機17便撃墜事件
8月8日　世界保健機構（WHO）が、西アフリカのエボラ出血熱の流行について「国際的に懸念される公衆衛生上の緊急事態」を宣言
8月8日　アメリカ軍がイラクのISIL（ISIS）に対する空爆を開始
9月18日　スコットランド独立住民投票が実施されるが否決
9月27日　長野県・岐阜県の県境の御嶽山が噴火
9月28日　香港で反政府デモ（雨傘革命、―12月15日）
10月7日　赤﨑勇・天野浩・中村修二がノーベル物理学賞を受賞
10月24日　アジアインフラ投資銀行（AIIB）が設立
11月4日　アメリカ合衆国中間選挙。与党・民主党が敗北
11月26日　「和紙：日本の手漉和紙技術」がユネスコ無形文化遺産に登録
12月14日　第47回衆議院議員総選挙、自民党・公明党が勝利
12月24日　第3次安倍内閣が発足
12月26日　理化学研究所の調査委員会がSTAP細胞論文（1月発表）の不正に関する最終報告

第一次大戦百年、傑出したリーダー論

×月×日

一年半ぶりのパリ。この間、アベノミクスの登場で円安が進み、ユーロは五割高になってしまった。もっと積極的に古書を買い漁っておけばよかったと後悔しても後の祭り。ユーロ高のときに限って古書店で高額な稀覯本に出会うから皮肉なものである。

ついで新刊書店をのぞくと、第一次大戦百年ということで関連の本が平積みされている。しかし、フランス人にとっては「グランド・ゲール（偉大な戦争）」でも、日本人にとっては馴染みの薄い戦争であり、フランス屋の私とて例外ではない。概略についてはリデル・ハートの名著『第一次世界大戦』で知っているが、それぞれの会戦の詳細については無知である。そこで持参してきたアンリ・イスラン『**マルヌの会戦　第一次世界大戦の序曲　１９１４年　秋**』（渡辺格訳　中央公論新社　２５００円＋税）をホテルで読み始める。

マルヌの会戦とは怒濤の勢いで進撃してきたドイツ軍（参謀本部総長はあの大モルトケの甥の小モルトケ）を総司令官ジョッフル率いるフランス軍がマルヌ河畔でくいとめた大戦初期の大規模な戦い。従来のフランスではジョッフルを偶像視するあまり客観的な評価がなされてこなかったが、本書は会戦に至るまでの経過を詳しく分析しながら、ジョッフルの功罪を秤にかけ、冷静な評価を下している。「この将軍は偉大なる将帥に通常与えられる壮大な人物像というものは持っていなかった。彼はむしろ一介の技術屋、軍事工学者、或いは工事現場の責任者とでも言うべき人物で、大軍の来襲に対して防御柵を立ち上げようと試み、それに守られた国民がその間持ち続ける勝利への希望を実現するための諸策を整えさせたのである」

では、こうした「一介の技術屋」にすぎないジョッフルがなにゆえにマルヌの会戦の大英雄となり得たのかといえば、一つには開戦当初にフランス軍に壊滅的敗北をもたらした参謀本部第三部部長グランメゾン大佐の精神主義的突撃戦術を捨てて「軍司令官は、歩兵の突撃が砲兵の準備射撃後にのみ行われるよう注意すべし」という指令二〇八二を発したことだ。「形式主義的な先入観の完全なる欠如により、ジョッフルは自分に有害であることが明白となった方法に闇雲に固執せず、それらを捨て去ることになる」。精神主義と無縁だったために大転換が可能になったのだ。では肝心なマルヌの会戦の直接の勝因はというと、パリ軍事総督のガリエニ将軍が進言した第六軍の東方進撃をジョッフルが容れたことである。著者は最後に結論する。「有能な部下達に支えられ、幸運な状況にも恵まれたジョッフルは、むしろ現代社会の有能なる『経営者』の如き存在」であり、そうした経営者的美質を備えていたからこそ、マルヌの会戦で勝利しえたのだと。凡庸ゆえの勝利者というパラドックスである。

×月×日

第一次大戦が四十四年前に起こった普仏戦争を遠因としていることは歴史教科書にも載っているが、普仏戦争そのものを詳細に論じた日本語文献は極端に少ない。パリ・コミューンについては翻訳・研究ともに充実しているというのに、である。しかし、第二次大戦が第一次大戦の戦後処理に起因し、第一次大戦が普仏戦争のそれにこれまた起因しているなら、普仏戦争についての研究書がもっとあってしかるべきだと思っていたが、ようやくそれが現れた。松井道昭**『普仏戦争　籠城のパリ132日』**（横浜市立大学新叢書　春風社　3000円＋税）。本書の最大の特徴は、普仏戦争からパリ・コミューンを取り除いて、純粋に歴史的・軍事史的意義について考察した点である。これにより、焦点がボケがちだったこの戦争のイメージがくっきりと現れてきて、ついでにパリ・コミューンの理解も深まった。すなわち、著者が強調するのは、普仏戦争は、王朝戦争（国王や皇帝の責任で常備軍同士が単一の戦場で戦う）と国民戦争（議会の責任で国民皆兵の軍隊が戦場を分散して戦う）の中間形態であり、それが次の戦争、つまり国家総力戦としての第一次大戦を準備したということである。「普仏戦争は戦闘規模において交戦国がもてる限りの力を搾り出しきって戦う戦争になっていないという意味で、まだ王朝戦争的である」し、民間人のかかわりという点でも同じで王朝戦争的であった。独仏での違いもあり、しかし動員方法、戦場連携、用兵術、ロジスティックの点では、フランスが王朝戦争的であったのに対し、ドイツは国民戦争的であった。そして、勝敗はまさにここに起因していた。そのため反省したフランスが第一次大戦でドイツの方法を採用するに至って、国家総力戦に転化するのは不可避となったのだ。しかし、普仏戦争は、ジャーナリズムに煽られた民衆が戦争を叫んだために、皇帝と内閣が「いやいや」開戦に踏み切らざるをえなくなったという点ではすでに国民戦争的であった。フランス民衆は自らの意志で権力者を戦争へと引っ張っていきながら、敗戦の責任をすべてナポレオン三世になすり付け、アルザス・ロレーヌの割譲を強いられた恨みから対独報復としての第一次大戦を待望したのである。

×月×日

今年は第一次大戦開戦百年だが、来年は第二次大戦終戦七十年。つまり、冷戦が続いただけで、第三次大戦は起こらず済んだのだが、その戦後七十年の前半は二十世紀の偉大なる指導者が輩出した時代でもあった。私はその戦後の傑出した指導者の一人に第三十七代アメリカ大統領リチャード・ニクソン（第三十六代副大統領）を加えるべきだと思っている。デタント、ベトナム戦争終結、中国との国交回復、環境問題への取り組み、金本位制からの離脱など、在任中の業績は非常に大きい。しかし、その私でさえ、ニクソンがチャーチル、ドゴール、マッカーサー、吉田茂、アデナウアー、フルシチョフ、周恩来を論じた著書『**指導者とは**』（文春学藝ライブラリー　徳岡孝夫訳　1660円＋税）を読むまでこれほどまでのインテリであることは知らなかった。「『20世紀リーダー論』の最高峰」という惹句も決して大袈裟ではない。

「指導者の言動を、単にそれが魅力的であるかどうかによって判断するのは、私は誤りだと思う。陰険、虚栄、権謀術数などは一般的に悪とされるが、指導者にはそれはなくてはならない。ある種の陰険さがなければ、互いに対立する派閥をまとめていくという政治に不可欠な仕事はできない」

そうした指導者のサンプルとして最適なのが、ニクソンの懐刀のキッシンジャーが「ドゴールに匹敵する『最も印象的な』外国政治家」と評した周恩来。ニクソンも一九七二年に訪中したとき周恩来の個性に強く魅了されたが、しかし「その彼が同時に冷酷な政治家の一面を併せ持っている」という事実にもすぐに気づく。「われわれとの会談では、周は米中合意の条文も精神も忠実に守ったが、それは単なる友情ではなく、むしろ国益に添うと判断したからこその友情だったのである」。

同じような評価は吉田茂に対しても下される。ニクソンは副大統領時代の一九五三年に東京で行った演説で「第九条は、だから、われわれの善意の過誤でした」と吉田に憲法改正と再軍備を促したが、それに対して吉田が応じなかったことに対して次のようにいう。

「私は、日本がもっと積極的に防衛力を分担すべきだと思う。しかし、だからといって、それを拒否した吉田を責める者ではない。外交政策の衝にある者の評価さるべき基準の一つは、可能なかぎり少ないコストで最大の国益を確保することにあると私は考える。この尺度をもってすれば、吉田の行動はみごとと言うほかない」

若いときにはケネディでも成熟してからはニクソン。政治家必読の一冊である。

（『週刊文春』２０１４年1月30日号）

廉価本に快哉を叫ぶ

×月×日

高い本は売れないということで、定価を抑えるために文庫や新書へ出版社がシフトしてすでに久しい。

私は、本を買わない人間はたとえゼロ円でも買わないし、本を買う人間は、読みたい本とあらばいくら高くても買うのだから、著者にとってもどうせなら本は高い方がいいと言い続けてきた人間だが、しかし、そんな私でさえ廉価な文庫や新書で、素晴らしく高度な内容の本が再刊されると思わず快哉を叫ばずにはいられない。

貴田庄『西洋の書物工房　ロゼッタ・ストーンからモロッコ革の本まで』（朝日選書　1400円＋税）はそうした本の一つ。著者は日本における革装丁の第一人者であると同時に書物史家でもあるが、本書は、革装本についての疑問を徹底解明しようと努めた本で、断じてたんなる入門書ではない。たとえば、羊皮紙とヴェラム（犢皮紙）の違いについて著者は百科事典的な表面的な説明では満足せず、さまざまな文献に当たったあげく、次のように結論する。

「羊皮紙はペルガモンで作られたことから、英語ではパーチメント、フランス語でパルシュマンと呼ばれているが、ペルガモンで作られた当初の羊皮紙には、おそらく羊の皮、もしくは山羊の皮が使われていたと考えられる。しかし羊皮紙が広まるにつれて、当然のこととしてさまざまな動物の皮が使われだした。羊皮紙職人によって良質なものが追求されたり、安価なものが考案されたりしたはずである。仔牛の皮の使用もこのようにしてはじまったと思われる。そして仔牛の皮から作る羊皮紙は、羊や山羊の皮から作る羊皮紙より質がよかった。ここから羊皮紙と同じ意味でありながら異なる仔牛皮紙（犢皮紙）という言葉がおこり、結果的に両者の混同を招いたと考えられる」

つまり、羊皮紙は「羊」の字が使われているので混同しやすいのだが、実際には、「皮紙」と訳するのが一番正しく、素材は羊の皮でなくともいいのである。ところで、私は、フランスのモロッコ革装とイギリスのそれとはどうしてこうも印象が違うのだろうかと長年疑問に思っていたのだが、著者によると、同じモロッコ革でも、英仏では実体がまったく違うのだという。すなわち、フランスでモロッコ革といえば、それは、南アフリカのケープタウン原産のマロッカン・デュ・カップのことを指すが、このモロッコ革は「しぼ」が大きく丸いのを特徴とする。対するに、イギリスでは「オアシス・モロッコ」（あるいはニジェール・ゴートスキン、ナイジェリア・モロッコ）と呼ばれるナイジェリアおよびその近隣諸国から輸入されるモロッコ革を使うが、これには「丸しぼ」がなく、「静脈が走ったような浅い筋が縦横に走」っている。なるほど、そもそも革が違っていたわけで、英仏のモロッコ革装丁の本から受ける印象がまったく違っているのも当然なのである。

私が抱いていたもう一つの疑問は、十八世紀の本のカタログの記述を読むとモロッコ革装と書いてあるのに写真は全然モロッコ革らしくないのはなぜだろうというものだったが、それは著者により、マロッカン・デュ・カップが使われ出したのがロマン主義が去ってからであり、それ以前のモロッコ革には「しぼ」がなかったと説明されている。

また、本は仮綴じで買って装丁は自費で装丁屋にさせるというフランスの伝統は、ルイ十四世が勅令で出版と印刷と製本の業種の分離を命じたことから同業組合が分離したことに起因するとしているのも納得がいった。入門書の形式を取りながら非常に充実した内容の高度の専門書。千四百円は安い！

×月×日

文庫・新書のおもしろいところは、なんでこんなものがと仰天するような凄い本がときどきラインナップに並ぶこと。エティエンヌ・ド・ラ・ボエシ『**自発的隷従論**』（西谷修監修　山上浩嗣訳　ちくま学芸文庫

1200円＋税）はまさにそうした一冊である。エティエンヌ・ド・ラ・ボエシはモンテーニュの親友で、宗教戦争が激化していた十六世紀半ばに若くして死んだ法官。『自発的隷従論』はラ・ボエシ十六歳か十八歳のときの論文で、多数者がたったひとりの人間の圧政に立ち向かわないどころか、進んで隷従を受け入れるように見えるのはなぜかという疑問に答えを出そうとしたもの。

「二人の者がひとりを恐れることはあろうし、十人集まってもそういうことがありうる。だが、百万の人間、千の町の住民が、ひとりの人間から身を守らないような場合、それは臆病とは言えない」

ラ・ボエシはこの奇妙な現象を「自発的隷従」と命名し、なにゆえに人は自ら進んで自由を放棄したがるのかと問いかける。

「あたかも自由であるかのように、あまりにも自発的に隷従するので、見たところ彼らは、自由を失ったのではなく、隷従状態を勝ち得たのだ、とさえ言いたくなるほどである」

では、自発的隷従の原因はどこにあるのか？　原因の第一は習慣にあるとラ・ボエシは言う。「彼らは、自分たちが悪を辛抱するように定められていると考えており、これまでの例によってそのように信じこまされている」。しかし、習慣は無からは生まれない。習慣が確立するには「なにか」が必要である。では、その「なにか」とはなんなのか？　ラ・ボエシの五百年前のこの問題提起は、権力への隷従がさながら投票という「習慣」によって完全に制度化されたかに見える「民主国・日本」において徹底的に洗い直す価値があるだろう。ちくま学芸文庫、近年の大ヒットである。

×月×日

画家・野見山暁治は一九二〇年生まれだから、今年九十四歳になるが、あいかわらず旺盛に創作をつづけている。**『やっぱりアトリエ日記』**（生活の友社　2300円＋税）は、二〇一一年四月から二〇一三年にかけての三年分の日記。

「4月14日　朝、重雄さんの車に、隣の倅その他三人同乗して、市原市の病院にいるマドのお見舞い。／マドは目を閉じ、口をかたくなに結び、人間の顔からは、かなり遠ざかっていた。幼いときからあんなにも賢そうな、皮肉屋のマドのこのざまは一体どうしたことか」。マドというのは、著者の妹で作家の故田中小実昌の夫人。野見山暁治やコミさんのエッセイではお馴染みの人。「7月27日　朝、電話がかかる。アサミのいつもの声。昨日の夜、お母さん亡くなったよ。りえと二人で取り敢えず済ますから気にしないで、と電話の声は伝えてきた。秋になってから、ちゃんとしましょう。／それでいいんだ。マドはもう、二、三年まえからこの世にいなかった。昨夜、この世から体が消えただけだ」

震災から三カ月後に東北地方を訪れたときの記述が胸を打つが、最後は画家の目だ。「自然に潜んでいるデーモンの正体を少しでも暴きたい、人間の智恵が人間を欺く浅はかさを見極めたい。その一方でぼくは、わくわくするような好奇の目で、それらが作り出した異様な形態に心引かれる。絵描きとはいったい何なのか、許されるのか」

同じ著者の**『異郷の陽だまり』**（生活の友社　1600円＋税）は日記に言及のあるエッセイを集めたもの。画家や文学者たちの回想が素晴らしい。たとえば、パリの日本館で一緒だった小川国夫。「著者が、かつて尋ね歩いた行程を、ぼくはゆっくりとこの数日［『アポロンの島』の］頁《ページ》を追って過ごした。ずいぶんとガタのきたベスパで、よくもこんなに熱い国々を駆けめぐったものだ」。小川はパリに戻ったらベスパを二万フランで譲ると著者に約束して旅に出たが、途中で故障したため、送料二万フランでパリに移送し、さらに二万フランかけて修理した後、約束通り二万フランで著者に譲った。「身勝手な男の、時に示す優しさはやけに効く」。『やっぱりアトリエ日記』との併読をお勧めしたい。

（『週刊文春』2014年3月6日号）

72 億総メモワールの時代

×月×日

アナール学派以来、歴史学が個々の人間や現象を超えたところにあるエピステーメー（フーコー）あるいは集団の意識（ベンヤミン）を捉えることを目標にして久しいが、困ったことにこれらは相当に時間が経過してからでないと見えてこないという特質を持つ。この意味で逆説的なことに歴史学は常に「現在」を意識化することで成り立つ学問であり、過去もまた現在の一部なのである。

アラン・コルバン『**英雄はいかに作られてきたか　フランスの歴史から見る**』（小倉孝誠監訳　梅澤礼・小池美穂訳　藤原書店　2200円+税）は、息子と父との問答形式で、フランスの歴史教科書や少年少女読物などに取り上げられた英雄・偉人の変遷を、株価の上下を見るようにして検討し、エピステーメーや集団の意識の変化に迫ろうとしたもので、敗戦で価値観が一気に逆転した日本と違って、大きな断絶がなかったフランスでこそ可能な「長期的持続」の歴史学の試みである。

まず感じるのは、第三共和政的な価値観が崩壊したこと。第一次大戦の英雄だったフォッシュ元帥の株価が、「戦争に勝利する文化の価値低下」で大きく下落したのは当然としても、フランスのどんな町にも街路名として残っているガンベッタ、クレマンソーといった第三共和政の立役者の下落が著しいのは考察に値する。第三共和政をつくった一人であるヴィクトル・ユゴーの株価は下がっていないのだから、政治家は忘却されやすいが文学者は残りやすいということではなさそうだ。ユゴーと同じロマン派の詩人であるラマルティーヌの下落幅は大きい。ユゴーの株価だけが下がらないのは、共和国と一体化した「共和国の父」となるよう自己を巧みに演出したからである。「われわれが讃えるユゴーの肖像画はほとんど常に、豊かな灰色の顎ひげをたくわえた顔の老人として描かれている」

第三共和政の政治家たちと同じ下落組に入るのが、デュ・ゲクランとバヤール。いずれも日本人にはまったく知られていない中世の武人・騎士だが、第三共和政下では国王への忠誠と戦士としての勇猛さが愛国心の鼓舞という点から高く評価されたのである。戦前の日本でいえば、児島高徳や楠木正成、あるいは木口小平といったところか。ヨーロッパの先進国が戦争しなくなって以来、軍人ばかりか武人・騎士も不人気になっているのだ。

一方、株価逆転の象徴となっているのがナポレオン三世。「罵倒された後今では英雄化されつつある過去の人物――本書においてナポレオン三世はこうしたかなり稀なケースを示している。(中略)まるで長い間の目隠しが突然取り外されたかのようであり、それによって、皇帝とその体制に新たな視線を向けることができるようになったのだ」

では、二十一世紀になっても人気・評価もゆるがない英雄はだれかというと、ジャンヌ・ダルクとナポレオン、それにド・ゴールだ。とくにド・ゴールの株価は右肩上がりで下がることがない。「ジャンヌ・ダルクやナポレオンのようにシャルル・ド・ゴールは、人々が彼に向ける賛嘆の動機に関してある種の永遠性を享受しているように見える。まるでこの賛嘆の念が彼自身を超え、彼が自らを超越する何かの化身になったかのように」

その国でどんな人物が英雄とされているかを見れば、その国がどんな国であったかがわかる。この法則は洋の東西を問わず普遍的であるようだ。

×月×日

新しい歴史学は思いもかけなかったものをコーパス（資料体）に組み入れつつあるが、最後の手付かずの聖域が意外や「文学」であった。文学の価値である「自己表出」はよほど斬新な視座と鋭敏な感受性がなければコーパスには取りこめないとされてきたからだ。嶋中博章『**太陽王時代のメモワール作者たち 政治・文学・歴史記述**』（吉田書店　３７００円＋税）はこの「取り扱い注意」のテーマに果敢に挑戦した意欲作。

七十年以上に及ぶ太陽王ルイ十四世の治世は教科書的には「絶対王政の確立期」として簡単に処理されているが、前半はフロンドの乱と呼ばれる内戦にあけくれる動乱期で、歴史の荒波に翻弄された少なからぬ人々がメモワールと呼ばれる回想録を残した。しかし、当然だがメモワールは歴史家のために客観的事実を記す目的で書かれているわけではない。目的は、私の言葉でいえばズバリ、後世に向かっての「ドーダ！」つまり自己の顕示と自己正当化である。では、著者はこのメモワールの自己顕示・自己正当化をどのようにして歴史コーパスに取り込もうとするのだろうか？

それをよく示すのが「策士」レ枢機卿の『メモワール』の処理の仕方である。レ枢機卿の『メモワール』は自己顕示欲のために捏造や歪曲まで敢えてした虚構性の高い「文学作品」として扱われてきたが、著者は「レ枢機卿の語りには、彼の個人的な欲望だけが映し出されているのではない。彼の同時代人が賛同し共感し、そして最も『現実的』と感じるものの見方をも反映しているのだ」として、コーパス化を試みる。たとえば、レ枢機卿は、フロンドの乱の市庁舎虐殺事件へのコンデ親王の関与を否定するため、じつは自分の拉致計画があったと親王から打ち明けられたと記しているが、著者によると、これはレ枢機卿が当時の思想的風土に従った「叙述戦略」を採用していたためであるという。「つまりレ枢機卿は、コンデ親王を神話化し、その神話化された親王と対等に渡り合う自分を描くことで、神話化された親王と同じ水準に自分を引き上げ、今度は自分が主役の新しい神話を作ろうとしたのである。このレ神話の構築こそ、レ枢機卿の叙述戦略に他ならない」

では、レ枢機卿をしてこうした叙述戦略を取らしむるに至った当時の思想的風土とはいかなるものか？それは、自尊心一つを頼りに危機に立ち向かってゆくコルネイユ的英雄の世界である。「レ枢機卿は、コンデ親王に軍事的英雄だけでなくコルネイユ的英雄をみとめようとする同時代人の想像力や感受性を見抜き、それをしっかりと受け止めて、物語を紡いでいった。その点で、彼は優れた芸術家であるだけでなく、明晰な歴史家でもあるのだ」

歴史と文学のクロスオーバーと言うはたやすいが、本書は、両者がクロスオーバーするトポスであるメモワールをまず発見し、そこから文学と歴史に共通するエピステーメーを掬いあげることに成功した脱領域的な模範解答といっていい。

×月×日

ジグムント・バウマンはポーランド出身の社会学者で、電脳化した社会を、すべてが不断に変わり続けて、確固たるソリッドなものが一つもなくなった液状化した世界と捉えた著作『リキッド・モダニティ』で知られるが、そのバウマンの『**リキッド・モダニティを読みとく　液状化した現代世界からの44通の手紙**』（酒井邦秀訳　ちくま学芸文庫　1200円＋税）は示唆に富むコラム集。

「ツイッターとは鳥のさえずりのことである。（中略）大事なことは聞き慣れた鳴き声がしていること、そしてそれがだれかに聞こえるかもしれない（聞こえてほしい）ということである」。そして、このだれかにつぶやきが聞こえてほしいというツイッター的自己顕示欲がデカルトの「我惟《おも》うゆえに我あり」を追いやり、「我見られるがゆえに我あり」を招き入れる。「我を見る（あるいは見ようとする）人が多ければ多いほど、我の存在は確かさを増す」。ようするに社会全員が有名人を目指すのがリキッド社会であり、その自称有名人にとって、秘密は「一体感を得るための強力な道具であり、人と人をつなぐ最強の絆であることは間違いない」。つまり秘密ドーダ。世界72億総メモワール時代の到来である。

（『週刊文春』２０１４年４月10日号）

ヒトであると同時にモノである

×月×日

現代生活の恐ろしいところは、いつのまにかすべてが不可逆的に変わってしまっていることだろう。だが、その犯人はどこにも存在していないのである。この犯人のいない変化のメカニズムを解明しようと努めているのが岩井克人である。『貨幣論』『会社はこれからどうなるのか』はそうした「犯人なしの変化」を生み出す貨幣と法人についての優れた分析だが、『資本主義から市民主義へ』（ちくま学芸文庫　１１００円＋税）は、批評家の三浦雅士を聞き手にして「貨幣論」「法人論」から「市民社会論」へと進む過程をわかりやすく語っているので岩井克人入門には最適の一冊。

まず岩井貨幣論から。貨幣は貨幣だから貨幣である、つまり、貨幣はゲーデルの不完全性定理と同じ自己言及（自己循環）的になっているので不安定を免れないというのが岩井貨幣論の核心だが、本書ではその不安定さは貨幣に内在する「使わない自由」から来ると説明している。「使わない自由」がモノの売りと買いを時間的に分離して根源的な不安定要因をつくりだしているのだ。「貨幣を使わない自由をみんなが同時に行使すると、ものが売れなくなって不況になってしまう。（中略）逆に、みなが貨幣を使わない自由を同時に放棄してしまうと、ハイパーインフレーションになって、貨幣そのものの価値がなくなってしまう。そのときは、自由そのものが失われてしまう。まさに、自由のパラドックスです」。ところでこの「使わない自由」は投機や強欲資本主義を生む要因ともなる。「貨幣をもつことは、将来にどのようなモノでも買うことのできる可能性をもつことであって、可能性ならいくらでも足していくことができる」

この無限の欲望によって駆動されているのが資本主義である。資本主義とは差異性のシステムと定義できる。産業資本主義の段階では、資本主義には機械制工場と低賃金の大量の労働者が不可欠で、一国レベルのときには農村部の剰余人口を呼び寄せ、グローバリズムの時代には安い労働力を求めて海外に出る。つまり、労賃の「差異性」に基礎を置いていたのだが、ポスト産業資本主義の段階では「新技術や新製品といった差異性をめぐる競争をし始める。さらには差異性としての情報そのものを商品化するようになる」。資本主義はこの「差異性」からしか利潤を引き出せない構造になっているのだ。岩井理論のユニークなところは、古典主義経済学もマルクス主義もこの「差異性」を誤解したとするところである。「それは、ほんらいは価値体系の差異性の結果にすぎない利潤を、労働者の生産活動が生み出す剰余価値として実体化してしまったのです」

さて、ここからは法人論になる。岩井法人論の眼目は法人とはヒトであると同時にモノであり、このヒトとモノが貨幣のように自己循環しているという分析だが、私のような歴史畑の人間に「これは使える！」と思わせるのは、法人概念はもともと人間が「ヒトであると同時にモノである法人」であったからこそ生まれたという主張だ。人間の中にはヒトである面とモノとしての面があったが、これが近代に至って隠蔽されたことからややこしくなる。「近代において人間は自分を自分で所有する存在として規定されることになったと言いましたが、もちろん、そうは意識されていないで、人間はそもそも自立した存在だというふうに、人間を実体化してしまう。人間がほんらいもっているヒトとモノとの二重性を隠蔽することから近代が始まったと言っていいと思います」。そして、この隠蔽と入れ違いにヒトであると同時にモノである法人が誕生するのである。

×月×日

ヒトであると同時にモノ(法)というのが法人の本質なら、天皇こそはその法人の最たるものではないか? とりわけそれを感じるのは、昭和前期、右翼やテロリストたちが抱いていた天皇のイメージである。というのも、君側の奸を取り除けと主張していた彼らは、その天皇のイメージが法人的であったがゆえに、二・二六事件では逆に「君側の奸」に愛情を抱いていたヒトとしての天皇に裏切られることになるからである。

中島岳志『**血盟団事件**』(文藝春秋　2100円+税)は世界と自己との関係把握という人間の法人的二重性に苦しむ青年たちが、その解決を求めてテロリストとなっていく悲劇をたくみに描き切った学術的ノンフィクションの傑作だが、そこに引かれた井上日召と血盟団員の証言を検討すると、この法人天皇の二重性が浮き上がらずにはいない。すなわち、古内栄司、小沼正(後に井上準之助を暗殺)や菱沼五郎(後に団琢磨を暗殺)らの血盟団員は格差社会に絶望した煩悶青年であったが、彼らに全人格的導師として現れた日召は天皇と二重写しで理解される。

「小沼にとって重要だったのは、『内面的』な問題だった。自己の生命と宇宙全体の本質が、天皇・日本国家を媒介として一体化しているという点こそが重要だった。いくら理論的であっても、それは煩悶する自我には響かなかった。天皇と自己の生命が一体のものであるという存在論こそが、価値ある国家論だった」

では、井上日召の抱く天皇のイメージは具体的にどのようなものか？

「日本の国体がなぜ天壌無窮《てんじょうむきゅう》なのでありませうか、皆さん、日本の国体の構成はこの大自然の大法則その儘《まま》の構成なのであります、日本の国家は一君万民の国家であります、（中略）日本の国体は丁度宇宙の太陽系その儘の構成であります、即ち上天皇陛下は太陽の如く、下万民は諸遊星の如くなのであります」（小沼の供述）

すなわち、天皇とは太陽であるからもし諸遊星である万民との間に「君側の奸」が割り込んでいれば、当然これを取り除かねばならぬということになる。

しからば、これらの天皇のイメージを法人論で解釈するとどういうことになるのか？　太陽のイメージだからモノともいえなくはないが、井上日召の天皇のイメージはむしろヒト的に捉えられたモノとしての法人そのものといえる。

「井上の国家観に於ては、井上は、天皇と個人とは、君民一体だ、因縁の相に依って天皇となり、民衆となる、而も本体は一つだ、人間の身体で云へば首と身体のやうなものだ、絶対に一つだ、だから尊敬するもしないもない、絶対なんです」（小沼の供述）

血盟団はヒト的に捉えられた法人天皇と一体化するためにテロを敢行したのである。

×月×日

日本の運命を決定した昭和十六年九月六日の御前会議。昭和天皇は会議の終わりに突然、発言を求め、明治天皇の御製「よもの海みなはらからと思ふ世になど波風のたちさわぐらむ」を読み上げて自らの意思が開戦回避にあることをはっきりと示した。東条英機陸軍大臣は「聖慮（天皇陛下の御心）は平和にあらせられるぞ」と部下たちに告げた。ところが、「一夜が明けて、東条の基本姿勢は元に戻っている。『聖慮は平和』の昂奮は収まり、強硬派・東条が復活している」。平山周吉『**昭和天皇「よもの海」の謎**』（新潮選書　1400円＋税　↓新潮社　二〇一四年　Kindle版）は『大本営陸軍部　大東亜戦争開戦経緯』を始めとする資料を丹念に読み込んで、九月六日の夕方に陸軍大将・杉山元が資料には残されていない「仮上奏」を行ったか、あるいはなんらかの強い抵抗を示して「よもの海」の解釈変更を強行したのではないかという大胆な仮説から出発している。いいかえると、陸軍幹部はヒトとしての天皇（天皇親政説）の平和の意思を無視して、モノ（法）としての天皇（天皇機関説）つまり君主拒否権（ベトー）を行使できぬ立憲君主としての天皇を巧みに利用したのではないかということだ。法人天皇の二重性を衝いた意図的な解釈変更！　仮説は完全に証明されたわけではない。しかし、非常に説得力のある仮説であることは確かだ。

（『週刊文春』２０１4年5月29日号）

小林秀雄の神、読書論、グルマン

×月×日

大学を移ってすでに七年目。毎年ゼミを持たされているが、ゼミの学生は常に二人か三人。トックヴィルやエマニュエル・トッドを一緒に読み、分析するのだが、そのたびにゼミというのは学生ではなく教師のためにあると思う。読んでいるうちに疑問が湧いたり、わからなかったところが急にわかるようになったりするからだ。学生が二、三人目の前にいるというだけのことなのに、どうしてこうも読み方が違ってくるのだろうか?

郡司勝義『小林秀雄の思ひ出』(文春学藝ライブラリー 1730円+税)は、いわば小秀雄の晩年に「晩酌ゼミ」や「酒場ゼミ」の学生役をつとめたばかりか、ほとんど秘書のような役割まで文藝春秋編集者の回想録。郡司勝義は小林秀雄との付き合いの途中から、エッカーマンの『ゲーテとのいしはボズウェルの『サミュエル・ジョンソン伝』を意識していたのだろうか、師が酒の席で語ったを記憶し、帰宅後にノートに書き留めていたらしい。そして、すでに活字になっている他の批評家やの回想などとそれをモザイクにして「小林秀雄伝」を書き上げたのである。だから、厳密な文学史研究には不向きだが、小林秀雄の人となりを知りたい読者には参考になる。中で私にとって最も興味あるのは小林が神について語った次のような言葉。

「僕はね、神がある、といふことは昔から無条件に信じてゐるんだよ、それなくして、どうしていい仕事が出来るといふのかね、いい文章が書けるといふのかね。……」。「どうしてか、なんて、そんな理窟なんかぢやありやしないんだ。思ひきつて自分をすべて、それに任せきつてしまふ。さうすると、安心して仕事が出来るんだよ。一々それが在るとか、ないとかいふ詮索にかかづらはつてゐる気持は、もう全くなくなつてゐるからね」。

思うに、小林の神の観念の立てかたは特殊日本的、というよりも昭和という時代に特有のものである。小林自身もそれを十分に意識していたから『遠野物語』が復刻されてひろく読まれるようになった昭和一〇年に柳田國男を高く評価するに至ったのだ。「柳田國男に魅せられた最大の問題は、何だったのですか、といふ私の問ひに小林秀雄はかう答へた。

『神の問題だね。さういふと、君たちは西洋風のゴッドしか思ひ浮べないだらうが、日本古来の「神」の問題だ。柳田さんの中心は、そこにあるんだ』」。

おそらく、小林の頭にあった神の概念は天皇のそれに近かったにちがいない。

「天皇制の問題も単なる政治問題ではないでせう。それは単なる政治的制度ではないからだ。日本国民といふ有機体の個性です。生きてゐる個性です。不合理だからやめるといふわけには参らぬ」（昭和二二年二月）

小林秀雄ファンにもアンチ小林秀雄にも等しく興味ある回想録である。

×月×日

アルベルト・マングェルといえば、若き日に盲目のボルヘスの読書係をつとめた経験を核にして読書論や図書館論などを発表してきた大読書人だが、どういう経歴の人かいま一つわからなかった。半自伝的エッセイである『読書礼讃』（野中邦子訳　白水社　3800円＋税）はこうした渇きをいやしてくれる本。ルゼンチンのインテリ・ユダヤ人の家庭に生まれたマングェルはイスラエル駐在大使となった父テルアビブで幼少期を過ごし、乳母からさまざまな本を読んでもらったことがきっかけで読に目覚める。転機となったのは、ブエノスアイレスに戻り、キャロルの『不思議の国のア『鏡の国のアリス』をプレゼントされたときのこと。「何年ものあいだ、アリスの物語を読み、えすたびに、別の見方、さまざまな解釈ができた。だが、あえていえばそれらはみな、心の奥底で私だけのものだと感じられた。（中略）私は独占欲の強い読者だ。自分が読んだ本にかんするかぎり、その初夜権を他の人間に譲るつもりはまったくない」

本を読まない人間にとって経験に名前を与えることはゼロからのスタートだが、本を読む人にとってはそうではない。「経験は最初に来るかもしれないし、何年もあとに来るかもしれない。読者は、その経験を呼ぶための名前を『リア王』のページに見つけるかもしれない。あるいは、生涯の最後にすらない。（中略）しかし、命名しがたいものに名前をつけようとする読者にとって、ときには本が助けしれることもある」

マングェルにとって経験が最初に来てしまった例はユダヤ人体験だった。フランスのユダヤ人評論家フィンケルクロートのエッセイを読んでいて、マングェルはある体験を思い出す。「七歳のときのある午後、通いはじめたばかりのブエノスアイレス英語学校から帰るバスのなかで、後ろの席に坐っていた名前を知らない子に、『おい、ユダヤ人！　おまえの親父は金儲けが好きなんだろう？』といわれた。私はただびっくりしてなんと答えていいかわからなかった」。ここからマングェルは「私はユダヤ人なのか？私は何者なのか？」という問いを発していくが、その問いがこの読書論のいわば潜在的な中核の機能を果たしている。

ボルヘスの秘書だったころの思い出はボルヘス・ファンにとってきわめて貴重な証言となっている。晩年に至るまでボルヘスは女性の魅力に敏感だったが、女性はその逆だったようである。「ひとりの女性、彼が求めた多くの女性たちの誰であれ、（中略）彼が生みだすもののためではなく、彼自身として愛し愛されるために、ボルヘスは作品のなかで何度もくりかえしエル・アレフをつくりだしたのだ」。箇条書きにされた「理想の読者」の定義は読書人必読である。

×月×日

ここ数年、つくづく感じるのは日本のフランス文学やフランス史の研究者のレベルが非常に高くなっていること。われわれの時代とは雲泥の差で、フランスで発表された博士論文が書籍化されることも少なくない。橋本周子《ちかこ》『**美食家の誕生　グリモと〈食〉のフランス革命**』（名古屋大学出版会　5600円＋税）は、フランス革命を挟む時期に食通を招いて食事会を催したり、『美食家年鑑』という定期刊行物を発行してフランスに美食文化を定着させることに貢献したグリモ・ド・ラ・レニエールという希代の食通に関する博士論文に評伝を付した研究書であるが、かなり広い文化的な視野の中でグリモが捉えられているので、フランス文化論としても興味深く読むことができる。

議論はグリモが「グルメ」や「フリアン」という洗練系の言葉ではなく、大食という否定的ニュアンスが付着していた「グルマン」という言葉を敢えて用いたのは何故かという問題設定から始まっているが、著者は、それはグリモにおける「食べ手」の視線と関係していると見る。「この〈食べ手〉の飽くなき欲こそが、（中略）『料理技芸』を進歩させていく原動力となるということに、グリモは強く自覚的
食という文化は、食べ手の食欲があって初めて成り立つのであって、ファイン・アートの芸術家の自立は考えられない。よって、たとえ大食家のニュアンスが残るとはいえ洗練の度合、増してきた「グルマン」にこそ拠らなければならないとグリモは考えたのである。

「グリモにとって、新たな時代の理想的な食べ手は貴族的（あるいは女性的）『フリアン』でも、新興富裕

層の野卑を表現する『大食漢』でもない、『美食家《グルマン》』でなければならなかったことの理由が見えてくる。（中略）『美食家《グルマン》』が新たに得たとグリモの言う『高尚な意味』は〈旺盛な食欲〉を必須の条件として、貴族的な軟弱な洗練とは明確に区別される必要があったのだ」

美食文化研究が、好事家的な意味ではない「歴史学」の領野に入ったことを感じさせる一冊である。

（『週刊文春』2014年7月3日号）

なぜ禁欲か、言語とは何か

×月×日

フロベールで修論を書いて以来、解けない謎が一つあった。フロベールの処女作は『ボヴァリー夫人』ではなく『聖アントワーヌ（アントニオス）の誘惑』であるということだ。フロベールはこの戯曲を友人のマクシム・デュ・カンに全否定され、「結果的」に『ボヴァリー夫人』を書き上げたのだが、若き日のフロベールがなにゆえにこの修道院運動の創始者に強く心ひかれたのかがわからなかった。いまになってみるとフロベールの真意が禁欲の問題にあったことが理解できる。近代的欲望（自我の肥大）を抑えて禁欲そのものをおのれの方法とするという問題意識が彼のこころを占めていたのだ。『ボヴァリー夫人』はフロベールが「題材としての禁欲」から「方法としての禁欲」に方向転換した最初にして最後の「成果」なのである。

佐藤彰一『**禁欲のヨーロッパ　修道院の起源**』（中公新書　880円＋税）は、ローマ帝政末期において「大量の禁欲修行の実践者が澎湃《ほうはい》としてキリスト教世界に出現」したのはなぜかという壮大な謎に挑んだ意欲作で、非常におもしろく読むことができた。

著者はこうした「禁欲の心性」の起源をアリーヌ・ルーセルに従ってローマ帝政末期に求め、ローマの女性たちの結婚年齢が十二歳と異常に低かったことに注目する。すなわち、若年出産の危険に怯えた妻たちは、第一子を出産すると結婚の義務は果たしたとばかり、以後は性生活を控えるようになったのである。しかし、当然、女性たちは欲求不満からヒステリーに陥ることが少なくなかった。「女性にとって肉体の欲望は、疎ましく、消し去らねばならない心的障害である。こうして欲望の統御ではなく、欲望の否定がローマ女性の心性史の観点から見て、いわば歴史的課題となったのである」

ローマ女性から始まった欲望の否定の流れを受けて登場したのがキリスト教的禁欲主義である。たとえば「黄金の口」と称された雄弁家ヨアンネス・クリュソストモスは、肉体の否定、欲望の根絶を通じて魂の自由、神との合一を目指すように説教し、未婚の女性には処女性を、少年たちには童貞性の堅持を説いた。クリュソストモスのオブセッションはセックスによって大地が飽和するという悪夢であり、「このような人口過剰状態にあっては、同性愛こそが、性愛の最終的に洗練された姿を示しているとさえ述べるのである」。なんと、人口過剰抑制のための同性愛のススメである。このクリュソストモスが書いた『修道生活中傷者駁論』には、当時の修道院における少年愛の実態が生々しく報告されているという。大家族で余剰人口扱いされた少年たちは十歳以下で修道院に預けられるが、「こうした少年たちは多くが年長者らによって犯されると、ヨアンネスは語っている」

もちろん、同性愛が修道院で積極的に容認されていたわけではなく、厳しい禁止にもかかわらず、制御が困難であったということだ。砂漠の修道院で共同生活を送ること自体が欲望を増大したからだ。それは聖アントニオスを初めとする隠修士の伝記に詳しい。では、こうした同性愛から身を守るにはどうしたらいいのか？　パコミウスという聖人の戒律は明快である。すなわちすべてのコミュニケーションを絶てということだ。いわく隠修士は座ったり洗濯したりするさいには膝を隠さねばならない。労働や食事のおりには他者を見つめてはならない。一人きりで私的な会話をしてはならない。水浴のときに体を流したり油を塗り合ったりしてはならない、云々。しかし、健康であるかぎり欲望がイメージ化することは避けられないし、夢精を抑制することもできない。そこで登場したのが「栄養不良による性的欲求の減退」である。つまり徹底した低カロリー食であるが、それは性欲と並ぶ大きな欲望である食欲の抑制にもつながったので歓迎された。修道士にとって、楽園を放されて「最初の人間」となったアダムの飢餓を生きることこそが神へと通じる道と考えられたのである。

だが、それにしても帝政末期の人々はなにゆえにこれほど激しく禁欲を欲したのか？　それは自己とは何かという問いかけが根源にあったためである。「ヨーロッパ民衆の自己省察の出発点にあるのは、砂漠の修道士の禁欲実践においてその達成のための必須の手段とされた、自己の欲望の摘出という心理ゲーム（ミシェル・フーコー）であった。欲望の克服の手立てとして、修道士たちは自分のなかに巣くう欲望のかすかな影をも認識し、そうすることによって、その作用に打ち克つのである」。なるほど、これでフローベールが『聖アントワーヌの誘惑』を書いた理由がわかった。禁欲は自己認識のカタパルトとして機能したのである。

×月×日

ところで、自己とは何か、社会とは何かという根源的な問いを追求していけば、それは必然的に言語とは何かという問いに発展し、そこから起源の言語ないしは言語の起源という問題に至らざるをえない。ゆえにこの世には自己とは何か、社会とは何かを問いかけた人間の数だけ言語起源論があるはずなのだが、互盛央**『言語起源論の系譜』**（講談社　2300円+税　↓　講談社　二〇一四年　Kindle版）は、この言語起源論の系譜を、謎のカスパー・ハウザーをイメージ・ソースにしながら総淩《そうざら》いすることで、絶対に見ることのできない「生成の瞬間」の幻影に取りつかれたヨーロッパ思想の特殊性を明らかにしようとした力作である。

言語起源論は自然に言語は与えられたとする「自然説」と人間同士の取り決めによるという「人為説」に分かれるが、最初に問題となったのは複数の言語があるという事実である。複数の言語の存在は、そのうちどれが失われた唯一の言語の後裔かという起源の問いに通じるからである。

キリスト教支配の時代、聖書の「創世記」のバベルの塔の逸話解釈により、神が与えた「起源の言語」はヘブライ語であるという理解が一般化する。バベルの塔の崩壊で唯一の言語が複数の言語に分裂した中で、エベルの一族が伝えたセム語だけが「先立つ時代の人類にとっての共通の言語」であったとされたのだ。しかしこうしたキリスト教的公式解釈は、ヘブライ語を一つの「力」と見なすロイヒリンらのカバラ思想の登場により、ヘブライ語そのものが「一方では魔術的カバラの方向に、他方では諸言語の一の方向に分裂」し、破綻を迎える。というのも、ヘブライ語が起源言語の座からすべり落ちると同時に、宗教改革と各国語訳聖書の出現で俗語賞揚の時代が訪れ、それぞれの言語がわれこそは起源の言語の正統的後継者だと称するバベル的乱立状態になったからだ。十九世紀のシュライヒャーによるインド－ヨーロッパ語祖語の仮説と系統樹説はこの延長上に位置するが、その一方では、普遍言語の人為的創造という夢想が登場する。起源の言語が失われたなら「起源を探究して復元すればよい」。そして完全な復元が不可能なら「『起源の言語』と同じ価値をもつ言語を創造すればよい」ということだが、ここで一つの倒錯が生じる。起源の言語では「神」は「自然」に先行しているが、起源の言語の再創造者にとっては「自然」が先行しているので、人為はそれが前提としていた自然を事後的に仮構するという自己言及的パラドックスが生じ、その結果……。

このように言語起源論の系譜を徹底的にたどっていくと、最終的にはソシュールやベンヤミンのように「言語を言語たらしめているものは『社会』の中にも『国家』の中にもないこと」という認識に達し、謎のカスパー・ハウザーのように「『生まれ出ざる者』が生まれ出ざるままにある、そのありように行き着くほかないことに気づくのだ」

巧みなストーリー・テリングの技巧を兼ね備えた思想史家という例外的存在の誕生に立ち会っている興奮を覚える一冊である。

（『週刊文春』２０１４年８月７日号）

人種という制約は越えられるか

×月×日

大学で異文化体験の授業を担当している。夏目漱石、森鷗外、渋沢栄一、福澤諭吉、永井荷風、高村光太郎らの異文化体験をまず私が簡単に講義し、学生たちに一人を選んでもらってグループ発表するという形式だが、女子学生に人気があるのは森鷗外。ドイツでも得意の語学を駆使して劣等感なく振る舞い、「舞姫」のモデルと恋愛までして帰ってきたというのが頼もしく映るらしい。反対に男子学生が選ぶのがロンドンの下宿に閉じこもってノイローゼになった漱石。「此度は向ふから妙な顔色をした一寸法師が来たなと思ふと、是即ち乃公自身の影が姿見に写つたのである」。漱石のこうしたコンプレックスに満ちた留学体験は日本男児にとって他人事ではないようだ。

眞嶋亜有『「肌色」の憂鬱　近代日本の人種体験』（中公叢書　2300円＋税）は、開国以来、脱亜入欧を国是としてきた日本が越えられない壁である「黄色い肌」とどう対処してきたかと論じることで、日本人の人種的自己認識を摘出しようとする試みである。

明治期にアメリカを訪れた内村鑑三らの日本人エリートをまず襲ったのは、奴隷のように差別される中国人移民と混同されることの不快感だった。「日本人は、どれだけ西洋人と同様に中国人を侮蔑しても、どれだけ外見的に西洋化しても、同じ『モンゴール人種』という運命からは逃れることができなかった」。つまり、西欧という「文明」は摂取可能だが、人種という壁は乗り越えられないという認識から、「有色人種」の「長兄」となって「白皙人種」と戦うことが文明国・日本の使命という自己規定が生まれてくる。大隈重信や徳富蘇峰らはここから「東西文明融和の地としての日本」というヴィジョンを見出そうとするが、その願いは、パリ講和会議における国際連盟規約への人種差別撤廃条項提案がアメリカ大統領ウィルソンによって一蹴されたこと、およびアメリカ上下院で排日移民法が可決されたことにより、国民的な屈辱感と怒りへと変わる。

ここから生まれるのがいわゆる大アジア主義だが、そこからは「持たざる国」ゆえに抱いた精神主義と「要するに力」というマキャベリズム的軍備増強路線が出てくる。この二つは矛盾するどころかメダルの両面となり、「国外ではマキャベリズムで対抗し、国内では頼るべき『人力』を鼓舞するために精神主義が台頭した」。いずれにおいても、常に付きまとったのは「人種」の問題だったのである。

だからこそ、多くの日本人は真珠湾攻撃を「積怨」を晴らす「聖戦」と感じたのだが、その快哉も玉音放送で一瞬にして消え、天皇とマッカーサーとの会見写真の衝撃によって、戦後の日本人の人種的自己イメージは決定されてしまう。

「写真を通じてでさえ誰の目からみても明らかだったのは、マッカーサーと昭和天皇の、あまりに歴然とした身体的差異、つまり背丈の高低、体格の大小、服装からみうけられる上下関係、そして精神的ゆとりを感じさせるマッカーサーのいで立ちの隣で硬直した姿で立つ昭和天皇の姿であった」。

写真が日本国民の転向に及ぼした影響は絶大であった。日本人は「一人の肉体とその明らかな視覚的差異を通じて、敗戦を痛感した」からである。マッカーサーの「日本人の精神的支柱としての昭和天皇の存在を擁護するかたちで利用しながらも、同時に、その神格性は否定するという、一見相矛盾した二つの手段が、見事に合致し効力を発揮した」のである。

ここから、異常なほどのマッカーサー崇拝が始まるが、その崇拝も「日本人は一二歳」発言で落胆へと変わり、やがて反米意識へと変質してゆく。著者はこの心理の揺れをこう分析する。「日本人は、米国人であるマッカーサーを意識していようといまいと、父親的存在として仰ぎ、保護され擁護されることを自ら切望していた。マッカーサーを単なる権力者でも支配者でも占領者でもなく、日本人を擁護し、保護する父親的存在としての情緒的紐帯を強く求めたのである。（中略）『保護者』に求めるものとは、自分を擁護し保護し、そして承認してほしいとの欲望と不可分にある。しかし、もし自分の期待する承認を得られないとするならば、そこに生じるのは強い落胆と、それに基づく反抗である」

素晴らしい！　戦後日本はあの一枚の写真の呪縛から逃れていない。以下の結論は、本書が日本論の新しい名著の列に加わったことの紛れもない証左となるだろう。

「日本を棄てられぬまま西洋に承認を求めた日本。いや、日本を棄てようとも、棄てきれないがために、生じた『憂鬱』という拭いきれないジレンマ。エリートたちの『肌の色』という人種体験は、日本が日本であるために自ら歩み選択した、『西洋化』という運命の自己矛盾を露呈することとなった」

×月×日

「肌」の色ということであれば、黄色人種である日本人よりも黒人のほうがはるかに可視的である。そして、その歴然たる可視性の逆説的自由を見事に使ったのが『ニグロと疲れないでセックスする方法』のカナダ在住のハイチ作家ダニー・ラフェリエールであるが、そのラフェリエールとおぼしき語り手が編集者に次回作をせっつかれて苦し紛れにタイトルだけ渡したところから生まれたのが『吾輩は日本作家である』（立花英裕訳　藤原書店　2400円＋税）。「タイトルね、そうだなあ、『吾輩は日本作家である』はどうだろう。一瞬の沈黙。笑顔が輝きだす。売れるよ、それ！　契約しよう。数語並べただけで、一万ユーロの契約が結ばれる」。語り手には日本人の知り合いもいないし日本に行ったこともない。三島由紀夫や芭蕉を初めとする日本文学をフランス語の訳本で読んだことがあるだけだ。ところが、偶然通りかかったアジア人の青年（韓国人）に声をかけ、ミドリという歌手が《カフェ・サラエヴォ》に出演していると聞いたことから、物語が一気に流れだしていく。「『歌手の名は』『ミドリ』場所と名前。これだけあれば、小説が始められる」。事実、ミドリを探して《カフェ・サラエヴォ》を訪れた語り手はそこでミドリにかしずくグルピーのエイコ、フミ、ヒデコ、ノリコ、トモ、ハルカといった娘たちに出会い、思いもかけなかった関係を結んだあげく、語り手が「吾輩は日本作家である」という本を執筆中であることを知った日本の領事館、出版社、テレビ局などから追いかけまわされるはめになるのだが、しかし、そうしたストーリーはあくまで口実であり、狙いはむしろ、書物という制度の圧倒的な「開放性」を示すことにある。

すなわち、「吾輩は日本作家である」とタイトルを決めるや否や（構造主義文学理論ではタイトルもテクストの一部、すなわちパラテクストなのだ）、タイプライターからは、人種、肌の色、言語、国籍、民族といった制約を越えた脱境界性が現出してくるのである。「少年だった私は、古い家具の奥に押し込まれていた三島の小説とラム酒の瓶をたまたま一緒に見つけただけなのだ。（中略）三島の本だって、『おや、日本のなじみの読者が来た』などと思いやしない。私も仲間内の目配せや、分かる人にだけ分かる色や、共有される感受性を探し求めていたわけではない。目の前の宇宙に頭から飛び込んだまでだ。（中略）何年も経って、私自身が作家になると、よく質問を受けた――『あなたはハイチの作家ですか。カリブ海の作家ですか。それともフランス語圏の作家ですか』。私は、読者の国籍が私の国籍だと答えた。ようするに、読んでくれる人が日本人なら、私はたちまち日本作家になるのだ」

ここには肌の色という絶対的な限界を超える可能性のひとつが示されている。

二〇一三年、ラフェリエールはアカデミー・フランセーズの会員に選出された。

（『週刊文春』2014年10月30日号）

おや、こんなものが！

×月×日

新潮文庫発刊一〇〇年ということで新潮社の倉庫を改造したショッピング・モール「ラカグ」で記念講演をしたが、話の眼目は、新潮文庫が抄訳や翻案中心だった風潮を改め、全訳主義を打ち出したという点。これを論文に仕立てるとしたら、実物に拠って実証しなければならないが、日本には翻訳書を網羅した図書館というものは存在していない。近代日本文学のかなりの部分が翻訳者の努力の賜物であるはずなのに、残念なことである。

それはさておき、近年、文庫を中心にしてバルザックのマイナーな作品が次々に新訳されているのはなんとも頼もしい限りだ。たとえば、ちくま文庫の「バルザック・コレクション」の三冊のうち『**ソーの舞踏会**』（柏木隆雄訳　1300円＋税）と『**オノリーヌ**』（大矢タカヤス訳　1100円＋税）が既に出版されている。

前者には『夫婦財産契約』『禁治産』、後者には『二重の家庭』『捨てられた女』といった他社のセレクションに含まれていない興味深い作品が収録されているので、フランスにおける遺産相続と夫婦財産契約の問題について勉強しようと思っている私にはありがたいことこの上ない。近年、フランスでは結婚制度というものが消滅しつつあるが、それは結婚に伴う財産移動手続きの煩瑣さにあるといわれる。たしかにバルザックのこれらの作品を読むと、フランスの結婚とは金と金の結婚であったことがよくわかる。社会史的観点からも貴重な作品。訳者はいずれもバルザック研究会の主要メンバーなので信頼がおける。

×月×日

日本においてはフランス文学の翻訳も偉大な力技であるが、文学研究もまた世界的水準に達している。だから、もしフランス語と日本語を同じレベルで読解できる「フランス人のフランス文学研究家」がいたとしたら、そのレベルの高さに圧倒されるにちがいない。**『マラルメ詩集』**（渡辺守章訳　岩波文庫　1200円+税）はまさにそうした世界水準の一冊。翻訳の特徴をひとことでいうと、クローデル劇を始めとするフランス演劇の上演・紹介にエネルギーを費やしてきた訳者らしく、マラルメの難解な詩句が、朗読可能で、一度耳にしただけでその意味を理解できるような構造の日本語に翻訳されている点。これが大きい。名訳といわれる鈴木信太郎の訳は漢語辞典と首っぴきで読んでも意味を摑むのが難しいが、渡辺訳ならどんなに難解な詩句でも「聞いて」わかるのだ。一番有名な詩を比較してみよう。

鈴木訳「肉體は悲し、ああ、われは　全ての書を讀みぬ。／遁《のが》れむ、彼處《かしこ》に遁れむ。未知の泡沫《みなわ》と天空の／央《さなか》に在りて　群鳥《むらどり》の酔《ゑ》ひ癡《し》れたるを、われは知る。／この心　滄溟《おほうみ》深く涵《ひた》されて　引停《ひきとど》むべき縁由《よすが》なし、／眼《まなこ》に影を宿したる　青苔《せいたい》古りし庭園も、おお夜よ、素白《そはく》の衛守《まもり》固くして　虚《むな》しき紙を／照らす　わが洋燈《ともしび》の荒涼たる輝きも、はた、幼児《をさなご》に添乳《そへぢ》する　うら若き妻も。」

渡辺訳「肉体は悲しい、ああ、読んだぞ　わたしは、万巻の書を。／遁れ去る！　彼方へと遁れる！　その海に　百千鳥の　酔う／様は、砕け散る　見知らぬ波と、天空の　あわいに懸かり！／引き止めはせぬ、もはや何も、眼に映る　見慣れた庭、／それさえも引き止めはせぬ、海に心が　浸るのを。／夜に夜を重ねて、我が灯火の　人気なき不毛の明りも／白々と拒む虚ろな紙を　照らしつつ、いや／乳飲み子に乳含ませる　若き妻にも　できはせぬ。」

渡辺訳では、「引き止めはせぬ」「それさえも　引き止めはせぬ」「できはせぬ」と、詩句の核心が原文の《Rien,…Ne retiendra ce cœur》にあることを理解して、三度、動詞句として強調しているのが効いている。要するに視覚的な翻訳から聴覚的な翻訳に変わっているのである。マラルメの詩句も朗読されるものとして作られているのだから、この訳し方は正解。また、テクストの倍以上の注解には圧倒されるが、ここまでやるのだったら読者の便宜も考えていっそ対訳にすべきではなかったか？

×月×日

最近は、フランスの翻訳書が文庫や新書に「いきなり」入ることが少なくない。注意深く観察していると「おや、こんなものが！」と驚くような作品がラインナップに並んでいる。ピエール＝フランソワ・ラスネール**『ラスネール回想録　十九世紀フランス詩人＝犯罪者の手記』**（小倉孝誠・梅澤礼訳　平凡社ライブラリー　1500円＋税）はその典型。

ラスネールといえばフランス映画ファンなら『天井桟敷の人々』で名優マルセル・エランが演じたダンディな悪党を思い出すだろうが、波瀾万丈のピカレスクな物語を期待すると肩透かしをくうかもしれない。全八章のうち三章が少年時代から放浪時代に当てられ、確信犯としてパリ中を震憾させた冒険部分は意外に少ないからだ。ただ、十九世紀の家族に興味を持つ私には、「親に愛されなった次男」という「にんじん」的テーマを抽出するのに最適なテクストとして非常におもしろく読めた。

ラスネールの故郷はフランシュ・コンテ地方で、長男が家督を相続する直系家族。ために兄と四人の姉の後に生まれたラスネールは「両親にいかなる喜びももたらさなかった」ので、生後すぐに里子に出され、家に戻っても子守マリーに育てられる。「どうあっても両親の心を手に入れられず、両親が兄をえこひいきするのをやめさせることもできないと確信すると、私は自分の良心の奥深くへと降りてゆき、自分に悪いところがないかどうか、誠心誠意考えてみた。良心は否と答えた。(中略)八歳にして私は、私だけの力で人間になった。これ以降、教育は私に何も影響しなくなった」

両親はラスネールが寄宿学校を放校されるたびにより校則の厳しい学校に入れるが、反抗心を強めた少年は入退学を繰り返し、やがて文学に目覚める。モリエールやラ・フォンテーヌを熟読するが、仲間と遊ぶ金ほしさから母の金を盗むようになる。リヨンの広場を通ったとき、父はギロチンを前にして「ほら見ろ。素行を改めなければ、お前もああやって死ぬことになるんだぞ」という。ラスネールはこの予言に動揺する。「自分は他の方法では死ねないのだと思うに至った。何度私は夢でギロチンにかけられたことか！」

リヨンの代訴人事務所を皮切りに職業を転々としたあと金銭トラブルから人を殺し、貸し馬車を盗んだ罪で入獄するが、牢獄は彼にとって願ったりかなったりの環境だった。自分の手足となって働いてくれる手下が必要と感じていたからである。困ったのは、隠語を知らなかったことだが努力の甲斐あって四日間で隠語ばかりか犯罪の手口を覚えることができた。しかし牢獄で観察を続けるうち、刑期の長い囚人は相棒として使い物にならないことに気づく。「囚われと監禁がどれだけ人間から気力を奪い、断固とした行動をどれだけ不可能にしてしまうかを、私はすでに知っていた」。こうして理想の相棒としてアヴリルという男を見いだすのだが、監獄でラスネールはもう一つ、決定的真実を発見する。

「あなた方はこうたずねたのだ。『死刑を想像することは、本もなく光も届かずどんな会話もできない狭い独房での禁固刑を想像するよりもおそろしいと思いますか？』それに対して私はこう答えたのだ。『そのような監獄やそのような隔離は考えるだけでぞっとする。それを考えれば死など何でもない』」。ここにおいてラスネールはパスカルと同じ思想に到達したのだ。そして、この思想通りに監獄で自伝を書き上げたあと、従容としてギロチン台に上るのである。愛してくれなかった両親と社会に復讐するために。「自己表現としての殺人」の原型がここにはある。バルザック、ユゴー、ドストエフスキーがラスネールに興味をもったのはむべなるかな、である。

（『週刊文春』2014年12月4日号）

その他のおもな書評（2014年）

『毎日新聞』「今週の本棚」

2014年1月12日　堀江貴文『ゼロ　なにもない自分に小さなイチを足していく』ダイヤモンド社　1400円＋税（↓ダイヤモンド社　Kindle版）

2014年2月23日　『BRUTUS No.771』マガジンハウス　600円＋税

2014年3月16日　中里介山『大菩薩峠　都新聞版　第一巻』伊東祐吏校訂　論創社　3200円＋税

2014年4月20日　E・トッド、H・ル・ブラーズ『不均衡という病　フランスの変容1980-2010』石崎晴己訳　藤原書店　3600円＋税

2014年9月7日　筒井清忠『二・二六事件と青年将校　敗者の日本史19』吉川弘文館　2600円＋税

2014年9月14日　『&Premium 10』マガジンハウス　667円＋税

2014年11月16日　野見山暁治『とこしえのお嬢さん　記憶のなかの人』平凡社　1800円＋税

2014年12月14日　2014年「この3冊」

E・トッド、H・ル・ブラーズ『不均衡という病　フランスの変容1980―2010』石崎晴己訳　藤原書店　3600円＋税

ポール・シーブライト『殺人ザルはいかにして経済に目覚めたか？　ヒトの進化からみた経済学』山形浩生、森本正史訳　みすず書房　3800円＋税

佐藤彰一『禁欲のヨーロッパ　修道院の起源』中公新書　880円＋税

2015年

1月7日　フランス・週刊紙「シャルリー・エブド」襲撃事件
1月11日　フランス各地でシャルリー・エブド襲撃事件犠牲者を追悼する大規模なデモ
1月20日　ISIL（ISIS）が日本人人質2人の殺害を予告する映像をインターネットで公開
1月23日　大相撲初場所で白鵬が幕内史上最多優勝記録達成
2月20日　川崎市中1男子生徒殺害事件
3月14日　北陸新幹線全線開業
3月18日　チュニジア、バルド国立博物館襲撃事件
3月24日　ルフトハンザドイツ航空子会社・ジャーマンウイングス機9525便墜落事故
4月11日　パナマ・パナマシティで、アメリカのオバマ大統領とキューバのラウル・カストロ国家評議会議長が、国交断絶後初の両国首脳対談
4月14日　広島空港・アシアナ航空機162便着陸失敗事故
4月22日　首相官邸屋上にドローン（小型無人機）が落下しているのを発見
4月25日　ネパール地震
……

テロに襲われたパリから

×月×日

正月休みでパリに遊ぶ。一月七日はソルド開始の日ということで午前中は家人の通訳としてデパートに出掛け、午後は古本屋を四軒回って、夕方六時に知人と待ち合せしているレストランに出向いたところ、「シャルリー・エブド」襲撃事件を教えられて仰天する。そういえば、午後はソルド初日のわりに街が閑散としているなと感じたが、みんな家に引きこもってテレビを見ていたのである！　しかし、それにしてもパリの古本屋というのは浮世離れしている。四軒とも店主と会話したが、一回も「シャルリー・エブド」のことは話題にのぼらなかったからだ。あるいは彼らも事件を知らなかったのかもしれない。

続報を待つあいだ、往きの機中から読み始めたジャック・ル＝ゴフ**『ヨーロッパは中世に誕生したのか？』**（菅沼潤訳　藤原書店　4800円＋税）の続きを読む。EU誕生を機会に英独仏西伊の出版社の発案で生まれた歴史叢書「ヨーロッパをつくる」の一冊としてアナール派中世史学の泰斗が執筆した一般読者向けの本だが、さすがはル＝ゴフと思わせる仕上がりで、ヨーロッパ中世を知りたい人に第一に推薦できる本となっている。翻訳も読みやすい。

ル＝ゴフの問題意識は、国民国家誕生以前の中世にヨーロッパという概念がすでにあったのではないかというものだが、重視されるのはローマからの遺産としてのラテン語訳聖書である。というのも、この普及がギリシャ語訳聖書を正典とするギリシャ正教・ロシア正教地域（ビザンチン帝国と東欧・ロシア）とヨーロッパを区別する弁別的特徴となったからである。つまり、ヨーロッパとは聖ヒエロニムスによってヘブライ語原典から訳されたラテン語訳聖書を正典とするキリスト教（正確にはアタナシウス派）の影響の及んだ旧西ローマ帝国領およびゲルマン・ノルマン民族居住地域ということになる。そして、ル＝ゴフはこの地域において古代と中世を結ぶ働きをした者として、キリスト教化を推し進めた聖職者・修道士・聖人を挙げる。

「まずは司教の統治が全領域におよぼされる。（中略）司教たちをおくことによって、キリスト教の西方世界はおおむねローマ帝国の行政区分を踏襲する区域へと分割される。これが司教区と呼ばれるものである」。すなわち、蛮族侵入でローマ帝国は消滅したがそのローマ帝国末期に国教として承認されたキリスト教は残って、消えたローマ帝国の行政区分を代替わりすることになったのである。次は人里離れた修道院で共同生活する修道士。「四世紀から八世紀までのあいだ、異教の農民たちをキリスト教化していく中で、修道院は欠くことのできない役割を担っている。彼らはまた、しばしば旅に出て活動する。このなかにはアイルランド修道士たちがいて、すでに述べたように東ガリアや北イタリアへの伝道を担うことになる」。第三の存在は聖人である。キリスト教化初期には殉教者を意味していた聖人はキリスト教公認とともに証聖者（殉教には至らなかった高徳の人）へと定義をずらすが、ル＝ゴフはこの聖人たちが中世において演じた役割を重視する。トゥールの聖マルティヌス、ヌルシアの聖ベネディクトゥス、それにサンティアゴ・デ・コンポステーラのヤコブなどの聖人の聖遺物への崇敬が巡礼を生み、「西洋の果ての住民たちをたがいに結びつけた。とりわけそれは、宿駅をもつネットワークへと発展した」。聖人崇拝の基層には異教の農民の現世利益的信仰があったが、キリスト教はこれをうまく利用するかたちで農民のキリスト教化を推進したのである。マリア信仰、悪魔、謝肉祭、仮装行列、口承伝統といった民衆文化もこれとほぼ同様の構造を持ち、「ヨーロッパ史の最深部にある統一と多様の弁証法のなかで重要な役割を果たした」のである。

その一方で、権力を得たキリスト教は貴族の下に誕生した騎士階級（ミレス）の暴力性を手なずけて「文明化」し、騎士道精神というものを作り出すかたわら、「たいていはけ口を与える目的で、教会は騎士たちの暴力を、教会、女、無防備な者たちの保護のような敬虔な目的のほうへそらせようと努める。そしてしばらくするとこの力は、のちに見るように、キリスト教世界の外の異教徒との戦いのほうへと差し向けられる」。これが中世の歴史を大きく変えることになる十字軍である。本来的には平和主義であったキリスト教は、最初、蛮族から教皇庁を守るために騎士を雇ったが、次にこれを騎士修道会として組織し、聖地エルサレムの奪還に向かわせたのである。

「キリスト教世界はめざましい人口増加と経済発展をとげていた。人口の増加は、とくに騎士階層出身の土地も女ももたない多くの若者たちを生み出した。（中略）決定的な役割を担ったのは教皇庁である。キリスト教の好戦的力をイスラム教徒との対決の方向にそらすことでさまざまな利益が得られると教皇庁は考えていた。十字軍はおそらく、エルサレムとキリストへのしだいに激しくなる信仰心が行き着いた点であっただろう。しかしそれはまた、若者たちの好戦的フラストレーションを異教徒のほうへとそらす手段でもあったのだ」

帰りの機中でも読み続け、日本に着いてテレビをつけたら、人質を取って立てこもっていた犯人たちが射殺された映像が映っていた。おそらく、ヨーロッパの移民社会と中東社会の人口増加がつくりだした若者たちの好戦的フラストレーションがアラブ社会の教皇庁的な存在になるかもしれぬイスラム圏やアルカイダに利用されたというのが「シャルリー・エブド」事件の真相だろう。問題の基部にはつねに人口問題ありきなのである。

×月×日

ル＝ゴフを始めとするアナール派の著作を読んでいてもどかしいのは、彼らが「知っていて当たり前」としている「王たちの歴史」をこちらはまるで知らないことである。日本人でシャルル四世から一〇世まで全員の来歴を説明できる人はほとんどいない。フランス史学の受容は、日本では政治史中心の「王たちの歴史」の段階からではなく、経済史中心のマルクス主義から始まり、いきなり心性史のアナール派に行ってしまったため、フランス史家でも専攻する時代以外の王たちのことはあまり知らないのだ。

この意味で画期的だったのは、歴史家であると同時に小説家である佐藤賢一の『カペー朝　フランス王朝史1』（講談社現代新書）であったが、今回、ようやくその続編である**『ヴァロワ朝　フランス王朝史2』**（講談社現代新書　920円＋税　↓　講談社　二〇一四年　Kindle版）が出た。まさに待望の一冊であり、期待に違わぬ出来栄えである。さすがは小説家、巧みな語り口と譬えで読ませる。例えば、ヴァロワ王朝の第一代フィリップ六世。この王はブルボン王朝の開祖アンリ四世のような系図を遠く溯って見いだされた王ではなく、カペー王朝のフィリップ四世の甥で、前王シャルル四世の従兄弟にあたる。なのに、ヴァロワ王朝が彼から始まるとされるのはなぜかと問うてこう答える。「思うに、始めから事件だったからでなく、ほどなくして事件になったからである。フランス王家の歴史で初めて、王位を巡る争いが勃発した。ごくごく自然に思われるフィリップ六世の即位に異議を唱え、我こそフランス王位継承権者の筆頭なのだと声を上げた男がいた。その名をイングランド王エドワード三世という。争いのほうはフランス史上で、いや、イギリス史上でも、現在では『百年戦争（La guerre de cent ans, The Hundred Years War）』と呼ばれている。これは確かに大事件である」。

カペー王朝の王たちを個人商店の店主に譬えたのに対しヴァロワ王朝の王たちを中小企業の社長になぞらえて王朝運営の苦労を理解させようとした語り口も巧み。西洋史に興味ある読者に強く推薦したい一冊である。

（『週刊文春』２０１５年1月29日号）

その他のおもな書評（2015年）

『毎日新聞』「今週の本棚」

2015年2月1日　ルネ・ゲルダン『フランソワ一世　フランス・ルネサンスの王』辻谷泰志訳　国書刊行会　6000円＋税

2015年3月1日　『GINZA　3月号』マガジンハウス　648円＋税

2015年3月8日　佐谷眞木人『民俗学・台湾・国際連盟　柳田國男と新渡戸稲造』講談社選書メチエ　1550円＋税（→　講談社　Kindle版）

2015年5月10日　ドミニク・レスブロ『街角の遺物・遺構から見たパリ歴史図鑑』蔵持不三也訳　原書房　3800円＋税

あとがき

『週刊文春』に「私の読書日記」というページがあります。四〜五人の評者が持ち回りで読書日記を綴るという形式で、もうずいぶん長いこと続いています。最低、三冊の本を取り上げるのがノルマですが、書き方は各人に任されており、スタイルに決まりがあるわけではありません。

私は一九九六年九月から今日に至るまで連載を続けていますが、ときどきのトピックスを挿入したり、日常茶飯事を書き留めたりというかたちで、「書評」に加えてエッセイ風の「日記」も書きとめるスタイルを採用しています。

ところで、一九九六年九月二六日号から一九九八年七月二日号までの分は『暇がないから読書ができる』（文藝春秋、一九九八年刊）に、また一九九八年九月二七日号から二〇〇一年十二月二十日号の分は『成功する読書日記』（文藝春秋、二〇〇二年刊）に、それぞれまとめられていますが、二〇〇二年以降の分は単行本未収録のままでした。

それが今回、青土社の英断により、一巻として上梓される運びとなったのです。

そこで、少し考えてから、『成功する読書日記』に収めた二〇〇一年一〇月一一日号から二〇〇一年十二月二十日号までの分を敢えて再録することにしました。というのも、二〇〇一年九月一一日に起きたアメリカ同時多発テロを扱った二〇〇一年一〇月一一日号から始めて、シャルリー・エブド襲撃事件にパリで遭遇した二〇一五年一月二九日号をもって最後を締めくくれば、ちょうど、二つの大事件に挟まれた二十一世紀最初の十五年間の「読書日記」が集められるかたちとなり、この「十五年」という時間がある種の意味を持ってくるのではないかと期待したからです。

では、なにゆえに、私はこれほどに世紀初めの十五年間にこだわったのでしょうか？

それは、「世紀」という百年単位の長期的持続の中で思考するのに慣れた西洋人にとっても、世紀が変わったからといっていきなりすべてを切り替えることはできず、世紀から世紀への移行には十五年ほどの猶予期間が必要になるからです。つまり、「実質的世紀」は十五年ほどずれ込んでから始まるということなのです。

近代に限って年表を見てみましょう。

十六世紀は一五一五年に大きな変化が起こります。この年、フランスではフランソワ一世が即位し、それとともに長かった中世が終わり、西方ルネッサンスと宗教改革の時代が始まりました。ちなみに、翌一五一六年には、フランソワ一世のライバルとしてヨーロッパの覇権争いをすることになるスペイン王カルロス一世（後の神聖ローマ皇帝カール五世）が即位しています。マルティン・ルターが『九十五箇条の論難』を発表して宗教改革の口火を切ったのは一五一七年のことです。

十七世紀は少し早まって一六一〇年となります。この年、宗教戦争を終わらせてフランスの再統一を成し遂げたブルボン王朝開祖アンリ四世が暗殺されて、世紀は再び混乱の時代に突入したからです。フランスは、この後、ルイ十三世とルイ十四世を経てようやく世紀後半に中央集権化に成功し、絶対王制の黄金時代を迎えます。

十八世紀は一七一五年のルイ一四世の死がきっかけとなり、ロココと啓蒙主義の時代が始まりますが、個を尊ぶ個人主義と自由主義の力が徐々に強くなり、そのトレンドは一七八九年のフランス革命で頂点に達して、アンシャン・レジームは完全に解体されることになります。

十九世紀はなんといっても、一八一五年のワーテルローの戦いでナポレオンが敗れたことが転機となります。以後、民主主義と実証主義の時代となり、近代が次第に完成に近づいていきます。

二〇世紀はいうまでもなく一九一四年に第一次大戦が始まったことが決定的です。この第一次大戦の影響は二十世紀のあいだ続きます。

というわけで、二十一世紀もまた、二〇一五年前後に、なにか決定的な転換を象徴するような変化が現れるはずなのですが、その変化がなんであるかはまだわかっていません。しかし、変化は二〇〇一年から十五年の間にすでに始まっており、わたしたちが気づかぬうちに、不可逆的な流れが形成されているかもしれないのです。

この意味で、アメリカ同時多発テロからシャルリー・エブド事件に至る足掛け十五年を収録した「私の読書日記」は、わたしたちの無意識の中で進行しているある長期的な変化を記録している可能性を含んでいます。それを記した私はまったく気がついてはいませんが、後世の人間がそこになにかしらの前兆を見るということは十分にありうるからです。

とはいえ、読書日記に綴られているのは、たいていの場合、パリ旅行や神田神保町の散策、あるいは蔵書を抱えての数度の引っ越し、新しい職場への適応といった平凡な日常であり、そうした中で読んだ本の覚書です。政治的・歴史的大事件が介入してくることはむしろ稀で、基本的には「身辺雑記プラス書評」というスタイルを貫いているのですが、しかし、それでもなお、様々な事件がそうした平凡な日常の中に入り込んできて、私の問題意識を刺激し、それによって選択する本も変わってきているのかもしれません。外界の出来事と読書が無関係というわけにはいかないからです。

私は、このような外界の出来事と読書の関係をビル・エヴァンスとジム・ホールのデュオの名盤にならってインターモデュレーションと呼んでいます。外界の出来事と読書が相互的に影響しあって、互いの変容をもたらすという意味です。

こうした観点から眺めてみると、足掛け十五年の読書日記の「時間的ヴォリューム」というものがそれなりの意味をもってくることがわかります。すなわち、十五年の間に、たんに外界の出来事に一々反応して私の読書の傾向が変わってきているばかりではなく、読書によって得た何かが外界へ向ける私の視線をも変えているのです。

ひとことでいえば、本書の眼目はあくまで「書評」にありますが、しかし、それが「日記」と結びついていることが本書の特異性をなしているのです。

なぜなら、「まえがきにかえて」で触れたように、読書の効果は「事後的」であり、ある具体的な目的をもって読み始めた本がその目的とは異なるかたちで私に影響を与え、長い時間のあいだに私の無意識をかたちづくり、さらにいえば集団的無意識の一部を成しているということもなくはないからです。

個人の覚醒した意識から集団意識（無意識）を捉えることは困難ですが、しかし、十五年間の読書日記という時間的ヴォリュームは、なんらかの集団的意識の抽出を可能にしてくれるかもしれません。

この「二十一世紀最初の十五年の読書日記」がそうした無意識的記憶の歴史的な証言となっていれば幸いです。

最後になりましたが、どうせなら足掛け十五年分の読書日記を全部まとめて一巻としたいという私の希望を容認されたばかりか、索引や年表などの付録を作成していただいた青土社編集部の渡辺和貴さんに心からの感謝を捧げたいと思います。渡辺さんの決断がなければ、本書は日の目を見ることなく埋もれてしまった可能性もたぶんにあるのです。

また、一々お名前は記しませんが、『週刊文春』で「読書日記」の欄を担当された文藝春秋の歴代編集者の方々にもこの場を借りて心から感謝の言葉を伝えたいと思います。いつも締め切りギリギリにならないと完成しない私の原稿を待ち続けたあなたたちの忍耐がなければ、「読書日記」は永続せず、理の当然として、本書も成立していなかったのですから。

さらに、もう一方、ウェブサイト「鹿島茂教授の仕事部屋」(http://homepage3.nifty.com/cassima/)を作成しておられる齋藤徳之さんにも深甚なる感謝を捧げたいと思います。齋藤さんがまったくのボランティアでつくられている書誌データを参照することができなければ、本書はかなり不完全なものになっていたかもしれません。

二〇一五年五月七日

鹿島 茂

書名索引

あ行

か行

さ行

た行

な行

は行

ま行

や行

ら行

わ行

著者名・訳者名・編者名他索引

か行

さ行

た行

な行

は行

ま行

や行

ら行

わ行

鹿島 茂（かしま・しげる）
1949年生まれ。作家・文化史家。東京大学大学院人文科学研究科博士課程修了。共立女子大学を経て、現在、明治大学国際日本学部教授。専門は19世紀フランスの文化と社会。『馬車が買いたい！』（白水社）でサントリー学芸賞、『子供より古書が大事と思いたい』（青土社）で講談社エッセイ賞、『職業別パリ風俗』（白水社）で読売文学賞、『成功する読書日記』（文藝春秋）で毎日書評賞を受賞。ほか著書多数。

大読書日記

2015年 6月12日　第1刷発行
2019年 7月10日　第2刷発行

著者　鹿島 茂

発行者　清水一人
発行所　青土社
東京都千代田区神田神保町1 29　市瀬ビル　〒101-0051
電話　03-3291-9831（編集）　03-3294-7829（営業）
振替　00190-7-192955

印刷所　双文社印刷（本文）
方英社（カバー・表紙・扉）
製本所　小泉製本

装幀　鈴木一誌

ISBN978-4-7917-6865-3